总主编 / 陈信凌

教育部高等学校高职高专广播影视类专业教学指导委员会
新闻采编与制作专业"十一五"规划教材

新闻作品评析

主　编 / 陈信凌
副主编 / 王卫明　金　妍

Xinwen
Zuopin Pingxi

北京师范大学出版集团
BEIJING NORMAL UNIVERSITY PUBLISHING GROUP
北京师范大学出版社

图书在版编目（CIP）数据

新闻作品评析／陈信凌主编. —北京：北京师范大学出版社，2011.8（2017.6重印）
（教育部高等学校高职高专广播影视类专业教学指导委员会新闻采编与制作专业“十一五”规划教材）
ISBN 978-7-303-13157-0

Ⅰ. ①新…　Ⅱ. ①陈…　Ⅲ. ①新闻－作品－评论－中国－高等职业教育－教材　Ⅳ. ①G212.2

中国版本图书馆CIP数据核字（2011）第149696号

营销中心电话　010-58802755　58800035
北师大出版社职业教育分社网　http://zjfs.bnup.com
电子信箱　zhijiao@bnupg.com

出版发行：北京师范大学出版社　www.bnup.com
北京新街口外大街19号
邮政编码：100875
印　　刷：保定市中画美凯印刷有限公司
经　　销：全国新华书店
开　　本：170 mm × 230 mm
印　　张：22
字　　数：430千字
版　　次：2011年8月第1版
印　　次：2017年6月第4次印刷
定　　价：33.00元

策划编辑：郑　宜　　　　责任编辑：李　克
美术编辑：高　霞　　　　装帧设计：天泽润
责任校对：李　菡　　　　责任印制：陈　涛

教育部高等学校高职高专广播影视类专业教学指导委员会
新闻采编与制作专业“十一五”规划教材

编审委员会名单

本书编写委员会

总主编　　陈信凌　郭卫东
主　编　　陈信凌
副主编　　王卫明　金妍

总 序

21世纪，人类社会进入了信息时代与知识经济时代。在这个飞速发展的时代里，经济全球化与文化多元化已经成为不可阻挡的历史潮流。随之而来的是跨文化传播在全球的迅速兴起，而影视艺术作为当今世界影响力最大的艺术创造和文化传播方式之一，在跨文化传播中具有最广泛的观众群和覆盖面。

随着广播影视事业在全国的迅速发展和产业属性的显现，对广播影视人才的需求量也越来越大。近年来，我国广播影视类专业高等教育取得了长足的发展，为广播影视系统输送了大量的人才，随着广播影视行业的迅猛发展，社会对广播影视类人才提出了更高的要求。进一步深化人才培养模式、课程体系和教学内容的改革，提高办学质量，培养更多的适应新世纪需要的、具有创新能力的广播影视高素质人才，是广播影视教育的当务之急。

作为广播影视教育的重要环节，教材建设肩负着重要的使命，新的形势要求教材建设适应新的教学要求。高职高专教材应针对高职高专学生的自身特点，按照国家高职高专教育的特点和人才培养目标，以应用性职业岗位需求为中心，以素质教育、创新教育为基础，以学生能力培养、技能实训为本位，使职业资格认证培训内容和教材内容有机衔接，全面构建适应21世纪人才培养需求的高职高专广播影视类专业教材体系。广播影视类专业教学指导委员会组织编写的"十一五"规划教材，主要包括影视动画、影视广告、新闻采编与制作、主持与播音、电视节目制作、摄影摄像技术等专业系列教材。本系列教材的出版，必将对高职高专广播影视类专业的人才培养和教育教学改革工作起到积极的推动作用。

本系列教材的出版，得到了教育部高等教育司领导、国家广播电影电视总局人事教育司领导及行业专家的大力支持，得到了国内众多同类院校的大力协助，在此对他们表示衷心的感谢！同时，我们也希望广大师生和读者给我们提出宝贵意见，使教材更加完善。

教育部高等学校高职高专广播影视类专业教学指导委员会主任委员

王建国 教授

前　　言

"新闻作品评析"是新闻学科的一门传统课程。这样表述，至少包涵两层含义：第一，该课程早已有之，开设的历史久远；第二，它是新闻学专业的核心课程，能够在较大程度上体现新闻学科的特质。不过，随着我国社会转型、经济发展的不断深入，新闻传媒的报道范围不断扩大，报道焦点不断增多，尤其是随着新闻传播媒介、传播技术与传播手段的不断更新，新闻教育者们基本上认同了这样一个观念：学生的知识结构应该做出根本性的调整。正是在这样的背景下，国内新闻院系对新闻学科的课程体系进行了一次又一次的修正。当然，这样的修正并不是在一个完全相同的模式下展开的。应该说，这种在教学改革的名义下对课程进行的调整，无论在整体方向还是基本思路上均毋庸置疑。然其中涉及对一些具体课程的处理仍大有商榷的余地。例如，有些学校将"新闻作品评析"课程淘汰了，这在一定程度上几乎是动摇了新闻专业教育的根基。

技能性强是新闻专业的基本特征之一，该专业培养目标就是要造就适应特定岗位需求的新闻从业者。更具体地说，这里培养出来的学生应该具备采制各类新闻作品的能力。要做到这一点，学生必须在老师的引导下，大量地接触和研习新闻作品。刘勰在《文心雕龙·知音篇》中说的"操千曲而后晓声，观千剑而后识器"，强调的正是大量地接触与研习对于掌握一门技能的重要性与必要性。而"新闻作品评析"课程，正是为着这样的目的而开设的。可以说，在课程改革名义下删除"新闻作品评析"，是一种舍本逐末、得不偿失的举动，完全不足取。

现在通行的《新闻作品评析》教材不止一种，它们形态各异，自成体系。本教材的名称虽沿袭了传统的叫法，但在内容设计方面颇有些新鲜气象。这主要体现在以下三个方面：

首先，在评析作品的大类上，不仅包括一般常见的报刊新闻、广播新闻和电视新闻，还有网络新闻与摄影新闻，它们在现实中极具影响力，且其中网络新闻的影响力还展现出方兴未艾、与日俱增的态势。而这是同类书籍大多不曾触及的部分。

其次，在新闻作品的具体类型上，基本采用了《中国新闻奖评选办法》的归类框架。通常的《新闻作品评析》教材大多只笼统涉及消息报道、专题报道和新闻评论，本书依从中国新闻奖作品申报的相关规定，在作品类型上划分得更为细致和明晰。例如，在电视新闻作品方面就包括电视消息、电视新闻专题、电视新闻评论、电视系列报道与连续报道、电视新闻访谈、电视新闻现场直播、电视新闻节目编排等。很显然，这些都是现在正被国内电视界所采用的节目形态。

最后，在引用例证和选择评析对象上，除了极少量的特殊情况外，力求选取近几年在媒体上刊发的新闻作品。这样做的理由是，我们在承认新闻作品是一种形式感较强的文本的同时，也充分地认识到了它们其实是处在不断变化的过程之中的。

之所以作出以上的处理，不是为了标新立异，而是因为我们在编写之前，就牢固地树立了要紧密贴近新闻实践的理念。希望通过本课程的讲授，可以破除课堂中的新闻学与现实中的新闻界的隔膜，引导学生直接感知正在为受众所接纳的各类新闻作品的具体品相及情状，直接与现实中的新闻采编工作接轨。

陈信凌

2011 年 6 月 13 日

目录

第一章　导　论

本章要点：

1. 新闻评析的含义。
2. 新闻评析的对象、价值、态度。

第一节　新闻评析的含义

我国新闻传播事业，既直接面向社会变迁、经济发展等宏大进程，也注意描摹世相百态、人情冷暖等细微状况。概括而言，它们在服务党和政府的中心工作、反映人民群众的精神风貌，以及推动改革开放和社会主义现代化建设方面，发挥着重要的作用。近年来，新闻传播事业保持着旺盛的发展势头，媒介活动异常活跃，新闻观念不断更新，新闻作品的题材与体裁不断创新。在传播信息、服务社会等方面做出了新的也是更具时代特征的贡献。

具体来说，不同的新闻作品在实现报道目的、体现自身价值、满足受众的接受期待等方面，有高下与优劣之分。关于新闻作品的一些评奖活动，如代表美国新闻界最高荣誉的"普利策新闻奖"，我国一年一度的"中国新闻奖"、"中国广播电视新闻奖"等，其实就是在一定的原则与标准的引导下，对参评的新闻作品质量进行估衡与测评。

一、新闻评析的语境

新闻评析作为一个在新闻业务学习与总结中过程中的一个常见环节，它的规定性与规范性并不是很强的。所以虽然经常会被人提起，但是在一些严谨与正式的场合中却并没有引起应有的重视。由甘惜分先生主编的《新闻学大辞典》于1993年在河南人民出版社出版，该书总字数为180万，"是新闻理论、新闻史、新闻业务的知识总汇"①。但是，其中并没有收入"新闻评析"条目。

概而言之，新闻评析一般出现在两种语境里。一是作为一门课程出现在大学

① 甘惜分：《新闻学大辞典・序言》，河南人民出版社，1993年版。

的课程体系中。在国内大学的专业人才培养中，新闻专业开办得比较早的院系，一般都会将《新闻评析》或者《读报评报》列为常设的课程，安排在自己的课程体系中。但近些年来，由于新闻传播的技术与手段发生了较大的变化，课程的体系也随之做出了较大的调整，有一些学校就把新闻评析课程替换掉了。这样的选择其实是大有商榷余地的。有学者曾经发表文章直指国内新闻教育的四大缺失，其中的一大缺失就是不读新闻文本。他特别提到："从受教育的角度看，最好的学习是模仿，不读新闻文本，就失去了系统学习中外新闻发展史代表性文本的机会，特别是失去了观摩那些新闻精品的机会，难以让学生在头脑中建立起自己学习与借鉴的新闻范本。"①

出现不读新闻文本的现象，与一些新闻院系已经不再开设新闻评析类课程相关。现在，在国内从事新闻教育的人群中，有些人非常重视引导学生对新闻传播的新技术的领会与掌握，而忽略对新闻传播的基础理论与基本技能的理解与学习。

新闻评析常见的另一种语境是，作为一种分析性文体出现在相关的书籍与报刊中。其主要特点的是针对具体的新闻作品进行分析评论，分析其制作特点，总结其成败得失。《细节的力量——〈坠海漂流 18 小时的生命奇迹〉评析》就是典型的新闻评析。《坠海漂流 18 小时的生命奇迹》是由李培禹、张兴军采写的一个新闻作品，获得了第 19 届中国新闻奖二等奖。这篇新闻评析的作者表示自己被《坠海漂流 18 小时的生命奇迹》所吸引，而且他还用富有感情的语言表达自己被其吸引的具体情状："我问自己：这篇作品为什么能够使我能随行文的推进而心潮起伏？为什么能够使我在掩卷之后心神难宁？"②作者认为吸引他的是作品中的细节，随后他对该文巧妙的细节采访与安排进行了具体的分析。

二、新闻评析的定义

不妨先从字义上进行考察。显而易见，"新闻评析"中的"新闻"不是指每天发生在社会上可供报道的事实，而是指具体的并且已经成型的各类新闻作品；"评析"是评论与分析意思。概而言之，新闻评析是指在特定的新闻观念与评价标准的指导下，对具体的新闻作品进行分析、总结、评价的过程。具体来说，新闻作品评析，是对公开发布在各类大众传播媒介上的新闻作品的评价和分析，即通过分析新闻作品的新闻背景、采写手法、报道方式、舆论导向、艺术美感等多方面

---

① 董天策：《我国新闻教育的四大缺失》，载《新闻记者》，2005 年第 9 期。

② 刘霆昭：《细节的力量——〈坠海漂流 18 小时的生命奇迹〉评析》，载《新闻与写作》，2010 年第 3 期。

剖析，评定作品新闻价值的大小，评价新闻报道所产生的社会效果，从而启迪新闻工作者的新闻实践，并提高受众的新闻鉴赏能力。

当然，新闻评析在这里就是指一门具体课程。在高职高专层次，一般可以在新闻采编与制作、新闻与传播等专业开设，其他的相近专业，诸如信息传播与策划、播音与主持、广播电视编导等，都很有开设的必要。作为一门课程，新闻评析主要是通过新闻作品评析的基本性质、主要规律、一般方法的讲述，以及对各类新闻作品进行具体评析的示例，培养学生领会与掌握新闻作品评析的路径，提高学生甄别与判断新闻作品优劣的能力，其中当然包括要学会撰写新闻评析类文章。

由于新闻评析是作为一门课程出现的，在向学生讲授时，老师往往会选择一些获得普遍肯定的优秀的作品展开讨论。因而，评析在这里常常表现为正面与肯定的评价。在这个时候，老师的任务变成了引导和启发学生领会评析对象制作上的成功之处。很显然，新闻评析在这里已经被简化为新闻赏析或者新闻鉴赏。其实，这并非新闻评析的本义。既然是评析，当然可以是正面或者说肯定性的分析，同时也可以指瑕摘疵，明确分析其存在的不足之处。

2008年9月11日，东方早报发表了《甘肃14婴儿同患肾病　疑因喝“三鹿”奶粉所致》一文，它是国内媒体首次点名披露三鹿奶粉问题的报道。一经刊发，不仅在国内的乳品行业引起了极大的震动，一时间更成了国内的舆论焦点，而且该作品还荣获了当年的中国新闻奖一等奖。《大胆履行职责　谨慎点名揭露》也是一篇比较标准的新闻评析文章，它评析的对象就是《甘肃14婴儿同患肾病　疑因喝“三鹿”奶粉所致》。

该文首先从三个方面肯定了通讯作品《甘肃14婴儿同患肾病　疑因喝“三鹿”奶粉所致》，接下来又指出了该作品的四个问题。具体表现为：“第一，文章结构松散，段落划分频繁，虽然叙述是客观的，但各个小标题之间缺乏紧密的逻辑联系，全文没有形成一气呵成的连贯性和美感。第二，部分消息来源交代不清。我们可以明显地从文中判断出哪些信源是清晰的，哪些信源是含糊的。清晰的信源来源于作者的采访，而诸如‘据了解’、‘家长告诉湖北记者’等模糊信源，暴露了记者在调查采访的深入方面，仍有不足。”[①]第三与第四个问题分别是“同一个事实，出现两次重复叙述”、“关于患儿数字的叙述，逻辑混乱”。

可以看出，该文的作者是在没有完全顾及特定的采访情境的前提下，对《甘

① 陈力丹、赵卓伦：《大胆履行职责　谨慎点名揭露——评通讯〈甘肃14婴儿同患肾病　疑因喝“三鹿”奶粉所致〉》，载《新闻实践》，2010年第1期。

肃14婴儿同患肾病　疑因喝"三鹿"奶粉所致》展开评析的。而且，其中作出的一些判断也不乏值得商榷之处。不过，它在无形间呈现出了这样的一种观念：新闻作品的评析并非就是对作品的制作技巧进行肯定性的总结与梳理，也可以对其不足或者问题提出自己的看法；即使是面对已经广受好评并且还获得了专业内的最高奖励的新闻作品，也一视同仁，同样对待。这样的评析观念，从理论上看，它是新闻评析题中应有之义；就实践的角度而言，则是我们进行新闻评析应该选择的立场与态度。

三、几个相近的概念辨析

新闻学的业务与理论中，有一些和新闻评析在表述或者意义上相近的概念，它们有一定的相似性与相关性，但是，它们的区别是显而易见的。

1. 新闻评析与新闻评论

新闻评析与新闻评论二者只有一字之差，而且仅从字面上看，评析与评论的语义在很多场合极其相近，甚至是可以重叠的。正是由于这样的原因，在一些专业性的考试中，还会有考生将二者混为一谈。试题给出材料，要求撰写一条消息，然后再写一篇新闻评论，结果考生把新闻评论写成了新闻评析。

实际上，新闻评论与新闻评析在新闻学领域是具有各自特定含义的概念，二者截然不同。新闻评论是媒体编辑部或者作者对最新发生的有价值的新闻事件和有普遍意义的紧迫问题发议论、讲道理，有着鲜明针对性和引导性的一种新闻文体。它与新闻评析的区别具体体现在以下几个方面：

第一，评论的对象不同。

新闻评论是以新闻事实为出发点，深入挖掘掩藏的本质现象，直接阐明作者对事实的评价与看法，起到舆论引导的作用。新闻作品评析则基于对新闻作品的社会成因及表现手法的客观分析，评定作品新闻价值的大小，评价新闻报道所产生的社会效果，从而提高新闻工作者识别新闻价值的能力，增强新闻敏感，并引导受众更好地鉴赏新闻报道。例如，获得第18届中国新闻奖二等奖的新闻评论《始终想到"最低"处》一文的开头，提到为确保困难群体享受救助水平不因物价上涨而降低，甘肃省做出决定，今后5个月，给城市低保对象每人每月增发15元的临时补贴。随后，作者便针对这个事例展开分析与讨论。明确地指出"将'最低阶层'的生活和党的'最高利益'链接起来，充分表现了党和政府'想群众之所想'的主题"。而新闻评析针对的不是现实事例，而是具体的新闻作品。结合上面的这个例子，如果要写新闻评析，它针对的就不再是甘肃省为低保对象制定的相关政策，而是《始终想到"最低"处》这篇评论本身，评析它的写作特色以及社会效果。

第二，写作目的不同。

新闻评论以评说事理为目的，对社会上新近出现的特定现象或者发生的具体事件，展开评述，直接讨论其的是非曲直。新闻评析通过对具体新闻作品的选题立意、结构布局、技巧运用入手，分析其写作或者编制的成败得失，旨在评判其新闻价值、社会价值以及传播效果，从而启迪新闻业务的学习者和新闻工作的从业者。

第三，表达的风格不同。

新闻评论属于新闻业务范畴，是一种新闻文体，它面向的是报刊的全体读者，也就是说报刊定位中的所有目标读者都是它的受众。在写作上就要强调主题明确，脉络清晰，语言平易，行文流畅。尤其应该在推断上直截了当，避免曲里拐弯、征引繁复。新闻评析属于作品分析与作品研究范畴，其读者主要是新闻业务的学习者和新闻工作的从业者。因为这是一种介于新闻文体与研究论文之间的语体，所以在写作上弹性较大，不仅在篇幅上可长可短，在论证上既可以深入，也可以浅出。

2. 新闻评析与新闻批评

新闻评析与新闻批评也是一字之差，但是二者之间的距离更大。新闻批评是新闻媒体进行舆论监督的主要手段，具体表现为新闻媒体通过各种不同的作品形式，公开对社会上的不正之风、消极腐败现象进行批评。

1954年，毛泽东在一次谈话中提到报纸上的批评要实行“开、好、管”的三字方针，这一方针此后成了我国新闻媒介开展新闻批评的指导性思想。三字方针简洁明快，高度凝练，它的完整表达是这样的：

> 开，就是要开展批评。不开展批评，害怕批评，压制批评，是不对的。
>
> 好，就是开展得好。批评要正确，要对人民有利，不能乱批一阵。什么事应指名批评，什么事不应指名，要经过研究。
>
> 管，就是要把这件事管起来。这是最根本的关键。党委不管，批评就开展不起来，开也开不好。①

新闻评析与新闻批评的区别，只要看看新闻批评的主要表现形式，就可以了解得很清楚了。新闻批评一般表现为以下几种形式：

① 《毛泽东新闻工作文选》，新华出版社，1983年版，第177页。

第一，采制披露性的报道。

新闻是对新近发生的事实的报道，新近发生的事实有些是正面的，有些是中性的，也有些是负面的。把消极的事情客观地披露出来，也就是说把现实中的缺点、错误或者问题报道出来，哪怕作者并没有没有直接加以议论，展开批评，实际上也是对与缺点、错误、问题相关的人或者机构的一种批评。因此，这类报道要慎重选择报道对象，掌握报道的时机和分寸，并且注意报道后的效果。在采写过程中，更应做到认真核实材料与关键证据。

第二，发表新闻评论文章。

以社会上出现的问题或者发生的事件为对象，直接用媒体或者个人的名义发表批评性的言论文章。采取这种方式，目的是要指明被批评者出现过失与问题的要害与实质，并进而分析其出现问题的背景与成因，使当事者对过失与问题有更深层的认识。同时，因为在大众媒体上公开发表，也可以让广大的受众，尤其是有相同问题的人汲取教训。

第三，刊发读者来信。

新闻媒体从广大受众的批评性来信中选择具体代表性的部分，公开刊发出来。我们常说大众媒介是开展舆论监督的一个平台，这不仅意味着媒体的从业人员可以对社会上的一些现象发表批评性的意见，而且还包括一些普通受众借助媒介这一平台，对社会的不公不正的现象陈说批评的意见。胡锦涛同志在“十七大”报告中提出：让权力在阳光下运行，要保障人民的知情权、参与权、表达权和监督权。可以说，在今天刊发读者来信的做法，既是直接继承以前不断倡导的开门办报、群众办报的传统，而且也是保障人民群众享受知情权、参与权、表达权和监督权的很好形式。

综上所述，新闻批评的概念比新闻评论还要宽泛，新闻评论针对的是社会上的人与事。而新闻评析针对的是各种不同形态的新闻作品。

3. 新闻评析与媒介批评

国内学术界倡导媒介批评，从起源上看，是受了电视评论界的电视批评的启发。1994 年年末，北京的《电视艺术》杂志社召开了一次“电视批评”研讨会，次年又举行了“媒介批评”笔谈活动。《现代传播》1996 年第 2 期刊发了一组以“媒介批评”为主题的文章。这是媒体批评最初进入国内研究界的大致过程，从这些活动及其产生的文章中，可以清晰地感受到电视批评与媒介批评前后相继的情形。

与电视批评相比较，“媒介批评涵盖的场域更为宽广，它触及的媒体除电视外，还包括广播与报刊等。它针对媒介上出现的各种类型的制作，而且还涉及媒体的日常管理与运作、从业人员的道德素质与专业技能。”①

由此可见，媒介批评与新闻评析虽然在字词上区别较大，但是比较而言，二者之间相关性最大。简单地说，媒介批评包含了新闻批评，新闻评析所要评析的新闻作品是“媒介上出现的各种类型的制作”中的一种。也就是说，对新闻作品展开批评，是媒介批评的题中应有之义。当然，站在媒介批评的立场上对新闻作品进行评析，与一般的新闻评析相比较，其腾挪的空间更大，关照的视野更宽广，探索的层次更深入，而不再仅仅以新闻制作业务为评议的关键与立足点。

第二节 新闻评析的基本特征

定义只能对概念进行概括性的描述，要对新闻评析进行比较深入的把握与展示，还应该进一步探讨新闻评析的基本特征。

我们已经知道，新闻评析是评析者根据一定的新闻观念和评析标准，对新闻作品的价值要素进行分析、评价和判断，其中包括对作品的结构和语言的分析。在评价和判断中，既存在理性的价值判断，也不乏感性的审美把握。在分析了新闻评析的定义，比较了新闻评析与相近新闻文体的区别之后，就不难得出新闻评析的根本特征。

一、弹性与刚性的统一

新闻评析所具有的弹性的一面，表现在新闻评析是一项个体的私人性的活动，带有明显的主观色彩。这首先表现在新闻评析的对象是具有可选择性的，这种选择本身表明的就是一种评价的态度。以评析的教材为例，有一些教材的编写者为了使教材具有历史感，在评析示例的时候，往往会选择新闻史上出现在不同时代的代表性作品。这样的选择，可以使编写者在阐述自己的评析理念和技巧的同时，还在一定程度上向学生展示了新闻写(制)作的演进过程。而本教材则与此不同，在陈述不同类型新闻作品的评析要领的相关章节中，所列举的例证大多是近几年的作品。我们的认识是新闻的发展历史上确实出现了一些代表性的作品，甚至有的确实也可称之为经典性的作品，它们应该受到今天的新闻研究者的重视。但是对于今天的新闻制作的学习者而言，其示范性不强。

其次，不同的评析者在评析新闻作品时，没有完全一致的模式。对同一个新闻作品，不同的人可以作出不尽相同的解读。这也是新闻评析所具有的弹性的具体表现。2009 年 10 月 1 日，是中华人民共和国成立 60 周年的日子，中央人民广播电台在这一天制作了一个特别节目《首都各界庆祝中华人民共和国成立 60 周年

① 陈信凌：《媒介批评刍议》，载《南昌大学学报》，1998 年第 3 期。

大会现场直播》。该节目时长2小时40分，使用汉、藏两种语言，通过8个频率及网络多媒体立体直播，全国247家电台上千个频率同时转播。覆盖范围之广，传播效果之大，罕有其匹，一时无二。面对这样一个作品，我们对它进行评析时，既可以从全面着手，从选题重大、内容丰富、形式完美，一一都谈及；也可以从一个具体的侧面切入，只把直播的设计与策划为立足点，展开评述。

新闻评析的刚性表现于，从自主选择开始的新闻评析，其整个过程中存在着一些不为个人所左右的客观规定性。首先，新闻评析的对象是客观性的存在，它们是一些特定的新闻作品。评析者的所有分析都应该围绕着它们而展开，所有的评议都应该由此而发。任何脱离具体新闻作品的评析，属于高谈阔论，凿空论道，都是没有任何说服力的。

其次，新闻评析刚性的一面还表现在评析都是在一定的原则、规范和标准下进行的。如上文所说，在进行新闻评析的时候，评析者的自主性很强，发挥的空间也很大，所以不同的人对同一新闻作品进行评析，其具体情状差别很大。但是在这同时，评析者的自主性和发挥空间都不是无远弗届的，而是有限度的。他们不能天马行空，信马由缰。这既是时代与环境的限制，也是新闻评析本身的要求。在中国记协每次发布的中国新闻奖的评选办法中，都有评选标准一项，其中含总标准与分标准。总标准的起首两条为：

> 1. 以邓小平理论和“三个代表”重要思想为指导，贯彻落实科学发展观，坚持为人民服务、为社会主义服务、为全党全国工作大局服务，贯彻团结稳定鼓劲、正面宣传为主的方针，坚持正确舆论导向，落实“三贴近”要求，社会效果好。
>
> 2. 内容真实，新闻性强，时效性强，主题鲜明，富于创新，语言文字生动，制作精良，感染力强，为人民群众喜闻乐见。

可以说，它们既是中国新闻奖评选时所依据的标准，也是我们今天进行新闻评析时绕不开的衡量尺度。

二、介于个人体悟与学术研究之间

作为一门课程，新闻评析是在大学阶段开设的。一种不能回避的现实是：有不少媒体一线的从业人员是没有经过大学新闻与传播类专业训练的；而且不容否定的是，他们中还不乏行业中的佼佼者。那么，这个事实的存在，是不是可以动摇学习新闻评析的必要性与重要性呢？

我们的意见是不能动摇。这些人确实没有正式学习新闻评析的课程，甚至可能在心里连新闻评析的概念也没有，他们经历的是与新闻评析相近的替代性的一个环节。这些人进入媒体的相关岗位以后，无论是在自觉还是不自觉的状态，都会细心地阅读、观赏，乃至揣摩、剖析新闻作品。这种阅读、观赏以及揣摩、剖析是非常投入的，与一般人为了获知信息而接触媒体的状态迥异，其中或明或暗地包含着学习与模仿的意味，我们把这种状态称之为体悟。

对新闻作品的体悟是一种原始状态的新闻评析，或者说是新闻评析的雏形。它是在一种不明朗不清晰的状态下对新闻作品展开评析，没有太多的理性因素的介入。具体说就是不会在一些明晰的理念、标准、原则的统辖下接纳新闻作品，而更多的是以一种顿悟与直觉的形式完成对新闻作品印象性的感知。整体而言，以体悟的方式感知新闻作品对提高新闻技能是有帮助的，它是许多自学成才的媒体从业者必经的路径；此外，体悟的存在，正好映衬了新闻评析的重要性和必要性。因为在自觉与理性状态下的学习，效果肯定是远远大过不自觉状态下的暗中摸索。

新闻评析不是纯粹的个人印象的记录，在整个过程中，它需要理性的介入，需要一定的理论、原则的指引。这些特点，使新闻评析具有了学术研究的意味。但是，可以肯定地说，新闻评析并不等于学术研究。换言之，新闻评析具有一些学术研究的性质，是一种浅学术，或者前学术。如前所述，新闻评析是对特定的新闻作品的评论与剖析，其所有的讨论都是围绕着该作品展开。也可以换个说法，新闻评析就是对特定的新闻作品的采写与制作的经验总结。这些来自于新闻一线的经验弥足珍贵，但同时必须指出，这样的经验在学术研究中的呈现或者使用要有一定的限度。具体来说，学术研究的价值与意义不能完全由这些经验来体现。如果是这样的话，学术研究就变成了经验介绍和工作总结了。做学术研究，其实是代整个研究界立言，其探讨的起点，是从研究界整体现有的研究成果的基础上开始的。个体的经验诚然可贵，但毕竟是有限的。只有参酌了研究界整体的发现和体悟，才有可能将研究引向纵深。得出的结论，才具有统辖性和辐射力。

三、需要足够的储备与积累

一般新闻评析的教材，都会交代新闻评析的原则、方法，有的甚至还会细化到步骤及要诀等，这些林林总总的内容完全可以称得上新闻评析的指南。从理论上看，掌握好这些指南，就可以按部就班，开始进行评析了。实际的情形并非如此。如同小学生知道了写作文可以开门见山、首尾呼应等种种技法以后，不一定能写好作文一样，熟知了诸如此类的指南以后，也不一定能够做出上乘的新闻评析。这中间需要完善的环节还有不少，其中有一项是绝对不能忽略的，那就是对新闻作品要有足够的储备和积累。其理由就是刘勰在《文心雕龙·知音篇》中说的

"操千曲而后晓声，观千剑而后识器"。这两句话的含义是：练习一千支乐曲之后才能懂得音乐，观察过一千柄剑之后才知道如何识别剑器。观赏音乐和利剑是这样，评析新闻作品也没有例外。我们不妨结合下面一个例子，加以说明：

山定权　树定根　人定心

——温家宝考察集体林权制度改革

郭　亮

【现场音响】温家宝和村民的说笑声……

【记者旁白】在山青水绿、靠林吃林的长水村，男女老少们聚集在村口的空地上，他们或坐或站，亲热地把同坐在一条长板凳上聊天的总理和村支书围在中间。

【现场音响】

温家宝：这里人均不到1亩地？

余锦兵：人均7分耕地、70亩山林。

温家宝：好记呀……

【记者旁白】不远处有几株粗壮的红豆杉已经300年树龄了，轻风吹过，送来阵阵幽香。

【现场音响】

温家宝：你告诉我，2004年林权改革以后山林的管理发生了什么变化？

余锦兵：老百姓明晰了产权，就说了："山定权，树定根，人定心。"

温家宝：哟，这三句话好！你再把它说一篇。

余锦兵：山定权，树定根，人定心。

温家宝：三句话的核心在人定心。人定心了，他就知道爱护林子、发展林子。

余锦兵：他们保护森林啊，造林育林啊，还有防火。清明节上山搞祭祖，他们都是拎着水桶上去的，相当爱护森林。第二大变化是，两取消、两调整、一规范。

温家宝：你讲的两取消包括取消农业税、农林特产税？

余锦兵：对，还调整了育林基金。

温家宝：育林基金现在还交不交？

余锦兵：交一点点，只有70块钱一个立方。林改前一个立方米的木材才卖180—200元，通过林改以后每个立方卖530元。老百姓增加了收入非常高兴。

【记者旁白】村支书余锦兵说，现在森林成了农民的“绿色银行”。这时村民严明礼拿来自己“绿色银行”的存折，也就是林权证给总理看。

【现场音响】

温家宝：你看它最后这句话，就是把现在我们通过的《物权法》用上了，哈哈，“森林、林木、林地所有者和使用者的合法权益受法律保护，任何单位和个人不得侵犯。”

【记者旁白】温总理轻轻打开，一页一页细细观看。

【现场音响】

温家宝：还是打印的。

地方林业干部：现在都上网了，在网上可以查到。

温家宝：旁边还有个图，是地形图呢。（问村民严明礼）你会看这个图吗？

【记者旁白】严明礼摇摇头说，自己家林地的地界，他是清楚的。可是林权图是技术人员搞的，他看不懂。

【现场音响】

温家宝：这个图啊，我会看，这叫等高线。（众人笑声……）

【记者旁白】曾经多年从事地质工作的温总理教严明礼看懂自己的林权图。

【现场音响】

温家宝：如果你看熟了，能把图上的山看立起来……

【记者旁白】温总理说，在这里搞集体林权制度改革试点，就像当年安徽小岗村搞土地家庭承包制一样，对全国的山区、林区都有重大意义。虽然林权制度很复杂，不仅关系到农户、国有林场、林业机构，还涉及税费政策调整，但是政府有信心把这项改革搞好。

【现场音响】

温家宝：它最根本的就是你讲的“人定心”。通过绿色银行发展生产，这个事好！将来它的前景是：山更绿、树更多、老百姓的收入增加也更多。对吧？

【村民】对！

【记者旁白】谈话间不觉已经夕阳西下，漫山遍野的森林郁郁葱葱，即使是那些百年的参天古树也染上了春天的翠绿。

（中央人民广播电台，2007年4月22日播出）

如果我们在广播消息方面有足够的积累，我们就会知道广播消息最初并没有明显的自身特色，其中主要的证据是不注重音响与同期声的使用，它们在很大程度上与报刊消息没有区别，只是换了个发布的平台而已。随着广播记者经验的积累，他们开始注意发挥广播的媒介特色或者优势，开始有意识地采录现场的音响，这就出现了录音报道。但一般情况是，在广播消息中，录音的部分是片断的、零星的，也就是它肯定不能展现一个整体的流程，不是消息作品的主体部分。好像是文字写作中的引文，其功能只是为了巩固和加强主体部分的说服力。当我们有了这些积累以后，就很容易感受到该作品在音响和同期声使用方面的新意了。经过记者巧妙的采撷和连缀，它们展现出来一个完整的情境，成了这个作品的主体。而记者自身并不直接介入这个情境，他置身事外，小心地维护着这个情境的原始状态。以一个旁观者的身份，用聊聊数语简单介绍、说明，目的是交代现场关键性的细节，以及推动情境的前移。让人感叹整个作品浑然一体，圆融剔透。

如果我们在广播消息方面有足够的积累，我们还会知道，一般时政新闻由于主题重大，政策性强，很容易变得硬度十足，难以让人亲近。《山定权　树定根　人定心》则与此不同，它以轻柔的格调，流畅的节奏，完成了一个重大主题的报道。作品涉及了集体林权制度改革试点，它对全国的山区、林区都有重大意义，就像当年安徽小岗村搞土地家庭承包制一样。我们要特别注意的是，这样的一个重大主题，不是消息的作者在作品中费力地推导与提炼出来的。与此正相反，记者对此没有直接下过一个评语，它是由这个情境中的人物在欢声笑语中说出来的。

第三节　学习新闻评析的作用

在课程设置上，新闻评析一般安排在大学的中、后阶段，在讲授了新闻采、写、编、播、摄、评等业务课程，以及基本的理论课程以后，才正式面向学生开设。意在引导学生对巩固所学业务技能与运用所学专业理论的认识，因而，在不少人的心目中，新闻评析并不是非开设不可的课程。这种认识是非常偏颇的，学习新闻评析的好处，我们可以从以下几个方面来把握：

一、匡正专业学习的错觉

新闻学、新闻采编与制作等专业的特点，不同的人从不同的角度，可以进行不同的归纳。不过，这样一类专业所具备的政治性与实践性应该是大家的基本共识。政治性强是我们的新闻工作性质所决定的。我们的新闻工作旗帜鲜明地强调新闻的党性原则，主张报道可以也应该有倾向性。还要有大局意识、责任意识；

而且要以正面宣传为主，让舆论导向始终保持在正确的轨道上。具体说就是要做到以科学的理论武装人，以正确的舆论引导人，以高尚的精神塑造人，以优秀的作品鼓舞人。

实践性强是指新闻类专业是一个非常讲究操作性与技术性的专业，这里自然也有自身的理论体系，但是，它在很大程度上不占主导地位。尤其是在大学本科和高职高专层次，其培养计划就明确写明是为媒体造就合格的从业者。我国《教育中长期改革和发展规划纲要(2010—2020 年)》提出要丰富社会实践，强化能力培养，“着力提高学生的学习能力、实践能力、创新能力”。实际上，这里提到的几种能力是新闻类专业一直以来都非常重视的，它们在新闻类专业里怎么强调都不过分。

在一般意义上讲，新闻类专业是政治性与实践性很强的专业。而就学习的角度而言，新闻类专业则又可称是容易让人产生错觉的专业。这类专业的学生进入专业学习以后，为数不少的人往往在学习不久、钻研不深的情况下，就产生漫不经心的情绪。之所以精力不能聚焦，是因为在潜意识里，他们有一种已经弄懂了甚至已经学会了的感觉。实际上，他们是处在一种似是而非的假象与错觉之中。新闻类专业的学生在上专业课程时，一般没有敬畏感和陌生感。老师在课堂上津津乐道的那些报刊新闻和广播电视节目，他们似乎早已耳熟能详，了然于心。他们在进入专业学习之前，频繁甚至是深度接触媒介已经不少年头了。而且，报刊类新闻作品则更是在小学期间已经当做应用文学习过。正是这样一些因素的存在，使学生们在专业学习中过早产生已经掌握的错觉。其实，一般的接触与专业的学习是完全不同的两个概念。一般的接触新闻媒体，只是满足于从中获取信息和娱乐，而不会去琢磨特定的媒介制品是经过如何选材、如何制作、如何编排而成的。这就导致了一种这样的后果：一些带着似是而非的错觉的学生，进入媒体实习或者就业以后，一进入新闻采编的实际岗位，很快就感到手足无措，不得要领。

开设新闻作品评析课程不失为解决学生专业学习方面的错觉的一个有效方式。学生的错觉的要害在于，他们只满足于一般地领会新闻采编业务的程序与步骤，对新闻作品的了解只限于老师在讲解理论与业务时所举的例子。从业务学习的角度来看，这些被老师当做例子的新闻作品是有问题的。首先，它们是不典型的，之所以会在这个场合被提起，是因为正好可以说明讲课中所要提出的某种判断。其次，它们是不完整的。由于是作为例证出现，呈现出的状态大多是片言只语，支离破碎。

作为一门课程，新闻作品评析正好可以解决这个问题，这门课程的任务就是要引导学生在一定的理论框架与体系下，细致耐心地面对各种类型的作品，其中包括细致耐心地阅读，细致耐心地观赏，细致耐心地揣摩。只有这样，才能解决专业学习中的错觉，避免浅尝辄止的偏向。

二、拉近教学与现实的距离

高校的新闻类专业的人才培养与现实严重脱节，一直是新闻教育的工作者必须面对的问题。对与这一点，新闻业界的一些人有着深切的体会。《中国青年报》总编辑陈小川曾抱怨："中国的新闻教育已经全面落后了。我发现我们报社新来的记者所受的教育非常陈旧，他们认为最好的标题还是'马歇尔歇马，华莱士来华'，这样的，到报社以后没有两年上不了路。"①中央电视台的赵世龙在他的《调查中国》一书中，表达了与此相同的感慨。他写道："大学里现在普遍开设新闻院系，专业对口培养，但他们所学与教师授业所讲的课业，多与我们这些冲杀在一线的新闻战士所见所闻和理解的东西很不一样。……新闻理论的残缺不全与重重滞后，正日益造成'学院派产品'与新闻传媒致用间的脱节。"

总结起来，新闻教育与社会脱节有两层含义。一是学生不了解社会，不了解世风民情。从整体上说，大学校园并不是与世隔绝的空中楼阁或者孤悬海外的孤岛，它是社会中的一部分，社会上的所有的风吹草动都会在这里得到反映。但是，由于校园生活是每个学生人生中的一段特殊的时期，在这个时期里，他们的任务比较单纯，精力与时间都集中地花在了专业学习上，实际上是过着一种与社会相对隔离的生活，所以，才有所谓大学生毕业后需要经历一个社会化过程的说法。在这点上，对新闻类专业的学生应该有更高的要求。因为新闻行业的职责就是要观察社会，报道社会，干预社会。也就是这个意义上，人们把新闻从业人员看成是社会工作者或者社会活动家。所以，新闻类专业的学生的社会化过程，在大学期间就应该完成。那么，显而易见，学生不了解社会、不了解世风民情的问题，是必须引起新闻教育工作者高度重视的。

对现实中的新闻实践存在隔膜，是新闻类专业人才培养过程中与社会脱节的另一个表现。新闻专业的现实指向性很强，实践性与操作性的特点，要求它必须围绕着新闻工作的实际运作向学生讲授课程的内容。现在办学单位的一般做法是，鼓励、引导、安排学生多到媒体机构中参加新闻传播实务的观摩、见习、实习。但是，现在这方面的工作遇到了新的挑战。由于新闻类专业的招生人数在短时间里骤增，实习的机构应接不暇，根本无法满足学校的要求。另外，媒体管理

① 转引自周海燕：《大学新闻教育的可为与可能》，载何梓华主编：《进入21世纪的中国新闻教育》，中南大学出版社，2007年版，第120页。

的体制机制也在不断地改革，出于各种各样的原因，它们接纳学生的积极性也大大降低。还有为数不少的媒体在接纳学生实习方面明码标价，按照实习的时间与性质收取实习费。这种费用学校并不开支，家境不宽裕的同学自己负担不起。所以，今天的新闻教育在这个方面遇到了新的挑战。

对于学生不了解社会的问题，新闻与传播的教学机构可以在教学管理方面进行不断改革，在制度设计与安排上也有许多调整的空间。另外，教师还可以对学生进行一些针对性的引导，鼓励他们利用寒暑假有意识地参加社会实践活动，深入社会，深入基层，以了解社情民意。

至于对现实中的新闻实践的隔膜，从理论上看，开设好新闻评析课程可以在较大程度上弥补由此造成的缺憾。学生所要了解的新闻实践，内容是很丰富的。其中至少包括媒体内部的组织构架与运作机制，采、编、播、摄、评的过程与技巧，新闻采编的新设备、新技术、新方法，以及采访过程的遇到的意外及其应对，等等。这些内容与环节对于一个学习者来说，当然是至关重要的，最好能亲历现场亲身感受。但是，这样的安排如果不能实现，学好新闻评析课程不失为一个弥补的办法。因为此处提到的这些内容与环节的存在，其目的在很大程度上就是为了制作出优秀的新闻作品。而新闻评析课程实际上是直插核心，面对的就是来自新闻实务界合格尤其是上乘的新闻作品。开设了这门课程以后，学生再也不会忽略对具有代表性的新闻作品的细读。在课程的讲授过程中，他们必须踏踏实实、不折不扣地将注意力聚焦在新闻作品上面。教师的任务就是启发学生对所选的新闻作品进行感受、玩味、解剖，梳理其采制过程，分析其形式特征，推断其传播意义。通过这个过程的训练，学生可以从中体会出现实媒体对新闻作品的具体要求，并进而从学校里书本上与概念中的新闻学走入现实中鲜活生动的新闻界。

三、有利于提高学生的分析水平与思考能力

随着时代的发展，人们认识水平的提高，新闻学科的课程体系也一直在不断地进行调整。近些年由于通识教育的理念自上而下渗透，课程体系更是经历了一次大幅度的更新，不过其中的变化更多只是发生在基础课程层面。不管发生了怎样的调整和更替，就新闻学科而言，其专业类课程还依旧是三大块：一是历史类课程，包括新闻传播史，广播电视史等；二是理论类课程，包括新闻理论、传播理论、广播电视理论、播音与主持理论等；三是业务类课程，包括新闻采访、新闻写作、新闻编辑、新闻评论、新闻摄影、电视摄像、节目制作、播音与主持等。如果不是老师的刻意安排与设计，就新闻学科的特点与课程的性质而言，在学习的过程中，学生似乎无需多加思考，只要照单签收就行了。具体来说，新闻

学科的培养目标不是专业的研究人员，而是新闻媒体一线的从业者。所以，对于专业的历史与理论课程的内容，往往只须直接领会和把握就可以了，不必作深一层的追问和思考。对于业务类课程，则是连领会和把握都唯恐不及，更遑论其他。实际上，我们的新闻教育在很大程度上就是这样进行的。我们的许多在教师的指挥棒影响下的学生，就是在不加分析无需思考的状态下完成他们的学业的。

在这样的情形下，开设新闻评析课程，不惟必要，简直是弥足珍贵。新闻评析中的“评析”二字，强调的是评议与分析，这就说明它不再是记诵之学。学生述而不作，照单签收，根本就不可能学好这门课程。他们必须充分发挥主体意识，积极投入，并且调动已有的知识与理论储备，尤其是新闻理论与新闻业务的相关内容，才能自主地评析好一篇新闻作品。很显然，学生经历这样的学习与训练，其分析水平和思考能力会得到明显的提高。

思考与练习

1. 学习新闻评析，价值何在？应该如何学习？
2. 请找一篇新闻评论和一篇新闻作品评析文章，比较新闻评论和新闻评析的区别。

第二章　新闻评析的基本原则

本章要点：

1. 新闻评析与新闻真实性原则。
2. 新闻评析与新闻价值规律。
3. 新闻评析与宣传价值理论。

特定的新闻采写活动，是记者独立承担的任务，具有一定的自主性。具体来说，他们可以有自己的发挥空间、风格追求，但是，在自由发挥、追求个性的同时，有些基本原则与理论，如新闻真实性，新闻价值理论，宣传价值理论，是大家共同都要遵循的，它们是做好新闻工作的基本规范与根本保证。另外，当我们对新闻作品进行评析时，这些原则正好可以成为评析的依据与标准，由此保证新闻作品的传播范围、社会效益、新闻伦理、舆论导向。所以，在新闻评析过程中，下面的三个方面是应该特别注重的：

第一节　坚持新闻真实性原则

消息、通讯，是必须确保真实的，这是最基本的要求。即便是新闻评论、新闻照片，也不能捏造事实、无中生有，或是歪曲事实、胡乱臆测。

我们评析新闻作品，首先就应该看看该作品描写事实的文字是否都真实。

真实是新闻的生命。普利策说过："一定要坚信，真实对报纸来说犹如贞操对女人一样重要。"[①]

事实上，每年都有假新闻被新闻媒体报道出来。

《新闻记者》杂志2011年第一期，评选出"2010年十大假新闻"[②]，其中包括：

---

① 转引自[美]沃尔特·李普曼，詹姆斯·赖斯顿著，展江译：《新闻与正义：14项普利策新闻奖获奖作品全译本》(修订版Ⅲ)，中国人民大学出版社，2009年版。

② 详见http：//xwjz.eastday.com/eastday/xwjz/node514310/node514312/u1a5636968.html。

〇 中国作协作家团入住总统套房

【"新闻"】中国作协第七届九次主席团会、七届五次全委会昨日就开始在重庆举行，而作协主席团委员陈世旭、舒婷、赵本夫等也陆续到渝。记者从接待人员处获悉，这次来渝开会的作家入住的是一家五星级酒店，有的作家还住总统套房。吃的是2000多元一桌的宴席，接送车辆是奥迪车。

【真相】中国作协新闻发言人陈崎嵘回应，该报道是失实的。事实真相是：重庆申基索菲特酒店在27层确有一间"总统套房"，但没有任何人入住。全体与会人员用的都是宾馆平日标准的自助餐。会议期间，组织与会人员参观渣滓洞集中营旧址、"打黑除恶"资料展览和到重庆烈士陵园祭奠扫墓等活动，都是集体乘坐大巴、中巴车往返。

〇中国每年有220万青少年死于室内污染

【"新闻"】一项权威机构最新调查显示，中国每年有220万青少年死于因室内污染所引发的呼吸系统疾病，因此被中国国家科技部列入"十五"科技攻关重大项目"室内空气污染控制措施的研究"科研课题。记者从中国疾病预防控制中心今天下午举行的新闻发布会上了解到，中国标准化委员会中国青少年卫生健康指导中心最新调查结果表明，中国每年有220万青少年死于因室内污染所引发的呼吸系统疾病，其中100万是5岁以下幼儿。

【真相】5月18日，卫生部在其官方网站挂出关于"中国疾控中心举行新闻发布会"不实报道的声明。声明中说，疾控中心近日未以"中国疾病预防控制中心"名义举办过新闻发布会，中心也未发布过任何关于空气污染导致人群死亡的具体数据。同日，中新社总编室发出《关于〈中国每年有220万青少年死于室内污染〉一稿的说明》："我社记者于2010年5月16日依据中国疾病预防控制中心环境与健康相关产品研究所'十五'科技成果'室内空气重点污染物健康危害控制技术'推广会上提供的材料，播发了《中国每年有220万青少年死于室内污染》一稿，受到一些读者的质疑。现接到会议承办方北京海曼普环保科技有限公司给我社总编室发来的致歉函，称'该数据我公司未经核实，对于可能给读者造成的误解我公司深表歉意'。中国疾病预防控制中心环境与健康相关产品研究所科技成果推广办公室对此表示认可。"

〇70%举报人遭打击报复

【"新闻"】据最高人民检察院材料显示，在那些向检察机关举报涉嫌犯罪的举报人中，约有70%的举报人不同程度地遭受到打击报复或变相打击报复。其中，各类“隐性打击报复”举报人的行为，因其手段“合法”，行为隐蔽，难以界定，一直处于法律救济的“边缘死角”。在近日召开的“2010 年检察举报论坛”上，有专家认为，我国对举报人的保护在立法领域存在明显的缺陷和疏漏。专家建议应制定完善各种单行法律法规，以构建完备的公民举报权保护体系。

【真相】《中国青年报》6 月 22 日报道《最高检：“七成举报者遭打击报复”报道不实》：“最高人民检察院举报中心主任王晓新在通报‘12309’举报电话的运行情况时，驳斥了此前‘70%的举报者遭到打击报复’的说法。……这一数字被最高人民检察院举报中心主任王晓新斥为‘不客观’、‘不准确’。……王晓新说，根据最高人民检察院的统计，举报人遭受打击报复的案件很少，每年不会超过 200 件。”

新闻失实的表现有很多种，如语言失实、动作失实、心理活动失实、消息来源的名称失实、新闻人物的个人信息失实、图片失实、事件失实等。

新闻失实的原因有很多种，例如，道听途说、轻信他人、未作核实、迫于压力、唯利是图、本领不过硬、道德信念不坚定、把关不严、“合理想象”[①]等。

我们在评析新闻作品时，如果发现新闻失实的情况，就可指出新闻失实之处，失实的本质类型(体制性失实、经济性失实、技术性失实等)，并追溯失实的原因。

第二节　遵循新闻价值规律

新闻作品之所以被报道出来，最主要的原因就是因为其中的新闻事实有新闻价值。

所谓新闻价值，就是新闻事实本身所包含的满足社会需求的素质的总和，具体包括时效性、重要性、接近性、趣味性、显著性等要素。

所以，在新闻评析活动中，评价新闻作品是否合格、优秀，首先就必须看其是否具有较大的新闻价值。一般来说，新闻作品所包含的价值要素越丰富，级数越高，其新闻价值就越大。

---

① 即记者捏造的看似合理的想象性描述。例如，陈帆红(网名“菜青虫”)1999 年 12 月 9 日被评为首位中国网络小姐，媒体对此做了很多报道。陈帆红的腿患骨巨细胞肿瘤，在未确诊之前，她并没有太大的感觉。而出现在许多媒体上的文章，经记者的“合理想象”之后，陈帆红患病时痛得“天昏地暗”、“如刀割般”。另外，陈帆红的父母都是宁波大学的教授，为鼓励女儿战胜病魔，他们虽然内心无比担忧和牵挂，但表现得非常坚强，而不少报道却说“父母终日以泪洗面”。

当然，评析新闻作品时，我们还要分析该作品体现了新闻价值中的哪个要素或哪几个要素，是怎样表现这个或这几个要素的。

一、时效性

评价一则新闻作品是否体现了新闻价值，首先就看其是否符合时效性原则。

新闻，顾名思义，就是要“新”：新鲜，新颖，新奇。

其中，“新奇”包括在显著性范畴之内，而“新鲜、新颖”更多的是指时效性。

所谓时效性，就是指新闻事实中所包含的因为事实的急剧变化而要求新闻传播媒介尽快报道或传播的那种性质。

它包括三方面的含义：一是指“事实发生时间的时新”，即有关事实刚刚发生或刚刚被发现；二是指“新闻事实本质上的新颖与新奇”，即受众所欲知的新事实、新变化、新知识、新潮流等；三是指“新闻报道的迅速与及时”，即当新事实、新变化、新知识发生时，新闻传播媒介予以及时传播了，就有新闻价值，否则新闻变成了旧闻，就失去了新闻价值。

好的新闻作品，其时效性必然迅速、准确、有力。例如，1998 年《中国青年报》摄影记者贺延光在抗洪抢险中关于九江段 4 号闸附近决堤的报道，就是少有的时效性极强的新闻，其写作特色突出，比较全面地体现了时效性原则：

九江段 4 号闸附近决堤 30 米
两千余军民奋力抢险

本报江西九江 8 月 7 日 16 时 5 分电（记者贺延光） 今天 13 时左右，长江九江段 4 号闸与 5 号闸之间决堤 30 米左右。洪水滔滔，局面一时无法控制。现在，洪水正向九江市区蔓延。市区内满街都是人。靠近决堤口的市民被迫向楼房转移。

本报江西九江 8 月 7 日 16 时 35 分电（记者贺延光） 现在洪水已漫到九瑞公路。据悉，决堤时，一些居民还在睡午觉。现在在堤坝上被洪水围困的抢险人员大约上千人。

本报江西九江 8 月 7 日 17 时 5 分电（记者贺延光） 国家防汛总指挥部的有关专家正在查看缺口。专家决定用装满煤炭的船沉底的办法堵缺口。

本报江西九江 8 月 7 日 17 时 15 分电（记者贺延光） 记者已赶到决口处。汹涌的江水正从 30 米宽的缺口涌向市区。南京军区两个团正在国家防总、省防总有关专家的指挥下现场抢险。现在有一条 100 多米长的船无法靠近缺口，抢险队正在想办法。

本报江西九江 8 月 7 日 17 时 40 分电（记者贺延光） 专家们拟订了三套

抢险方案：1. 将低洼处的市民转移到安全地带。2. 市区内的军队、民兵组成一道防洪线。3. 全力以赴堵住缺口。

现在，一条大船装满煤，正由北向南岸靠近，准备堵缺口。

本报江西九江8月7日22时5分电（记者贺延光） 截至记者21时撤离时，决堤口还没有堵上。一条装满煤炭的百米长的大船已横在距决堤口20米处，在其两侧，三条60米长的船已先后沉底。数千军民正在抛石料。水势稍有缓解。

目前，留在决堤处的抢险人员总计有2 000多人。防汛指挥部组织抢险人员正在市区的龙开河垒筑第二道防线。

据悉，市中心距决堤处的直线距离约5公里。市区目前还未进水。记者赶回市区时看到，一些店铺还在营业。市民们的情绪较下午平稳了一些。

路上，出租车司机告诉记者，市政府已在电视上发出紧急通知，告诫市民，凡家住低于24米水位的住户，要迁到更高的楼上。

本报江西九江8月8日零时15分电（记者贺延光） 记者刚刚与前线指挥人员通话：现在沉船部位上端水流有所减弱，但船下的漏洞水流仍很急，缺口处洪水不见缓解。抗洪军民仍在连夜奋战。

本报江西九江8月8日零时45分电（记者贺延光） 记者刚刚得到消息，从昨天下午4点开始，万余名解放军战士正在龙井河连夜奋战，构筑一道10公里长、5米宽的拦水坝，作为市区的最后防线。至发稿时止，仍有大批军民赶往此地。

这篇稿件可以评点的方面很多，例如，记者的精神、现场报道的魄力、灾害报道的新角度等，我们仅分析它的新闻时效性，即“新鲜、快速、简短”等方面的写作特点。

第一，作者在新闻文体上采用了最能体现时效性与快速报道的基本形式即短讯，又称快讯。此篇新闻作品是由8条快讯组合起来，一气呵成。

第二，为了更明显地突出时间观念，作者选择了滚动报道的方式，并发出“分钟电”。所谓滚动报道，就是以时间为线索，随着时间的前移，层层推进地报道事件的发展。所谓“分钟电”，是指在消息电头的时间处理上，不仅标明了月、日、小时，而且标出了分钟。如上文中8条短讯的电头都明确地标出几时几分。前5条报道是记者在向决口的4号闸处一路奔去以及赶到决口处所发的，水情严重，局势瞬息万变，因此他的发稿频率很快，基本上每半个小时发稿一次。

第三，为了抢在“第一时间”发稿，作者当时用的是口述新闻的方式，编辑部决定原样照发，全稿保持了类似实况转播的氛围，随着记者辗转于现场：九瑞公路上、4号闸前以及九江市区，通过记者的所见所闻从各个角度，对这次决口事件作了“文字现场直播”。

第四，作者的语言凝练、简洁，没有废话，几乎每一句话都是一条信息，这也非常符合快速报道的特点。

《中国青年报》的记者以及编辑在这个突发性事件面前表现出的时效观念以及新闻敏感和勇气，使这篇报道在第一时间里披露了九江大堤决口，抢到了独家新闻，实现了最佳的新闻价值，此稿也最终获1998年中国新闻奖特等奖。

2008年5月12日14时28分，汶川大地震发生，新华网在18分钟后即5月12日14时46分29秒发布消息，央视在15时许便播出了第一条与灾情相关的新闻，此时距离地震发生只有32分钟。在经过仅20分钟的准备后，15时20分开始，央视一套和新闻频道取消原有节目，开始直播特别节目《关注汶川地震》，此时距离地震发生只有52分钟。

在不到一个小时的时间里，央视一套和新闻频道已经正式启动了24小时直播，打破了原有的节目板块，形成全天候播出的“抗震救灾、众志成城”特别节目，并以播报、访谈、连线等形式，同时借助画面、图像等手段不间断地向观众提供灾情信息，呈现政府与民众齐心协力抗震救灾的场景。国内媒体及时公布震情灾情和抗震救灾情况，深入宣传抗震救灾中涌现出来的先进集体和模范人物，大力弘扬抗震救灾的伟大精神，鼓舞了斗志，坚定了战胜灾害的信心，赢得了人民群众的高度评价，国际社会也普遍给予好评。

二、重要性

重要性是一切优秀新闻作品所共同关注的“焦点”，也是新闻价值“特殊素质”中的关键素质。所谓重要性，就是指新闻事实中具有的那部分对社会、公众有较大影响的性质。

一则优秀的新闻作品，必然具备并体现重要性，这既是新闻价值的内在要求，也是事实本身内在潜质所决定的。

判断新闻价值的重要性，主要看新闻报道的事实对受众影响的范围和程度。事实影响涉及的受众范围越广，事实对受众的影响程度越大，新闻越具有重要性。

凡重要的事情几乎都具有新闻价值，因为它们与人们的生存有密切的关系，是人们注意的主要目标；它们影响社会的变动，甚至永久或暂时改变社会的进程；它们出乎人们的预料，突破人们的正常思维，在心灵深处产生震撼。

请看作品《非典型肺炎病原是衣原体》：

非典型肺炎病原是衣原体?

广东专家对此持保留意见，认为病毒引起的可能性极大

本报讯(记者 段功伟）昨天，新华社发布消息，称经中国疾病预防控制中心和广东省疾病预防控制中心的共同努力，引起广东省部分地区非典型肺炎的病原基本可确定为衣原体，但广东的绝大多数专家对此持保留意见，他们认为是病毒性肺炎的可能性很大。

北京专家认为病原可能是衣原体

为什么将本次非典型肺炎的病原基本确定为衣原体呢？新华社报道说，中国疾病预防控制中心病毒预防控制所报告，通过电镜观察发现两份死于本次肺炎病人的尸检肺标本上有典型的衣原体的包含体，肺细胞浆内衣原体颗粒十分典型。

报道说，衣原体是一种在真核细胞内寄生的原核微生物。某些衣原体曾经被归为病毒，可通过呼吸道分泌物，气溶胶，直接与病人接触，以及与病禽或鸟类接触而传播，临床表现为肺炎和支气管炎。衣原体引起的肺炎采用针对性强的抗生素治疗非常有效，但必须是全程，足量的规范化治疗。同时对病人加强护理和休息，供给营养丰富，易于消化吸收的食物及充足水分。

报道称，该病是完全可以预防的。

广东专家认为病毒性肺炎可能性大

昨晚，记者采访了很多广东专家，他们认为本次非典型肺炎是病毒性肺炎的可能性极大，因而对病原是衣原体的结论持保留意见，理由大致如下：

一、衣原体肺炎一般呈散发性，即零零星星地发生，所以流行的可能性不大，但这次广东局部地区发生的非典型肺炎有局部流行的特点；

二、衣原体肺炎死亡率不高，大概在0.1%—1%，而且发病也不凶险，比如发烧热度不会太高，这与本次发生的非典型肺炎不同；

三、衣原体肺炎属肺间质肺炎，肺泡隔会增宽，但这次非典型肺炎死亡病例尸检显示，肺泡隔变化不大；

四、在本次发生的非典型肺炎病例中找到了病毒包含体，这是诊断为病毒性肺炎的重要依据。

鉴于此，还有专家说，不能按衣原体的结论来制定治疗方案，否则可能造成可怕后果。他们表示会按既定预防治疗方案行事。

专家们说，虽然本次非典型肺炎属病毒性肺炎可能性极大，但到底是何

种病毒引起尚难确定。这需要多长时间很难说，因为病毒有很多种，很难分离。不过暂时找不到病原体不可怕，可以针对具体症状，对症治疗。

（南方日报 2003 年 2 月 19 日）

关于衣原体的争论，是抗击非典斗争中的一起重大事件。非典疫情发生后，所有人都想知道其病原究竟是什么。2003 年 2 月 18 日下午，新华社发出通讯，国家疾病预防控制中心宣布非典的病原是衣原体。对于这一“期待已久”的结论，大多数广东专家持不同意见。

在争论中，广东专家尊重科学，没有认同北京专家的意见，坚持实事求是，为降低病死率、提高治愈率作出重要贡献。《南方日报》在全国众多媒体中第一次如实报道广东专家的观点，既鼓舞了广东专家的士气，也显示出媒体和记者所具有的巨大职业勇气。广东取得非典最低病死率的好成绩，与专家实事求是的态度密不可分。中国最终取得抗击非典斗争的胜利，新闻作品的及时客观报道也功不可没，其重要性不言而喻。

2005 年 4 月 29 日下午，中共中央总书记胡锦涛在人民大会堂北大厅会见了中国国民党主席连战一行。这是 60 年来中国共产党和中国国民党最高领导人的第一次会见。胡锦涛与连战的握手，是时隔 60 年两党最高领导人的历史性握手。连战率团访问大陆，引起了全世界和海内外华人的极大关注。

《两党一小步，民族一大步》以红地毯和光亮的地板做背景，高角度略微俯拍，画面中两位新闻人物以全身取景，同时迈出右腿，伸出右手，拍摄得恰到好处，画面瞬间富有感情，细节生动又与众不同，看后甚觉意味深长。

这一步是两党面对现实、为开辟未来共同迈出的历史性一步，“胡连会”不仅为国共两党携手合作写下了崭新篇章，也为促进两岸关系的和解、对话、和平和双赢，开启了历史性的契机。有了这一步，就一定会有第二步、第三步。人们有充分的理由相信，由两党的交流必然会带动两岸的交流，由两党的合作必然会带动两岸的合作，由两岸的合作必然会带动两岸的融合；由此，两岸的和平发展乃至整个中华民族的振兴，也就有了一个新的开端。

这幅照片最终获得《人民摄影报》2005 年度全国最佳新闻摄影奖、2005 年度中国新闻摄影评选金奖、第 16 届中国新闻奖一等奖。

三、接近性

接近性是传统新闻价值的要素之一，是对新闻题材与目标受众生活空间的吻合程度的度量，主要是指人们对发生在自己附近的事情感兴趣、并且容易受到它的影响，包括地理上的接近和心理上的接近。

凡是具有接近性的事实，群众关心，就有新闻价值。纵观近几年涌现出的优秀的新闻作品，可以发现，凡是可读性强的新闻，大多具有贴近群众、贴近生活的特点。新闻作品如果能同读者在地理、心理、利害等方面接近，就能有效地增强新闻对读者的吸引力、感召力和说服力。

好的新闻作品之所以能够实现接近性，一是由于读者同报道对象在地域上相当接近，比较熟悉，于是产生了亲近感；二是由于读者与报道对象有某些相似点，感情上相通，从而产生亲近感。前者我们称之为地理上的接近性，后者称之为心理上的接近性，其实无论对它们如何分类，实质上都是心理上的接近。

新闻作品如果含有这种接近性，就能有助于满足读者心理上的某些需要，可以使受众的某种感情得到沟通和寄托、获得社会尊重的情感和某些兴趣爱好并得到满足。因此，新闻作品所包含的接近性，是新闻评析时所考虑的重要因素。

凤凰卫视近些年在大陆是很受欢迎的媒体，其受欢迎的原因，不仅在于它的权威、深度、及时的新闻内容，而且在于它贴近受众、丰富多彩、生动活泼的节目形式和报道方式。

2009 年 2 月 13 日，第 52 届世界新闻摄影比赛(荷赛)获奖作品在荷兰阿姆斯特丹揭晓，极光图片社美国摄影师 Callie Shell 为《时代周刊》拍摄“巴拉克·奥巴马竞选总统”组照获得金奖。记者选取的拍摄角度不是奥巴马竞选路上正装示人、神采奕奕、霸气十足的瞬间，而是选择“奥巴马在睡觉”(图 2-2-1)、“奥巴马夫妇在火车上休息”(图 2-2-2)、“奥巴马做运动”(图 2-2-3)等场景，记录了一个生活中普通的奥巴马。其中奥巴马夫妇在火车上相依相偎困倦地打盹的照片，让人一眼看去，就能感受到生活的温馨，国外记者拿捏新闻的尺度和心理亲近感，值得我们学习借鉴。

图 2-2-1　获奖组照之奥巴马坐在板凳上

图 2-2-2　获奖组照之奥巴马夫妇在休息

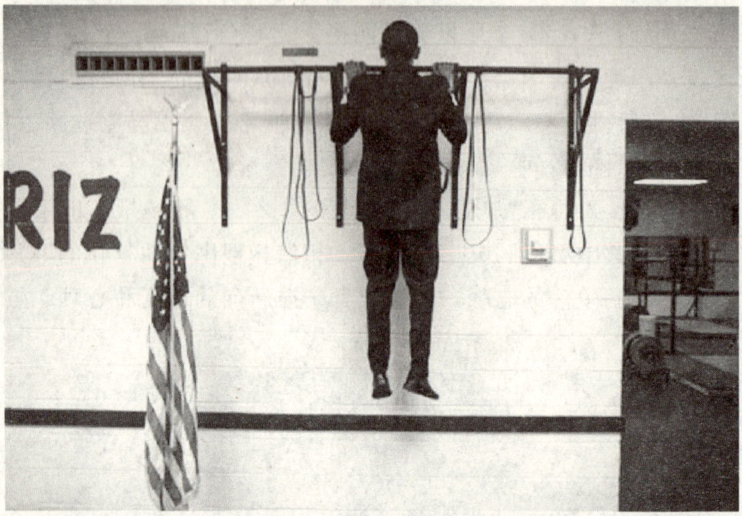

图 2-2-3　获奖组照之奥巴马趁选举间隙做运动

新闻作品要达到有效引导、感染受众的效果，必须简明扼要、通俗易懂、具体生动、真实感人，要让反映共性的东西少一些，有个性特色的东西多一些；套话空话的东西少一些，来自基层、群众鲜活的东西多一些；浅层次扫描的东西少一些，深层次开掘的东西多一些。特别是要坚持以人为本，把体现党的主张和反映人民心声统一起来，把坚持正确导向和通达社情民意统一起来，把镜头、笔头、话筒多对准基层、对准百姓，多用群众的鲜活语言，多用群众身边的生动事例，多用群众喜闻乐见的方式，努力满足人民群众多层次、多样化、多方面的精神文化需求，使舆论引导工作更加可亲可信、深入人心。

新闻评析活动要坚持以人为本，坚持把实现好、维护好、发展好最广大人民的根本利益作为出发点和落脚点，坚持贴近实际、贴近生活、贴近群众，掌握各类受众群体的心理特点和接受习惯，创新观念、创新内容、创新形式、创新方法、创新手段，让新闻更具人文关怀、更加生动活泼、更为读者喜闻乐见。

四、趣味性

趣味性是新闻价值的要素之一，指新闻内容及其表现手法富于情趣和兴味、能吸引人阅读或收听、收视的属性。它包括两层意思：(1)指内容新奇曲折，富有兴味，受众普遍感到有趣；(2)指写作形式或表现手法生动活泼，具有吸引力。

有了一定的趣味性，新闻报道才能吸引人，才能为读者或听众所喜闻乐见。如果读者和听众不喜闻乐见，那么新闻报道的价值就会大打折扣。

发挥趣味性的作用，是提高新闻价值，增强文章魅力和宣传效果的重要手段。可以说，趣味性是新闻内容的强化剂和润滑油，二者相互结合，互得益彰，读者在获得新闻事实的同时也得到美的享受。

因此，在新闻评析活动中，必须看作品是否具备趣味性，只有具备了趣味性的作品，新闻才更加丰满生动、可读可用，才能增强感染力、穿透力和传播力。

例如，获得第18届中国新闻奖一等奖作品《中国“小土豆”打赢国际大官司》，作者将“小土豆”和“大官司”作对比，题目戏剧性、趣味性强，从我国的土豆反倾销案例这一小切口入手讲述一件具有历史意义和社会意义的典型事件。而获得第8届中国新闻奖二等奖作品《夏收何必搞仪式　小麦未熟遭“剃头”》则是一篇批评形式主义的消息，新闻标题来运用反问和拟人两种修辞手法，既生动活泼又发人深省。作者在文章最后一段还采用拟人修辞手法，“隆隆的机器声中，一台台返回的收割机向三台卡车‘吐’出‘一口口’泛青的麦粒。一台收割机因麦粒太湿发黏而发生‘肠梗阻’，三个工人顶着烈日，为此忙乎了半天。”文中的拟人手法描写收割机的无奈实质反映农民面对上级形式主义的无奈，语言生动而形象，趣味性极强。

中央电视台《马斌读报》栏目在庄谐结合解读的过程中，添加打油诗、个性化的评论、新闻漫画、照片、新闻人物精彩语录等多种形式创新，添加了许多娱乐受众的元素，在受众接受信息的同时，尽量让受众有愉快的感官体验，紧密联系民生经济话题，将受众欲知、应知、乐知而又不知的新闻信息传达给受众。

五、显著性

“显著性”主要与知名度(著名程度)有关：新闻事件中的人物、机构、物品的知名度越大，越有新闻价值。凡人凡事难以成为新闻，名人凡事则常常是新闻。

“显著性”也与显眼程度有关：事实、事件、人物越是显眼，越有新闻价值。例如，个人、机构的成绩、成就、成果越是卓尔不群、出类拔萃、杰出，越是有新闻价值。

例如，通讯《河北大名：县府大院一用五十年》[①]，以 2 682 字报道了河北省大名县委、县政府在一个老旧的大院里办公的事实。

与部分地方政府部门“盲目追求享受、寻求豪华办公条件”的奢华不正之风相比，河北省大名县“最好的房子是学校，最高的大楼是医院，最破的房子是县委县政府大院”，无疑是很有显著性的事实。

正因为这种显著性，该报道见报后，被全国许多家媒体和网站转载，舆论反响强烈。见报当日，中共中央政治局委员、中央书记处书记、中央宣传部部长刘云山在中国青年报上作出重要批示，称这一报道对纠正当下的奢华不正之风有良好作用，并要求加大宣传力度。当天，中央电视台《共同关注》、《东方时空》等栏目滚动播出大名县府大院坚守陈旧办公条件的报道，并多处直接引用《河北大名：县府大院一用五十年》的相关内容，刊播该报道所配 3 张照片。此后不短时间内，对于政府部门办公条件的讨论仍在各大网站、论坛热烈地展开。一些媒体仍在跟进河北大名的相关报道、言论分析。以网络舆论反应为主，形成了一股呼吁“大名式”艰苦办公、真心为民，痛斥“不以民为先、倒以己为重”的正义潮流。

第三节　体现宣传价值理念

所谓宣传价值，即新闻事实本身所包含的有利于传播者，并且能够体现传播者的主观意图（思想、观点、主张）的素质，其核心是传播思想，正确引导社会舆论。

在我国，新闻作品除了传递信息、满足观众的新闻需求外，还必须起到舆论引导的作用，推动各方面工作的开展，弘扬主流价值，营造健康向上、丰富生动的主流舆论，最终实现其宣传价值。

一、进行舆论引导

新闻舆论处于意识形态领域前沿，在未来经济社会发展中，舆论的作用和影响将会越来越大。当今时代，信息技术快速发展、媒体格局深刻变化、舆论环境日益复杂，能不能提高舆论引导能力，巩固和发展积极健康向上的主流舆论，是

① 刊于《中国青年报》2009 年 11 月 23 日第 1 版，作者系《中国青年报》记者王怡波、《民主与法制》记者张君。

新闻评析者应充分予以关注的。

在进行新闻评析活动时，应重点关注作品在思想舆论引导方面所起的作用和效果。一则合格、优秀的新闻作品，应该把体现党的主张与反映人民的心声统一起来，把坚持正确导向与通达社情民意统一起来，把正面宣传为主与加强改进舆论监督统一起来，牢固树立政治意识、大局意识、阵地意识，始终把正确导向放在首位，坚持团结稳定鼓劲、正面宣传为主，高举伟大旗帜，唱响奋进凯歌，形成积极健康向上的主流舆论。

新闻舆论的竞争说到底是话语权的争夺，评析者要按照导向正确、及时准确、公开透明、有序开放、有效管理的要求，不断推进新闻宣传的改进创新，不仅显著增强把握正确导向的自觉性，而且显著提高舆论引导的有效性，努力掌握话语权、赢得主动权。

新闻评析活动要坚持社会主义新闻传播的指导思想和报道方针，要坚持正确的舆论导向，宣传新时期党的路线、方针和政策，努力在全社会形成积极健康、昂扬向上的主流舆论。

在刚刚粉碎“四人帮”以后的一段时间里，“两个凡是”的现代迷信还禁锢着大家的思想，拨乱反正无法进行，改革迈不开步伐。1978 年 5 月 11 日，《光明日报》发表了“本报特约评论员”的文章《实践是检验真理的唯一标准》，第二天《人民日报》《解放军报》全文转载，不久，《解放军报》又发表与此文相呼应的评论员文章《马克思主义的一个最基本原则》。于是，在全国迅速开展了一场关于真理标准问题的大讨论，形成了强大的舆论洪流，冲破了“两个凡是”的樊篱，大大解放了人们的思想，为党的十一届三中全会的召开做了最重要的思想准备和舆论准备。

2008 年，一些国际反华势力严重干扰奥运圣火传递的事件曾在社会上掀起了舆论热潮，国内一些媒体紧跟热炒，结果不但没有起到正面的引导作用，反而引发了一些群众特别是部分青年学生的不理性情绪。《人民日报》适时发表了《爱国主义如何更有力》和《爱国热情与国家利益》等系列评论，倡导理性爱国，有力地疏导了公众情绪，起到了良好的舆论引导作用，受到了读者的肯定和好评。

随着网络的弥漫传播，信息的汪洋浩浩荡荡，“泾流之大，两涘渚崖之间，不辩牛马。”在一个被媒介洪流所包围的环境中，信息的弥漫并不可怕，可怕的是意见的弥漫。舆论作为民意的表达和体现具有强大的力量，所谓“得民心者得天下，失民心者失天下”，正说明了民心、民意和舆论的巨大社会威力，而网络舆论也越来越凸显其重要性。

近几年来，国内外的每一重大事件，几乎都在网络媒体引起强烈的反响和激烈的辩论。在人民网的“观点频道”和“强国论坛”、新华网的“新华言论”和“发展论坛”、国际在线的“管窥天下”、红网的“红辣椒评论”、千龙网的“千龙评论”、东方网的“东方评论”、中青在线的“青年话题”以及新浪、搜狐等各大网站的新闻跟帖中，网民们每天都会就当下的热点或重大问题展开激烈的讨论，且对问题的讨论比较深入，进而形成强大的舆论影响。这些来自各网站的媒体言论与论坛(BBS)及新闻跟帖中的具有建设性的看法和观点，甚至对有关部门的决策和施政产生了影响。

“5·12汶川大地震”期间，网上出现了一些质疑的声音，人民网强国论坛快速反应，在最短的时间里邀请了国家地震局、教育部、建设部、红十字协会等有关人士，就地震预报、灾区校舍倒塌、捐款使用、“万元帐篷”等网民普遍关心的话题与网民进行了交流，消除了许多网民的疑惑，在很大程度上缓解了情绪。

北京奥运会期间，刘翔宣布退赛，引起国内外广泛关注，不少网民在论坛、留言版上贴埋怨、不解甚至谩骂的言论。对此，人民网迅速采取各种措施积极引导网上舆论，首先对刘翔因伤退赛新闻发布会进行了视频、图文直播；并在首页显著位置推出“对刘翔说：懂你离开是为王者归来”互动留言，仅四个小时就收到留言8 632条，多数网友对刘翔表示支持；距事发仅一个多小时，人民网就推出原创评论《刘翔有权受伤，13亿人的期望不该由一个人扛》，迅速被各大网站转载。截至当日18时，有103 000多名网友祝福鼓励刘翔。同时，人民网还推出了医学专家对刘翔伤情的解析、赞助商对刘翔退赛的表态等新闻，这一系列报道又对网民理性看待刘翔退赛进行了有力引导。

在具体评析作品的舆论引导技巧时，应看它是否符合以下四方面的要求：

1. 宜解不宜避，坚持思想舆论引导的鲜明性

在现实生活和工作中，总是会存在这样那样的问题，对于这些需要引导或解决的问题，有的新闻作品选择直面问题并试图解决问题，另外一些新闻作品则是回避问题、掩盖问题、逃避现实。毋庸置疑，前者的宣传价值更大。

2. 宜缓则缓，宜急则急，把握思想舆论引导的适时性

现实生活和工作中的问题，有些问题的解决是刻不容缓的，必须尽快解决，另外一些问题则不能操之过急、急于求成，否则“欲速则不达”。对于那些“解决宜缓”的问题，新闻作品如果显得急于求成，则不恰当。反之，对于那些“解决宜速”的问题，新闻作品如果显得不急不慢，也是不恰当的。

3. 宜全面不宜片面，讲求思想舆论引导的辩证性

唯物辩证法告诉我们，看待事物，要用全面的眼光，不能用片面的眼光。片面，容易导致偏激、误解、误判。而全面观察，更容易做到客观、严密。新闻作品的视角是以片面的，还是全面的观察为基础，关系到新闻作品的说服力、真实

性。新闻采写中的“平衡报道”手法，其实就是全面观察的报道手法。

4. 宜诱不宜硬，注意思想舆论引导的启发性

对于新闻作品来说，即便是真理在握，要想说服受众，最好也是循循善诱、以理服人。反之，以居高凌下的训斥姿态，以开门见山、直书观点的“硬宣传”手法，未必能对舆论起到很好的引导、启发作用。

做到以上四点，才能让舆论引导得到受众认可，取得良好的传播效果。

二、推动中心工作

围绕中心、服务大局是新闻宣传永恒的主题，也是新闻宣传工作的主要任务。新闻以大量的生动的事实来宣传党和国家的各项方针政策，把党和政府的主张及时准确地传播到全国各地，指导和推动实际工作，使之沿着党和政府指引的方向健康发展。

例如，克服当前国际金融危机影响、保持经济平稳较快发展，是 2008 年、2009 年、2010 年党和政府的首要任务，也是人民群众普遍关注的问题。新闻媒体要全面准确地宣传当前国际国内经济形势，宣传中央关于经济工作的决策部署，阐明经济工作的总体要求、主要目标、重点任务和政策措施，深入解读保增长、扩内需、调结构、促改革、惠民生的重大举措。

2008 年 8 月，中央电视台第一次出现了针对金融危机的报道。10 月中央电视台经济频道由《经济信息联播》和《经济半小时》联手推出系列特别报道《直击华尔街风暴》，就次贷危机引起的华尔街金融危机进行了第一时间的深度解读，并就其对中国的经济影响进行了科学的预测。这一节目充分发挥了电视检测社会环境并积极做出反应的预警功能，收视率很高，引起了社会各界的广泛关注，使国内公众对美国爆发的金融危机有了及时而充分的了解，各相关部门也因此有了预判和准备的时间。

从 2008 年 11 月开始，央视经济频道每晚九点推出《坚定信心促发展》特别节目，以记者调查和嘉宾访谈两种报道形式为主，将地方电视台演播室与中央台演播室连线起来，选取上海、东莞等我国经济最有代表性的典型地区，把第一线的感受、做法直接呈现给全国观众。特别节目还推出省长访谈系列，重点关注各地政府应对经济危机、促进发展的举措，帮助观众准确理解当前宏观调控政策，树立对我国经济发展的信心。多位省市领导表示，经济频道推出的特别节目正当其时、有深度，起到媒体领头羊的作用。11 月 13 日，《坚定信心促发展》连续 5 天推出“中国奶业调查报告”系列报道，关注我国有影响力的品牌奶制品企业，通过记者的第一手调查，反映了雅士利、伊利、蒙牛、光明等多家企业在“三聚氰胺事件”发生后严格把关，让消费者吃上放心奶，走出“中国奶业的霜冻期”，重新

赢得人们的信任和市场认可；同时还报道了三元、完达山、飞鹤、贝因美、新希望等企业，用优质奶源加核心技术打造过硬品牌，提振了人民对民族企业的信心。

《新闻联播》以头条位置或重要篇幅，开辟“坚定信心 应对挑战”专栏，深入报道国务院促进经济发展10项措施的执行进展情况。栏目从国家切实保护农民利益、重大能源开发项目确认通过、国家电网建设和改造进入筹备阶段等新闻事件切入，抓住启动内需这一当前经济焦点，在充分运用图示等手段的同时，注重分析决策实施将产生的拉动效应和行业发展的关联性，向广大观众有效解读了国家拉动内需决策部署的重大意义，提升民众信心指数。国家发改委等部委均表示，《新闻联播》的报道紧扣当前经济形势，对坚定国民信心起到很好的引导作用。

三、弘扬主流价值

我们正生活在一个日益多元化的社会，形形色色的利益群体，其中的关系错综复杂。在这种社会背景下，各种观点层出不穷，各种是非争议不断。但是应当认识到，多元与多样，并不意味着标准的淹没和公理的缺失。更重要的是，无论价值怎样多元，在我们这个社会占据主导地位的仍然应该是主流价值体系。因此，新闻评析还应遵循弘扬主流价值这一原则。

一个社会要有序协调发展和保持团结稳定，除了建立组织和制度，保障社会成员之间的政治、经济、社会关系之外，还必须形成自身的主流价值观念体系。主流价值体系为人们提供了一整套观察世界、判断事物的基本标准。在核心价值体系的指导下，取得全社会广泛而深刻的价值认同，可以使人们超越民族、血缘、语言、习惯、地域等方面的差异，消除彼此之间的分歧和隔阂，增强社会成员的归属感和向心力，促进社会共同体的团结和稳定。

主流价值体系就是那些全社会普遍承认的真、善、美与假、恶、丑的评价标准。这些既是主流意识形态的折射，也是人民群众普遍信赖的价值尺度，应该得到新闻评论的大力弘扬与积极宣传。新闻是讴歌时代精神、弘扬文明新风、伸张社会正义的重要力量，既能够传播信息、普及知识，也能够反映民意、开展监督，对于推进社会文明进程具有不可代替的重要作用。我们要充分发挥新闻宣传的职能作用，大力弘扬社会主义核心价值体系，引导广大群众形成共同的理想信念、道德规范、价值取向，努力在全社会形成和发展积极健康的主流价值观，为促进社会进步提供重要精神支撑。

在社会价值观的立场上，新闻绝对不能缺位。正是在不断弘扬主流价值观的过程中，新闻逐步获得了自身的影响力。在历届中国新闻奖获奖的作品中，都清楚地表现出这一特点，值得我们注意和学习。请看通讯作品《风雪中，伫立着四位“厚道”的农民工》：

风雪中，伫立着四位“厚道”的农民工

付海厚

打了两三个月的工，却没拿到一分钱工资。没有油了，蜂窝煤也快烧完了，四位农民工每人每顿饭只能吃两个馍。

更要命的是，王营村那家馍店向他们赊了25元钱的馍后，告诉他们：不清账，就不能再赊馍吃了。现在，掏遍四人所有的口袋，摆到桌子上一数，只有6元1分钱。看着案板上仅剩的一棵大白菜，望着窗外纷纷扬扬的鹅毛大雪，接下来的日子他们不知道还能撑多久？

老板欠工资不见踪影

1月17日，来自湖南岳阳的刘先仿到河南省南阳市卧龙区劳动保障监察大队投诉，称他们4人在一家铸造厂打工，但老板拖欠他们共计5 780元工资后不见了踪影。1月18日上午，执法人员来到这家工厂。厂内停着几辆自卸车，四名衣着单薄的工人伫立在风雪中，瑟瑟发抖。

据介绍，刘先仿等4人分别于去年的10月5日、11月8日和11月25日到该厂打工，可自去年12月5日起，老板就未发过工资。“要了不知多少次了，一分钱也没要到。”这位老板1月16日中午曾信誓旦旦地对工人承诺第二天发工资，可自那以后就再也找不到人了，连电话也不接。

因找不到该老板，劳动监察大队执法人员无法送达法律文书，执法手段无从施展。目前，执法人员正在积极寻求有关部门帮助，以期尽快解决此事。

农民工坚守做人原则

“这个老板，太不地道！”刘先仿说。刘先仿本来在卧龙乡十二里河街的一家钢厂烧“中瓶炉”(把铁屑熔化成铁水)，一个月能拿2 700元工资。有一天，这位老板找到刘先仿，求他帮助渡过难关。原来这位老板在车站南路办了一家铸造厂，当时厂内的烧炉工回家收麦子了，又请不到其他的炉工，工厂因此停了产。讲义气的刘先仿听说老板有难，二话没说就投奔了过来。

“我放弃那么高的工资去帮他，结果却被搞得走投无路！”刘先仿气愤地说。

其实，只要刘先仿他们“动一动脑筋”，也不是无路可走——原来，厂区仍有一些化铁水用的铁屑，大概能卖两三千元；半成品的汽车压盘整齐地码

在那儿，若当废品可卖9 000元，若当半成品可卖20 000元。另外还有8辆“解放”牌自卸车存放在院内。

但刘先仿说，虽然未拿到一分钱工资，也要照看好这些物资。

今年47岁的刘先仿是湖南岳阳人，家里生活很困难，因此，他的儿子刘敏也在这里打工。刘先仿的妻子早几年得了白血病，总共花了6万元，花掉家中所有积蓄还欠了3 000多元债。

四人中最年轻的是30岁的张海龙，河南南阳邓县元庄乡张井村人。张海龙患中风的父亲76岁，无劳动能力，有一个小女儿11个月大了，一家人靠他打工挣钱糊口。可从去年10月5日到这儿打工，至今一分钱也没拿到，张海龙因此不敢给家里打电话，“也不知道他们过得咋样。”张海龙低着头说。

50岁的李三海，是看门的，湖北襄阳黄集镇人，从去年11月25日来厂里干到现在，不但未拿到一分钱工资，一次老板招待客人时还向他借了200元。

尽管身无分文，但这四位农民工却认真看管着厂区存放的物资。他们说：“这里的任何东西我们都不会损坏，做人要厚道，这是原则！”

（刊于2006年1月24日《工人日报》）

重大典型人物的时代内涵，凭借典型人物的显著性，很容易被人们发现；小人物尤其是处于弱势的农民工这一群体中所蕴含的时代内涵，则容易被人忽视。《风雪中，伫立着四位“厚道”的农民工》通过对农民工群体生存状态、所作所为的深层把握，表现了小人物在困境中的诚信坚守和令人尊敬的义利取向。角度选择新颖，以小见大，承载了社会和时代的核心价值。

四位农民工打工数月没有拿到一分钱工资，但守着欠薪逃逸老板留下的物资，他们说：“这里的任何东西我们都不会损坏，做人要厚道，这是原则！”展现了具有普遍意义的深刻思想光芒，鲜明而深刻地弘扬了我们时代的主流价值，也正是从这样的角度而言，普通的农民工因其言行的真实和现实的崇高而形象、而丰满、感人至深。

报道引领着人们走进了四位经济困顿但精神富有的“憨厚”农民工的心灵世界，坚守原则的农民工与不见踪影的欠薪老板，形成了鲜明的对照，值得人们品味、深思。在社会舆论有关农民工“素质低”论调不时出现的背景下，他们的行为及这篇报道尤显可贵。

四、传播先进文化

新闻媒体要宣传科学真理，传播先进文化，塑造美好心灵，弘扬社会正气。

这也是新闻评析所要遵循的原则之一。

优秀新闻作品能够提高人的境界、情趣、品位，培育乐观、豁达、宽容的精神；促进人的素质的提高、精神解放和全面发展，调节人们的情感和心理；塑造自尊自信、理性平和、积极向上的心态。

当前，我们正处在一个思想大活跃、观念大碰撞、文化大交融的时代，各种健康思想文化相互借鉴、相得益彰，主张在坚持核心价值体系的基础上，尊重文化的多样性，推动不同文化相互学习、取长补短，实现弘扬主旋律与提倡多样化的有机统一。在多元中立主导，在多样中谋共识，减少思想冲突、增进社会认同，有效避免因认识差异引发社会动荡；有利于形成百花齐放、百家争鸣的生动局面，使先进文化得到发展，健康文化得到支持，落后文化得到改造，腐朽文化得到抵制，使民族文化与外来文化、传统文化与现代文化、高雅文化与通俗文化在交流比较中互动融合、相互促进，使各种文化形式、文化门类、文化业态各展所长、共同发展。

文化建设是一个国家或民族以其固有的文化传统为基础而进行的文化传承、变革与创新。我国有着优秀的“和合”文化传统，经过数千年的积淀和发展，已经深深地融入中华民族的血脉之中，成为中华文明的基本特性和重要价值取向。在人与自然的关系上，我国传统文化强调天人合一，重视尊重规律、休养生息；在人与人的关系上，强调以和为贵，重视家庭和睦、融洽相处；在国家与国家的关系上，强调协和万邦，重视睦邻友好、互利互惠。这些宝贵的精神财富至今仍然得到人民群众的广泛认同，仍然是衡量人们道德素质的重要尺度，为我们今天建设和谐文化提供了丰富而厚重的思想资源。只有深刻认识祖国传统文化的现实价值，继承和弘扬中华优秀文化传统，才能在历史提供的高起点上创造出更高层次的和谐文化。

新闻作品要深入挖掘我国传统文化中有利于促进社会和谐的内容，汲取其合理的思想内核，使优秀传统文化得以传承、优秀民族文化得以新生。继承不是墨守成规，对体现和谐思想的传统文化资源，必须赋予新的时代内涵，体现新的时代精神，使之与当代社会相适应，与现代文明相协调，焕发新的生机与活力。

思考与练习

1. 新闻评析的一般原则主要有哪些？
2. 请运用本章所谈评析原则，对若干新闻作品进行评析。

第三章　新闻评析的基本方法

本章要点：

1. 新闻作品的导向、选题分析。
2. 新闻作品的语言、结构、表现技巧分析。

对新闻作品的评析，可以从不同的角度、层次、路径展开，从理论上说，应该没有一种具有绝对的排他性的评析方法。但是，不管从哪个角度着手，一般都无法脱离一些关键性的因素，如新闻导向、新闻题材、新闻结构、新闻语言等。

第一节　导向分析

新闻媒介是一种舆论工具，在形成舆论和引导舆论方面，有着不可替代的作用。这是由新闻与舆论之间密不可分的关系决定的。作为信息的传播平台，新闻媒介是舆论传播的载体。不同类型的舆论通过媒介的制作与处理，进行密集而连续的传播与扩散，就会形成特定的信息情境，对受众的思想观念与言论行动产生实际影响。马克思早就对此做出过论述："报纸是作为社会舆论的纸币流通的"，① "报刊最适当的使命就是向公众介绍当前形势、研究变革的条件、讨论改良的方法、形成舆论，给共同的意志指出一个正确的方向。"②

在对新闻作品的导向进行分析时，可以从倡导的方向与最低的底线两个因素来展开。

一、是否响应倡导的方向

2010年12月10日，中华全国新闻工作者协会颁布了2011年第21届中国新闻奖的评选办法。其中涉及了此次评选的总标准，共有5条，第一条内容为："以邓小平理论和'三个代表'重要思想为指导，贯彻落实科学发展观，坚持为人民服务、为社会主义服务、为全党全国工作大局服务，贯彻团结稳定鼓劲、正面

① 《马克思恩格斯选集》，第1卷，人民出版社，1995年版，第474页。

② 《马克思恩格斯全集》，第43卷，人民出版社，1982年版，第489页。

宣传为主的方针，坚持正确舆论导向，落实‘三贴近’要求，社会效果好。”[①]这个条文是在宏观上对新闻作品进行衡量，其实就是新闻作品导向方面的要求，我们可以将它视为新闻作品在导向方面应该努力的方向。如果一个新闻作品能够符合这条标准，那就说明它在导向方面是值得肯定的。

把这个总标准作为评判新闻作品导向的一个要点，其根据是我国新闻工作的基本定位。关于我国新闻传播的基本定位，传统上有一个形象的比喻：耳目喉舌。比较完整的叙述为：新闻媒介是党和政府的耳目喉舌。即是说，新闻媒体是党和政府的整体事业的一个组成部分，它们应该为党和政府的中心工作服务。根据这个定位，1978年之前，新闻媒体是以舆论宣传的工具或者阶级斗争的工具的面目存在的，把为党和政府的中心工作限制在一个非常狭小的范围。十一届三中全会以后，中国共产党果断停止使用“以阶级斗争为纲”的口号，恢复了党的实事求是的思想路线，在党的指导思想上实现了拨乱反正，开创了改革开放的新的历史时期。随着党的工作重心的转移，以及新闻媒体本身的发展，人们对新闻媒体的基本功能的认识，发生了根本性的变化。大家都抛弃了对新闻媒体的狭隘认识，接受了其多功能并存的意见。有一本书不厌其烦地罗列了新闻媒体的九种功能：宣传功能、导向功能、沟通功能、告知功能、批评功能、监督功能、教育功能、服务功能、娱乐功能。对新闻媒体的功能做出这样的概括，应该说是非常详尽和全面的，——甚至还显得有些烦琐，它其实可以将宣传功能与导向功能、批评功能与监督功能合二为一，但它体现出了人们重新认识新闻媒体的宽阔的视野和开放的胸襟。

当然，在这里我们要强调的并不是这一点，而是想说明：即使在新闻媒体多功能并存的今天，引导舆论还依旧是新闻媒体的最首要最核心的功能，是我们倡导的媒体应该努力的方向。媒体的舆论导向，概括性的表述是为党和政府的中心工作服务；具体来说，就是为国家稳定、社会发展、经济繁荣创造良好的舆论环境。

二、是否触碰禁令底线

前面是从正方向提出了评析新闻作品导向的要点，强调新闻作品的导向如果符合倡导的方向，就值得我们鼓励和肯定。这里则正好相反，从反方向对新闻作品的导向进行评析。其意思是说，如果新闻作品在导向方面具有一些我们所禁止的品质，或者说它们在导向上触了禁令的底线，就可以立即推定，它们都是一些有问题的作品。

---

① 《关于印发〈中国新闻奖评选办法〉的通知》，中华全国新闻工作者协会文件，记协发〔2010〕9号。

那么，接下来的问题是这根底线应该怎么确定。根据相关的媒体管理条例，以及国家相关行政管理机构宣传管理的有关文件精神，我们认为，这些禁令的底线至少要包括下面的内容。

第一，违背宪法确定的基本原则；

第二，危害国家统一、主权和领土完整的；

第三，泄露国家机密、危害国家安全、损害国家荣誉和利益；

第四，煽动民族仇恨、民族歧视，破坏民族团结，损害民族风俗、习惯；

第五，宣扬邪教、迷信；

第六，扰乱社会秩序，破坏社会稳定，编造虚假信息；

第七，宣扬淫秽、赌博、暴力或者教唆犯罪；

第八，侮辱或者诽谤他人，侵害他人权益；

第九，危害社会公德，违背传统美德和优良习俗，内容低俗、格调低下。

第十，其他法律、法规明令禁止的。

也就是说，无论哪种类型的新闻作品，只要具备上面任何一条的情况，即可判定，它在导向方面是不合格的，甚至是犯了严重错误的。

第二节　选题分析

这里“选题”中的题指的是题材。简言之，一篇新闻作品的存在价值，就在于可以向受众传递现实中新近发生的事实信息，而这一点与选材直接相关。新闻选择是新闻学业务中的一个重要概念，而选择的对象就是题材。因此可以说，一个特定的新闻作品是否成功，很大程度上是由选题决定的。评析新闻作品，将选题列为其中的重要一项指标，应该是一种恰如其分的处理。对选题的具体评析，可以从以下几个方面展开。

一、题材是否重大

一般来说，事实或者事件的重与轻、大与小，只要角度选择得当，报道技巧纯熟，都可以成为新闻的题材。但是比较而言，重大的事件应该受到新闻从业者更多的青睐。其中的原因与新闻业的基本职责密不可分。我们常有这样的描述：新闻应该反映社会、报道现实。甚至还有“今天的新闻就是明天的历史”的说法。西方新闻界有大意相近的表达。著名报人普利策说过一段流传很广的话：“倘若一个国家是一条航行在大海上的船，新闻记者就是船头的瞭望者。他要在一望无际的海面上观察一切，审视海上的不测风云和浅滩暗礁，及时发出警告。”后来，传播学者施拉姆把这种环境监视功能喻为“社会雷达”。可见，中西表达的立足点稍有不同，但其含义是一致的，都在强调新闻媒介或者记者要密切关注社会，及时报道现实。现实中发生的大事件辐射面广，影响力大，在一定程度上决定着社会的性质与走向，理应受到新闻界更主动、更积极的关注。

而那些以重大题材为报道内容的新闻，成为优秀作品的可能性更大。以第19届中国新闻奖的评审结果来看，那些获奖的作品基本上把2008年我们国家发生的大事一网打尽了。其中有南方大面积冰雪灾害、拉萨“3・14”打砸抢事件、奥运火炬传递、汶川发生大地震、北京举行奥运会、中国改革开放30年纪念、国际金融危机全面爆发等。据统计，其中44个一等奖作品，涉及前述重大事件报道的奖项达到21个，再加上两个特别奖，重大题材的作品占该届中国新闻奖顶级获奖作品的50％。

二、题材是否新鲜

新闻的一个关键性特点就是新鲜。如果一则新闻根本不能给受众带来新鲜感，我们很难想象作为新闻作品它有什么存在价值。所以西方新闻界说：死得不能再死的是昨天的报纸，以及一个小时以前的广播。此话虽然不免有戏谑成分，但也透露了西方新闻界对新闻之“新”不遗余力追求的状况。

那么，新闻之“新”从何而来？显而易见，新闻之所以新，是新闻作品所报道的事实是新鲜的，事实新也就是新闻题材新。新闻题材要能给人以新鲜的感觉，只能是这种情况：现在才发生或者出现，过去不常有。一些新闻正是因为具有这样的特点，才受到受众的欢迎和评论者的肯定。

《诸城农民迈进3公里社区服务圈》是山东《大众日报》刊发的一条消息。它报道了山东诸城市在农村建设过程中匠心独运，调动农村当地资源，建立以服务代替管理的农村社区的新举措，当地的农民群众跟城里人一样，得以享受政府公共服务。这项新举措是新时期农村社会建设的一项重大突破，是统筹城乡发展、落实科学发展观、加强新农村建设的创新实践。这是全国首创之举。该作品由于题材的新颖，获得了第18届中国新闻奖一等奖。此事经过报道以后，引起了广泛关注，人民日报、新华社、中央电视台等国家级媒体都随之进行了深入报道。诸城市还被民政部誉为“农村社区建设的诸城模式”，并确定为全国农村社区建设实验区。

2007年6月中旬，《中国青年报》的记者到河南理工大学采访，发现该校学生党员为迎接党的86岁生日，刚成立了一个学生党员爱心驿站。记者没有着急报道，而是一直关注此事。到了6月底7月初，记者发现学生党员驿站形成了工作体系，并且做了不少卓有成效的工作，很受欢迎，于是就写出了《有事情，找学生党员驿站》。这则消息所报道的内容，看似细小，不是很起眼，但记者从这件小事中，捕捉到了当代大学生积极向上、乐于助人的精神风貌，展示了当代大学校园一种新的精神氛围。报道刊发以后，一些高校和社区纷纷前往该校“借鉴”与“取经”。如今，学生党员爱心驿站已是先进大学生的重要活动阵地，也成为该校建立保持共产党员先进性教育长效机制的有效载体。很显然，这件事情引起了记者和社会的注意，也是由于其中所蕴含的丰富的新意。

三、题材是否典型

典型是个比较复杂的词语，在新闻写作与文学创作中都有典型的概念，但是二者具有各自不同的含义。即使在新闻写作领域里，在不同的语境中，典型的含义也不尽相同。在很多的情况下，典型指的就是典型人物。在这里说的是题材的典型与否，可以是典型人物，也可以是典型事件。

新闻题材要具有典型的特质，起码应该具备两个要件。第一，新闻作品中的事件或者人物所体现出的意义，应该得风气之先，与时代精神相合拍，并且符合社会发展的未来趋势。正因为这样，它才显得稀罕而珍贵。第二，这样的事件或者人物是现实生活中真实存在着的，而且它们不是绝无仅有的孤立个案，在现实中还具有一定的代表性。有了这一点，它在稀罕与珍贵的同时，又显示出了清淡平和、令人信服的另一面。

在 2006 年国家科学技术奖励大会上，来自一汽大众一厂焊接车间的工人王洪军从国家领导人手里接受了国家科技进步二等奖的证书。也就是在这一刻，一个新的纪录诞生了，王洪军作为第一批产业一线工人荣获国家科学技术奖。吉林广播电台记者鲍莹获知这一消息以后，第一时间联系采访了王洪军，并连带采访了相关的企业领导和专家。经过巧妙构思，编排组接，在最短时间内，制作出了一个 1 分 23 秒的广播消息《工人王洪军荣获国家科技进步奖》，并在当日晚全省新闻联播播出。消息经过传播以后，引起社会强烈反响，王洪军这一新时代自主创新工人典型也为更多人所了解。此后，在一汽、吉林省乃至全国都也掀起了学习王洪军、争做新时代劳动者的热潮。

王洪军是一汽大众一厂焊接车间一个最基层的工人，国家科技进步奖是国家顶级的发明创新奖项，这中间的具大反差，就足以使这条消息具有很大的震撼力。但是，它的典型性更在于，创新是民族进步的灵魂，是国家兴旺发达的不竭动力。我们要依靠科技创新，来实现社会生产力发展的跨越。可以说，开展创新性工作，尤其是开展科技创新工作，与国家的发展方向与未来愿景密切相关，是建设创新型国家和学习型社会的必备环节。王洪军作为一个基层的工人，立足岗位，坚持创新，并取得骄人的成绩，他的行动，应和了时代发展的要求，体现了时代的精神，具有引领和标杆的意义。

再者，王洪军虽然是以产业一线工人的身份获得国家科学技术奖，但他并不是高不可攀、遥不可及的。获得国家2006年度国家科技进步奖的基层普通百姓并非他一人，一共有三个，其他两位分别是上海宝钢股份宝钢分公司炼铁厂工人韩明明、河南滑县农民企业家李官奇。而且，据国家科技奖励办公室负责人介绍，他们三人的获奖，与评选的一种特别导向有关。建设创新型国家，推动科技的繁荣发展，促进科技转化为生产力，需要全社会的共同参与。为加强对不同层次，特别是基层工人、农民科技创新的激励，该年度国家科技进步奖评审委员会专门设立了工人农民科技创新评审组，在保证国家科技奖励条件标准和水平的基础上，对工人、农民科技创新成果予以政策上的倾斜。自王洪军他们三人之后，身处基层一线的工人和农民获得国家科技进步奖的事例，就陆陆续续地不断涌现。在2008年度国家科技奖励大会的领奖台上，来自山东的翟延举、代旭升各自以自己的业绩荣获大奖，他们的身份分别是一线的农民和工人。2009年度国家科技奖励大会，也出现了两位一线工人的身影，他们分别是上海电气液压气动有限公司液压泵厂的李斌和呼和浩特铁路局焊轨段的郭晋龙。

综上所述，广播消息《工人王洪军荣获国家科技进步奖》由于具备了这两个方面的特征，其题材的典型性就毋庸置疑了。

四、题材是否能引起受众的关注

受众是传播学中的概念。原先它指的是演讲会中的听众，戏剧表现的观众。在传播学中使用这个词语，指的是包括报刊的读者、广播电台的听众、电视的观众在内的各种大众传播媒介的接受者。在很长的一段时间里，人们把新闻媒体的运作仅仅看作是传播者这一方的事情，根本没有在意信息的接受者一方的存在。在西方，出现了一种具有代表性的理论“魔弹论”。这是一种典型的传播者中心论，它把受众看作是信息的被动接受者，认为他们只能无条件地接受传媒提供的信息和宣传。随着传媒的发展以及相互之间竞争的激烈，人们越来越发现实际的情形并非如此，甚至可以说截然相反。受众不是消极与被动的信息接受者，而是积极并且不可或缺的参与者。在新闻传播的各个环节，受众都在不同程度地起着制约的作用。

在我国，人们对受众的认识也经历了这样一个转变的过程。在先前，我们只是一味地从传播者的角度出发，选择新闻报道的内容。只是异乎寻常地关心传播了什么，而不甚在意这些内容是不是为受众所期待。因此，出现了不少为大家所诟病的媒介自说自话的新闻作品。现在，我们已经清楚地意识到，不管传播的新闻作品内容多么正确，意义多么重大，如果没有受众关注，不被人们接纳，它是没有任何传播价值的。

新闻作品能不能引起受众的关注，新闻题材显然是一个首当其冲的因素。

2007年3月13日，有媒体报道称，广东3 000多公顷的香蕉林患“癌”(巴拿马病)，且每年以20%的速度扩大感染面积，全国的主要香蕉产地也都发现该病。2007年3月下旬开始，海南的香蕉正是成熟季节，而前来收购香蕉的经销商越来越少，从每公斤3元左右，跌到了每斤0.1—0.2元，仍无人问津。而海南全省香蕉种植面积65万亩，导致海南蕉农每天损失近1 700万元。香蕉的销售与安全问题一时间不仅是香蕉的生产者与各级政府的燃眉之急，也成了广大消费者极为关心的议题。

在这样的背景下，《海南特区报》于2007年4月2日开始以《“香蕉有毒”纯属谣言》为题，对此进行了系列报道。在全国人民“谈蕉色变”之时，在全国媒体中率先打响一场为海南香蕉正名的新闻宣传“战役”。该组报道借助国家农业部948项目首席专家、海南省香蕉协会秘书长张锡炎之口，说明国内香蕉有毒的说法“根本不可信”。因为感染“巴拿马”病的香蕉根本不会挂果，所以市场上能看到的香蕉都没有染病。在此基础上，记者还搭乘运蕉车历时两天两夜，行程1 500多公里，暗访“绿色通道”，开展实地调查采访，揭露海南瓜果蔬菜出岛被层层“盘剥”的情况。此外，记者还报道了海南香蕉在内地大受欢迎的景况。半个多月的系列报道，《海南特区报》对人民群众非常关心且涉及蕉农切身利益的“香蕉有毒”事件进行了全方位的报道，社会效果明显，使海南省香蕉产业从2007年3月底每天损失1 700万元，逐渐到4月中下旬价格回升到正常状态。该系列报道不仅让海南蕉农充满信心，还让许多观望中的投资者坚定了到海南投资种香蕉的信心。

概而言之，《海南特区报》的这组系列报道，不仅回应了民众的普遍关切，抓住了受众的接受期待，选择了他们所关心的题材，而且还对海南省的香蕉问题进行了由此及彼的系统调查和思考，取得了明显传播效果和社会效益。它后来受到新闻界的好评以及海南省政府的表彰，都是水到渠成、瓜熟蒂落的结果。

第三节　语言分析

同新闻的定义一样，新闻语言的定义也是众说纷纭。下面是其中比较具有代表性的三个：

1. 新闻语言作为一种独立的书面语体，它服务于事实的报道，具有质朴、实用的语言形态，明快而富有表现力的语言风格，讲求信息的运载量，使之适宜于社会的广泛传播；①

① 张默：《新闻采访写作》，武汉大学出版社，2000年版，第344页。

2. 通过新闻媒介，向人们报道新近发生的事实，传播具有新闻价值的信息时所用的语言，即为新闻语言；①

3. 新闻语言是相对于"文学语言"、"外交语言"、"文牍语言"、"计算机语言"而言的，指新闻作品语言。它以使用者本民族规范化了的语言为基础，又以新闻报道的特殊要求加以改革，在遣词造句、表情达意方面显示出与众不同的一些特点。②

在诸多的关于新闻语言的定义中，这三个应该说是比较规范和严谨的。但是，它们似乎在不同的程度上为新闻语言建立一个独立的研究领域，而且在为新闻语言划分疆界时，都只是站在传统的报刊新闻的立场上，并没有将广播、电视等新闻媒体的语言现象与特征包罗进去。另外，将新闻语言与文学语言相对应，似可接受；但是把它与外交语言、计算机语言相提并论，则大有可商榷的余地。其实，对于新闻语言，我们只要把它当成一种一般性的客体对象就行了，不必急于把它视为一个独立的研究领域和一门专门的研究性学问。因为新闻语言如果像大家所理解的那样，是新闻作品语言或者新闻媒介语言，那么，现在的新闻媒体的类型很多，传统的报刊的活力犹在，后起的广播电视媒体也极富生机，新生的网络媒体则显示出了更强大的渗透力。这些不同类型的媒体，其语言的特征非常不同，不太容易将它们视为一个整体，进行专门的学术归纳。

在本节中，关于新闻媒体语言评析的讨论，我们将这样处理：在一些比较宏观性的层面，谈及的是所有媒体的共性，就选择整体性叙述；涉及一些具体的层面，不同的媒介存在着明显的差异，则进行更有针对性的分析。

一、语言是否准确

我们先看一些既显而易见，也被广泛接受的判断：真实是新闻的生命，新闻是报道社会面貌、反映现实状态的，新闻的报道是以语言为工具和媒介展开的。那么可以说，不真实的新闻是没有生命力的。导致新闻不真实的原因很多，简言之，不妨把它们分为两种。一是主观上导致的不真实。为了某种目的，就是要掩盖真实，以虚假的信息欺骗受众。二是技术上导致的不真实。主观上没有掩盖事实真相的念头，相反倒是非常想将真实状况不折不扣地呈现出来，但是其结果还是离实况相差很远。第一种不真实，可以说是种豆得豆，种瓜得瓜，不存任何疑义，也不需再做任何解释；第二种不真实，实际上就是语言表达的不准确、不到位。

---

① 蓝鸿文、马向伍：《新闻语言分析》，中国物资出版社，1989年版，第8页。

② 尹德刚、周胜：《当代新闻写作》，复旦大学出版社，1993年版，第101页。

由此可见，新闻的真实性很大程度上是由语言的准确性来支撑的，准确性也就成了新闻语言的首要追求目标。美国著名报人普利策对准确性的强调，是新闻史上广为人知的事例。他曾特别让人在《世界报》城市版编辑部的墙上贴了一幅标语："精确，精确，再精确!"他认为："新闻事业的一个最难之处就是既要保持消息的生命力，以使其受到精确和良心的约束，而不是随心所欲"，"一定要坚信准确性对报纸来说犹如贞操对妇女一样重要。"美国哥伦比亚大学教授罗伯特·赫利尔德教授在讨论电视和新媒体写作的时候，提出："用读者不会产生误会的方式写作。即使是一处不经意的疏忽、一句模棱两可的表达或者声像材料的融合，都可能造成对故事的曲解。因为它们是不完全的、脱离语境的，它们会给你的听众带来错误的影响和关于主题的不正确的假设。"①我国著名语言学家吕叔湘也曾指出："新闻语言的首要要求是准确。"②

对新闻媒体语言使用准确性的关注与评析，可以说《咬文嚼字》杂志给我们树立了一种范例。该刊物设立了《语林漫步》《一针见血》《文章病院》《借题发挥》《追踪荧屏》等栏目，刊登讨论大众媒介在语言文字使用方面存在问题的文章。"同时，编辑部还精心组织、周密策划，在一年时间里对一类媒体进行集中的审视与批评。在 2005 年，《众矢之的》栏目的总标题是《"咬"定晚报不放松》，选定《北京晚报》《长沙晚报》《城市晚报》《春城晚报》《今晚晚报》《兰州晚报》《南宁晚报》《齐鲁晚报》《钱江晚报》《新民晚报》《扬子晚报》《羊城晚报》等 12 家晚报作为批评的目标，每月集中发表针对一家报纸的批评文章。2006 年《众矢之的》栏目的总标题为《请给荧屏亮分》，接受检查的 12 家电视台分别是：中央电视台一套、安徽卫视、北京卫视、重庆卫视、东方卫视、广东卫视、黑龙江卫视、湖南卫视、山东卫视、四川卫视、云南卫视、浙江卫视，检查结果也是在杂志上逐月发表。"③

读了《咬文嚼字》上刊发的文章，我们可能会获得一个同样的感觉，在新闻报道中，语言文字使用错乱的现象，并不是个别与偶发的问题，而且非常容易出现的事情。《人民日报》2007 年第 4 版刊发一条新闻《庄世平先生悼念和公祭仪式在香港举行》，文中说："庄世平先生因心律衰竭于 2007 年 6 月 2 日 2 时 29 分在香港去世，享年 97 岁。"《"心律"能衰竭吗》一文认为"心律衰竭"应为"心力衰竭"，因为"心律"指心脏跳动的节律，"医学上的'心力'指心肌收缩的力量，'心力衰竭'简称'心衰'，是指由于心脏跳动无力，排血量减少或不能将静脉回心血量充

① [美]罗伯特·赫利尔德著，谢静等译：《电视广播和新媒体写作》，华夏出版社，2002 年版，第 114 页。

② 吕叔湘：《吕叔湘语文论集》，商务印书馆，1983 年版，第 286 页。

③ 陈信凌等：《媒介批评的一种特殊范式》，载《中国编辑》，2010 年第 1 期。

分排出，引起静脉回流受阻，导致静脉系统淤血及动脉系统血液灌注不足所出现的心脏循环衰竭的症状。”[①]

再看一个电视例子。2007 年 5 月 23 日晚 10 时，央视新闻频道播放了记者采访杂交水稻之父袁隆平的节目。在采访过程中，袁隆平谈及，北方人爱吃 jing 米，南方有些省份的人爱吃 xian 米。这两种米在字幕上打出的汉字是“筋米”和“鲜米”。《袁隆平没说“筋米”“鲜米”》一文认为，字幕上的“筋米”和“鲜米”应该写作“粳米”和“籼米”或者“秈米”，[②] 接着还详细地介绍了“粳米”和“籼米”的特点及由来。

可以看出，《咬文嚼字》上刊发的文章，不仅心细如发，明察秋毫，而且出之有据，言之成理，让人不得不服。这样的一批批评方式极具建设性，是使新闻传播进入纯正与健康的发展轨道所不可缺少的。

二、语言是否富有活力

我们一般把华丽辞藻和夸张、灵动、跳跃的文字看做是文学语言，特别强调新闻表达的是信息，语言只是表意的符号，不必过于强调和突出，只有要语言朴素浅近、通俗易懂就行了。如果有足够的语言修养，平易浅近便是一种写作中难得的天然去雕饰的境界。如果语言的修养不充分，平易浅近有时候就会流于僵硬、呆板、粗陋。了无新意，也不见生机与活力。

要分析语言是否具有活力，至少可以从两个方面切入。首先，查看是否堆积了太多的套话。套话是指一些约定俗成的现有话语，总是出现在一些特定的场合。它们原本的含义日渐丧失，传达出来的是一种宽泛性的笼统概念。比如古人在相互分别之后，喜好在书信中或者重逢后说一句：“别来无恙乎?”这只是一个一般性的问候，并不是真的打听对方有没有患病。如果真是这样，不仅问候的善意全失，而且还有唐突与冒犯的意味。现在人见面则喜欢问：“吃了吗?”这话也没有了字面上的表意功能，变成了纯粹的问候语。因为说话者并不真正关心对方是否用过餐，如果另一方说还没有吃饭，他并没有请吃饭的意思。

在实际的生活场景中使用客套话，充分发挥出了套话的现实功能，也显示了说话者的社会阅历。但是，在新闻作品篇幅有限，也就是说在引起受众注意力的机会极为稀罕的情况下，还让大量的套话充斥其间，这是非常令人惋惜的事情。它既是对有限的新闻资源的挥霍与浪费，也是对受众接受耐心的极大折磨。但是，不幸的是，这样的事情屡见不鲜，不胜枚举。有网友还对此进行了概括，下

① 李逸鹏：《“心律”能衰竭吗》，载《咬文嚼字》，2008 年第 2 期。

② 张兆前：《袁隆平没说“筋米”“鲜米”》，载《咬文嚼字》，2008 年第 4 期。

面是其中概括的部分内容：

会议总是隆重的，闭幕总是胜利的。
决议总是通过的，路线总是正确的。
班子总是团结的，决策总是英明的。
讲话总是重要的，鼓掌总是热烈的。
领导总是重视的，看望总是亲切的。
领导总是微笑的，接见总是亲自的。
事情总是瞩目的，人心总是振奋的。
问题总是解决的，群众总是满意的。
调研总是深入的，贯彻总是彻底的。
理论总是高屋建瓴的，政策总是鼓舞人心的。
设计总是合理的，技术总是先进的。
论证总是专家的，检测总是严格的。
运行总是可靠的，系统总是安全的。
进展总是顺利的，竣工总是提前的。
工作总是扎实的，效率总是显著的。
利润总是丰厚的，利税总是较高的。
完成总是圆满的，成就总是巨大的。
任务总是超额的，形势总是大好的。

或许不难挑出这种概括有言过其实的地方，但是它揭示出现实的新闻实务界存在着套话频出的现象，这是毋庸置疑的。

我们在进行中外新闻比较的时候，经常强调的是相互之间的差异。不过在新闻作品中堆积套话的现象，中外有些相同之处。美联社的新闻编辑雷内·卡彭在自己的书中说过："我们是被累赘不堪的语言包围着，政府把空空洞洞的官腔灌输到社会上来，各种公共机构、公司总部、专业部门和社会科学部门，全都为行话的泛滥大卖力气。新闻记者由于职业关系，不得不同这种使人闷得透不过气来的用语打交道。他们的本职原该把这一切改变为平易的用语，可惜他们自己也染上了爱说唠叨话的坏毛病，因而了丢掉了语言的准确性、清晰性和优美性。"①

判断新闻语言是否富有活力的第二个办法是，看看它是否具有时代感。一种

① 转引自尹德刚、周胜：《当代新闻写作》，复旦大学出版社，1993年版，第104页。

鲜活的语言，一定是具有时代性的。这不是说语言会随着时代的变迁，在整体上出现更新换代的变化，而是说时代的流逝，在语言上也会有明显的感应。具体说就是有些语言会被淘汰，有些新鲜的语言会加入。这已经是被语言发展历史所证明了的事实。在 20 世纪 80 年代，“彩电”还是一个在很小范围使用的新词。据介绍，有一位著名的作家还撰文批评使用这个词语的报纸，他斥责道：“莫名其妙，电还有彩色的吗?”现在看来，这位使用语言创作的作家，对语言的变化缺乏达观的眼光。

在新闻评析时注重新闻语言的时代性，其理由不止一个。从语言使用本身来说，因为使用的时间太长，频率过高，那些过于陈旧的语言的表达的张力与弹性渐渐减弱，其表现力自然也随之消失殆尽。所以，一些有更高追求的人创新语言途径，不断启用那些新出的具有时代特征的词语。我国唐朝的散文家韩愈在语言运用上，反对模拟，强调创新，对古人古文师其意而不师其辞，尤其是明确提出了“陈言务去”的主张。无独有偶，西方的“陌生化”理论也非常强调语言使用的新颖性与独特性。该理论由俄国形式主义评论家什克洛夫斯基提出，是西方“陌生化”诗学发展史上的重要里程碑，也是西方“陌生化”诗学的成熟标志。所谓陌生化，就是对常规常识的偏离，造成语言理解与感受上的陌生感。在指称上，要使那些现实生活中为人们习以为常的东西化为一种具有新的意义、新的生命力的语言感觉；在语言结构上，要使那些日常语言中为人们司空见惯的语法规则化为一种具有新的形态、新的审美价值的语言艺术。陌生化乃是各种艺术的一个基本法则，作为一门语言艺术，修辞也对此有特别的重视。它在语言运用中，变习见为新异，化腐朽为神奇，传递鲜活的感受，制造令人震惊的效果，是修辞艺术中的普遍现象与基本规律。

陈言务去与“陌生化”理论，针对的是文学写作，是文学写作中留下的宝贵经验，新闻写作虽然不能完全照搬，但是在一定程度上的适用性是显而易见的。有一个成功的范例可以充分证明这一点。《人民日报》在 2010 年 11 月 10 日在头版位置刊发题为《江苏给力“文化强省”》一文，报道近年来江苏省建设文化强省所取得的多方面成绩。接下来，一个有趣的现象发生了。读者们或许不记得报道的内容，但是真真切切地记住了标题中的“给力”一词；或者说大家因为“给力”一词，而了解了该报道的内容。该文刊发以后，立即引发了空前的反响。截至 11 日晚上 8 点，仅在新浪微博转帖量就多达 1 800 条，评论近千条。大量的新闻媒体以这条新闻为新闻，广泛传播。如《法制晚报》与《新华日报》分别在 11 月 12 日刊登了《“给力”入标题　读者记得牢》、《人民日报头版头条〈江苏给力“文化强省”〉引起网民强烈反响》。而且，该词很快就以井喷态势风靡各类新闻媒体，以致有网民称之为“网络热词的一小步，却是中国语文的一大步”。下面列出的是在几天之内，在新闻标题中积极跟进的部分事例。

11 月 12 日的《成都商报》02 版：《抗通胀工资是否能“给力”》；
11 月 12 日的《南京晨报》01 版：《江苏公推公选给力“阳光权力”》；
11 月 12 日的《江苏法制报》01 版：《为青年法官成长“给力”》；
11 月 13 日的《青年报》04 版：《校长亲荐小白菜 学生感叹：很给力》；
11 月 13 日的《东亚经贸》新闻 01 版：《放鞭炮点火炬很中国很给力》；
11 月 14 日的《都市快报》02 版：《老板都很给力》；
11 月 14 日的《扬州晚报》B8 版：《引渤入疆：真给力？假消息？》；
11 月 14 日的《合肥日报》03 版：《中国体育舞蹈很“给力”》。

以上种种的事实证明，对于“给力”一词登堂入室，正式进入主流媒体，社会上是以压倒性的优势表示肯定的。但是，值得说明的是，这并不意味着任何新奇、异样的词语都可以被接纳到新闻作品中去。据介绍，“给力”是网络上的“cucn201 配音组合”给动画片《搞笑漫画日和》配音时的发明。在其中一集《西游记：旅程的终点》中，唐僧师徒历经磨难到达天竺，发现所谓终点只是一面写有“天竺”二字的小旗子，孙悟空便对唐僧抱怨说：“这就是天竺吗？不给力啊老湿。”悟空的这番话也成为后来“给力”一词的渊源。所谓“不给力”就是形容和自己预想的目标相差甚远。而“给力”自然就是有帮助，有作用，给面子的意思了。2010 年的南非世界杯对“给力”的广泛传播，起到了推波助澜的作用。由于恰好能很好地表达网友看球赛时的情绪，“给力”一词开始成为热门词汇，开始大面积流传。不过，无论如何热闹，在这个时候“给力”的传播范围仍旧有限。它的通行无阻、大行其道，当然是在出现于《人民日报》的标题上之后。《江苏给力“文化强省”》一文的作者是江苏分社的记者赵京安，但是这个关键性的标题并非出自于她之手。她的原稿标题是《“文化强省”看江苏》，文中并没有出现“给力”。现在的这个标题是人民日报总编部的几个年轻编辑改定的。

那么，我们可以简单分析一下巧妙并且成功使用“给力”的经验。“给力”为什么出自于几个年轻编辑之手，而不是资深的记者与编辑？这是因为这几个年轻的编辑对网络语言非常敏感与熟稔，他们清楚“给力”一词在网络世界的生命力和表现力。同时，他们又是供职于最权威的党报，清楚语言使用的严谨性和规范性。有了这两点的结合，才成就了新闻报道的这个语言运用的成功案例。它留给我们的启发是，在新闻报道中应该有注重语言的时代特性，充分调动其表现活力与张力。同时，在语言的使用上并非唯新是从，还要估量它们是否与时代合拍，是否具有生命力。

三、语言是否清晰流畅

清晰流畅是各类媒体的新闻作品语言应该努力的另一个方向，不过，由于广播与电视在语言上比其他的媒体表现出了更多的特殊性与多样性，因而在这里讨论新闻作品表达的清晰与流畅问题时，将更多地以这两种媒体为观察对象和分析案例。

如果我们仍旧认为新闻媒体是借助语言来传播信息的，那么广播与电视的语言不再像报刊语言那么单一，它们往往表现出的是一个组合，一般由两种以上的要素构成。下面对广播与电视媒体进行分别讨论。

先说广播。从整体上来说，语言、音响、音乐是广播媒体语言符号的三个要素。不过，其组合形态不是千篇一律的。不同的广播节目，有不同的组合形式。从新闻类节目来说，一般也有两种呈现方式。第一种是以单一的有声语言出现，也就是说其节目构成模式，仅仅是有声语言，而没有其他的语言符号要素。该类模式以广播节目中的口播新闻最具代表性，这类节目的特点是用口语直接传达新闻，其播出底稿与报刊新闻大致相同，是报刊新闻在广播中的直接移植，也是一种最基本、最原始的传播方式。这样说只是要表明它出现的时间较早，并不意味着它必然陈旧与落伍。现在许多综合性的广播新闻栏目所播放的广播新闻，大多仍采用这种模式。这是因为构成因素单一，可以使节目更加紧凑，栏目信息容量更大。另外，一些评论性、专题性与谈话类的节目，也时常采用这种呈现形态。

第二种是语言加音响的模式，很显然，它是由有声语言和音响两个部分构成，主要用在录音报道和现场直播节目中。录音报道诞生于20世纪30年代，是一种以采编者自己的语言和新闻现场的实况音响或者人物讲话录音，报道新闻事实的一种广播新闻形式。由于这里的现场的实况音响或者人物讲话录音直接来自于新闻的现场，是新闻事件的构成部分，所以具有很强的真实感。

现场直播又被称作实况广播，是一种与新闻事件同步进行的广播传播方式，它以现实的实况为报道的主要内容，采用记者或者主播按照具体新闻情境的发生发展顺序，在播放反映新闻现场的实况音响的同时，播报与解说自己在现场的所见所闻。现场直播意在用广播的多种声音元素，直接将新闻现场的信息与图景展示出来，因而可信度很强。

与广播相比较，电视语言的符号系统显得更为复杂。学者黄匡宇对此进行了深入的研究，在其主编的《广播电视概论》一书中，他分层次细致地论述了电视语言符号系统的构成形态。在第一层次，他把电视语言符号系统分为两个部分，分别是：听觉性语言系统和视觉性语言系统，也就是常说的声音与画面。它们在电视的传播过程中，承担着不同的角色。电视的声音在叙述上更加能够自由腾挪，灵活转换，还可以表现抽象与深度的内容。声音还可以渲染、烘托环境气氛，刻画人物心里，并且使静止的画面活动起来。

电视画面则表现出了与声音完全不同的特性。它可以客观并且穷形尽相地再现镜头前的物体与场景，具体说就是可以准确而全面的再现摄像机前面的所有可视目标，包括对象的色彩，对象的运动和立体感。这种画面能给观众以强烈的现场感，让观众看了以后便一目了然，确信屏幕上的一切都是客观的存在。同时，画面给人的感觉表现出的都是现在时态，是当下正在发生的事情。还有一点必须指出，纯粹的画面表达的含义是不确定的，往往可以作多种解释。虽然画面可以忠实地再现摄像机镜头所覆盖的客观物体与场景，但是，它只能展示其存在的具体状态，而不能说明这种状态的具体含义。例如，镜头展现了一群人在开会，仅从画面上看，观众只知道这些人在开会，而无法了解他们为什么开会，开的是一个什么会。

电视的声音与画面是电视的最外在的表现形态，对于它们到底孰轻孰重，研究界还有比较热烈的讨论，参与讨论者分为“主画派”和“主声派”两极。“主画派”认为电视应该以画面为主，要充分调动画面的传播功能。他们认为声音的作用，只表现于对画面的解释、说明、补充。“主声派”的意见正相反，认为声音在电视的传播过程中起到了实际上的主导作用。其主要证据是画面无法独立叙事，而声音则可以做到这一点。在现在的电视新闻节目中，遮盖住电视图像只听声音，也不妨碍观众对一条新闻的完整感知。这样的争议并非毫无意义，实际上它体现了两种电视制作的理念。不过，如果我们不对此作专门的研究，完全可以不介入这场争议，只需把声音与画面看成是电视不可分割的两部分就可以了。它们二者各就各位，各司其职，相互搭配、组合，才能完全承担起叙述的任务。

从上面的内容中可以看出，广播与电视在报道新闻、叙述事件时，所借助的元素比较多，它们之间存在着一个相互串联与搭配的环节，而且它们的传播效果在较大的程度上，就是要看这些元素的搭配与组合的状况。如果在这个环节没有处理好，在叙事与陈述上就会出现错乱、杂糅的现象，也就是说很难达到清晰流畅的境地。所以在这个时候，衡量它们在叙述方面是否清晰流畅，是对它们进行评析时的一个重要角度。

第四节　结构分析

新闻作品在形式上是有很多规定的，也就是说这是一种规范性和定式感很强的文体。学习新闻业务，在很大程度上就是领会和掌握规范与定式的过程。这些规范与定式在新闻作品中最直接、最直观的表现，就是很讲究作品的结构与框架。结构的种类不少，而且还都被重视和使用。仅以消息的结构而言，常见的就有倒金字塔式结构、事件顺序结构、悬念式结构、并列式结构等四种，这在其他的应用性文体中是比较少见的。因而，对新闻作品的结构进行研究，也成为新闻作品分析的一个常见的切入点。

一、是否符合实际的需要

对新闻结构方面展开评析，关键要看其是否符合实际的需要。新闻作品的结构虽然有一定的区分，但其本身并没有高下优劣之别。应该选择一个什么样的结构框架，主要看内容、主题、环境的需要。不结合具体的实例，抽象地讨论哪一种结构更好，这样的事情是根本不成立的。以倒金字塔式结构为例，我们要不要选择这种结构方式，就应该根据实际的情况是否需要。实际上，这种结构方式的诞生，也是因为战地的特别需要。

1844 年 5 月 25 日，美国科学家莫尔斯发明了电磁电报，当天下午就被新闻界用来传递信息。它标志着人类开始进入“电讯新闻时代”。正是这种传输方式，为倒金字塔式结构的诞生创造了条件。1861—1863 年，美国爆发了南北战争，许多报社争相派出记者去战地采访。由于当时电报技术不过关，经常出现电讯中断故障。为了尽可能把新闻中最重要的内容传输出去，记者们想出来了一个应对的办法，就是把最重要的内容放在消息的最前头，次重要的内容放在稍后的段落里，以此类推，最次要的放在文章的末尾。埃及的金字塔顶端小而轻，基座大而重，那么这种新闻结构则与之正好相反，所以被称作倒金字塔式结构。这种结构打破了记叙的常规，不是根据事件发生、发展的时间顺序来布局谋篇，而是以事实的重要程度来决定段落顺序。虽然是诞生在特殊的环境中，但由于它的要领就在于把最重要、最新鲜、最精彩的部分放在消息的开端，其实也符合现在人的阅读习惯。人们读报的状态，一般都不会精读细看，而只是大致的浏览，倒金字塔式结构正可以最大可能地吸引读者的注意力。所以，它在今天还是常见的新闻结构方式。

在新闻写作过程中，对新闻作品的结构不敏感，或者没有清醒的结构意识，写出来的作品就会显得不太专业了。下面是 2009 年 12 月 4 日，北京一家媒体刊发的一篇作品：

通州新城分成56个地块

每块地上都将有学校医院

通州新城155平方公里的土地将被“分”为56个地块，每个地块里都配建学校、医疗、社区服务中心。市规划委通州分局相关负责人昨天(3日)做客北京市政风行风热线时透露的通州新城规划中的一些细节。

56个地块已完成规划

市规划委通州分局副局长赵军介绍，2020年通州新城规划中，城区规划面积155平方公里，基础设施预留100万人口的容量。运河西岸改造提升旧城，运河东岸聚集城市新增功能。

在教育和医疗问题方面，新城规划把155平方公里分成了56块，把通州区域的规划人口90万人分到56个地块里，在每个地块里配建学校、医疗、社区服务中心。目前这56个地块的规划已经完成了，每个地块都有学校、医疗。

地铁M6线有望到宋庄

通州规划分局赵爱军表示，轨道交通M6线的支线在规划上有两个方案，都是最终到宋庄。不过目前规划方案正在编制中，能不能实施还要看市政府的安排。

此外，通州正在进行通州大街的规划，目前设计方案已经完成，预计明年动工，打通之后能缓解通州和市区的交通压力。

新北京东站选址果园

市规划委通州分局的郑铎介绍，新北京东站将建在果园环岛的东北侧，目前完成了初步设计，规划5个站台，将作为京唐城际铁路的始发站。

万亩森林公园明年7月建成

通州区将沿着运河两岸建设面积达万亩的森林公园，现在已经初步建成，到明年7月份完成建设。森林公园融合生态、自然、运河文化，形成六园、十八景的郊野公园。今年还准备启动通州文化中心的建设，总面积达两万多平米，成为包括通州图书馆等在内的文化娱乐设施的综合体。

运河燃灯塔下建高档休闲区

通州新城规划里，规划了多处文化休闲娱乐设施。运河燃灯塔下将来是一个高档的休闲区域，将建成仿古的水乡。运河东岸也将有一块地作为综合的休闲服务区，会建设引进一些高档的剧场。北苑商务区将建电影院以及一些娱乐设施。宋庄文化创意园将建一个可以互动的动漫影院。通州南部将成为最大的休闲娱乐区，将建设一个主题公园，目前主题未确定。

建设三大商业区

在现有商业设施的基础上，通州还将建3个区域性大型商业设施：第一个是滨水商业区，将建设大型的滨水商业设施；第二个是南部商业区，将结合主题公园在南部建立大型的商业区；第三个是北苑商务区，以商贸、商业为主。

这篇作品的最大特点在小标题的使用上毫无顾忌。通讯作品由于篇幅较大，为了叙述的清晰流畅，一般都用小标题来连贯全文。不是说小标题的使用只是通讯的专利，而是因为内容及篇幅的需要。上面的这篇消息也用小标题来结构文章，但因为这与其内容及篇幅无关，就显得不伦不类。每个小标题下，只有寥寥数语，就是为了要引出另一个内容。这导致整个结构显得非常生硬和突兀。北京日报社的资深记者陈先对它最简洁的评价是“消息不像消息了”，她认为导致这种现象的原因：“一是，记者不会承上启下。部主任很快发现这一状况，懂新闻写作技巧的总编辑开始抓了，新闻文体要规范了，可记者不会写消息了。习惯了像切豆腐似的，从网上扒一大块，来一题儿，想怎么凑成文的写手们，不知上下段该怎么衔接了。二是，消息拉长风毛病难改。因为有小标题，消息一写就容易长，还要四平八稳地面面俱到，短小精悍的消息难产。尽管一些报纸在考核记者任务量时，已将字数改为条数，但长稿质量评分高的账，记者们算得很精。三是消息本身的写作技法荒废了。混淆了消息和通讯文体的同时，消息写作的技巧也被人忽略了。”①

可以看出，《通州新城分成56个地块 每块地上都将有学校医院》一文，放任使用小标题，不是因为新闻写作的实际需要，而是由于新闻写作的技巧不熟练，以及处于功利的考虑，消息篇幅拉长在内部质量评比时更有可能获得高分。从新闻评析的角度来看，这样的理由是很不专业的，撰写出的作品也很难有好的传播效果。

二、结构是否符合媒体的特征

可以说，不同类型媒体的新闻作品都注重对结构的要求，但具体的要求不尽一致。所以，在具体写作中，应该根据不同类型的媒体对结构作出不同的取舍，或者加以适应性的调整。以广播电台为例，广播媒体是诉诸受众听觉的，广播报道必须从受众的听觉出发，在安排组织材料时，应该把听觉规律原则贯彻在新闻

① 陈先：《消息不像消息了》，载《新闻与写作》，2010年第1期。

的整体构思之中。具体来说，广播新闻是以有声语言来(包括现场音响)来传播信息的，它的特点是以事件的发生时间顺序为线索，没有选择的余地。给听众的收听感觉应该是：首尾连贯，一环紧扣一环，线索单纯、集中，来龙去脉清楚。这就决定了广播新闻应该尽量选择线性结构，也即前文所说的事件顺序结构。只有这样，才能符合听众的接受习惯，并进而保证信息传播的畅通无阻。

美联社记者丹尼斯·蒙哥马利的《通货膨胀使语言和美元一道贬了值》，是一篇特色明显、传播甚广、影响较大的新闻作品。其内容如下：

美联社电 通货膨胀使语言和美元一道贬了值。

比如说，你想形容某种东西的价格便宜得近乎荒唐，可以说它“不值粪土”。可是，眼下土也并不便宜了。

负责修建六十四号州际公路的伊利诺斯公路局官员说，五年前每方土的价格是72美分，去年猛增到1美元30美分，上个月又增加到1美元55美分。

鸡饲料过去是便宜的同义语，但是它的价格在两年间翻了一番。每包100磅的鸡饲料——这足够把一只小鸡养大——现在价格9美元半，这比一只鸡的价钱还要贵7美元。

美国有句成语：“不值一张大陆币。”

大陆会议发行了大量没有准备金的货币，造成了恶性通货膨胀，结果这些货币的价值比用来印刷它们的纸张还要低。但由于通货膨胀，一张保存完好的1776年发行的大陆币最近两年从15美元上涨到40美元。

讲到印刷纸，好，就拿你手里的标准新闻纸来说吧，现在的价钱是每100磅11美元，而在15个月以前是8美元50美分。

要是你为了每一件事生了气，你可能这样说：“用炸弹把他妈的崩了。”去年以来，不同级别的炸药的价钱上涨了22%—40%。现在每磅炸药价值2美元3美分，比一年前贵了68美分。

最后还有一句殖民主义者带来的土话：“还不如小炉匠的骂人话值钱。”现在小炉匠几乎绝迹了。不过，在森特雷利亚有一个——他每干一小时的活，收费8美元。每当这位小炉匠以充满感情的声调骂一句——比如说，他不慎用锤子砸了自己的手指，骂了15秒钟，那么，你就得为这句骂人的话支付2美分半。

它使用的是典型的并列式结构。全文共有8个自然段，其中的第2、第3、第 4、第 5、第 6、第 7、第 8 自然段，相互之间没有语义承接，它们是并列的关系，都直接与第 1 自然段呼应。这样的作品适合在报刊上发表，因为报刊是平面媒体，可以在一个平面上一次性将全文完整呈现出来。因而，读者在接受的过程中，可以依循着原文的顺序，也可以跳跃，可以反复。所以，上下段落之间文脉不贯通，对与报刊的读者影响不太。很显然，这篇新闻作品不便在广播中播发，因为其结构上的特点会对受众的收听造成极大的障碍。

思考与练习

1. 新闻作品评析，应该从哪些方面展开评析？
2. 不同媒体类型新闻作品的评析角度，是否有所不同？请举例说明。

第四章　新闻评析者应该具备的素养

本章要点：

1. 新闻评析者的新闻专业知识储备。
2. 新闻评析者的其他学科知识结构。
3. 新闻评析者的政治敏感和社会洞察力。

新闻工作就是思想政治工作，直接关系到国家和人民的利益。新闻工作者和人民教师一样，被称作“人类灵魂的工程师”，反映了人们对新闻工作者的热切期望，也说明新闻工作者肩负的使命是光荣而艰巨的。

学会评析新闻作品，是成为优秀的新闻工作者的必由之路。

新闻作品评析工作能不能做得好，新闻评析的质量如何，能不能发挥应有的作用，主要取决于评析工作者的素质和修养。

评析新闻作品的人，最好具有深厚的新闻资讯积累、宽广的知识结构(这里专指新闻学之外的其他专业知识)、敏锐的社会洞察力和扎实的新闻专业知识储备。

第一节　扎实的新闻专业知识储备

俗话说，“外行看热闹，内行看门道。”什么是内行？就是懂得很多专业知识，或者娴熟掌握专业技能的人。内行人士看新闻作品，是可以看出很多门道的(详见本书附录的评析文章)，外行人士则一般不具备这种眼光。

新闻作品评析本身，也可以帮助那些还不是内行的人成为内行。毫无疑问，新闻作品评析者，最好是一个内行。

掌握相应的新闻专业技能知识，是新闻评析者选准评析对象，获取评析资料、信息并表达评析结果的必备素质，它对提高新闻评析者的工作效率和工作质量大有裨益。

那么，新闻作品评析应该具备什么样的专业知识呢？

一、新闻专业理论修养

对于广义上的新闻评析者——新闻受众而言，他们进行新闻评析的过程通常是一种无意识的、多种社会经验积累的外现，是一种以个人主观感受为主的观后感或读后感，没有明确的评析目的，因此，并不要求其具有较高的新闻专业理论修养。而对于狭义的新闻评析者——新闻从业、新闻教育与研究工作者而言则不然，他们所进行的新闻评析是具有明确目的的、有具体理念和方法指导的、专业的新闻评析工作。可以说，后者在新闻专业理论方面的修养直接决定着新闻评析质量的高低。

新闻理论按研究内容分广义和狭义两种。

广义的新闻理论包括基础理论部分和应用理论（又称实用理论）部分。

基础理论，研究信息、新闻、新闻活动、舆论、宣传等基本概念，研究新闻事业形成、发展的一般规律和特殊规律，研究新闻工作的基本原则，以及新闻事业和社会生活诸方面的关系，通常称为理论新闻学。

应用理论，研究新闻采访、新闻写作、编辑、新闻摄影、广告业务、新闻事业的企业经营管理，以及现代化传播手段。在这个基础上，形成新闻采访学、新闻写作学、新闻编辑学、新闻评论学、新闻摄影学、新闻广告学、新闻经营管理学和传播技术等分支，通常称为应用新闻学或实用新闻学。

狭义的新闻理论仅指基础理论部分。“新闻理论不能代替采、编、摄、录、播等具体的业务研究，但是它对具体业务有指导意义，是正确有效地开展新闻工作的理论基础。”因此，新闻专业理论也是指导新闻评析的理论基础，是新闻评析者的必备素质。

从新闻作品评析的实践来看，基础理论和应用理论都是需要掌握的。

首先，新闻评析者要明晰新闻理论的相关概念，其中包括新闻的起源与定义、事实与新闻、事实与新闻报道者、新闻受众之间的关系，新闻价值的观念等。

只有清晰、科学地掌握了这些基本概念，才能明确新闻评析的对象，准确确立新闻评析的切入点、角度和方法。

其次，新闻评析者要准确把握新闻事业的性质、特征和发展规律。

新闻事业是新闻机构及其各项业务活动的总称。新闻事业的产生使新闻传播成为一种经常性的、社会性的活动。能否对新闻事业的性质、特征及发展规律有正确的理论认识，不仅对新闻学的理论研究起到决定性影响，而且直接关系到能否正确地指导新闻评析实践活动。

最后，新闻评析者要正确把握新闻报道的基本原则。

从一定意义上讲，新闻报道的基本原则都是新闻评析的基本依据，因为新闻报道作品就是新闻评析的对象和基础。

新闻评析者的主要任务，是对作品进行评价和分析，因此，其认识问题、分析问题的角度应高于新闻创作者，应更新鲜、更精确，这样才能通过品评和鉴赏提升整个作品的深度和高度，使作品得到最终的启发和升华，更好地把握作品写作的本质和规律，得出普遍意义上适用的结论。因此，这就要求新闻评析者必须具备专业的新闻理论修养，以专业的眼光作出专业的评析。

二、新闻专业技能知识

新闻评析者作为新闻工作者的一部分，除了要具备专业理论知识以外，丰富的技能知识对其进行新闻评析、准确深刻地表达自己的意见和观点、提高自身的工作能力和工作质量，也是非常有必要的。

通常，我们用“采、写、编、评”概括新闻专业技能，这主要强调的是两个方面的专业才能：一是了解客观实际的能力；二是语言文字的表达能力。对新闻评析者而言，具备这两个方面的专业技能知识同样重要。

因为，首先，新闻评析可以理解为对新闻作品的再发现，也就是对客观实际的再了解，虽然不是直接面对新闻事实，但同样需要敏锐的洞察力；其次，新闻评析的结果最终要用某种文字的方式体现出来，如论文、随笔、专注等，这同样要求新闻评析者具备较强的语言文字表达能力。这两方面的专业技能缺一不可，否则便无法完成一个完整的新闻评析过程。

所谓“了解客观实际的能力”，对新闻工作者来说，即采访的能力，它是新闻传播者运用所掌握的专业理论知识，在众多事实中发现新闻的能力；也是对客观事实的了解能力。面对各种各样的情况，只有善于发现和采集，才能真实、迅速、全面、准确地抓住足够的素材。

有人说，“新闻工作者是社会活动家”，反映的就是新闻工作者的社会活动能力。具体到作品评析者，了解客观实际既包括对报道中体现的事实的了解，也包括对作品采写的个人情况、采写背景，以及与事件相关的社会风貌等的了解。这些信息和资料的掌握，除了依靠查阅书籍、相关文献外，更多的是通过直接或间接的调查研究获得。作品评析者只有较好地掌握新闻采访方面的知识，写出的作品才能更具针对性和指导性。

语言文字是新闻评析者的主要工具，新闻评析者的劳动成果也主要通过语言文字体现出来，因此，无论是从事以文字为主的报纸期刊评析工作，还是从事以音像为主的广播电视评析工作，语言文字表达能力都是新闻评析者必不可少的基本功。

很难想象一个白字连篇、文理不通的人能够写出好的新闻评析作品。大凡优秀的新闻评析者往往都是写作高手。因此，新闻评析者要努力提高语言文字技能，争取做一个谈吐自如、文笔娴熟的新闻工作者。

还要指出的是，除了书本知识，来自于新闻实践(见习、实习等)的经验性知识，也是值得新闻作品评析者重视的。

第二节　宽广的其他学科知识结构

任何一种职业活动都需要有相应的知识背景来做支撑，知识背景是否宽泛，对能否正常履行所从事的职业活动具有重大的影响。

不同的职业需要不同的知识背景，对于新闻评析者而言，宽泛的知识背景将有助于评析者正确感受新闻作品，准确指出作品的思想性、指导性，同时又不局限于一孔之见，而是把各学派的观点有机结合，把新闻理论研究成果与新闻现象紧密结合，从不同角度、不同侧面来分析新闻作品。

虽然新闻评析不可能在一个新闻评析实践中将其所有的知识积累表现出来，但其知识范围的宽窄，知识积累的多寡，将对新闻评析的质量产生重大的影响。

我们知道，新闻记者应该是一个杂家，懂得的知识越多越好。新闻评析者亦是如此。由于评析对象的多元和丰富，新闻能力越强，评析各个方面的新闻作品时就会言之有物，得心应手。

渊博的知识，可以开阔我们的眼界，丰富自己的想象力。一个知识贫乏的人，不可能写出丰富多彩、生动引人的评析。

除了掌握和自己的业务有直接关系的知识，评析工作者还要博览群书，广为涉猎，不仅要具备丰富的哲学、政治、经济、法律、历史、文学等人文社会科学方面的知识，还要尽可能多懂得一些自然科学方面的知识。

现代科学技术的发展十分迅速，新的学科知识不断增加，我们都应当抓紧学习和涉猎。新鲜知识的吸收和掌握，能帮助我们突破某些旧的思想方法的束缚，发挥创造性。

在广泛涉猎各类知识的同时，新闻评析者还应该对某一领域，某一专业有较为深刻的研究，这样才能在评析某一方面新闻作品时，作出更加深入，独到的分析和研究，而不是人云亦云。

这些知识既可以从实际工作、生活、学习中获得，也可以通过阅读、讨论、交谈等多种方式获得，正所谓“千里之行，始于足下”。知识的积累需要持之以恒，不能一蹴而就。

请先看一篇新闻作品，并尝试评析。

实体经济偏冷应予更多关心①

最近公布的一系列经济数据，都在验证着一个令人担忧的现象：想让实体经济热，却热不上去；想让资产价格平稳，却稳不下来。

8月11日，国家统计局公布了7月经济运行数据。CPI和PPI仍旧保持双双为负，其中CPI同比下降1.8%，PPI同比下降8.2%。7月份中国进出口总值同比下降19.4%，前7个月累计贸易顺差1 074.9亿美元，同比减少12.4%。与此同时，中国70个大中城市7月房价同比上涨1.0%。今年以来，70个大中城市房价环比已连续五个月上涨。

从数据中可以看出，一方面，资产价格(如房价)上涨势头依旧不减，在天量流动性的支撑下，尽管房价泡沫显现，却仍坚挺；另一方面，从PPI、贸易顺差等数据的同比下降，结合一些微观领域的现实情况(如商业地产租金的下降)，均可看出，实体经济领域的寒意，远未去除。"实体滞"与"资产胀"的并存，仍是我们正在面对的一个真切现实。关于这一点，在以往的数篇社论中，我们曾不断提及。

在种种枯燥的经济数据背后，是生动鲜活的经济现实。当前的经济形势，总体上已经呈现复苏迹象，回暖信号开始明显，全年经济增长"保8"目标已经具备了坚实基础。但是，复苏的质量并不尽如人意，上半年GDP较去年同期增长7.1%，主要还是来自于投资的贡献。此前我们已经知道，投资对上半年经济增长的贡献率为87.6%，拉动GDP增长达6.2%。

"实体滞"与"资产胀"并存，原因其实并不复杂。从制造业的情况看，多数行业面临着严重的产能过剩现象，且过剩产能很难在短期内得到消化。而在中央为保经济增长，一再定调"适度宽松货币政策"的条件下，具体的经济实践往往容易突破"适度"的束缚，商业银行贷款迅速扩张。天量资金没能有效进入实体经济当中，而是大量涌入楼市与股市。股市前一段时间的表现，已经呈现出"疯狂"的意味，而楼市住宅价格的一路攀升，则更是让人扼腕惊叹。

正如我们此前已经谈到过的：如果资产价格的快速上涨缺乏实体经济的支撑，那么泡沫的破灭将是必然的结果。而这种虚高的资产泡沫的破灭，又将在经济复苏的下半场再次重创实体经济。一个经济体要保持又好又快的发展，必须建设高效率的金融资本市场，并服务于实体经济，但国民经济的根本基础，还在于实体经济的繁荣与健康。

---

① 汪晓波：《实体经济偏冷应予更多关心》，载《第一财经日报》，2009年8月12日A2版。

对于实体经济的偏冷，是应当给予更多的关注。对于制造业较为困难的处境，也有必要给予更多的关心。而这样一种经济困局的形成，并非单单某一个政策作用的结果，而是历史与现实交汇的产物。如同货币政策部门对于货币政策力度的把握，需要左右平衡，难免吃力，提振实体经济，亦有相当的难度。究其原因，是在这个并不孤立的经济现象背后，有着复杂的、国际国内的体制与环境等多种因素。

为了拯救实体经济，自全球金融危机恶化以来，中央已经连续运用 4 万亿元的经济刺激计划、产业振兴规划等手段，力挽狂澜。当前中国经济的回暖，也正是一系列政策措施发生作用的成果。但是，应该看到，当下“实体滞”与“资产胀”问题的凸显，也意味着现实经济领域还有很多难题待解，光靠政府放松银根及加大基础设施建设力度等，无法完全解决问题。

从大的逻辑来说，解决当今中国经济中的种种难题，最终都要落实到结构调整、发展方式转变、深化体制改革等核心命题上。建立在这样的逻辑基础之上，眼下的任务，恐怕是要确保资金有效流向实体经济领域，而不能总在资产领域打转；要大力改善民营企业的生存环境，包括打破行政垄断，取消审批机制，减轻税负等；要大力倡导企业家精神，不能让投机主义过多地侵蚀财富的创造者；要通过改革，包括社会保障制度改革与收入分配制度改革，努力扩大国内消费需求，以需求带动供给。

中国经济正在进入一个高成本的时代，这是现实，也是未来相当长一段时间里不会改变的趋势。显然，当前实体经济偏冷，也与进入高成本时代不无关系。进入到这样一个阶段当中，实业家们(尤其是民营企业家)面对的是更具挑战性的创业、经营环境。从政府的角度来说，这个时候，更是需要给众多的企业松绑，深化改革，为有抱负的才俊们提供良好的创业环境，从而激发当前亟须弘扬的企业家精神。而从根本上说，在一个高成本的时代里，必须依赖制度创新与技术创新，提升市场配置资源的能力，才能够缓解和面对因为成本不断上升产生的矛盾与压力。

无疑，上述作品的关键词就是“实体经济”。如果不知道“实体经济”[①]这个概

① 实体经济，是指物质的、精神的产品和服务的生产、流通等经济活动，包括农业、工业、交通通信业、商业服务业、建筑业等物质生产和服务部门，也包括教育、文化、知识、信息、艺术、体育等精神产品的生产和服务部门。实体经济是一种实际产品经济，是人类社会赖以生存和发展的基础。与实体经济相对的“虚拟经济”，则是虚拟产品经济，主要包括金融业、房地产业，还包括体育经济、博彩业、收藏业等。

念的含义，是难以把握这篇新闻评论的特殊价值的。

下面这篇作品的专业色彩更为浓厚，若要展开评析，不但需要知晓新闻采写理论，还要学习储备A股、H股、IPO[①]、红筹[②]、过会、主板、一级市场、二级市场、中小板、溢价等股票证券专业知识不可。

IPO放缓成主基调　证监会只审不发

记者黄利明、苏博

7月10日，欲募资426亿元的中国建筑IPO已过会一月有余，依然翘首等待发行批文。而这期间，A股一度暴跌23.4%。

不过，自3月至今，还有成渝高速、光大证券、南车股份等24家IPO过会公司有着与中国建筑一样的命运。

参与中国建筑IPO发行的人士表示，其实这几家公司的情况都差不多，在手续上都已齐备，需要证监会领导签字的都已签发，现在就等证监会主席尚福林最后签发。

知情人士透露，其实证监会内部对是否发中国建筑等大型主板IPO依然有分歧。

一种声音认为一、二级市场是分开的，一级市场的发行对二级市场股价冲击不大，可以发行；另一种声音认为现今阶段股市首要任务是维稳，A股持续低迷甚至不断下行的情况下强行发行，对二级市场会形成较大冲击，不利于稳定，因此步步收紧主板IPO，放缓发行节奏；最为激进的声音则认为应该暂停主板IPO的发行。

“第二种放缓发行节奏的思路成为主导，证监会着力在维护市场的稳定，特别是这轮反弹过来，显得有些脆弱，监管层更是不想打击来之不易提升的投资者信心。因此这些大型IPO可能继续延期，甚至有大部分将延至奥运之后。”上述知情人士透露。

北京一位投行人士指出，监管层有可能面临的尴尬是，要维护市场稳定并不对这轮维稳行情打压，这些大盘IPO很有可能延期至奥运之后；但奥运之后的行情却被普遍认为将重新陷入低迷，大型IPO发行将依然面临挑战。

---

① IPO全称Initial public offerings(首次公开募股)，是指某公司(股份有限公司或有限责任公司)首次向社会公众公开招股的发行方式。有限责任公司IPO后会成为股份有限公司。

② 红筹股，是指最大控股权直接或间接隶属于中国内地有关部门或企业，并在香港联合交易所上市的公司所发行的股份。即在港上市的中资企业。由于人们形容中国是红色中国，而她的国旗又是五星红旗，因此把与中国相联系的上市公司发行的股票称为红筹股。这是一种形象的叫法。

“现在是不管主板还是中小板，总体都慢，现在只有静候通知，甚至担心中国建筑延期到奥运之后!”参与中国建筑项目的人士表示。

6月下旬，证监会主席尚福林曾公开表示，将合理平衡市场供求关系，有序调节融资节奏。这也成为IPO难以成行的最新高层解读。

随着上半年新股上市溢价幅度的步步走低，6月份大洋电机的破发给IPO市场笼罩了一层阴影。

同时，今年上半年，A股IPO募资总额为898亿元，比去年同期下滑41%；沪市完成4宗IPO，融资总额668亿元，去年同期则为12宗，IPO融资1 411亿元。

发行节奏趋紧之下，今年IPO过会的通过率也在降低，否决率高达30%左右，较往年高出一倍。

曾担任两届发审委委员的普华永道北京主管合伙人封和平指出，这主要集中于中小民营企业，由于人民币升值、出口下滑等因素，这些公司的治理结构、可持续研发能力还有盈利质量相对较低，因此否决率更高。

普华永道预测2008年中国内地IPO融资额将达到2 500亿元，将比去年全年4 771亿元下滑47.6%。

封和平表示，预期下半年大型企业H股回归和红筹回归不会发生，一是因为市场低迷募资有限导致自身动力不足，二是这些红筹如电信业的重组将从技术上延期其回归计划。

一位投行人士透露，下半年在主板上市进展顺利且可能性比较大的有光大银行（募资规模约100亿—200亿元）、西部证券、陕西鼓风机(集团)等。

（刊于《经济观察报》2008年7月14日第21版）

有人可能会说：“对于我这样知识不够渊博的人，是不是就不能进行新闻作品评析?”答案是否定的。只要能看懂、听懂新闻作品，就能评析新闻作品。不过，知识、资讯积累的不同，的确会对新闻作品评析产生影响。

一个新闻评析工作者不可能无所不知、无所不晓，只要他兴趣广泛，勤于学习，有强烈的求知欲，不断丰富自己的头脑，不断地提高自己的评析水平，不断调整自己的知识结构，就能把新闻作品评析做得越来越好。

第三节　良好的政治敏感性和社会洞察力

《尚书·毕命》中说："道洽政治，泽润生民。"[①]孙中山说："政治两字的意思，浅而言之，政就是众人的事，治就是管理，管理众人的事便是政治。"列宁说："政治就是参预国事，指导国家，确定国家活动的方式，任务和内容。"

新闻与政治向来是密不可分的。政治是一个敏感的领域，也是新闻报道的重要内容。作为一名新闻评析者，政治触角、嗅觉也应该非常敏锐。

一篇新闻稿的好坏，如果光从字面上去判断，可能会觉得毫无值得称道之处。但是，如果评析者明了新闻作品的时代背景(特别是政治背景)，也许会有另一种发现。

请先看下面的例子：

中共北京市委宣布
1976年天安门事件完全是革命行动

新华社北京1978年11月15日电　中共北京市委在最近举行的常委扩大会议上宣布，1976年清明节广大群众到天安门广场沉痛悼念敬爱的周总理，愤怒声讨"四人帮"，完全是革命行动。

会上宣布：1976年清明节，广大群众到天安门广场悼念我们敬爱的周总理，完全是出于对周总理的无限爱戴、无限怀念和深切哀悼的心情；完全是出于对"四人帮"祸国殃民的滔天罪行深切痛恨，它反映了全国亿万人民的心愿。广大群众沉痛悼念敬爱的周总理、愤怒声讨"四人帮"，完全是革命行动。对于因悼念周总理、反对"四人帮"而受到迫害的同志要一律平反，恢复名誉。

新华社的这篇电讯稿1978年11月16日被《人民日报》《光明日报》采用，在头版头条发表，引起了极大的轰动。这则电讯稿，本来是在刚结束的北京市委常委扩大会议报道中的一段话，在当时中央对这件事情还没有公开明确的说法的时候，新华社单独摘出来发电讯稿，在舆论上推动了天安门事件的彻底平反。

在这篇报道刚刚发表时，当时的人们很清楚该稿件的重大政治价值——此前，都是认定悼念周恩来总理的天安门事件为反革命事件，一些人因此蒙受政治迫害。

---

① 意思是：治理国家的方法正确了，政治也就治理得非常好了。恩泽散播到民间了，人民就会安居乐业了。这里政治不是现在政治的用法，政，可比拟现在政治的意思，治，与天下大治的治同义。

随着时间的流逝，后来的评析者可能就不了解当时的历史背景，如果仅仅从字面上分析，难免会忽视其传播价值。

即便是评析刚刚发表的新闻报道，那些不关心政治、不了解政治的人们也未必能从政治角度看出稿件的特殊价值。

问题在于，时代背景、政治背景有时在稿件中只字未提。所以，要想成为合格的新闻作品评析者，就应当关注时事，关心政治，以便在这个基础上形成政治敏感，从而以敏锐的政治眼光看透新闻作品的政治意义，从而对新闻作品作出到位的判断和分析。

一些新闻作品之所以产生良好的传播效果，就是因为在政治上有其特殊的价值。

新闻评析中一项十分重要的任务就是：向受众说明评析者对新闻作品的看法，帮助受众认识、理解、感受作品，阐释作品所表现的思想和内容。

具有敏锐社会洞察力的新闻评析者能够“一触即发”，在众多的新闻作品中发现最具评析价值的线索，不让其轻易溜走；能够“慧眼识珠”，准确鉴别同类新闻作品中最特色的报道；能够“以小见大”，从人们司空见惯的新闻现象中挖掘出具有重大意义的新闻作品；能够“落叶知秋”，对新闻事业发展规律做出某些科学预见。

敏锐的社会洞察力，主要指的是新闻评析工作者必须有新闻敏感。新闻敏感是多种能力的综合。它包括分析能力、判断能力、预测能力、联想能力和调整认知角度的能力，是新闻工作者的“特异功能”，新闻学者漫切尔把它称为第六感官。这种能力可以说是一切新闻作品产生的前提与基础，也是新闻评析者迅速选准评析角度、确立评析重点的内在功底。

在大众传播媒介大力发展的今天，新闻评析者每天面对的各类新闻作品难以计数，如何从中发现并选取具有代表意义、与时代脉搏跳动连接最紧的新闻作品，如何从新闻作品中发现最具价值、最能产生社会影响的评析点尤为重要。新闻敏感是一种天生的东西，并非一时一日就能具备，也不是光靠书本知识就能得到，书本知识只能是其中的一个方面。更重要的是，评析者本身要注重实践，积极投身到社会实践中去，向社会学习，向各阶层人士学习，在实践中磨炼，不断提高自己观察事物的能力，以及分析问题的综合能力，并做到勤学、多问、多听、多看，善于思考。

历练新闻敏感，需从以下几方面做起：

首先，新闻评析者要从政治角度观察问题，培养发现事物内涵的能力。新闻评析者要为人民服务，为社会服务，就必须从服从党在一定历史时期的总路线、总任务出发，积极地反映人民群众在物质上和精神上的各种要求、利益和愿望。

所以，新闻敏感，首先是一种政治敏感。要善于从政治上观察问题，善于发现事物的政治意义。对于那些政治上重要的，为广大群众所关注的问题，新闻评析者要以巨大的政治热情和强烈的责任感去发现、捕捉。这样，站得高了，看得远了，分辨能力就增强了，就会从一般事实看到未来，透过具体小事看到其重大的社会意义。

这样，新闻评析者所写的评析才能摸准时代脉搏，才能将党的路线、方针、政策和百姓的实际生活紧密联系起来。

其次，新闻评析者要从分析、甄别事物学起，培养创造性的思维。从某种意义上讲，新闻敏感也是一种"顿然觉悟"的思维活动，也可以说是一种直觉或者灵感，是一种独特的创造性思维。"长期积累，偶然得之"。这种"偶然"其实就是一种"必然"。面对纷繁复杂的大量情况和信息应如何应对？这就需要评析者有消化和储存的能力。当这些情况和信息在思想中经过一定的沉淀、过滤处理后，便会留下许许多多的"新闻敏感点"，如果某一点忽然触及一些相关的情况和信息，便会有灵感迸发，然后产生联想，运用到新闻评析写作中。

最后，新闻评析者要从广泛积累知识做起，历练新闻敏感。新闻敏感来自新闻实践，但是并不因为评析者有一定的新闻实践，就自然有了一定的新闻敏感，它需要评析者在新闻实践中有意识地不断总结积累。

简单地说，就是要广泛积累知识，深刻分析，了解形势，全面熟悉各方面情况；努力学习成功评析者的新闻业务经验，不断总结失败的教训；坚持不懈地对带有新的信息的事实进行追踪和规律性的探索。这是新闻评析者提高准确的新闻辨别能力、培养新闻敏感的基础。

总之，新闻敏感来自新闻评析者的理论修养、政策学习和业务实践，是新闻评析者政治水平和业务水平的集中体现。

思考与练习

1. 你是否已经达到本章所谈素养要求？如果没有，哪些方面没有达到，计划如何缩小或消除这些差距？

2. 请在新闻传播类专业期刊或中国知网寻找新闻作品评析文章，分析评析者应该具备的素养(不必拘泥于本章所谈内容)。

第五章　报纸新闻作品评析

本章要点：

1. 消息类作品的评析。
2. 通讯类作品评析。
3. 新闻评论类作品的评析。
4. 新闻版面类作品的评析。

在所有的新闻传播媒介中，报纸是最方便进行新闻评析的，一是因为数量多，天天都可以接触到；二是可以将新闻作品放在手头细细品味。

事实上，为了积累新闻资讯和新闻知识，新闻学子应当养成“天天看报纸”的习惯。当然，在阅读报纸时，最好带着新闻专业的眼光去分析上面的新闻作品，否则就与常人无异了。

即使是离开大学校门的新闻工作者，“天天看报纸”也是有必要的。一是因为自己还需不断进步，而认真阅读报纸新闻作品，可以学习他人长处，提升自己的业务水平；二是可以发现别人作品的短处，从而发现新的新闻选题。

与其他媒介的新闻作品一样，报纸的新闻作品，有众多的作品种类，不同类型的作品又有其不同的特点和技术要求。

中国记协2010年12月10日印发的《中国新闻奖评选办法》①中，报纸的新闻作品被分为以下五类②：

1. 消息类

即迅速报道新闻事实的新闻作品，要求新闻性强、时效性强，语言文字简明扼要，表述准确，逻辑清晰，有完整的新闻要素。

2. 通讯类

即用多种表现手法对新闻人物、事件等进行深入报道的新闻作品。包括深度

① 详见 http：//news. xinhuanet. com/newmedia/2010－12/26/c_12918707. htm。

② 严格来讲，新闻摄影、新闻漫画作品，也是报纸新闻作品的一个品种。

报道、解释性报道、调查性报道、新闻特写、新闻综述等。

通讯类作品要求主题鲜明，选材典型，事实准确，结构合理，语言生动，评议、刻画到位，感染力强。

3. 系列(连续、组合)报道类

系列报道：是指围绕某一主题或已经发生的新闻事件所做的多角度、多侧面、多层次、多方式报道。

连续报道：是指围绕正在发生的新闻事件，连续刊发的“跟踪式”报道。

组合报道：是指围绕同一主题、现象、人物、事件，在同期同一板块内，刊发的不同体裁的多篇报道(不少于3篇)。

系列(连续、组合)报道类作品要求主题鲜明，结构完整，报道全面，有深度。

4. 评论类

即对社会关注的新闻事件、热点话题、社会现象等进行事实分析和说理的新闻作品，包括社论、评论员文章、署名述评等，不包括杂文和系列评论。

评论类作品要求观点鲜明，论点正确、有新意，论据准确，分析深刻，论述精辟，论证有力。

5. 新闻版面类

即要闻版、社会新闻版、娱乐新闻版、财经新闻版、国际新闻版、体育新闻版、社区新闻版等新闻版面(不包括摄影、漫画等专版、专刊版面)。

新闻版面要求体现政治性、新闻性、思想性与艺术性的统一，标题准确生动，照片、文字与图示兼顾，编排整体协调，版式设计讲究、新颖、有特色，便于阅读。

总之，评析报纸新闻作品，要顾及到报纸的特殊性，可以从新闻作品的体裁特征、选题、采访、写作、效果等角度展开整体分析和细节分析。

第一节　消息类作品

消息是以简洁的文字、简明扼要的方式及时报道新闻事实的一种新闻文体，是最大量、最经常运用的一种报道形式。狭义的新闻便是指消息。

消息常被称作“报纸的主体”、“报纸的主角”，以最直接最简练的方式迅速及时地告诉读者客观世界的变化发展。

消息报道事情的概貌而不讲述详细的经过和细节，以简要的语言文字迅速传播新近事实的新闻体裁，也是最广泛、最经常采用的新闻基本体裁。

一、消息的特点

消息作为一种独立的文字样式，有其本身的特点，了解和掌握这些特点，才能对消息的分析研究做到确切详明，切中要害，恰到好处。

1. 真实性是消息最基本的特征。消息必须完全真实地反映客观事实，用确凿的事实来教育影响读者，绝不允许虚构和添枝加叶。无论是构成消息要素的时间、地点、人物、事件和结果，还是所引用的背景材料、数字，都要完全真实、准确可靠。

新闻是新近发生的事实的报道，是对存在于社会生活中和自然界的各种客观事物的如实反映。事实是第一性的，新闻是第二性的，先有事实，后有新闻，没有事实，就没有新闻，背离事实，就是失实，这是我们对于新闻的一个基本观点。真实是消息的生命。事实是它的本源，也是它令人信服的基础，是新闻写作的基本规则和力量之所在。

新闻的真实性，包含以下三方面的要求：

一是新闻中的具体事实必须真实，完全符合客观实际。如构成新闻的诸要素，即时间、地点、人物、事情等，必须完全真实准确；事情发生的原因、环境、条件和演变的过程、结果等，不能凭空推测猜想；引用的各种资料、数字、背景材料等，必须有根有据，准确无误；人物的思想、语言、心理活动，不能合理想象，任意推测揣摩；不能背离所报道的事实，任意歪曲，强加于人。

二是新闻中概括的事实必须准确，不能夸大缩小，以点代面，以偏概全，要实事求是地概括事实的全貌，完全同实际一致。

三是不仅要确保具体事实本身的准确无误，还要求在总体上和相互联系上也符合客观实际，也就是说，不仅要注意具体事实的真实准确，还要注意从总体上、本质上以及发展趋势上把握事物的真实性。

2. 短小精粹

与其他新闻题材相比，简洁明了是消息的一个重要特点。在篇幅上比较“短”，一般是在500字左右，要求一事一报。消息要用较小的篇幅，简练的文字来叙述事实、传达信息，要求内容集中，言简意丰。

3. 迅速及时

新闻都尽量地讲究迅速及时。而在所有新闻体裁中，时效性对于消息来说尤为重要。从事实发生，到记者采写，再到读者接收到信息，这其间的时间差越小，就越能体现新闻的优越性。

消息在反映现实的速度方面居于各种文体之首，实效性强是消息又一突出特点。它必须迅速及时地把最新的事实报告给读者，延误了的信息就失去了新闻价值。

新闻要快，讲究时效，迅速及时。新闻从它诞生那天起，就和时效伴随在一起。形影不离，密不可分。错过报道时机，新闻就会贬值，甚至失去存在的价值。几天以前的新闻，“最近”、“……以来”之类表示模糊时间概念的新闻，已越来越不受欢迎了。新闻工作者要积极主动适应这种社会需要，做到“先写为快”、“先传为快”，以快速采写和传播新闻作为自己义不容辞的职责，争分夺秒，毫不懈怠。(消息是所有新闻题材中最为迅速及时的样式)

新闻具有时间新近、内容新鲜的特点。所谓时间新近，是指新闻所报道的事实是新近发生、发现的，而不是过去的，很久以前的；所谓内容新鲜，是指新闻要及时捕捉生活中的新鲜事物以及事物的新发展、新变化，尽可能多地为受众提供富有新意的事实和信息。

二、消息的类型

现实生活的丰富多彩决定了消息的内容和体裁的多样性。按照不同的标准，人们将消息又划分为多种类型。

1. 动态消息

动态消息，顾名思义是以变动着的事物为报道对象的消息类型，它既包括对新近发生的单独事件所进行的全过程的报道，即“完成式报道”；也包括对处于变动中的具有一定连续性的事件的报道，即“进行式报道”或“连续报道”；还包括对即将发生的事实的报道，即“预告性新闻”。

动态消息是最常用的消息类型之一。会议消息、预告消息一般都被看作是动态消息。

动态消息是迅速而准确地报道新近发生的国际、国内重大事件、重要的活动和各项建设中最新出现的新情况、新动态、新成就、新问题的一种文体。它是报纸上使用最多的一类。重大新闻的简讯都属于动态消息。

对于动态消息的写作来说，最关键是善于抓动态。

例如：

我国首台千万亿次超级计算机研制成功

●“天河一号”1天工作量，1台普通计算机需要160年才能完成

● 我国成为继美国之后全球第二个拥有此项技术的国家

本报10月29日讯(记者刘文韬 通讯员司宏伟) 今天上午，我国计算机测评最高权威机构——中国高性能计算机TOP100组织在长沙宣布：由国防科技大学研制的“天河一号”千万亿次超级计算机系统顺利通过性能测试，

并高居2009年度我国高性能计算机100强排名榜首。这标志着我国首台千万亿次超级计算机系统研制成功，实现了我国自主研制超级计算机能力从百万亿次到千万亿次的跨越，成为继美国之后世界上第二个能够研制千万亿次超级计算机系统的国家。

超级计算机系统是世界高新技术领域的战略制高点，是体现科技竞争力和综合国力的重要标志。1983年面世的中国第一台亿次计算机“银河一号”诞生在国防科大。2008年，具有超级计算机研制丰富经验的国防科大计算机学院与天津滨海新区合作，承担了国家863计划“千万亿次超级计算机系统研制”课题项目的研发工作。科研人员潜心攻关，通过创新系统体系结构和突破一系列关键技术，课题研发取得重大成果，使系统峰值性能达每秒1 206万亿次双精度浮点运算，内存总容量98TB，点点通信带宽每秒40GB，共享磁盘容量为1PB。这相当于：“天河一号”1天的运算工作量，人们使用1台普通计算机需要160年方能完成；磁盘可存储13亿张1兆大小的相片，相当于4个国家图书馆藏书量之和；2台“天河一号”互相传输的话，1秒钟便能下载40多部高清晰的电影。专家认为，“天河一号”具有高性能、高能效，以及高安全、易使用等显著特点，综合技术水平进入世界前列。

记者在计算机学院一间近千平方米的机房里看到：由103个大型机柜组成的“天河一号”，犹如排列齐整的阅兵方队，竖立其间。隔壁的操控室中，技术人员正利用“天河一号”进行气象数据分析实验。学院负责人告诉记者，以往只能预测7至8天的天气情况，通过“天河一号”计算，可预测8至10天。不仅如此，“天河一号”还能广泛应用于石油勘探数据处理、生物医药研究、航空航天装备研制、资源勘测和卫星遥感数据处理、金融工程数据分析、海洋环境数值模拟、短临地震预报、新材料开发和设计、土木工程设计等众多领域，为解决我国经济、科技等领域重大挑战性问题提供了重要手段，对提升综合国力具有重要战略意义。

据了解，“天河一号”将作为天津滨海新区和国防科大共同建设的国家超级计算天津中心的业务主机，面向社会开放，实现资源共享，为国内外提供超级计算服务。

（刊于《湖南日报》2009年10月30日头版）

《我国首台千万亿次超级计算机研制成功》这篇消息，报道的就是最新动态——我国科技领域取得的新成就。

《我国首台千万亿次超级计算机研制成功》被评为2009年度全国十大科技新

闻，《湖南日报》关于该成果的这篇报道，被新华网、新浪网等国内多家网站转载，并获得第20届中国新闻奖二等奖、湖南新闻奖一等奖。该稿的亮点主要在于：

——题材重大，报道及时，时效性强。“天河一号”系我国重大科研成果，在国际上也有较大影响，在世界超级计算机排名榜上名列全球第五、亚洲第一，并且是我国在世界超级计算机500强历次排名中取得的最高名次。中国高性能计算机TOP100组织在长沙宣布10月29日上午刚刚宣布“天河一号”研制成功，记者当日便写好稿件，次日发表。

——文笔清新活泼，生动形象，现场感强，信息量丰富。特别是在介绍计算机的有关性能时，通过借助读者熟悉的事物(普通计算机、国家图书馆、阅兵方队等)进行比较或比喻，使原本晦涩的科技术语变得通俗、形象，读来易懂，从而更充分展现了我国这一重大科技成果的风采。

2. 经验性消息

典型消息，也叫经验消息，它是对一些具体部门、单位、行业的典型经验、成功做法集中报道的一种文体。这种消息是在介绍经验、做法之后，总结经验，揭示规律，以达到以点带面、推动工作的目的。

用消息的形式报道在一定时期内，就某项活动或工作任务，对某些地区、单位或个人的实践，进行科学总结、分析，整理出的可以起到示范、借鉴作用的成功做法或理论性条理性较强的知识的一种新闻式样。

经验性消息多属非事件性新闻，也有事件性新闻，但大多为重大事件的综合报道。因而其时空的长跨度、事实的概括性、观点的抽象化等特点，以及“经验”本身所具有的实践性、认知性和特有的传播目的性。

经验性消息，以介绍经验为主要内容，并以新闻形式来传播经验。

例如：

省委书记向官员支招如何与媒体打交道

反应快说实话　不护短借东风　交朋友多沟通

本报海口8月3日讯(记者谭丽琳)　就应对突发公共事件的新闻报道，对市县委书记和省直有关部门负责人进行培训，是今天召开的全省宣传工作座谈会的一项重要内容。省委书记、省人大常委会主任卫留成将自己多年与媒体打交道的经验浓缩为三句话：“反应快说实话、不护短借东风、交朋友多沟通”，并以此和与会人员共勉。

卫留成说，现代社会，作为一名领导干部除了具备领导地方和部门发展的能力，同时也要勇于、善于和媒体打交道。他指出，去年以来贵州发生的瓮安事件、云南出现的“躲猫猫”事件等，多是有关部门没有把握好舆论导向而直接导致事态恶化，从而引发群体性事件和公共舆论事件。

曾是我国较早走向国际化的企业中海油负责人的卫留成，从1990年代末就开始与中外媒体打交道。“我觉得和媒体打交道既难也容易，事实上媒体没有大家想象的那么高不可攀，那么神秘。”也许是因为秉持着这种平和的心态，令卫留成在媒体圈里收获了不错的评价。

卫留成说，所谓反应快说实话，就是面对媒体采访坚持有啥说啥，遇到不懂的问题时，就坦率地说这个不了解或不知道，切忌为了维护所谓的形象去编假话。不护短借东风，就是要用虚心和积极的态度面对批评报道，不要去计较报道的瑕疵或漏洞，而是要正确看待那些与事实相符的问题，然后要学会视舆论监督为东风去推动工作。面对舆论监督千万不要回避，不要护短，更不要造假。交朋友多沟通，就是平常要多和媒体记者交朋友，经常保持联系，加强沟通理解。

（刊于《海南日报》2009年8月4日要闻版）

这篇消息既是一篇难得的会议新闻稿，也是一篇难得的经验性消息稿。与通常的经验性消息稿不同的是，这是记者从海南省宣传工作座谈会上捕捉的短消息。

按照报道计划，记者对海南省宣传工作座谈会的采访只写一篇会议消息。省委书记卫留成在讲话时，突然脱稿讲到官员如何与媒体打好交道，记者敏锐地意识到这是一个好新闻，因为舆论意识已是现代政治文化的重要构成和基本支撑，是政治民主建设的重要内容。

对我国很多官员来说，“善于同媒体打交道”是一个亟待提高的“执政能力短板”。关于“如何与媒体打交道”，卫留成的经验之谈，谈得深刻和朴实，具有很强的现实针对性和可操作性。但若将这一内容作为这次会议消息稿的一部分，可能被大量的工作部署和要求“淹没”，无法取得良好的传播效果。记者将此内容单独成文，写成此短消息，是记者的高明之处，也是该稿成功的重要原因。

这篇不足600字稿件，有现场的直接引语，又有充分的背景介绍，主题明确，语言简练，过渡自然，一气呵成。而且，记者在写稿中分寸把握得当，较好体现了报道主体不打官腔、不说套话、诚恳善诱的讲话作风，亲切朴实，晓畅易懂。

3. 综合消息

综合消息是报道发生在一段较长时间或较大地区的某一事件、成就、趋势或问题的新闻。综合消息的特点是，报道面宽、气势较大，点面结合，总揽全局，既有广度又有深度，面上的材料较为概括、全面、实在，典型事例具有代表性。

综合消息可以分为三种类型：第一，横断面的综合，即对一些地区或部门所开展的某项工作、某个运动的成就、情况，按其范围或类别综合起来反映全貌的报道；第二，纵深度的综合，即对一定时期某条战线或某项工作的成就、发展变化，按其因果关系或时空顺序加以综合的报道；第三，纵横结合的报道。

由于综合消息概括力强，声势较大，适于总结和宣传各条战线的形势和评述群众性活动的成就、特点和趋向等。因此它涉及的材料多，在写法上要求立足全局、组织好材料。

例如：

宜春买地让地造绿

鸟啼声处处可闻　外地人纷纷落户

本报宜春讯(记者罗云羽 卓凡)　宜春市城管局干部胡德萍，家住袁山路76号。每天早晨，总会有鸟儿在他家阳台的那棵石榴树上蹦蹦跳跳，唧唧喳喳叫个不停。胡德萍说，这里旁边是小山坡，四周植物茂密，我们生活在鸟语花香当中。

的确，“处处闻啼鸟”已成为宜春一景。不仅是袁山路76号，在秀江路、宜阳大道、明月大道、宜春大道等主干道上，全都是树上鸟儿成群，树蔸旁鸟粪点点。宜春市区绿地率为39.16%，绿化覆盖率为41.46%，人均公园绿地面积为13.52平方米，中心城区三大指标均在全省名列前茅，其中人均公园绿地面积和绿地率两项指标，超过了国家生态园林城市标准。

宜春树多草多绿地多，得益于历届政府大力实施绿色工程。为了打造宜居城市，他们舍得投入，买地造绿、让地造绿。

位于秀江中的状元洲，曾被一外商以400万元的价格买去，准备用于房地产开发，后来由于种种原因，开发计划一直没有实行。为落实科学发展观，提升市民的生活水平和质量，市政府花900万元从外商手中买回状元洲，建起公园。如今，8万平方米的状元洲公园内绿草茵茵，树影婆娑。少年儿童们在公园里的青少年活动基地进行着各种有趣的活动，个个好不开心。袁山西北角临高士北路段有块约5 000平方米的土地，被外商买去搞开发。政府经过再三考虑，认为那一地段还是适合于公益事业，种草栽树，经过协商，花500万元把地买了回来。

政府让地造绿，在宜春更是传为美谈。原市委老院子处于黄金地段，市委搬迁后，有开发商欲出资7 500万元购买。市里虽然财政紧张，但从造绿于城、造福于民的角度考虑，还是婉拒了外商，准备投资500多万元在该地段建公园。据统计，近几年来，政府在老城区拿出了面积为13.8万平方米、价值约3.5亿元的黄金地段，建起财政游园、交警游园、秀江游园、枣树游园等。

买地让地造绿，宜春宜栖宜居。宜春市区原来只有一个公园，现在已有了8个公园、37个游园、10个广场。据统计，宜春市内共有鸟类40余种，其中列为国家二级保护的有白鹇、草鸮、领角鸮等。更为有趣的是，目前已有上海、江苏、浙江、福建、湖南、安徽及南昌、萍乡等地约1.5万人落户该市，在这个"国家园林城市"创业、兴业、成业。8月14日早晨，住在政府安居工程小区的黄建波赞叹道，我们一下楼，旁边就是大块的绿地、大片的树林，看上去真舒服啊！

（刊于《江西日报》2009年8月15日头版）

这篇新闻向受众综合介绍了江西省宜春市实施绿色工程、打造宜居城市的措施和成效。在各地大力发展土地财政、爆炒房地产、地王频出、房价居高不下的背景下，宜春拿出黄金地段甚至买地造绿，打造宜居城市，无疑是很有借鉴和推广价值的新闻。

这篇稿件好就好在：记者用独特的素材、典型的事例(状元洲、原市委老院子等)，诠释了宜春市"通过买地和让地来造绿增绿"的罕见做法和远见，不露声色地引导读者思考"如何落实科学发展观、以人为本、提高百姓幸福指数"这一重要课题。

4. 评述性消息

评述性消息是一种边述边评、夹叙夹议的新闻文体，又称"记者述评"、"新闻述评"，是一种兼有消息与评论作用的新闻报道形式。它一般在陈述事实的基础上，穿插评论或抒发感慨，从而分析说明所报道事实的本质和意义。

与新闻评论不同，评述性消息中的"议"不需要围绕主题讲道理，而是紧紧围绕新闻事实发表少而精的议论。要求以国家的方针政策为依据，针对事实进行评说，要观点正确，评论得当。分析时，摆事实、讲道理，依事论理，观点要出自新闻事实，分析要精辟透彻，并具有一定的理论色彩。

例如：

天安门广场见证国防现代化建设历史性跨越

新华社天安门广场10月1日电(记者贾永、倪四义、徐壮志) “多想开开我们的新战车啊!”开国阅兵时的战车团团长田申指着崭新的05式两栖战车说。

10月1日，中国以一场气势恢宏的国庆60周年阅兵，展示了在国防和军队现代化领域的历史性跨越。包括新型战略核导弹、歼-11战机在内的新装备成为瞩目的焦点。

中共中央总书记、国家主席、中央军委主席胡锦涛检阅武装力量后，指出，中国军队“要发扬光荣传统，加强自身建设，切实履行使命，为维护国家主权、安全、领土完整，为维护世界和平再立新功”。

10时许，象征着中国56个民族的14个徒步方队、30个装备方队和12个空中梯队依次展现在世人眼前。

鲜红的军旗，严整的军容，精锐的装备。秋日阳光下，古老的天安门又一次见证中国军队的崭新风采。

本次受阅的52种装备均为中国制造。

“脱胎换骨”，85岁的田申这样描述新中国14次国庆阅兵所发生的变化。这位中国国歌的词作者之子说：“开国时的受阅武器95%是从战场上缴获来的。”

即使与10年前相比，中国军队的变化同样可以用“脱胎换骨”形容。在这次8 000人参加的阅兵中，近九成受阅装备是国庆50周年后列装的。

预警机、机动雷达、通信车，这些让中国军队“耳”更聪“目”更明的装备首次出现在受阅方阵中，标志着在加速向机械化转变的同时，中国军队信息化建设也取得了重大进展。

“20世纪90年代后期开始，中国军队武器装备建设加快发展。”国防部长梁光烈上将说，“西方发达国家拥有的各类装备，我军基本都有了。”

虽然海军舰艇无法开到今天的受阅现场，但在今年4月23日海军成立60周年海上阅兵中，中国海军已向世界展示了核潜艇、驱逐舰等一系列达到或接近世界先进水平的主战装备。

中国军队的“跨越”，是由中国的整体“跨越”所支撑的。今天，中国每一天所创造的财富，是10年前的3倍，超过了新中国成立初一年的财富总量。

富国强军，中华民族的百年梦想正在变为现实。

相对于阅兵中这些可见的变化，“人”的素质等无形变化同样巨大。仅徒步方队中，就有62位硕士和博士。目前，解放军74.1%的军官拥有大学本科以上学历。

“尽管战略预警能力、机动能力、中远程精确打击能力有了提高”，军事专家陈舟说，“但积极防御的战略始终是中国的选择。”

中国已宣布，21世纪中叶基本实现国防和军队现代化。

“人民解放军是维护世界和平的一支重要力量，”阅兵总指挥房峰辉中将说，“我们不对任何国家构成军事威胁。”

新华社2009年10月1日播发的这篇消息，当日被海内外63家媒体采用。消息点明了阅兵式所展示的最重要的信息——中国国防建设实现历史性跨越，是新中国国庆60周年阅兵式海量报道中最具历史眼光的权威稿件。记者采访了国防部长梁光烈、阅兵总指挥房峰辉和军事专家，通过述评，实现了对阅兵及其所体现成就的准确概括。

这篇获得第20届中国新闻奖二等奖的消息稿，有两个亮点：

一是立意高。除承载关于阅兵的诸多信息之外，消息更展示了此次阅兵的特点——我军机械化和信息化建设获阶段性进步，装备全部为“中国制造”，进而从新中国60年特别是近10年的宏阔时空视角，点明此次阅兵所体现的国防建设新成就——初步实现历史性跨越，富国强兵的百年梦想正在变为现实。

二是信息量大。消息还将笔触伸到阅兵式之外，将此前的海军60周年海上大阅兵、中国军人素质变化、国防建设未来走向和中国国防战略等重要信息纳入，使消息包含了更多更重要的信息。文笔简练生动。969字的消息，在极度凝练概括的同时，并不流于死板，仅人物便涉及5个，多处出现的引语和丰富的背景信息，使消息充满了张力。

5. 人物消息

人物消息，也称人物新闻。是用消息的形式来报道新闻人物的实际、成就、行为、风尚或遭遇的报道形式。它有写单个人物的，也有报道群体的。它有写正面人物的，也有报道反面人物的。一般以报道先进、模范人物的先进事迹及社会生活中涌现出来的新事物、新思想、新风尚的普通人为主。反面人物的劣迹、丑闻的消息作品，一般归入为曝光新闻、批评性报道。

人物消息，自然把新闻人物作为报道的对象。那么究竟什么样的人可以成为人物消息的主角？最重要一点是，他在某个方面要有与众不同的个性或品格。如在贡献、感受、行为、遭遇上是常人所没有的，并且是正面健康的、与时俱进的，就可以作为报道的对象。要突出新闻人物最具新闻价值的某一方面。

在写作过程中，要写出人物特点，可以通过人物的体态语言，写出人物的个性风采。人物消息的写作要求简短集中，迅速及时，通常是抓住新闻人物最有特点的典型事例，或就其某一个或多个侧面，使用简练、概括的语言，突出新闻人物的思想或事迹。

例如：

小岗村书记沈浩意外辞世

本报讯（记者夏树、赵洁） 11月6日，安徽省优秀选派干部，凤阳县小岗村党委第一书记、村委会主任沈浩猝死在下派工作岗位上，年仅45岁。沈浩系安徽省财政厅副处级干部，还有一个多月时间，就即将圆满完成为期六年的下派工作任务。

沈浩1964年5月5日生于安徽萧县，毕业于安徽铜陵财专。2004年年初，作为安徽省优秀年轻党员干部，沈浩从省财政厅被选派到大包干发源地——小岗村担任党支部书记。他从此吃住在小岗村，一心为群众办实事，发展葡萄、蘑菇等特色种植，促进农民增收，受到了村民的拥护和爱戴，被评为安徽省优秀选派干部。在他完成第一个三年下派任务前夕，小岗村100多位村民按下鲜红的手印，到省委选派办要求沈浩继续留在小岗村工作。根据小岗村群众的要求和沈浩本人的意愿，安徽省委选派办决定沈浩继续留在小岗村工作三年。

2006年5月，小岗村成立村党委，沈浩任党委第一书记。2008年3月，小岗村与周边的两村合并成立了新的小岗村，沈浩又高票当选为村党委第一书记和村民委员会主任。他带领村民积极引进外资，美国GLG集团总投资15亿元的小岗农产品深加工项目正式投产，农民人均纯收入突破6 000元。

今年国庆长假之后，在沈浩即将完成第二个三年下派工作任务前夕，小岗村群众又将挽留沈浩的“红手印”送到了安徽省委组织部。得知沈浩去世的消息，小岗村群众无不感到悲痛。大包干带头人关友江痛心地说：“我们失去了一位好干部、贴心人，他的心里一直装着我们小岗村，他是为我们小岗村的发展累死的，他真是当代焦裕禄！”

据了解，11月5日，沈浩还在村里处理了3起土地流转事务，接待了3批前来洽谈投资的客商。

（刊于《农民日报》2009年11月7日第4版）

这是沈浩去世第二天，全国报纸中第一篇正面、客观、准确报道他去世的消息。

虽然全文只有670字，介绍了沈浩从安徽省财政厅选派到小岗村六年的工作业绩，特别是介绍了小岗村群众两次按手印要求沈浩留任的情况。

文中引用了大包干带头人关友江的原话："他是为我们小岗村的发展累死的，他真是当代焦裕禄。"安徽省委书记王金山评价说："《农民日报》的报道，在关键时刻起到了重要的舆论引导作用。"

三、消息的结构

消息通常采用倒金字塔的结构，即以最重要的事实开头，把最新鲜、最精彩的新闻事实摆在最前面，依次递减，以最不重要的事实结尾。它是按重要性递减的方式来安排报道内容层次和各项事实材料的一种消息结构方式。采用这一结构，就要把最重要、最精彩或最有吸引力的事实放在文章的开头。

例如：

"范长江新闻奖"从今年开始评奖

中新社北京9月5日电　中国中青年新闻工作者的最高奖"范长江新闻奖"从今年开始进行评奖，以后每两年评选一次。

记者从中国记协和范长江新闻奖基金会今天举行的新闻发布会上了解到，凡在评选年度不超过55岁的中青年专业新闻工作者均可参加评选。评选范围包括正式批准登记的报纸、通讯社、广播电台、新闻时事类刊物和新闻电影等单位的新闻编辑、记者、播音员(包括节目主持人)以及从事新闻理论研究、新闻教育的专业人员。

首届"范长江新闻奖"最多评选采编人员10名，是否设提名奖待定。评选结果将在明年第一季度公布。

据悉，海外新闻工作者参加评选的办法另行拟定。

范长江新闻奖基金会主席、新华社社长穆青任评选委员会主任。评选委员会由新闻界专家和知名人士组成。

从上例可以看出这种结构最大的特点：

(1)打破了记叙事件的常规。

在材料的时间特征上，首先是"总体性倒叙"，即将最后结果或后发生的却富有吸引力的材料，置于篇首；其次是"局部性倒叙"(即"倒叙中的顺叙")，即在局部性倒叙中又用顺叙说明过去一段时间内，"开始如何，后来又如何"；最后是"总体性顺叙"，即"现在正在如何，进一步又如何"。

(2)它按重要性程度来安排材料，决定段落层次的顺序。常呈现为"重要"、"次重要"、"次要"、"更次要"、"补充"、"进一步交代性材料"的顺序。

(3)它的导语常是直叙型的部分要素导语，它包含了最重要的事实，又往往具有相对独立性，可独立成章，变成“简明新闻”或“一句话新闻”。

(4)对事件过程的叙述往往较简略，每段文字都很简要。

倒金字塔式结构便于受众迅速掌握全篇之精华，满足受众尽快获取最新消息之需求；便于记者迅速报道新闻，将最重要的新闻事实，最先发出去；便于编辑选稿、分稿、组版、删节，如在版面不够时，可从后往前删，无须重新调整段落。但它也易于造成程式化、单一化的毛病，而且，它比较适宜写时效性强、事件单一的突发性新闻，而用它来写非事件性新闻、富有人情味、故事性强的新闻，就不太适合。

倒金字塔式结构是一种头重脚轻，虎头蛇尾式的结构，它把最重要的材料放在篇首，最不重要的材料放在篇末，从导语至结尾按重要性程度递减的顺序来组织安排新闻材料。

除了最常用的倒金字塔结构之外，还有一些其他的结构样式，如时间顺序式结构，按时间顺序来安排事实，先发生的放在前面，后发生的放在后面。这种结构叙事条理清晰，现场感强，很适合写那些故事性强、以情节取胜的新闻，尤其适合写现场目击记。通过对比，揭示差异，从而突出新闻主题的对比式结构；吸收散文在结构和表达等方面的特点，材料和层次安排自由、灵活，语言表达不拘一格的散文式结构等。

四、消息类作品评析示例

作品一：

跟城里人一样享受政府公共服务

诸城农民迈进3公里社区服务圈

□记者　齐淮东　宋弢　通讯员　孙志山　报道

编者按　今年以来，诸城市重整农村组织资源妙招频出：先是以区带村，组建联合党总支；后是以服务代管理，建设农村社区。这两项改革举措，既为新农村建设提供了组织保障，又为城乡一体化统筹发展搭起了有效平台，同时也是新形势下农村组织结构改革的有益探索。近日，本报记者赴诸城深入采访，写出这则消息和一篇调查性报道，向读者展示诸城改革的新做法，以资借鉴。

本报诸城讯　在农村集中连片兴建社区，让农民享受到跟城里人一样便捷、周到的公共服务。眼下，一场意义深远的基层组织结构创新正在诸城市顺利推行。从今年7月在18个社区先期试点，短短两个多月时间，全市已设立65个农村社区，涉及573个村，占全市行政村总数的46%。

据了解，以县市为单位连片推行农村社区化服务，在全国尚属首创。

舜王街道金鸡埠村的董福兰老人切身感受到社区化服务带来的便利。今年80岁的她6年前患了胆囊炎，打针输液要到13公里外的舜王医院，一住院就是一周多。7月底，松园社区建成，社区卫生室离家不到2公里，儿子用三轮车推着董福兰去，输完液就回家，啥事都不耽误。

9月12日，在松园社区服务大厅，记者看到，这里设有文教、社保、环卫、计生、治保等服务窗口，负责为周围2公里内6个行政村的5 667名群众服务。优抚救助室主任乔冒军原在街道民政所工作，是20个村的"网长"。他说，以前坐等群众上门办事，很多久拖不决，现在离服务对象近了，接到救助申请马上就能到现场查看，有的当天就能办结。

农村社区，一般按服务半径2至3公里、居住户不超过3 000户的原则设立。中心村设公共服务机构，即社区服务中心、社区警务室、卫生室、建设环卫室、计生服务室、优抚救助室、纠纷调处室等，由镇政府从现职干部职工或乡镇撤并后富余人员中选派工作人员，为整个社区提供近距离、全方位的公共服务。这种"3公里服务圈"的建设，为打破公共服务产品供给上的城乡二元结构搭建了有效平台。据市委、市政府9月7日公布的《农村社区建设考核奖励办法》，到2008年年底，各乡镇、街道100%的村都要纳入社区化服务范畴。规划中，这样的农村社区有156个，涵盖全市1 257个村庄70多万农民。

今年年初，诸城市委在调研中发现：随着农业税费的取消和农村市场机制的完善，农村基层组织的管理职能越来越弱化，而面对群众越来越多的公共服务需求，却缺乏有效的服务平台，不少群众反映"想办的事不好办、办不好"。同时由于乡镇撤并，镇域面积扩大，有的偏远村庄距镇驻地几十公里，到镇上办事成了村民的一件头疼事。经反复研究论证，市委、市政府作出建设农村社区的部署。

"建设农村社区，就是通过创新农村组织结构，实现基层组织由管理农民向服务农民的转变。今后诸城人提起农村社区，想到的不是它管几个村，而是有哪些服务机构和项目，我们的改革就算成功了。"诸城市委书记邹庆忠这样总结。

（《大众日报》2007年9月15日头版）

用新闻影响今天

秦　超

2007年9月15日《大众日报》刊发的消息《跟城里人一样享受政府公共服务》，在第十八届中国新闻奖评选中荣获一等奖。社会主义新农村建设是当前中国社会生活中的一个重要方面，也是许多媒体持续关注的一个重要话题，几乎每天都有关于此类内容的新闻报道。这类新闻在时效性、新闻性等方面应该说没有多少优势，但为什么通过作者的慧眼发掘、生花妙笔，却能在竞争激烈的中国新闻奖角逐中技压群芳、拔得头筹，有哪些地方值得我们借鉴呢？

慧眼冷观，开掘新闻价值

在社会生活中，人们总是有获取信息、沟通情况、增进了解的需要。新闻事实在传播过程中能否满足人们的信息需要，是记者衡量新闻事实价值的首要标准，也是受众衡量新闻事实价值的首要依据。

不同的媒体或记者有时对同一新闻事实价值大小的评判标准相差很大，这其中既有媒体的属性定位、报道风格因素，更与记者个人的能力水平有关。新华社原总编辑南振中认为，“发现”是一种力量，记者善于发现新鲜事物、提示新鲜事物内在规律的能力就是“发现力”。发现力强的记者能够洞察新闻事实的本质特征，能够选择出光芒四射中的最亮点。

党的十六届五中全会提出了推进社会主义新农村建设的历史任务，这是党中央统揽全局、着眼长远、与时俱进作出的重大决策，是一项不但惠及亿万农民、而且关系国家长治久安的战略举措，是我们在当前社会主义现代化建设的关键时期必须担负和完成的一项重要使命。

新农村建设又是一项前所未有的事业，没有现成的经验可资借鉴，也没有固定的模式以供遵循，只能以一种创新精神“摸着石头过河”，大胆地试、大胆地闯。2007年，山东省诸城市重整农村组织资源，建立了以服务代替管理的农村社区。这一新事物一诞生，就引起了《大众日报》社采编人员的高度关注。激动之余，记者冷静地把其置于贯彻落实科学发展观、统筹城乡发展、加强新农村建设的全局中思考、定位，敏锐地认识到“以县市为单位连片推行农村社区化服务，在全国尚属首创”之举，简明、清晰地提炼出新闻事实及其价值。

作品发表后引起了广泛关注，《人民日报》、新华社、中央电视台等中央主要媒体都进行了深入报道。目前，诸城的做法已被民政部誉为“农村社区建设的诸城模式”，并确定诸城为全国农村社区建设实验区，国家副主席习近平在山东考察工作时，高度评价这一做法是“创新农村基层组织建设的好探索”。

春江水暖鸭先知。要能够及时发现新闻的价值，就要以深刻的发现力，勇于、敢于在时代弯弓绷得最紧的弦上放歌，采写出“风起于青萍之末”的新闻，用新闻影响今天、乃至明天的社会进程。

巧用事实，升华新闻主题

清初学者王夫之说：“无论诗歌与长行文字，俱以意为主。意犹帅也，无帅之兵，谓之乌合。”王夫之在这里肯定了立意，即主题在文章写作中的重要地位和作用。新闻主题要靠题材来实现，不同新闻主题需要不同的题材。

新闻主题一旦确定以后，就要围绕这个中心来寻觅材料，使取材紧扣这个主题，为表现这个主题服务。“若言琴上有琴声，放在匣中何不鸣？若言声在指头上，何不于君指上听？”著名诗人苏轼这两句富含哲理性的诗告诉人们：只有手指拨动琴弦，即主体与客体相结合，才会有琴声。新闻传播者应该做高明的琴师，去拨动新闻事实这根琴弦，使选择的新闻主题这首曲子产生出绕梁三日的优美旋律。

长期的城乡二元结构造成的身份差异，让农民长期不能充分享受到政府提供的公共服务。诸城市农村社区建设新在哪里，对社会主义新农村建设、统筹城乡和谐发展的意义是什么？作者通过全面而深入地采访、思考，将新闻视点聚焦再聚焦，提炼出“跟城里人一样享受政府公共服务”的新闻主题。

围绕这一新闻主题，作者从微观切入，精心选择了80岁的董福兰老人由以前“打针输液要到13公里外的舜王医院，一住院就是一周多”到现在“社区卫生室离家不到2公里，儿子用三轮车推着董福兰去，输完液就回家，啥事都不耽误”，以及社区服务大厅建立后，“以前坐等群众上门办事，很多久拖不决，现在离服务对象近了，接到救助申请马上就能到现场查看，有的当天就能办结”两个具体事例，发挥出以小见大的功效，生动再现了“社区化服务”对农民生活带来的变化。农村社区——这一新农村建设模式，终于开始让农民跟城里人一样，平等地享受到公共服务和社会保障，其意义之深远，不言而喻。

信息解读，延伸新闻影响

提供信息是大众传媒的基本功能。在信息过载的时代，人们要求得到有用的信息，得到“关于信息的信息”，也就是指对于当前信息的分析与解释。换言之，媒体不仅要告诉受众新闻“是什么”，还要让受众理解新闻“为什么”，通过对新闻蕴含内在信息的解读，增加新闻的服务性。

《跟城里人一样享受政府公共服务》成功地运用了信息解读的手法，在新闻中解读新闻，增大了新闻信息含量，拓展了新闻影响力。消息以诸城市农村社区建设为主体新闻事实，采取点面结合、数据引用、交代背景等手法，对相关新闻信息和资料进行精巧组合，层层解读。不仅对诸城市农村社区建设本身作了报道，有概述有细节有数据，将一个新农村样本活脱脱地展示在读者面前，从农村社区是什么、怎样建设，到农民怎样与城里人一样享受政府公共服务，一一进行详细的阐释，读来使人可感可知，可看可学；而且将诸城市农村社区建设中"农村基层组织的管理职能越来越弱化，而面对群众越来越多的公共服务需求，却缺乏有效的服务平台"，"经反复研究论证，市委、市政府作出建设农村社区的部署"等背景资料不留痕迹地穿插、糅进消息中。

消息还通过客观叙述和直接引证等手法，对农村社区建设的远景进行前瞻："2008 年年底，各乡镇、街道 100%的村都要纳入社区化服务范畴。规划中，这样的农村社区有 156 个，涵盖全市 1 257 个村庄 70 多万农民"，"'今后诸城人提起农村社区，想到的不是它管几个村，而是有哪些服务机构和项目，我们的改革就算成功了。'诸城市委书记邹庆忠这样总结。"读者从这篇消息中既可获取许多欲知而未知的背景信息和新知识、新概念，令人耳目一新；又能从中深刻感受到新闻事实的深远意义，给人以鼓舞。

（刊于《军事记者》2009 年第 1 期）

作品二：

"海南的救命恩人，让我摸摸你们的脸"

本报四川北川 5 月 15 日电（特派记者李英挺 通讯员胡金文）15 日上午 10 点 37 分，四川省绵阳市北川县地震灾区夏禹电力公司的一堆废墟上。当誉欣终于获救时，废墟上守候的人群响起一阵欢呼掌声。誉欣永远无法忘记这一时刻——被埋在坍塌建筑 68 个小时，当她绝望时，来自海南的地震紧急救援队冒着生命危险，为她打出一条生命通道。

誉欣被救出后，救援队员担心强光刺激她的眼睛，马上用布盖在脸上。誉欣躺在担架十分激动，由于双眼被蒙不能亲眼看到这群救命恩人，她只知道这是来自海南的救援队。她一边哭着一边说："海南的救命恩人，让我摸摸你们的脸！给我留个电话，我一定会去海南感谢你们。"

地震灾害发生后，北川县老县城 80%、新县城 60%以上建筑垮塌。15 日早晨，居民扶老携幼从县城往任家坪方向撤离，北川县城一片死寂，大部分房屋垮塌形成巨大的水泥瓦砾场。海南地震紧急救援队冒着生命危险往县城前进，沿着已经无法辨认的县城主干道前行，仔细搜索巨大水泥石块下面传出来微弱的呼救声或呻吟声。

早上9时许，海南地震紧急救援队正在废墟中搜救幸存者，有人报告：该县夏禹电力公司，废墟中发现有幸存者呼救。

9点10分，海南地震紧急救援队紧急驰援现场。在废墟中艰难挺过了60多个小时的誉欣告诉队员，自己身体状况很好，脚拇指还有感觉；

9点23分，救援队员把埋压誉欣的铝合金窗剪断；

9点40分，成功剪断压在誉欣身上的混凝土梁柱钢筋，慢慢地把石块往外刨；

10点08分，救援队员再次换下第二梯队，加快救援速度；

10点20分，刨出废墟空隙越来越大，誉欣的头可以扭动，左脚可以伸出；

10点37分，最后的时刻到了——5名救援队员从狭小的废墟间隙，将誉欣救出……

30岁的誉欣是夏禹电力公司调度办公室的一名职工，地震时正在办公室上班，一阵天摇地晃后，所在办公楼坍塌，68个小时里就靠办公桌上的水维持生命。

余震引起旁边山体不停地有石块哗啦啦滚下山，进入夏禹电力公司救援现场高10多米的危桥时倾斜越来越大，随时都有倒塌的可能，海南地震紧急救援队负责人立即做出决定，所有队员蹚水过河，踏着余震继续寻找埋压在废墟的幸存者。

（《海南日报》2008年5月16日第4版）

用温情传播生命的希望

郗奔　陈浩

汶川地震，举国悲恸。面对灾难，人们慷慨地伸出了援手。但并非有了援助，一切问题就能迎刃而解，时间在流逝，人们对拯救生命的信心也慢慢减弱。正是此时，海南日报刊发了《海南的救命恩人，让我摸摸你们的脸》一文，作者如同讲述自己的一段回忆一般，情深意切，传递的是信息更是希望，讲述方法和写作手法值得借鉴。

讲得真，能传递爱传递希望

宫崎骏曾说，迪斯尼的童话故事把孩子们骗了，其实不管是迪斯尼童话的是非分明、纯洁善良，还是宫崎骏漫画的世态复杂、接近人性，都有个主题就是爱，都有个目的就是寻找希望。灾难报道也是一样，不能为了灾难而写灾难，报道的责任应该是在表述事实、揭示问题的同时寻找并指明希望所在。

《海南》一文描写了北川一名电厂职工誉欣被救的过程，事情不大，着墨不多，但却振奋人心。

地震发生已68个小时，距72小时的最佳救援时间已经所剩无几，当被埋人员和全国人民的希望慢慢减弱时，没有一件事情比拯救一个生命更具有震撼力、更能鼓起人们战胜灾难的勇气。记者用这篇文章告诉所有人，希望还在，还有更多生命我们可以去拯救！

但我们也遗憾地看到当时有一些新闻工作者，为了抢新闻影响了救灾工作。该文作者保持了高度的清醒和责任感："救援队员担心强光刺激她的眼睛"，用布盖在誉欣脸上；誉欣那句"海南的救命恩人，让我摸摸你们的脸！"

正是这种希望所在，使得文章读起来犹如在讲述自己的经历，也会不自觉地随着现场的气氛而紧张，随着誉欣的获救而欣喜。

讲得巧，在被感染中实现传播之效

曾有人说，童话故事是假的，却被说的跟真的一样；新闻是真的，却被写成假的一般。这至少说明在"写"新闻上，我们可以向"讲"故事的人借鉴很多好的方法，使新闻读起来更具感染力。

我们听故事时，情绪经常会随着情节的发展而变化，会为了某个情节或惋惜不已、或振臂而怒，甚至因为故事没听完而寝食难安，因为讲故事的人往往会把细节描绘得惟妙惟肖、如影再现。新闻报道也讲求故事化，而故事化离不开恰到好处的细节。

《海南》一文清晰描写了抢救誉欣过程的时间节点，甚至精确到分。翔实的数据，紧迫的时间刻画救援原貌，渲染救援氛围，令全文真实、生动，使救援工作形象、有味道，不仅为读者营造出一种身临其境之感，也极大刺激读者的敏感神经、开启读者的情感闸门。作者潜心捕捉讲述的这一连串时间细节增强了新闻的真实感，提升了传播效果。

讲得精彩，读来就更有味道

严格意义上说，现在"读"报的人少了，但并没有说他们是"看者"，而是坚持用"读者"这个称呼。因为报纸受众虽不"读"但读的心态仍在，遇到好的文章仍不免多看几遍，甚至收藏起来，这就要求文章不仅要值得看，还要让人回味无穷。想要使文章耐读就必须讲得精彩，只有讲得感人，才能对读者有所触动。

《海南》这篇报道借鉴讲故事的手法，在传播方式上符合受众的接受习惯，契合受众的心理需求。在经历了地震初的震惊，以及两天多的等待后，人们最期待的就是还有生命奇迹的发生。为此，文章采用倒金字塔结构将结果告知受众，鼓励人们不要放弃希望；尔后，受众会进一步地想了解生命奇迹的发生过程，文章接着使用大量笔墨将救援步骤、方法、结果为读者一一详述。了解事件全貌后，读者的关注点可能会转移到类似的生命奇迹是否还会再发生，文章也不失时机地写到救援队员蹚水过河，踏着余震继续寻找埋压在废墟下的幸存者，使人们的希望得以继续延伸。

在讲故事中，有的人为吸引听众往往会刻意夸大某些情节。对此，对于讲故事的方式我们切不可一概而论，需要在新闻采写中取其精华，为文章增色。

（刊于《军事记者》2010 年第 2 期）

第二节　通讯类作品

通讯，也是一种常用的新闻体裁，是对新闻事件、人物和各种见闻的比较详尽的生动报道。它可通过叙述、描写、抒情、议论等多种手法，具体、生动、形象地反映新闻事件或典型人物的一种新闻报道形式。它是记叙文的一种，是报纸常用的文体。

一、通讯的特点

与消息相比，通讯在体裁上具有如下特点：

第一，在内容上，通讯容量大，范围广，取材比较全面、完整。消息大多是一事一报，而且只报道新闻事件的大致情况，如果有细节也是非常少的。而通讯报道则可以是一人一事，也可以涉及众多的人物和事件。同时，通讯十分重视细节的刻画，在一篇通讯中往往有大量的细节。不仅告诉人们发生了什么事，而且交代事情的来龙去脉，以及情节、细节和有关的环境气氛。通讯须相对完整、具体地报道人物或事物的过程。消息侧重写事，叙述简明扼要，一般不展开情节。通讯可写人物也可写事件，其材料比消息丰富、全面，其容量比消息厚实、充足。它要求详尽、具体地报告事件的经过，演绎人物的命运，充分展开情节，甚至描写细节和场面。这些既是生动性的表现，同时也是内容完整性、具体化的要求。

第二，在形式上，通讯可展开情节，情景交融，讲求结构的变化。从结构上看，消息是一种程式化的文体，都有常用的模式。消息写作，很大程度上是按着固定的模式进行操作，创造性只体现在一些局部的地方。通讯则不然，它的写作跟一般的记叙文相似，没有固定的格式，每一篇都有自己独特的结构形式。另外，消息的表达方式和语言也都有一定的程式性，在表达方面，消息主要用叙述，别的表达方式很少。在语言方面，消息运用词语的直接含义，显得简洁朴素，循规蹈矩。而通讯表达方式丰富多样，语言常有新颖独特的创造性运用，显得流光溢彩、摇曳多姿。

第三，在写作技巧上，通讯对事实的表达多样化，结合叙述，兼以描写、说明、抒情或议论，富有感情色彩或理论色彩。与消息相比较，通讯的描写偏多。这里所说的写作技巧，含义较广，包括虚实相衬、对比烘托、铺垫弄引、设置悬念、欲擒故纵、欲露先藏、欲扬先抑等多种表现手法，也包括比喻、对偶、排比、夸张等多种修辞手法。这些手法，消息也是要运用的。但是，由于消息被简洁朴实的文体本性所限制，消息对这些手法只在合适时偶尔一用。通讯则不然，为了加强作品的感染力和生动性，它常常使用以上多种写作技巧。通讯尤其是人物通讯具有一定的文学色彩。消息在表达上主要是平面的叙述，语言追求简洁、明快、准确。通讯则较多借用文学手段，可以描写、抒情、对话，可以用比喻、象征、拟人等修辞手法。因此通讯在语言和表达方法上都具有一定的文学性，它在报道真实的人和事的过程中，善于再现情景，平添许多生动和形象，给人以立体感、现场感。

第四，在风格上，消息朴实，通讯富有文采。手法的不同自然会造成风格的不同。消息一般没有文学性，朴素实用。通讯则有比较强的文字性，生动活泼而富有文采。在一期报纸上，两种文体相互映衬和补充，使新闻媒体更加完美。

第五，在时效上，通讯不如消息迅速及时。虽然有消息、通讯同时发表的情况，但一般来说，通讯的时效性是赶不上消息的，因为消息内容简略，篇幅短小，采访快，写稿快。有时事发几分钟，甚至不到一分钟，媒体就开始进行消息报道。而通讯有大量的细节，篇幅一般比较长，采访需要比较详细，写稿时间也要长一些。

二、通讯的种类

通讯的类型一般有两种分法。一是按报道内容分，有人物通讯、事件通讯、工作通讯、风貌通讯。一是按报道形式分，有访问记、专访、特写、大特写、新闻小故事、集纳、巡礼、侧记、记者来信等。

1. 访问记

由记者出面登场，以采访活动的过程为主要线索来结构和组织材料。写作时有问有答，现场感较强，而且可以穿插各种背景材料，使通讯有一定深度。

2. 专访

访问的一种，是就特定的问题、特定的对象进行的专门的访问，内容集中。专访以人物、现场和记者为三要素，突出“专”、“访”二字。专访涉及面一般不宜太宽，不宜贪大求全。

3. 新闻小故事

或称新闻故事、小故事。其要求一是“小”，二是有“故事”，三是以小寓大。通常反映一人一事，表现一个片断，内容单一，篇幅短小、线索简单，不求写繁多人物，不必横生枝节，但求精悍、生动。

4. 特写

将生活中某个特定的画面予以放大，集中突出地描绘事件和人物的某些片断、细节和部分，给人以深刻的印象和强烈的感染。

5. 大特写

是抓住社会热点中的事件、人物或现象，对新闻事实作全方位、多侧面的报道，用优美的文笔、新颖的题饰、突出的照片吸引读者的一种报道形式。也有人认为它是深度报道的一种形式。

6. 集纳

把表现同一个主题而又相对独立的小故事或片断事实组合起来，“集纳”而成为一篇。集纳中的事实，可以是发生在同一时间的，也可是不同时间的；可以是发生在同一单位、同一条战线，也可以不是。

7. 侧记

从一个侧面反映新闻事件或新闻人物的通讯。取材自由，不求反映事件全貌、全过程，但求抓住特点，扣紧受众的兴趣点、回答受众普遍关心的问题。写作时往往夹叙夹议，兼谈感受。

8. 巡礼

边走边看，巡游浏览，很自由地把所见所闻写出来告诉受众；讲求动态感、现场感、亲切感；常用移步换形的方法，有较多议论和抒情。

三、通讯的写作技巧

1. 选好典型，确立主题

典型是通讯的筋骨，主题是通讯的灵魂。选好典型，确立主题对通讯来说十分重要。选择什么样的典型呢？要选择那些具有代表性、具有普遍意义、具有宣传价值和教育意义的人和事，选择那些在一定时期内人们所关注的问题。确立什么样的主题呢？要确立体现时代精神，表现时代风尚的主题，确立反映人物和事物、本质和规律的主题。

2. 人物生动，有血有肉

写好人物是通讯写作的重要任务。不论是人物通讯还是事件通讯，都要把人物写好。写人离不开事，因此，写人必写事、写人物自己所做的事实的事，写能揭示人物内心世界的事。写人物还要用人物自己的语言、行为、活动来表现人物；人物要写得有血有肉，有音容笑貌，有内心活动；写事要具体形象，有原委，有情节。

3. 结构紧凑，富于变化

纵式结构，是按时间顺序、事物发展的顺序或作者对报道事物认识发展的顺序来安排结构。在这种结构里，时间发展的顺序、情节展开的顺序、作者认识事物的顺序成为行文的线索。在采用这种结构时，要详略得当，布局巧妙，富有变化，避免平铺直叙。

横式结构，是指用时间变换或按照事物性质来安排材料的。这种结构概括面广，要注意不同空间的变换，恰当地安排通讯所涉及的各方面的问题。采用空间变换的方法组织结构时，要用地点的变化组织段落；按事物性质安排结构时，要围绕主题，并列地写出不同的几个侧面。

纵横结合式结构，是以时间顺序为经，以空间变化为纬，把两者结合起来运用。采用这种形式，要以时空的变化组织结构。

四、通讯类作品评析示例

作品一：

忻州煤矿安监局好气派

10 名员工 36 套住宅 9 辆公车 人均办公面积达到 200 平方米

本报记者　高山　文/摄

山西省忻州煤矿安全监察局最近两年“财气”暴涨。

几年前，忻州煤矿安监局还叫忻州煤炭安全监察站的时候，四处租房办公，常为房租与房东发生不快，工作人员也大都是骑自行车或步行上下班。现在，忻州煤矿安监局仅有 10 名工作人员，却有四五十间带卫生间的超大面积的办公室，有 36 套超大面积住房。

与此同时，近两年，每年都有一两起特大煤矿安全事故发生在忻州。

2005 年 7 月 2 日 14 时 20 分，忻州市宁武县阳方口镇贾家堡煤矿接替井发生特别重大瓦斯煤尘爆炸事故，造成 36 人死亡，11 人受伤。事故发生后，矿主和有关部门瞒报事故死亡人数，转移藏匿遇难者尸体。

2005 年 10 月 31 日 16 时 50 分，忻州市原平市长梁沟镇坟合岇煤矿发生瓦斯爆炸事故，造成15人死亡，1人受伤。

2006年11月5日11时45分，大同煤矿集团轩岗煤电公司焦家寨矿(地处忻州市原平县境内)发生瓦斯爆炸事故，47名被困矿工全部遇难。

忻州煤矿安监局的办公楼和住宅楼及正在兴建的宾馆，位于忻州市经济技术开发区内。靠近(五)台忻(州)公路的是该局正在建设的宾馆(正式名称是：忻州市煤矿安全监察局职工培训中心)，地下1层，地面已经建起5层，建筑面积在3 000平方米以上。“培训中心”后边的一幢欧式建筑，是该局的办公大楼。在办公大楼的后边，是一幢6层的住宅楼。住宅楼共3个单元36套房，房间面积最小的140平方米，最大的180平方米。该局有10名正式职工和5、6名临时工，记者在忻州市车管所调查得知，共有9辆公车挂在该局名下。

忻州市煤矿安全监察局刘副局长在接受记者采访时表示，该局办公楼在2003年由山西煤炭安全监察局后勤处负责动工兴建，直至今年秋天才启用。由于一些配套工程还未完工，大楼的一些设施还未完善。他强调说，整个办公楼的建筑面积2 000平方米，只比朔州的(煤矿安全监察局办公楼)大一点儿，全省11市除运城外，条件算是最差的。目前，大楼的装修装饰工程还未完工。完工后，“条件会改善一些”。

对于职工住宅楼，刘副局长说共有36套住房，但“那是由局里职工和其他单位的一些工作人员集资兴建的”。至于每平方米1 100元的房价，是由于该地“地处荒郊野外，那时候(2003年)忻州的房价还没涨起来时制定的”。住宅楼后共有22间私家车库，刘副局长说：“分给住户后，想做车库做车库，不想做车库安上门窗可以当住房，放杂物也可以。”统一包了塑钢阳台，是为了使单位的建筑显得整齐、美观。

刘副局长是今年才被提拔的，所以他对办公大楼资金来源、投资多少、装修花费、购置办公设备和职工住房补贴等问题都“不太清楚”。

不过，有知情人士透露，建设资金中有小部分是向部分乡镇和煤矿“借的”，忻州市宁武县某乡镇就“借给”该局5万元。而被该局监管的宁武县的一煤矿，则花了35万元购买了该局的一些旧的办公设备。

(刊于《中国青年报》2006年12月27日头版)

记者巧说话　无声胜有声

王卫明　李铧生

《忻州煤矿安监局好气派》正文仅1 098字，却将山西忻州煤矿安监局不正常的“气派”交代得清清楚楚，原因就在于该文很好地做到了“用六种方式巧说话”。

第一，用数字“说话”。

“10名员工36套住宅9辆公车 人均办公面积达到200平方米”，这是文章的副标题，包含4个数字，极具说服力地反映出忻州煤矿安监局的“不正常”。此外，还有其他数字来说明新闻事实：“房间面积最小的140平方米，最大的180平方米”，“整个办公楼的建筑面积2 000平方米”，“该局正在建设的宾馆……建筑面积在3 000平方米以上”等。

第二，用对比“说话”。

上述4个数字，就形成了对比的效果，读者看到这些数字，很容易联想到自身的相关情况和政府公务员的正常情况，一对比，就会发现巨大反差和明显的不正常。

“整个办公楼的建筑面积2 000平方米，只比朔州的(煤矿安全监察局办公楼)大一点儿，全省11市除运城外，条件算是最差的。”文中这句话表明，忻州煤矿安监局超标准建办公楼的严重违纪行为，在本省还不是最严重的。换言之，还有更加严重的违纪个案。

此外，还用忻州煤矿安监局辖区内“近两年每年都有一两起特大煤矿安全事故发生”的新闻背景与该局不正常的“气派”作对比。读者看完后，会情不自禁地想：“工作做得这么不好，实在不该这么‘气派’。”

第三，用权威部门和权威人士提供的信息“说话”。

“记者在忻州市车管所调查得知，共有9辆公车挂在该局名下”，这是引用权威部门提供的信息，其真实性和权威性毋庸置疑。

“忻州市煤矿安全监察局刘副局长在接受记者采访时表示……他强调说……刘副局长说……刘副局长说……”，这是报道对象(忻州煤矿安监局)内部的高级别人士在介绍情况、作出解释，或是直接引语(原话)，或是间接引语，其提供的信息，代表了报道对象所涉机关的表态、声音，起到了与记者记述相对应的“平衡报道”的作用，有助于巩固报道内容的真实性、客观性，有助于避免报道的片面性。

“有知情人士透露……”，则是匿名消息来源提供的信息，也是外部人士不容易了解到的内幕，这些信息揭露了忻州煤矿安监局不正常“气派”背后的“不正常”原因。

第四，用图片“说话”。

“一图胜千言”、“百闻不如一见”，都说明了新闻传播的一个规律——在证明调查性报道的真实性方面，图片独具优势，具有相当强的说服力、可信度。

《忻州煤矿安监局好气派》配发了记者拍摄的三张彩色照片，分别为忻州煤矿安监局的办公楼、忻州煤矿安监局的住宅楼及正在兴建的宾馆(即忻州市煤矿安全监察局职工培训中心)。这三张图片，不但给读者以真实细节、直观印象，而且给相关报道的版面编排添色增光。

第五，用暗讽“说话”。

文章主标题《忻州煤矿安监局好气派》中的“好气派”，明为褒扬，暗作贬抑。这比“太气派”或“过于气派”等直白语词，效果更好。

第六，让匿名消息来源“说话”。

《忻州煤矿安监局好气派》文中“有知情人士透露……”的写法，是对消息来源的“匿名化”处理，虽然会影响相关信息的可信度，但可以保护消息来源，也是不得已而为之。

值得一提的是，《忻州煤矿安监局好气派》不仅注意“巧说话”，还有“必要的不说话”——记者自始至终没有“站出来”对新闻事实发表评论或对报道对象进行性质界定。

尽管如此，这样一来，反倒取得了“此时无声胜有声”的效果——虽然记者没有把话说透，但读者能够体会到文中的“潜台词”，同样形成了不可低估、忽视的监督之势。

这是作者的高明之处——既达到了预期的传播目标，又可以在很大程度上避免因判断失误而陷入新闻官司。

据《中国青年报》2007年2月8日报道，《忻州煤矿安监局好气派》一文引起非同一般的社会影响：

1)为全国多家媒体和网站转载，舆论反响强烈；

2)2007年2月1日，中央电视台《焦点访谈》栏目报道了忻州煤矿安监局被此文披露的违规行为；

3)引起安监总局党组的高度重视，局长李毅中先后在全国安全生产视频会和总局机关及在京单位干部大会上，对山西忻州煤矿安监局予以严厉批评；

4)安监总局安排调查组二赴山西，会同山西省纪委调查组核查；

5)中央纪委监察部驻总局纪检组监察局对有关责任人员立案调查；

6)忻州煤矿安监局被此文披露的违规行为全部被纠正；

7)中国安监系统进行自查自纠。

对新闻报道来说，以上7种反响，只要引起其中任何一种，都足以令人称道，令作者自豪。《忻州煤矿安监局好气派》一文，却将这7种反响一一纳入“囊中”，当然了得。

（刊于《新闻爱好者》2009年6月上半月号）

作品二：

甘肃14婴儿同患肾病　疑因喝“三鹿”奶粉所致

■不知是否冒牌产品 豫赣鄂等也有同样病例 样本已送国家鉴定机构

■三鹿集团称产品“没质量问题”　甘肃省卫生厅今天介绍调查进展

早报记者　简光洲

9月8日，位于甘肃省兰州市的中国人民解放军第一医院泌尿科又接收了一名8个月大，来自该省岷县的患有“双肾多发性结石”和“输尿管结石”病症的婴儿，这是该院三个多月来接受的第14名患有同样疾病的病例。

到目前为止，对于婴儿患病的原因还没有调查清楚，但是这些家长们反映孩子们出生后一直都在吃名为“三鹿”牌的奶粉。患病婴儿的家长们怀疑说：“或许和当年安徽阜阳的空壳奶粉致婴儿成为大头娃娃一样，这次的罪魁祸首也可能是奶粉。”

记者昨日还了解到，10天前湖北省同济医院小儿科也接收了三名患有肾病的婴儿。这三名分别来自河南、江西和湖北的患儿家长也反映婴儿食用的是“三鹿”牌奶粉。

目前尚不知患儿所使用的奶粉是否为假冒伪劣产品。河北三鹿集团传媒部对早报记者表示，已派出工作人员赴甘肃调查，当地质检部门对该集团奶粉的检验显示没有质量问题。

不排除出院还有后遗症

解放军第一医院泌尿科已经接受了14名患肾结石的婴儿，到昨日为止，有6名在手术后康复出院，其余8名仍在医院治疗。

该院泌尿科首席医生李文辉介绍说，该科是在6月28日收到第一例婴儿患“肾结石”的病例。在3个月时间里，陆续共有14名婴儿因患同样的疾病住院。

据了解，这些婴儿进院时病症基本上都到了中晚期，有的甚至有生命危险。他们共同的病理特征表现为都是一岁以内的婴儿，且症状表现为双肾多发性结石，刚来的时候都是急性肾衰竭。

经紧急治疗后，目前8名婴儿已经脱离了危险，但是仍需住院两到三周进行观察治疗。至于婴儿出院后会不会有后遗症，李文辉说，目前时间比较短还不能排除这种可能，要经过以后的随访和两三个月复查后才能确定。

罪魁指向“三鹿”奶粉

据李文辉介绍，经过检查后发现，这14名婴儿中有90%以上为尿酸胺结石，这种情况在结石中非常少见，一般是因为营养不良造成，多见于儿童和老人的膀胱结石。而经过进一步检测，医院推测这14名婴儿是由于摄入的脂肪和蛋白含量比例失调，引起体内嘌呤碱代谢异常，继而产生尿酸和尿酸盐结晶，在上尿路梗阻后形成肾结石，导致肾衰竭。

医生们注意到，这些患病婴儿在没有母乳之后，都使用了品牌为“三鹿”的奶粉。李文辉分析说，因为这些婴儿最主要的食品来源就是奶粉，且都是长时间使用同一品牌的奶粉，“因此不排除与奶粉有直接的关系。”

小李8个月大的儿子也是患婴之一。小李说，儿子自从出生后因为没有母乳就一直吃“三鹿”奶粉，每400克一包卖18元，但奶粉具体什么品种记不得了。孩子七八个月时每4天就要吃一包。“一直这么吃，也没有想到会出问题，最近一段时间就发现孩子尿不出来。”据小李介绍，在他家附近也有几名婴儿和他儿子患同样的病。

目前有7名患儿的父母联名写下了申请书，上书甘肃省卫生厅，要求彻查病因。

“正规超市买的老牌奶粉”

昨日，记者从甘肃省卫生厅及该省食品药品卫生监督局了解到，前一段时间他们就已接到相关情况的汇报，正在联合多个部门调查。9日下午，由卫生厅牵头的调查人员曾到解放军第一医院泌尿科了解情况。

甘肃卫生厅办公室的杨敬科主任介绍，卫生厅已把病理及病因样本送到国家相关的鉴定中心进行检验。鉴定结果尚未出来。

杨敬科认为，这次甘肃婴儿患病的情况根本没有当年安徽阜阳空壳奶粉严重，但因为媒体经常询问，所以决定11日上午召开新闻发布会向外界说明调查的进展。

南京市儿童医院泌尿外科日前也接诊了5名吃同一品牌奶粉患上肾病的患儿。病情严重的已转至上海治疗。其中一患儿母亲说：“这个牌子(奶粉)是在正规超市里买的，价廉物美，牌子也比较老了，吃了放心。”

此前，还有山东、甘肃、安徽、湖南等地的家长告诉湖北的记者，称自己孩子也吃该品牌奶粉，出现类似症状。

◇厂方回应

无证据证明婴儿因吃三鹿奶粉致病

对于患病婴儿使用的都是同一品牌的奶粉，且婴儿最主要的食品也是奶粉，因此家长及医生们都怀疑婴儿肾病的罪魁祸首是奶粉。

昨日下午，记者和河北省三鹿集团取得了联系。该集团传媒部的工作人员杨爱称已经获悉甘肃有婴儿患病的情况，并且已经派出工作人员对此事进行了解。

杨爱向记者介绍，三鹿是奶粉行业品牌产品，有很多年的历史。目前还没有证据证明患病婴儿是因为吃了三鹿奶粉而致病。如果真的有这样的问题，相信质检部门会查个水落石出。

此后，杨爱又致电早报记者称，已经委托了甘肃当地权威质检部门对三鹿奶粉进行了检验，结果显示质量是合格的。

（《东方早报》2008 年 9 月 11 日 A20 版）

大胆履行职责 谨慎点名揭露

陈力丹　赵卓伦

上海《东方早报》记者简光洲于 2008 年 9 月 11 日发表在该报上的通讯《甘肃 14 婴儿同患肾病 疑因喝“三鹿”奶粉所致》，在当时的国内报道中首次点名揭露了“三鹿”奶粉问题，引发了中国乳品行业地震，间接推动了中国相关的司法介入进程。

这篇只有 2 100 字的通讯分 5 个部分，21 个自然段，无渲染，少铺陈。若看字面，并无特别之处。其影响力大，原因有三：

第一，文章凸显传媒和记者的责任意识。环境监测是大众传媒的基本职责。奶粉问题由来已久，此次婴儿喝奶粉患结石病的问题也并非是这篇通讯第一个报道出来，然而这篇通讯却是第一次打破了“某奶粉”的媒体报道潜规则，直接点出“三鹿”品牌，使患儿和家长尽早地了解情况，采取措施，最大程度地规避因继续饮用“三鹿”奶粉而带来的风险。

作者目睹“三鹿”奶粉给患儿及其家长带来的危害，出于职业的社会责任感，顶住三鹿集团公司的公关压力，公开点名报道，彰显了新闻正义，值得称道；东方早报的领导层及时通过审稿，果断刊发，也显现了其在监测环境方面坚守职业道德的勇气。

传媒和它的记者面临复杂的社会事件或问题，除了敏锐的发现问题的眼光外，在掌握大量材料的基础上，敢于客观反映涉及人民生命安危的信息，通报可能的危险情况，这种社会责任意识更为重要。这篇通讯在这方面为全国同行做出了榜样。

第二，调查采访深入，叙述谨慎。问题奶粉曝光之前，“三鹿”集团是中国奶粉行业的龙头老大，如果不认真采访和多方核实，较为随意地点名“三鹿”，对“三鹿”和全国乳品行业的负面影响是将是巨大的。

作者写作之前对这个问题进行了大量深入的采访调查，仅从行文中就可以看到，其采访对象涉及兰州患病婴儿家长、三鹿集团传媒部工作人员、解放军第一医院泌尿科医生、甘肃省卫生厅办公室主任、南京患儿母亲、湖北省同济医院小儿科等。采访手段有一线采访、电话采访和借助媒介寻找线索等。通过展现各方当事人对问题的分析，审慎得出怀疑“三鹿”的结论，说服力较强。记者行文过程中，不把话说绝，使用“怀疑”、“可能”等词汇，表明了作者必要的谨慎。即使报道有误，记者和报社有回旋的余地。例如文中第一次点到“三鹿”是这样一段文字：

患病婴儿的家长们怀疑说：“或许和当年安徽阜阳的空壳奶粉致婴儿成为大头娃娃一样，这次的罪魁祸首也可能是奶粉。”

这样的叙述，对于记者揭示这类问题来说，是必须采用的报道的技巧。

第三，采用客观报道方式，注重多方平衡。对于这样一篇可能引发社会轰动，同时也可能带来传媒风险的通讯，作者的写作极为谨慎，除了用词小心之外，还表现在报道的客观与平衡方面。

通讯写作允许适当表达作者的情感，可以使用形容词和副词，以及某些不确定的量词，也可以适当发表评价性意见。但是客观表达事实，这一点与消息的写作是同样的要求。通观这篇通讯，作者很少情感表达，除了客观叙述外，很注意报道的平衡。通讯中作者在以下两个方面注重了事实的平衡：

首先做到了患儿家长、医院、三鹿集团等三方面的平衡。作者既报道了患儿家长提出的怀疑“三鹿”奶粉可能是婴儿患肾结石的罪魁的观点，又照顾到了三鹿集团的立场，在文尾特别显著地标明“厂方回应”，陈述了该集团公司强调的甘肃当地质检部门称其产品质量合格的说法。

其次是受害方对“三鹿”不同说法的平衡(事物性质判断的平衡)。文章第一次点到“三鹿”，不是由记者，而是通过家长之口说出对“三鹿”的怀疑。在怀疑和否定“三鹿”奶粉的同时，文章也提到某患儿母亲对于“三鹿”奶粉“价廉物美，牌子也比较老了，吃了放心”的说法。文章还说明：“目前尚不知患儿所使用的奶粉是否为假冒伪劣产品”。

(刊于《新闻实践》2010 年第 1 期，此处略有删节。)

第三节 系列、连续、组合报道作品

连续报道、系列报道、组合报道，都可归入广义上的深度报道范畴。

因为，这些报道方式已经不局限于报道新闻事件本身，不是“纯新闻报道”，在报道新闻事件的同时，还揭示新闻事件发生的原因、造成的影响等内容，比一般消息更有深度。

一、连续报道

连续报道是指那些在一段时间内，就某一不断发展的新闻事件而写成的一系列报道的总和。这些报道，不在同一天刊播发表。

其优势在于：

1)可以设置悬念，对读者产生吸引力。

2)可以对报道进行整体的策划，使得报道更加井井有条。

3)能够把一些片面的报道整合成全面的深度报道，使每一篇作品的深刻性大大增强。

连续报道的写作特点有如下四点：

1)每一篇报道都对前一篇报道在内容要素上给予有力的补充。

2)每一篇报道都有一种内在的一致性。报纸对连续报道要有相应的规划，要求每篇体现一致的写作风格。

3)每一篇报道都留有一定的余地。每一篇报道要考虑新闻事件的未来走向，不要把话说得太满，也不能在事实没有定论的时候妄下结论。

4)每一篇报道都相对独立。每一篇报道起码应该说清楚一个方面的问题或者一个时段内的新闻事实。

例如，1999 年 12 月 17 日起《现代快报》的连续报道《记者暗访遭强行拘留》、《记者法官谁在说谎》、《为什么法官打人反成“护法”》等。

二、系列报道

围绕一个新闻主题，从不同的角度和侧面所进行的多次性的报道就可以称为系列报道。这些报道，一般也不在同一天刊播发表。

连续报道是一种不间断的同步报道，其报道的新闻事件，往往会随着时间的推移而发生阶段性变化。

而系列报道，是报道一件已经发生过的重大新闻事件。所以系列报道的规划是把长篇报道分割成篇幅相近、内容均衡、风格相似的几个部分，冲击力更强。

系列报道有如下的写作特点：

1)系列报道中的任何一篇报道单独刊登仍能成为一篇不错的报道。

2)系列报道虽然各有所侧重，但总的说来都是在为一个主题服务。

系列报道的每一组成不一定非得要深度报道，但是要有一个较为深刻的主题统领。

3)每一篇报道之间存在着一种形式上的一致性。

记者对于系列报道的事件已经了然于胸，所以在布局谋划上更加一致。

例如，1987 年 6 月 24 日到 7 月 4 日《中国青年报》的三篇作品《红色的警告》《黑色的咏叹》《绿色的悲哀》。

三、组合报道

在学者杜俊飞看来，组合报道是将关于某一新闻事件的各个侧面的报道及素材组合在一起，从方方面面对新闻事件进行透视的一种报道方式。

而在学者于泳看来，“所谓组合报道是针对同一新闻事实或同一新闻主题所进行的全方位、立体化的深度报道。组合报道实际是对涉及同一相关主题而着眼点又有所差异的各种体裁的报道，根据其各自的特点和相互关系进行富有创建性的组构，同时这种组构又是以事实为基础并体现报纸的定位。这种报道方式是平面媒体经常采用的深度报道方式。”

组合报道，往往会在同一天(甚至是同一版面、同一特刊、同一周刊)刊播不同稿件。

1. 组合报道，可粗略分为以下两种表现形式：

1)事实中心型组合报道

在事实中心型组合报道中，单篇稿件之间存在着特定的逻辑关系，这种关系规定了稿件之间的顺序和相互关系，每篇报道都有它存在的特殊意义。这种报道多见于线性发展的新闻事件。

2)主题中心型组合报道

在主题中心型组合报道中，单篇稿件之间也存在一定的联系，但是这种联系远没有事实中心型组合报道那么强。联系各篇稿件的不是稿件之间的关系，而是报道本身所围绕的新闻主题。

例如，《文汇报》2004 年 2 月 1 日的科技专刊。报道的中心内容是禽流感，整个版面共 7 篇稿子，每篇一个角度，从不同的层面反映禽流感，包括了禽流感的预防、是否会传染给人等一系列敏感话题。但这组报道稿件之间的逻辑关系并不强，把各篇稿件凝聚在一起的仅仅是禽流感这个中心话题。主题中心型组合报道在报纸上比较多见，原因在于它组稿灵活，所受限制较小，反应问题的角度不拘一格，更能发挥组合报道的长处。

2. 组合报道，具有以下优点：

1)组合报道能够针对某一新闻事件提供更多的信息，完整报道事实，全面反映问题。

2)组合报道能够大大地增强报道的视觉冲击力，也方便了现代人的阅读，使报纸受到更多关注。

3)组合报道有利于不同素养和气质的记者充分发挥各自的才能，充分调动报社的人力资源。

4)组合报道能够促使读者对某一新闻事件展开讨论。

5)题材多样。

各方面的新闻事件，如经济、政治、法律等，均可成为组合报道的题材，组合报道尤其适合于报道重大新闻事件和受众关心的焦点问题。

6)体裁灵活。

消息、通讯、特写、评论等只要适合表达内容均可为它所用。

3. 组合报道，作为一个整体，有一定的规律可循：

1)组合报道的每一篇报道所涉及的内容应该属于同一类话题，有一定的相近性。

2)组合报道的内容要考虑一个平衡的问题，其组成部分应该涵盖不同的视角、不同的方面进行分析。

3)组合报道的内容要尽可能地丰富，以便提供更多的信息量。

4)组合报道需要多名记者分工合作、不同稿件的相互补充。

组合报道往往由多位记者相互配合共同完成。记者要严格按照策划的要求进行采访写作，并在采访过程中实现新闻信息的合理配置和互补。如，1999 年 12 月 3 日《南方周末》的《11·24 烟台特大海难事故备忘录》。

四、连续报道、系列报道、组合报道评析示例

“问诊‘阳宗海污染事件’”系列报道——

一诊“阳宗海”：根子在理念

本报记者　张　欢　黄雁玲　黄　波

云南省委作出了一个打破常规的决定：

10 月 18 日至 22 日的省委理论中心组学习会，既不念文件，也不讲成绩，而是来一次“案例会诊”。把危害大、影响大、群众意见大的“坏事”、“丑事”摆上桌面，运用科学发展观的根本要求和基本方法深入剖析。

阳宗海污染事件，成为首个被“解剖”的案例。

罚与奖的悖谬

11月15日，记者来到玉溪市澄江县阳宗镇，眼前的阳宗海波平如镜，如果不是湖边立着写有“三禁”(禁止饮用、禁止游泳和洗浴、禁止捕捞)规定的牌子，很难让人相信这美丽的湖泊已经“中毒”不浅。

阳宗海中的是砷毒。2008年10月19日，云南省政府相关部门向社会公布，阳宗海今年6月以来遭到严重的砷污染。

谁是导致阳宗海“中毒”的罪魁祸首?

经过调查、排查、监测、监察，云南省环境保护局《关于阳宗海水污染事件及治理情况的通报》披露，云南澄江锦业工贸有限责任公司是造成阳宗海水体污染的主要源头之一。

锦业公司是当地的纳税大户。从2005年到今年6月，该公司实现销售收入6.15亿元，利润总额超过4 000万元，上交税金1 162.8万元。然而在这背后，还有两组数字令人深思——

一方面，自2001年至今，玉溪市、澄江县环保部门对锦业公司未批先建、违法排污、环保设施不到位等环境违法行为，先后进行了15次处罚，累计罚款71.39万元；另一方面，这家企业却6次受到市、县政府表彰奖励。

一边是处罚，一边是奖励。凸显的是当地政府在发展问题上的矛盾心理，在发展观上的模糊和错误认识。

污染的是水源，肇事者是企业，根子在理念!

玉溪市委就阳宗海污染事件进行反思时坦承，此次事件暴露了当地一些干部没有树立科学发展观，甚至违背科学发展观的要求，舍本逐末，急功近利，忽视资源环境代价，片面追求一时的经济发展，导致生态环境受到严重破坏。

错误的发展观带来什么“效益”

在澄江锦业公司厂区，记者看到，原雨水收集池里堆放的红土及部分磷石膏已清理完毕，只留下一个三四米深的大坑，周围放着防雨沙袋。厂区北侧，清理出来的磷石膏渣库也已覆盖了防雨防渗膜。

事件发生后，按照云南省委、省政府的指示和要求，省级各有关部门与昆明市、玉溪市政府迅速行动，进行实地调查和多次会商，果断停止从阳宗海抽取生活用水。省政府常务会专题研究决定，查处污染企业，严肃追究相关责任人的责任，切实切断污染源；全面启动阳宗海污染综合治理措施，力争用3年左右时间将阳宗海水质恢复到Ⅲ类。

记者算了这样一笔账：锦业公司实现了工业总产值6亿多，纳税1 100多万，但治理阳宗海砷污染需要花费几十个亿，并且沿岸居民的饮水安全还受到影响。

这就是"以破坏环境为代价搞发展"的观念给我们带来的"效益"！

云南省委书记白恩培对当地政府以牺牲环境换发展的做法痛心疾首："为了追求那么一点点发展速度、一点点GDP、一点点财政收入，牺牲的却是一个清澈的湖泊和周围群众的正常生产生活"，"我们决不要这样的发展！决不再走先污染、后治理的发展老路"。

欠发达地区又该怎么发展

如今，锦业公司已被关停并将永久关闭，冷清的厂区只剩"三禁"工作组的工作人员。同时，附近的澄江县团山磷化工厂、澄江县阳宗耐火材料厂等几家企业也因存在环保措施落实不到位、环保设备运行不正常等情况，被要求停产整顿。

惨痛的教训难免让人心有余悸。有人提出疑问，这是不是意味着我们不能发展这些"危险"的矿产业和重化工业？云南这样的边疆、民族、山区、欠发达省份，基础差，底子薄，又该怎样发展？

目前，云南经济增长模式仍然是以投资拉动型为主，产业结构以工业为主，而工业结构上，主要还是资源依赖程度高的化工、冶金、有色金属、火电、钢铁等占的比重高，这些高耗能、高污染行业要走上新型工业化道路还需要时间，难度很大，但是它们对地方GDP又有很大贡献，不能简单地作关、停、并、转处理。

"云南的首要问题是发展，最大的问题是发展不充分、发展不平衡、发展慢，所以要研究如何加快发展。但发展必须是科学发展，决不能为了一时的发展速度，浪费资源、污染环境、破坏生态。要下决心走符合科学发展观要求、符合云南省情特点的道路。"白恩培明确指出，"这次事件的教训告诉我们，必须把坚持'生态立省、环境优先'的重大战略思想进一步落到实处。只有用科学发展观审视工作、纠正问题，花大力气、下大功夫在全省树立起正确的指导思想，才能不断推进云南的发展。"

发展理念决定着发展方向和发展方式。有什么样的发展理念，就会有什么样的发展目标、思路、措施和结果。

采访中记者了解到，玉溪的大红山铁矿、曲靖驰宏锌锗公司和保山永昌铅锌公司，这些企业通过引进世界先进技术，提高技术装备水平，降低了能耗，减少了污染，提高了资源的综合利用能力和环境保护能力，实现了发展方式的转变和发展质量的提高，大项目的带动效益十分显著。

10月24日，云南省委深入学习实践科学发展观活动领导小组发出通知，在全省各级干部和广大党员中深入开展“阳宗海砷污染事件”专题案例教育，旨在使科学发展观作为指导发展的世界观和方法论，真正成为广大党员干部的价值追求和执政理念，使广大党员干部进一步牢固树立正确的政绩观。

（刊于《中国纪检监察报》2008年12月1日头版）

“问诊‘阳宗海污染事件’”系列报道——

二诊“阳宗海”：作风是关键

本报记者　张　欢　黄雁玲　黄　波

1998年1月1日，《云南省阳宗海保护条例》正式施行。

2006年12月，云南省阳宗海管理处在湖边立了一块石碑，上面刻有“阳宗海一级保护区”。

如今，石碑对面却竖起了一块更为显眼的“三禁”(禁止饮用、禁止游泳和洗浴、禁止捕捞)木牌。

保护了10年，为什么这颗明珠还是没能保住？

不一样的作风，结果迥然不同

据玉溪市政府通报，阳宗海污染事件的最大肇事者锦业公司的立项、建设、生产和经营等活动，都存在审批把关不严、以罚代管、疏于监管和环境违法行为整治避重就轻、敷衍了事等现象。正是这种作风，使这家企业7年来6次被罚，仍岿然不倒，直到今年严重砷污染事发，才被彻底关停。

然而，同样处于玉溪市境内的抚仙湖上刮的却是另外一股“风”。

辖区内有着抚仙湖、杞麓湖、星云湖和阳宗海“三湖一海”的玉溪市于2003年确定了生态立市战略，全面加强以抚仙湖为重点的“三湖一海”保护治理，采取了一系列政策措施，使抚仙湖水体从II类恢复到I类。

这些政策措施因为有“不打折扣的作风”作保障，在抚仙湖得到了很好的贯彻落实。

回忆起当初的抚仙湖“保卫战”，玉溪市委常委、市纪委书记李文斌刻骨铭心：干部含着眼泪封船、铁下心肠关矿、冒着风险拆房。拆除临时、固定摊点400个，查封采石、采砂场8个，取缔营运性机动船艇278艘、燃油机头1 862个，关闭磷矿开采点42个，拆除企业62户，对12家磷化工厂等重点污染企业实施限期治理……

这一边，抚仙湖水质清澈，保持着优良的水质；那一边，阳宗海已是一湖“毒水”。

不一样的作风，带给我们的结果就是这样迥然不同！

作风不好，再好的理念也难以落到实处

阳宗海污染事件早有苗头，也引起了省委、省政府主要领导的重视。

2006年1月和2007年8月，云南省委书记白恩培都曾对这个企业的污染问题作出过批示，相关部门也多次督促整改，然而在贯彻落实中，却存在着落实不到位、执行不力的现象，问题始终没有得到解决。

在今年10月18日至22日云南省委的“案例会诊”中，白恩培“诊断”：我们有些领导干部作风不深入、不扎实、不认真，用文件落实文件，用会议落实会议。不管是什么事情，开了会就算任务完成了，发了文件就算工作落实了，到底贯彻执行得怎么样也不知道，最后问题暴露出来才发现。

“一些地方和职能部门的领导干部‘立党为公、执政为民’的宗旨树立不牢，在贯彻落实科学发展观的具体实践中还存在很大差距，还存在着口头上科学发展、思想上没有落实、行动上背道而驰等思想作风、工作作风上的严重问题。”省纪委书记李汉柏如此“诊断”。

如果像“保卫”抚仙湖那样保护阳宗海，检查督促抓紧一些，落实得更认真一些，也不至于产生这样的后果。

可见，干部作风不好，再好的政策措施也难以落到实处，“科学发展”就只会停留在口头上、会议中、文件里。

根据大家的“诊断”，云南省委作出决定：结合深入学习实践科学发展观活动，立即在全省普遍开展“阳宗海污染事件大讨论”专题警示教育活动，让全省干部群众都从这个典型案例中汲取教训，使干部形成对科学发展真学、真懂、真信、真用、真干的良好作风，务必用良好的工作作风落实科学发展观。

狠抓作风，充分利用好反面案例的警示作用

亡羊补牢，犹未为晚。云南省委积极面对现实问题，利用反面典型敲警钟，深入扎实开展案例专题教育，参加第一批深入学习实践科学发展观活动的各单位坚持依理说事、就事明理，切实把案例教育转化为落实科学发展观的自觉行动——

“不敢监督就是失职，不善于监督就是不称职！”在云南省纪委常委会理论学习中心组专题会议上，李汉柏针对阳宗海污染事件强调，“我们要举一反三，深刻反思纪检监察机关如何履行职责、加强监督的问题。”

云南省经委结合专题案例教育，将云天化、云白药、云锡公司等20个企业、工业园区和工业强县转变工业发展方式的先进案例汇编成册，运用到学习中，组织百强企业签订清洁生产承诺书，迅速开展对阳宗海、滇池周边流域工业清洁生产的调研活动，落实清洁生产试点企业；组织一次企业家“阳宗海砷污染事件”案例教育座谈会，提高企业家的社会责任感，深化案例教育。

省水利厅提出集中一段时间，组织专门力量，对过去出台的有关水资源管理的规章制度进行全面清理，同时加强对干部作风的整顿，坚决纠正规章制度执行不严、重点工作落实不力等现象。

一本专门“讲问题谈教训”的警示教材——《学习实践科学发展观案例选编》发到了云南省公安厅各单位党员干部手上。这本由省公安厅编写的案例学习教材，毫不护短地对当前该省公安工作在思想观念、队伍素质、纪律作风、执法管理以及服务发展等方面存在的突出问题，戳“痛处”、揭“伤疤”，各单位纷纷联系实际，吸取教训，促进整改。

省卫生厅组织开展了医疗卫生正反案例分析，对公共卫生管理事件、突发性传染病疫情处理等严重影响公众健康和生命安全的事件进行深入剖析。

省安监局则结合正反案例教育，针对道路交通、煤矿和非煤矿山事故死亡人数突出的情况，提出建立重点工作、隐患治理、行政执法三项联动工作机制，通过挂钩联系和承诺制、片区工作法等有效措施，促进科学发展、安全发展。

目前，云南省参加学习实践活动的110家单位和5家试点单位都进行了专题案例教育，结合案例教育开展的专题调研也全面展开。接下来，各单位将力争形成一批用以指导工作实践、解决突出问题的调研成果。

（刊于《中国纪检监察报》2008年12月2日头版）

“问诊‘阳宗海污染事件’”系列报道——

三诊“阳宗海”：体制机制保障不可或缺

本报记者　张　欢　黄雁玲　黄　波

阳宗海污染事件发生后，云南省政府立即启动行政问责程序，调查追究污染事件相关人员责任。记者从云南省监察厅获悉，因该事件被问责的相关人员达26人。

追究责任的同时，严峻的现实也摆在了云南省的面前：过去云南引以为荣的九大高原湖泊，滇池“不幸”被污染了，虽大力治理，但进展缓慢；现在，“坏”的没治好，“好”的又被污染了。

类似的问题不只阳宗海存在。不能总是在付出代价之后，才想到“科学发展”。从根本上转变观念、思路与方法，增强落实科学发展观的自觉性与坚定性，建立健全促进科学发展的体制机制，刻不容缓。

“用‘十年后的政绩’考核评价干部”

长期以来，不少地方把对领导干部的考核“押”在了“经济指标”上，GDP的增减影响着领导干部的仕途。尽管在贯彻落实科学发展观的今天，各级干部的政绩观正在转变，但对GDP不顾后果地追求仍然存在一定的惯性，这个弯一时还很难彻底转过来。阳宗海污染事件暴露出这一问题的严重性。

在11月21日召开的“阳宗海砷污染事件讨论专家座谈会”上，一些专家认为，一些地方政府官员认为云南的生态环境总体良好，环境危机意识不强，相比环境保护，他们更看重经济发展。对科学发展观的理解偏差，决定了他们的政绩观取向。

“很多干部求政绩心切，一说修路、架桥、搞高楼都很热心，因为这些事情都是摆在面子上的政绩；而一提兴办教育、培育产业、助农增收就打不起精神，因为这些事情不容易在任内见到成绩。”针对这样的心态，云南省委书记白恩培一针见血地指出，“片面的政绩观要不得！”

云南省委提出，要通过干部考核评价制度的改革，引导各级干部认真实践科学发展观，树立正确的政绩观。

“坚持科学发展观，看待一个干部就应该既看他当前的‘显绩’，更要看他长远的‘潜绩’。要用‘十年后的政绩’来考核评价干部。”白恩培强调，“建立符合科学发展观要求的干部考核评价体系，当前能够看见的政绩和将来才能看得见的‘预期政绩’，都要占有相当的比重。”

据了解，云南省正着力建立完善体现科学发展观要求的干部考核评价体系，今后，将不再单纯地用GDP来评价干部，而是重点考察三个与人民群众的利益息息相关的“民生指标”：农民人均纯收入、城镇居民人均可支配收入、财政总收入。

“权力和责任是一致的”

阳宗海面积为31平方公里，从行政区划上分属昆明、玉溪两市的宜良、呈贡、澄江三县，监管部门涉及“省九湖办”、省水利厅的“阳宗海管理处”、环保部门等，湖泊监测由昆明市和宜良县轮流进行。这样的划分造成了管理职能上的权限不清，“多龙治水”。

“管理权限到底在阳宗海管理处还是在环保部门？”白恩培指出，“权力和责任是一致的，不能光想要权力，又不愿承担责任。”

云南省纪委副书记、省监察厅厅长郭永东说：“你有行政管理的责任，行政不负责就要被追究责任，若不严格执行行政问责制，类似的情况还会发生。”

早就出台了《云南省阳宗海保护条例》，为什么有关部门不依法履职、不依法办事呢？事实证明，体制的不顺，导致管理的缺位。郭永东认为，在贯彻落实科学发展观中，必须研究健全及时、可行、有效、完善的管理和监督机制，加强对干部的监督和考察，做到用制度管人、管事、管权。特别是在干部提拔使用后，更要加强有效的跟踪问效和监督。

在云南省纪委党风室，翻开《云南省2008年度贯彻落实党风廉政建设责任制考核方案》，记者看到，考核内容中明确指出要着重考核党政领导班子及其成员履行“一岗双责”，保证科学发展观贯彻落实的情况，并制定了10项指标，所占分值也是最多的。党风室主任王勇告诉记者，考核结果将作为党政领导班子及其成员业绩评定、奖励惩处、选拔任用的重要依据。

改革创新，破解体制机制“短板”

11月17日，记者采访了云南省环保局副局长杨志强。谈及阳宗海污染事件，他颇有些无奈和痛心，多年来九大高原湖泊的治理一直是云南环保工作的一个重点，此次阳宗海砷污染事件的发生，不但让环保工作多年来的努力功亏一篑，也让外界在强烈要求严惩违法企业的同时，对环保部门的社会威信和执法权威产生了质疑。

痛心之余，更多的是反思：阳宗海污染事件的发生虽然主要责任在企业，但政府有不可推卸的责任，更暴露出环保部门的诸多问题，如发现和处置重大环境突发事件的能力不强，敏感性和预见性较弱；环境监管存在缺陷，对敏感区域、企业的监控力度不够；环保系统缺乏沟通协调机制，综合分析能力差；信息分析及报送滞后，缺乏主动性……诸多“短板”制约着环保。

如何破解“短板”？

记者在抚仙湖边见到了玉溪市环保局新任局长张小良。他正与该市相关部门负责人讨论抚仙湖的一个拦污工程。

张小良告诉记者，玉溪市已经加大了环境执法力度，其所辖各个县级环保部门结合各自编制和执法工作量的实际，从人才配备、资金投入等方面，进一步完善了环境执法机制和制度建设。所有的县级监测站也都配齐了监测人员，同时在全市开展了“百日环保专项行动”，对“三湖一海”流域内的企业禁止新上任何污染项目，禁止扩张，并将建立统一的工业园区，实行环保统一监管。

记者还了解到，昆明创建了公、检、法联动环境执法的新机制，同时加强了各级环境监察队伍建设，在去年市环境监察机构增加106个编制的基础上，今年各县(市、区)环境监察大队又升格为副科级单位，并增加了人员编制。设立了昆明市公安局环境保护分局，组建了一支专业环保警察，负责昆明市行政辖区范围内环境保护方面的刑事执法，支持、配合环境保护部门的行政执法活动。并且拟在市中级人民法院设立环境保护审判法庭，将实践环境公益诉讼和跨行政区域的环境污染诉讼，加大司法力量处理环境违法案件的力度。

反思在继续，整改在进行，学习与实践正在深入……

（刊于《中国纪检监察报》2008年12月3日头版）

事件折射观念

王少伟

2008年12月1日至3日，《中国纪检监察报》在一版显著位置连续刊发了“问诊‘阳宗海污染事件’”系列报道：《一诊“阳宗海”：根子在理念》、《二诊“阳宗海”：作风是关键》、《三诊“阳宗海”：体制机制保障不可或缺》。该组系列报道主题鲜明，逻辑清晰，语言简练生动，深刻剖析了云南省“阳宗海事件”前因后果及由此暴露出的深层次矛盾和问题，充分反映了以科学发展观武装党员干部头脑的重要性和紧迫性，荣获第19届中国新闻奖三等奖。

选好角度是关键

2008年的云南阳宗海污染事件，是一个以牺牲环境、破坏环境为代价换取一时经济增长的典型案例，教训十分惨痛，引起了全国众多媒体的关注。这组系列报道虽然不是在事件发生后第一时间的报道，但却凭借独到的选题角度，以“科学发展”作为报道基调，并未简单地就事件谈问题，从而在同类报道中脱颖而出。

报道的站位高，语言有特色。正如第一篇报道文章开头描述：“云南省委作出了一个打破常规的决定”、“阳宗海污染事件，成为首个被‘解剖’的案例”等，从一次不同寻常的云南省委理论中心组学习会入手，将事件的前因后果娓娓道来。又如，“谁是导致阳宗海‘中毒’的罪魁祸首”、“污染的是水源，肇事者是企业，根子在理念”、“保护了10年，为什么这颗明珠还是没能保住”……文中出现的这几句话语简短精练，却正是充分体现逻辑清晰的点睛之笔，读罢令人不忍释卷。

逻辑性不可或缺

清晰的逻辑不仅体现在每篇文章之中，统观三篇报道，内容安排也是十分缜密。

第一篇“根子在理念”以事为据，阐述了发展理念决定着发展方向和发展方式。有什么样的发展理念，就会有什么样的发展目标、思路、措施和结果，“只有用科学发展观审视工作、纠正问题，花大力气、下大功夫在全省树立起正确的指导思想，才能不断推进云南的发展”。

第二篇“作风是关键”，通过阳宗海污染事件与抚仙湖“保卫战”的对比，阐述了“干部作风不好，再好的政策措施也难以落到实处，‘科学发展’就只会停留在口头上、会议中、文件里”，必须让“干部形成对科学发展真学、真懂、真信、真用、真干的良好作风，务必用良好的工作作风落实科学发展观”。

第三篇“体制机制保障不可或缺”，着眼于长远，“类似的问题不只阳宗海存在。不能总是在付出代价之后，才想到‘科学发展’。从根本上转变观念、思路与方法，增强落实科学发展观的自觉性与坚定性，建立健全促进科学发展的体制机制，刻不容缓”。

该组系列报道在回顾剖析污染事件时，带着思考紧密结合当时云南省正在出台、制定、实施的整治措施，正反两方面齐头并叙，在讲述问题前因后果的同时，充分体现了当地敢于直面教训、重视总结教训，积极推动科学发展观贯彻落实的决心。

巧妙的对比与数字

在这组系列报道中，记者除了讲述与污染事件本身相关的情况外，还注意从不同角度抓取素材，如玉溪的大红山铁矿、曲靖驰宏锌锗公司和保山永昌铅锌公司通过引进世界先进技术，提高技术装备水平，降低了能耗，减少了污染，还有以抚仙湖为重点的“三湖一海”保护治理等，这些事例与污染事件形成了鲜明的对比。

这种正反两方面的清晰对比，往往有着“此时无声胜有声”的功效。如，“一边是处罚，一边是奖励”、“然而，同样处于玉溪市境内的抚仙湖上刮的却是另外一股‘风’”、“这一边，抚仙湖水质清澈，保持着优良的水质；那一边，阳宗海已是一湖‘毒水’”……毋庸赘言，就将是非对错向读者诠释得淋漓尽致。

适时出现的数字，是这组系列报道又一亮点。具体的数字比文字更令读者信服，也更有说服力。如，“然而在这背后，还有两组数字令人深思——”、“记者算了这样一笔账：锦业公司实现了工业总产值6亿多，纳税1 100多万，但治理阳宗海砷污染需要花费几十个亿，并且沿岸居民的饮水安全还受到影响”。

该组系列报道虽然介绍的是云南省吸取“阳宗海污染事件”教训、推动学习实践科学发展观活动深入开展的做法，但在当前学习实践科学发展观的大背景下，对于全国都具有警示和借鉴作用。

（刊于《军事记者》2010年第11期）

第四节　新闻评论类作品

新闻评论是新闻体裁中重要的一类，是社会各界对新近发生的新闻事件所发表的言论的总称，以传播意见性信息为主要目的和手段。它表达人们对新闻事件的判断、对由新闻引发的各类社会问题的思考。一篇好的新闻评论，既反映作者认识问题、把握新闻的能力，也反映其通过大众传播媒介有效率地表达观点的能力。

一、评论的特点

由于新闻评论是针对新近发生的、具有普遍意义的新闻事件和迫切需要解决的问题，发议论、讲道理、直接发表意见的文章，因此它属于议论文的范畴，与其他评论一样，由论点、论据、论证三要素组成。

除此之外新闻评论还有其自身的特点：

1. 新闻性

新闻评论的新闻性，主要表现在它所评论的对象，是当前重要的新闻事件和现实生活中需要解决的问题。它的内容是具有迫切的现实意义的。新闻评论可以针对一件新闻事实，或是针对一个事件、一种倾向、一个问题发言，但这些都必须是广大干部和群众最关心、最感兴趣的。此外，新闻评论也如新闻一样，要具备比较强的时效性。要紧密结合当前的形式，及时提出问题，不失时机地对一些重要事件和问题作出反应或表明态度。要根据形式和评论内容的需求及时发表意见，以求得最佳的社会效果。

2. 强烈的政治性

新闻评论的政治性，也是决定于新闻传播工具的性质。新闻宣传总要反映一定的观点和倾向，代表一定的阶级、政党或政治集团的利益。有些新闻媒体虽然标榜不偏不倚的纯客观态度，但它们的立场和态度总是会在报道中特别是言论中表现出来。

新闻评论的政治性还表现在其内容上。它是针对那些具有政治意义的问题发言，站在思想、政治、理论的高度，围绕重要的政治事件以及在贯彻党的方针政策的过程中出现的各种问题，进行实事求是地分析，阐明党的立场和主张。

3. 广泛的群众性

新闻评论的群众性，一方面，表现在它的内容是广大群众最关心和最感兴趣的，是与人民群众的切身利益息息相关，又反映其要求和呼声的；另一方面，它要求新闻媒介尽量吸引广大群众关心评论工作，参加评论的写作。这样可以使新闻评论拥有更广泛的受众，使它的内容更加贴近实际、贴近生活、贴近群众，更加丰富多彩。

二、新闻评论的分类

不同的新闻传播工具对评论有不同的分类方法，有的按规格、等级分类，有的按作者署名或不署名分类，有的按篇幅长短分类，没有统一的格式。以中外报纸为例，常见的新闻评论可分为5类：

1. 社论。包括专论、代论、来论等。社论是规格最高的评论，是报纸对重大问题发表意见的最重要的评论形式。党的机关报的重要社论，代表着同级党委说话，具有极大的权威性。各级党的机关报，经常借助社论的形式，对所属党委管辖范围内的重大问题，发表指导性的意见，宣传党的路线、方针、政策。社论是报纸的重型评论，还常用于表示欢迎、纪念、庆祝之类的场合。

2. 编辑部文章。以报纸编辑部名义，代表报纸对国内外重大事件或现实的重大理论问题作比较系统的分析和论述的评论形式。它的内容含量一般比社论更大，篇幅比社论更长，涉及和论述的问题更全面，既有现实性，又有理论性。重要性和权威性与社论一样，时间要求不如社论迫切。

3. 本报评论员文章。包括本报特约评论员文章、观察家文章等，规格次于社论。这是新闻评论中的一种评论形式。其规格和重要性仅次于社论和编辑部文章，篇幅一般也比它们小。评论论述的范围广泛，大都就现实生活和实际工作的某一方面，进行分析和评论。有些评论、本报评论员文章和有关的新闻报道同时发表，起着舆论导向的作用。

4. 短评。代表编辑部意见的一种简短的评论形式，一般配合新闻发表，评论新闻，或提出所包含的重要问题，或借题发挥。它的篇幅比评论短，内容更集中，分析更扼要简明。报纸上的短评、编后属于小型评论文章，起着画龙点睛、强调重点的作用。

5. 编后记和编者按。一种最简短最轻便的评论形式，是编者对新闻报道所作的说明和批注。编者按可以表明编者的态度和意见，也可以提示要点，还可交待背景；补充材料或借题发挥，一般起强调重点、表明态度的作用。编者按一般放在报道的文前，有时也放在文章的中间。一般署作者名字，形式活泼，体现作者风格。

此外，新闻评论还有一些其他常见的分类方法：比如，按评论对象的内容分类，有政治评论、军事评论、经济评论、社会评论、文教评论、国际评论；按评论的性质功用分类，有解说型评论、鼓舞型评论、批评型评论、论战型评论等；按评论写作论述的角度分类，有立论性评论、驳论性评论、阐述性评论、解释性评论、提示性评论；按评论的形式分类，有社论、编辑部文章、评论、本报评论员文章、短评、编后、编者按、思想评论、专栏评论、新闻述评、论文、漫谈、专论、杂感等。

三、新闻评论的写作技巧

1. 论题

对新闻评论来说，论题是指所要评论的事物或所要论述的问题，也就是确定一篇评论所要评论的对象和论述的范围。

就新闻评论写作的过程而言，选题是写作的构思阶段，是新闻评论写作过程的第一道程序，也是关键性程序，直接关系到评论的成败。选择和评价一篇新闻评论优劣的最重要的标准是选题是否有针对性和迫切性。

对于论题的选择，可以从以下几个方面进行考虑：

其一，当前的客观形势、舆论动向和宣传任务，以及最近中央发布的重要决定、工作部署和最新的政策精神。这些不仅是选题的重要来源，而且有助于选题和立论体现坚定正确的政治方向，赢得人们的重视。

其二，实际生活中层出不穷的新情况、新变革、新矛盾、新风险，以及来自广大群众和社会基层的呼声和要求。这是新闻评论选题取之不尽、用之不竭的源泉。

其三，重要的新闻事件和新闻典型。这是社会舆论关注的热点，是结合实际引导舆论、发挥教育功能的好教材，也有助于评论选题富有新闻性和时代感。

2. 立论(即观点的提出)

新闻评论的立论，是指一篇评论的主要论断、观点或结论。它是作者对所提出的论题的主要见解，是贯穿全文的中心思想，起统率全文所有观点和材料的作用。

立论一般也是在构思阶段要完成的步骤。一篇好的新闻评论的立论，要做到具有针对性、前瞻性、新颖性与正确性。

立论的针对性，指的是立论能够针砭时弊，针对不良社会风气和倾向性矛盾，针对偏颇乃至错误思想，运用正面引导或批评论辩的方式对症下药，以促使矛盾转化，帮助人们提高思想认识，产生积极的社会效应。

立论有没有针对性，能不能有的放矢、言之有物是衡量新闻评论作品能否产生社会效应，能否促使事物发展的一项首要标准。立论具有针对性，能够命中鹄的、言当其时，方能引起读者的反响、共鸣和关注，进而发挥引导舆论的功能；反之，无的放矢，就事论事，隔靴搔痒，乃至无病呻吟，这样的文字毋宁说是做文字游戏，只会浪费读者时间甚至引发读者反感，自然也就失去了自身的价值。

要做到立论的针对性，首先，要针砭时弊，对症下药。文章立论不仅切中时弊，而且对症下药，予以诊治。其次，要正视迫切需要解决的实际矛盾。新闻评论唯有正视实际矛盾，善于针对人们的迫切要求和疑虑落笔，并给予正确的引导和解决，才会产生积极的引导效果。最后，要善于触及社会性的思想问题及其实质。这不仅要求体现在着重批评不良倾向和风气的评论方面，也还常常体现在正面引导乃至颂扬正面人物的评论之中。

前瞻性指的是能够及时洞察矛盾和预测将会出现的矛盾，尽早去探寻事物的内在规律及其发展趋势，进而设想出解决矛盾的办法和途径，以便站在时代潮流的前头引导舆论，推动事物的发展。

立论的前瞻性具体表现在：重提示、洞察力和预见性。1)重提示。即注重提示式舆论引导。它是一种富有前瞻性的引导艺术。2)洞察力。即在政治与经济的结合上有着锐利地洞察社会矛盾及其趋势的观察能力和分析水平。3)预见性。即对复杂莫测的矛盾的未来结局通过缜密分析论证进而作出具有科学预见的论断。

立论的新颖理应以准确为前提。对于一篇评论而言，论点是观点，是灵魂。读者总是喜欢阅读生动活泼、新鲜有力，且富有新意的文章；论点不新鲜，或者和报纸上发表过的相雷同，读者看了开头就兴味索然，不想看下去了。

要体现立论的新颖性。首先，论题要新颖。论题是否新颖，直接关系到立论的新颖性，关系到新闻评论的吸引力和生命力。写言论只要重视抓住新矛盾、新事物、新论题做文章，并从中引发出人尚未言的见地和主张，自然也就有了新意，使读者产生阅读的兴趣。其次，见解要独到。立论的新颖性，还表现为是否有一点新鲜的论点，是否言人之所未言，是否能在理论与实践的结合上进行由表及里的深入开掘，从中引出精辟独到之见。独到的见解并非拍拍脑袋凭空产生出来的，而是作者调查研究和深刻分析的结果。这就要求我们正视社会生活中新出现的思想问题和实际矛盾，并且善于在调查研究集思广益的基础上，运用辩证唯物主义的世界观和方法论，在破与立、理论与实践的结合上进行辩证思维和分析，深入开掘，方可从中引出精辟独到的见解。离开了这个前提，孤立地追逐标新立异，就会滑向奇谈怪论，走向愿望的反面。再次，输入新鲜的事实材料作为由头或论据。所谓由头，就是特指据此引发议论、印证论点的事实性材料。有了典型而又恰当的由头，议论也就有了头绪。只要由头的事实构成新鲜引人，整理融合得好，且能在融合上生发独到之见，即使老论题也不难引发出新意。复次，选取新的立论角度：一是注重揭示矛盾的本质和关键；二是注重被掩盖着的矛盾侧面；三是注重追溯矛盾缘由。最后，交锋中闪现亮点。针对错误思想或片面认识，通过论辩交锋和实事求是的分析说理，在明辨是非的基础上闪现智慧的亮点，引出富有深刻性和启迪性的新鲜见解。

立论的准确性，立论违背了准确性，就失去使人信赖的基础，甚至产生错误的导向，引起人们思想上和行动上的混乱。新闻评论作为传媒引导舆论的重要新闻手段，其导向是否正确直接取决于立论是否准确无误。立论准确，舆论导向方能正确，方能为党和人民造福；否则就会给党和人民带来祸害。

3. 论据

新闻评论的论据，就是用来阐明论点的新闻事实和有关材料。论据既是论点的依据，又是评论判断和推理的基础，因此精心挑选作为论据的新闻事实至关重要。它的作用在于形成论点、引发议论和证实论点。作为新闻评论，其思想、观点、论断的提出，唯有当它被有力而充分的论据证明了的时候，才能使人信服。

论据要有典型性，具有说服力。

论据可分为事实性论据和理论性论据。

事实性论据，包括能够直接或间接证明论点的具有典型性的人和事，以及历史资料、统计数字等。统计数字不是具体而是概括的事实，也不是单个的事例而是事实的总和。恰当地运用数据进行论证，有助于增强评论的说服力。

理论性论据，包括经典作家所揭示的已经实践证实为人们所公认的有关结论、论断、理论、原理；党和政府的政策、决议以及现行的法令、条例；科学的定理和法则；公认的道德规范；古今中外带有哲理性的格言、谚语等。

还有以故事、典故为论据的。

运用论据时要注意两点：

一是论据务必正确、真实、恰当，具有典型性和科学性。

二是选择论据要考虑写作的背景和读者的特点。

4. 论证

写评论，要在说理上下功夫。一篇评论，说理有无深度，往往关系到它的成败。

说理，就是论证。

论证包括证实和证伪两个方面。证实，即用论据证明或说明自己的论点；证伪则与之相反，是用论据反驳并否定对立面的谬误论点。

写评论既要说理，总得破除一种观点，树立一种观点，而为树立正确的观点，在其分析论证的过程中，就得澄清与之有关的模糊观点，纠正与之有关的片面认识，反对与之相对立的错误观点或倾向；反之，为了批驳错误观点，也需要阐明正确的主张。

写评论，也要注意破立结合：立，就是正面提出和论证自己的观点；破，就是反驳和批判错误的观点。证实和证伪，类似于"立"与"破"。

就评论写作本身的规律来看，为了深化说理，需要破和立的结合。文章有了对立面，自然就要思想交锋，就要面对面地展开论辩和商榷，就要从正面提出充分的理由和论据，论述也能从事实的矛盾中层层展开，步步深入，从而增强评论的思想性和鲜明性。

写评论，也要注意虚实结合：既要反映事物具体的方面，更要揭示抽象的本质的方面。

离开了抽象的方面，光讲具体的方面，容易陷于就事论事的事务主义的泥坑；同时，离开了具体的方面，光讲抽象的方面，也会让人感到大而无当。只有将两方面有机地结合起来，有虚有实，虚实结合，文章才会有血有肉，才能有助于增强评论的思想性和指导性。

评论论证的具体方法，有很多种，其中包括：

例证法，即以事例作为论据来证明论点。

引证法，即引用诗词、俗语、歇后语、谚语、成语、"流行语文"①、可靠数据、小故事、名人轶事，引用已被实践证明的理论、原理、原则、道理，来证明某个具体论点的正确。

反证法，即从反面间接地论证论题，通过对反面论点的否定来证明自己论点的正确。

当然，评论的论证文字，应该力求生动，以具体形象的文字，作生动风趣的表述等。

① "流行语文"，就是当今社会中比较流行的语言、语句、文字，包括流行歌曲歌词、热门电影电视剧的台词、流行的武侠小说的文句等。

四、评论类作品评析示例

作品一：

不是所有弯道都是超越的好时机

孙秀岭

最近，有个“弯道超越”词汇很时新，诸如“正是弯道超越时”、“超越常在弯道处”等等，常见诸媒体。

“弯道超越”，原本是赛车上的一个术语，指参赛车手在拐弯处比直线跑道上更易超越对手。有人认为，金融危机让世界经济处在了“弯道”上，此时正是跨越发展、超越对手的良机。应当说，经济发展上的每一次危机，都是产业重新布局、企业重新洗牌，新机遇不断涌现的重要时期，以“弯道超越”比喻危中之机，有振奋精神、鼓舞士气的功效。但算算如下几笔账我们能够看到，这种说法也只能算是一种比喻。

成本消耗账。一般情况下，有经验的驾驶员不会弯道超越，他们知道弯道超越更加耗油，更易磨损发动机和轮胎，损耗车辆寿命。赛车选手敢于弯道超越，很大程度因为这本是“烧钱运动”，可以不计后果地“透支”。不过，经济发展是一项长远事业，毕竟不是短暂的赛车。在金融危机还在继续蔓延、市场不确定因素不断增多的背景下，经济运行遇到的困难越来越多，在正常发展都遇到巨大挑战时，超常规发展就得付出更大成本、更多代价。那些以超越的名义乱砸钱、乱铺摊子的作为，那种为一时超越让资源能源难以承受的急功近利做法，是与科学发展观相悖的“歪道超越”。

安全风险账。赛车比赛中，人们不仅能看到精彩的弯道超越，也常目睹弯道车毁人亡的重大事故。换言之，超越常在弯道处，事故也常在弯道处。“弯道处要敢于踩油门”，被一些人喻为超越发展之宝典。其实，赛车手进入弯道的第一个动作是踩刹车而非踩油门。好的赛车手，在进入弯道前必须正确判断形势，若遇到了弯道就急着去超车，不翻车才怪。经济发展的弯道，比赛车场上的弯道更为复杂，充满着变数。弯道之处，最需要实事求是，按科学发展观要求讲方法、重技巧，量力而行，否则一旦用力过猛，很有可能事与愿违，“半路抛锚甚至翻车”。

实力功力账。在弯道能否实现超越，赛车状况和选手技术功力是比拼的核心。一般来说，赛车上的“弯道超越”，以“直道上黏住对手”为前提；若直道上已被对手落下较远，超越纯属妄谈。危机之中，“赶超机遇”的确存在，但能拿到“好牌”的，往往是具有技术领先等优势的企业和地方，而那些落后生产力，受到危机的冲击更为严重。“你开的是拖拉机，别人开的是小汽车，你最该做的是转型换代、积蓄能量”——有经济学家为热火朝天的“弯道超越”泼“冷水”、提建议，不无道理。

细细想来，不是所有的弯道都是超越的好时机，也不是所有的“车手”都可以做到安全超越。金融危机制造的“经济弯道”，有机遇也有险情，能“成”也能“败”，绝不是按照主观意愿想超越就能超越的，要实现“弯道超越”，需要拿出大智慧、大勇气，保持冷静头脑，尊重科学、遵循规律，把一些该算清楚的账算明白、算到位。

（《大众日报》2009年4月13日第4版）

讲出了别人说不出、讲不透的道理

刘保全

从写作上来看，这篇评论有以下三点特色值得肯定和赞赏：

一是故事讲得精彩吸引人。大量的新闻实践表明，写评论从某种意义上来说，就是通过摆事实，讲道理来说服人。不过，评论中所摆的事实，通常是高度浓缩了的有趣的微型故事。这种故事的范围广，概念大，可以是作者的所见所闻，也可以是街谈巷议，还可以是历史典故，等等。简而言之，凡是值得拿来在评论中议论一番的事儿，都可以看作是故事。因此，要写评论，首先得学会搜集故事；要写出精彩的评论，首先得善于选用精彩的故事。有人说，“故事精彩，成功就有了一半”，这是经验之谈。由此，故事在评论中的重要性可见一斑。

什么样的故事才算是精彩吸引人的呢？总的要求应该是富有感染力，让人喜欢听、喜欢看的。具体一点来说，一是这个故事是有一定分量的。比如具有爆炸性，在一地、数地乃至全国能产生强烈反响，能引起群众普遍关注，媒体可以纷纷报道的。二是这个故事具有典型性。比如某件事做得十分完美，让人很崇敬，很赞赏，或者走了极端，在同类事情中特别具有代表性。三是很奇特，具有很强的知识性、趣味性。这篇获奖评论中所讲的汽车比赛中的“弯道超越”的故事，就讲得精彩吸引人。如文中写的：

△最近，有个“弯道超越”词汇很时新，诸如“正是弯道超越时”、“超越常在弯道处”等等，常见诸媒体。

△成本消耗账。一般情况下，有经验的驾驶员不会弯道超越，他们知道弯道超越更加耗油，更易磨损发动机和轮胎，损耗车辆寿命。赛车选手敢于弯道超越，很大程度因为这本是“烧钱运动”，可以不计后果地“透支”。

△安全风险账。赛车比赛中，人们不仅能看到精彩的弯道超越，也常目

睹弯道车毁人亡的重大事故。换言之，超越常在弯道处，事故也常在弯道处。“弯道处要敢于踩油门”，被一些人喻为超越发展之宝典。其实，赛车手进入弯道的第一个动作是踩刹车而非踩油门。好的赛车手，在进入弯道前必须正确判断形势，若遇到了弯道就急着去超车，不翻车才怪。

△实力功力账。在弯道能否实现超越，赛车状况和选手技术功力是比拼的核心。一般来说，赛车上的“弯道超越”，以“直道上黏住对手”为前提；若直道上已被对手落下较远，超越纯属妄谈。

以上讲的“弯道超越”的故事，就很精彩，就具有强烈的吸引力。

精彩吸引人的故事何处来？从获奖者谈的体会来看，主要靠在平时的生活中和深入实际采访中，认真观察，用心思考得来。据“中国新闻奖”参评作品推荐材料介绍，这篇作品的作者，在一些企业和主管部门调研中看到，不少地方在金融危机中不惜一切代价大上项目，试图以简单的投资增长去“超越”，这其中充满着风险。作者借由平时观看汽车比赛时看到的“弯道超越”的说法为切入点，以小见大，形象对比，充分论证了增长不等于超越，只有在科学发展轨道上前行，才能在金融危机制造的“经济弯道”中有所作为。这样的评论，自然就会受到读者的欢迎和评审专家的青睐。

二是见解精辟有指导作用。评论中讲故事是为了亮见解。这是评论同消息、通讯等新闻体裁在写作上的最大区别。可见，写评论就是通过讲述和评析一个故事来向读者发表和传递见解，使之从中受到警醒和启迪。因此，发表什么样的见解，很大程度上决定一篇评论的优劣与成败。

什么样的见解才算精辟有指导作用的呢？从这篇获奖作品来看，至少包含这样两方面的意思：一是见解独特，即别人可能还没有认识到，说不出；二是分析深刻，即别人的认识可能还比较肤浅，讲不透。两者相辅相成。“独特”更为重要。这篇评论作品，让人既看到“超越”的积极功效，也看到了其负面政策效应，认为“弯道”之中有机遇也有险情，不是所有弯道都是超越的好时机，提醒决策者把应对危机的过程转化为强筋健骨的过程，以更大精力去推动经济转型升级。文章体现了当代中国经济发展的最强音——转方式调结构，有效应对金融危机，把握后危机时期发展主动权，具有现实价值和长远意义。其见解无疑是精辟独特的，有指导作用的，它讲出了别人说不出、讲不透的话。据“中国新闻奖”参评作品推荐材料介绍，作品见报后，山东省经贸委等部门负责人专门找到作者，认为文章观点对完善应对危机策略具有重要建设性意义；文章被国内多家媒体和网站转载，并获山东省新闻奖一等奖。

精辟独特的见解从哪里来？无数评论精品的成功经验表明，主要依赖于作者的综合素质，特别是思想政治素质，以及观察问题和分析问题能力。这就需要评论作者在这些方面勤下功夫，多下功夫，下真功夫、硬功夫。

三是文字优美，有可读性和感染力。“言而无文，行之不远”。要让读者“享受”思想这一抽象过程，不能或缺优美的文字、形象的表达。什么样的文字才是优美有可读性和感染力的呢？我认为，主要有两点：一是精练简洁。通篇没有多余的字。二是要有文采。不是干巴枯燥地讲述故事，不是说教式发表见解，而是运用比喻、对比等修辞手段，将文章写得形象生动，通俗易懂，有文采。这篇作品在这一方面是做得好的。

优美有可读性和感染力的文字从哪里来？我认为，主要靠平时积累，包括语言文字知识，逻辑、修辞知识，文学、历史、美学知识等，特别要注意从我国博大精深的古代诗词宝库中汲取营养。同时，要重视多读评论，多写评论，在学习和实践中逐步夯实语言的功底。只有这样，才能写出文字优美，有可读性和感染力的评论佳作来。

（刊于《新闻与写作》2010 年第 12 期）

作品二：

五星红旗永不落

周凡恺

我很小的时候，就会唱那首脍炙人口的《歌唱祖国》了。也是在我很小的时候，就记住了王莘这个名字，而且我一向认为，这个名字，始终是与祖国，与五星红旗连在一起的。一个人的名字，几乎成了一种象征，成了一面旗帜，那么这个人，也就化为一种精神，可与日月同辉，可与山河共存。

歌者，古往今来，如过江之鲫。而能摁住时代脉搏，集民众之意，以山为骨，以河为血，为生于斯长于斯的大地，披肝沥胆地歌之舞之蹈之，且其创作，能够吐庶民之心声者，则宛若雪后彩虹，鲜矣！我不能说王莘的歌，唱到了地之根，海之角。可每一个血管儿里流淌着炎黄血液的人，无论走到哪里，听到这首歌，都会为之动容，为之振奋，为之雀跃。祖国是一盏不灭的灯，王莘给这盏灯加上了翅膀，让她飞起来，照亮了黯夜，也照亮了人们前行的大道或小径。

聂耳作《义勇军进行曲》，起于民族危亡；王莘成《歌唱祖国》，责在民族复兴。同为大义，同为表达民众的心曲，亦同为艺术的极地，可称之为姊妹，一首成为《国歌》，另一首则是《国歌》之外最洪亮的民族之声。

小女十六岁出国，至今已在加拿大留学三年。她曾跟我讲过，每至中国的传统节日或国庆，留学生们都要举行仪式，都要打出五星红旗，开始时高唱《国歌》，结束时唱的就是《歌唱祖国》。女儿说，那种场面以及给人的震撼，用语言是无法表达的。一首歌教会了你什么是祖国，这是艺术的力量，是文化的力量，更是中国人内心的力量。

逝者长已矣。

人虽走，歌犹在，五星红旗迎风飘扬！

（《天津日报》2007 年 10 月 16 日第 8 版）

一篇短而精、鲜而活的评论佳作

刘保全

一篇好的评论，必须能够发现新问题，找到新角度，提出新观点，产生好影响。其中最佳的效果，就是使人看了文章之后，能够拍案叫绝，能够恍然大悟，能够茅塞顿开，能够如梦初醒。刊登在 2007 年 10 月 16 日《天津日报》上的《五星红旗永不落》一文，就有这样的奇效。

据“中国新闻奖参评作品推荐表”介绍，该文发表后，在读者中引起强烈反响，各大网络纷纷转载，许多读者认为，这篇评论以极短的文字(615 字)，表达了对《歌唱祖国》作曲者的崇敬和对祖国的热爱，难能可贵。它在第 18 届“中国新闻奖”的评选中，被评为三等奖，也是情理中之事。从写作上来说，它为我们提供了下述两点经验值得大家学习和借鉴。

一是深入采访成就评论高度。脚板底下出新闻，是新闻人的共识。但在传统的体制机制下，许多报社的评论员基本上是依靠记者采写的现成新闻坐在办公室里写评论，因此有“配”评论之说，评论常处在附属地位。而评论写作的实践证明，评论的作者也可以深入现场采访，弄清事情的来龙去脉，最终形成评论话题，提出有价值的“独家观点”，同样能写出评论精品。《五星红旗永不落》一文，就是一篇成功的范例。

据“中国新闻奖参评作品推荐表”介绍，《五星红旗永不落》是在著名作曲家、《歌唱祖国》作者王莘逝世当天，记者深入采访，为配合消息和特写而写就这篇评论。王莘逝世当天，记者周凡恺便赶到王莘家中吊唁。此前记者就已经与王莘成为忘年之交，当天通过与其妻子和儿女的再次交流，同时给在海外留学的女儿打电话，并采访留学生们对《歌唱祖国》这首歌的情感经历，最后才写成这篇佳作。

二是注意文风，讲究可读性。无数评论写作实践证明，再好的观点，如果表述不好、没有人愿意看，同样起不到好的传播效果。因此，评论写作必须不断锤炼语言、改进文风，在准确立论的同时，更需要写出感情、写出气势、写出文采。评论是一种说理文章，但并不是说评论就不能带有感情。相反，对有的新闻事件进行评论，应该在字里行间带有饱满的感情。这篇评论在这方面是做得成功的。

如文中写的：

我很小的时候，就会唱那首脍炙人口的《歌唱祖国》了。也是在我很小的时候，就记住了王莘这个名字，而且我一向认为，这个名字，始终是与祖国，与五星红旗连在一起的。一个人的名字，几乎成了一种象征，成了一面旗帜，那么这个人，也就化为一种精神，可与日月同辉，可与山河共存。

我不能说王莘的歌，唱到了地之垠，海之角。可每一个血管儿里流淌着炎黄血液的人，无论走到哪里，听到这首歌，都会为之动容，为之振奋，为之雀跃。祖国是一盏不灭的灯，王莘给这盏灯加上了翅膀，让她飞起来，照亮了黯夜，也照亮了人们前行的大道或小径。

小女十六岁出国，至今已在加拿大留学三年。她曾跟我讲过，每至中国的传统节日或国庆，留学生们都要举行仪式，都要打出五星红旗，开始时高唱《国歌》，结束时唱的就是《歌唱祖国》。女儿说，那种场面以及给人的震撼，用语言是无法表达的。一首歌教会了你什么是祖国，这是艺术的力量，是文化的力量，更是中国人内心的力量。

上述文中，先后出现 5 个“我”字，作者以第一人称抒发感情，以激情澎湃的文笔，无论解读历史，还是联想当今，都把“五星红旗”和“祖国”放在首要位置，切入角度独特，文章虽短，却在第二天天津和国内各媒体所发表的问题评论中独树一帜，让人读来亲切、自然、感人。

（刊于《新闻三昧》2009 年第 3 期）

第五节　新闻版面类作品

版面是各类稿件在报纸上编排布局的整体产物，是读者第一接触到的对象。

研究评析版面，具有很好的应用价值和现实意义。通过评析报纸版面，我们能更好地把握版式设计的一般规律和要求，从而指导未来版面革新的实践。

评析新闻版面，首先必须懂得关于版面的基本知识。

一、报纸版面的功能

一份报纸由若干版面组成，而一个版面又由文字、图片、图表、线、框、色彩、底纹等基本要素构成，版式则是排列组合这些基本要素的方式和手段。因此，报纸版面的编排自然包括内容(文字、图片、线、框等)与形式(即版式)两个方面。

版面是形成报纸个性的重要组成部分，版面语言是报纸引导舆论的重要方式，版面编排是帮助和吸引读者阅读的重要手段。

版面是报纸的门面，一张报纸是否吸引读者，是否可读、易读，在一定程度上取决于版面。在阅读之前，读者对其具体内容并不清楚，因而无法根据内容去选择。而版面的编排形式却可以向读者发出直观信息——或庄重大方，或清新典雅，或生动活泼，给人一种视觉上的愉悦；反之，一个面目凌乱的版面，令人望而生厌，即使内容不错也会失之交臂。

立志“办中国最好的报纸”的《南方都市报》曾给自己做过这样的形象广告：“改变使人进步——同样的化学元素，只因分子结构不同便大相径庭”，画面左边是煤炭，右边却是钻石。① 钻石和煤炭都是由碳元素组成的，但由于碳分子的排列组合不同而品质各异，一个是坚硬无比、高贵典雅，另一个却是粗黑难看、一敲即碎。同样的道理，同样的新闻资源，经过不同新闻人的整合，会形成价值有高低差别的资讯。版式设计的作用正在于此。

有人把报纸的版面比之于商品的包装，而《人民日报》前总编辑范敬宜则“宁愿把它比作人的容貌和形体。”②因为商品的包装可能与商品的内在质量不相符，而人的容貌和形体必然是其整体素质的综合反映，包括健康状况、性格品德、文化修养等方面。报纸的版面就是这样，版面的优劣不仅仅是个“门面”问题，而且反映着一张报纸的导向作用、宣传水平、文化内涵、审美思想等。版面有没有魅力，直接影响到一张报纸在读者心目中的地位。

二、关于报纸版面的常用术语

1)开张：报纸面积的大小，分为对开、四开、八开等类型。

2)版序：版面的先后次序。

版名：版面的名称。

3)版心：除去四周留的空白，一块版面上真正容纳文字与图片的区域。

4)报头：报纸第一版刊登报纸名称与其他内容的区域。

5)报眼：又称报耳，指横排报纸报头旁边的版面。

6)报线：版心的边线。

---

① 该广告刊于《21世纪经济报道》2002年3月11日22版。

② 引自陈伟、张艳蕾编著的《报纸版面设计与创新》(黑龙江美术出版社2000年版)的序言。

边栏：靠近边线位置的栏状空间。

栏题：版面上小栏目的标识图案。

报花：版面上的小广告，又称栏花广告。

7)报眉：眉线上方所印的文字。

8)中缝：一张报纸相邻两块版之间的空隙。

9)头条：以横排报纸左上方、竖排报纸右上方的重要位置刊登的最重要的稿件。

倒头条：放在横排报纸右下方、竖排报纸左下方的重要新闻。

假头条：位置在头条之上(横排报纸)或之前(竖排报纸)，但字体字号明显弱于头条的重要新闻。

10)通栏：是指和一个整版宽度相同、但是面积不到半个版的排版方式。

通版：打通报纸上同一面上相邻的两个版面而形成的版。

连版：将四个、八个、十六个等偶数个版面打通连接在一起而形成的特殊版面。

断版：版面刚好被分为上下两个面积相等的部分，且中间有横线分隔。

11)版式：版面的式样。

12)版面强势：就是版面能够吸引读者注意的特性。

一个读者阅读报纸的时候，对每个版面及每个版面的各个局部的注意是不同的，因而形成不同的强势。充分认识和正确运用版面空间的强势，是组织版面的重要问题。版面空间之所以能够表现一定的编辑思想，主要是因为版面空间存在着强势上的差异。

三、版面的编排手段

包括字符(字体、字号)、图片、图表、漫画、线条、色彩、底纹、阴影、反白、留白、区域、面积、距离(行距、字距、图文距离)、形状、图文关系、版面布局结构等手段。

广告的放置及其对版面效果的影响，也是版面编排必须考虑到的。

版式在中国报业发展中的地位不断上升，从改革开放前的配角地位跃升为与文字内容并列的主角。版面编排(版式设计)是一门看似简单实则高深的学问，但对学历要求不高，只要多看优秀版面多多领悟就能迅速掌握。

四、新闻版面类作品评析示例

作品一：

PARADE COUNTDOWN

Parade village facts

Years of planning, months of training ... DAY OF GLORY

图 5-5-1

图文并重　冲击力强

上述版面是2009年9月9日《China Daily》要闻6—7通版，获得第20届中国新闻奖一等奖(当年全国仅一个)。

该版面主标题为《多年的筹划，多月的训练，只为那一日的绽放》(Years of planning，months of training，…DAY OF GLORY)。作为对国庆60周年阅兵村的报道，该版面形象、精练地反映了阅兵村战士们为国庆阅兵所做的努力。

由小到大的标题字号也有效地增强了视觉冲击力，更加突出了“只为那一日的绽放”(DAY OF GLORY)，使整个主题积极向上，振奋人心。

在整体布局上，为突出展现阅兵村战士们的艰苦训练以及背后的生活点滴，特别使用了一张战士艰苦训练的特写照片作为底图，尤其是突出展现了战士刚毅的表情、坚定的目光和满脸密布的汗水，视觉冲击力较强，增加了版面的整体感，给读者以身临其境的感觉。

尤为突出的是，读者普遍对这张底图的使用交口称赞，认为战士特写大图不仅吸引眼球，其目光更是整个版面的点睛之笔，引领读者仔细阅读整个版面。

在其他照片的选择和排列上，从细节入手，以图叙事，以情动人，既有集体训练、整齐划一的宏伟场面，又有战士们互相帮助、亲如一家的感人画面，从不同角度全面反映了阅兵村战士在国庆阅兵式筹备过程中的酸甜苦辣。

版面左侧以黑色为背景，文字主颜色用白色，并使用黄色重点标出了标志性数字，以类似图表的形式言简意赅地反映了阅兵筹备过程中的细节。

从整体效果上看，整个版面图文并重，图片多而不乱，叙事简练生动，吸引力、感染力和视觉冲击力较强。

作品二：

权威成就影响力

河北日报

HEBEI DAILY

报网一体化
新闻零距离

胡锦涛离京出访马来西亚新加坡

并出席亚太经合组织会议

胡锦涛重要指示强调

进一步完善农村基层治理机制

罕见降雪强袭我省

■38厘米！省会暴雪为1955年以来最大

■相关部门启动应急预案全力应对

■降雪天气将持续到12日

省政府办公厅发出紧急通知

做好暴雪等灾害性天气应对工作

西部海域韩朝海军交火

1999年和2002年，双方曾在该海域发生过两次军事冲突，并导致双方人员伤亡

全党动员　全民发动　全力打好防雪抗灾攻坚战

石家庄启动重大气象灾害应急响应

王彦生事迹报告团赴各市作巡回报告

图 5-5-2

视觉冲击　读者乐见

这是《河北日报》2009 年 11 月 11 日头版，获得第 20 届中国新闻奖二等奖（当年全国仅两个）。

2009 年 11 月 10 日，一场历史罕见的暴雪突袭河北部分地区，省会石家庄降雪量更是创了纪录，极大地影响了生产生活。

这次降雪不是一般的新闻事件，报道也要打破常规，突出处理。此版面即是对这一重大突发事件的“非常反映”。

该版以超过 5/6 的版面容量对强降雪事件进行报道凸显了事件的重大——对党报来说，对这样一个与领导干部关系不大的新闻，做出这样的决策，可谓难得一见、难能可贵，由此彰显版面编辑和报社领导的魄力和眼光。

大雪压树与行人艰难行进的组合图片占据版面上方，以无声之语宣示雪情之重。

在主体消息的表现上，设计者用新闻事件对应的环境色深青色作网纹打底儿，既提示事件环境又与上下图片中清扫积雪的环卫工人马甲的橘红色形成对比强调。

版面下方使用通栏照片，从内容上是对文字的有力补充，就视觉而言则提升了版面的冲击力；设计者还对照片了进行了合理编辑，使版面富有动感，并与上方文字融合得更为自然。

穿插于文字块中的小图片则增加了版面的层次感。

综观全版，编辑思想明确；标题准确简洁；版面设计大方，具有视觉冲击力，可谓精品版面，正是党报读者乐见的佳作。

作品三：

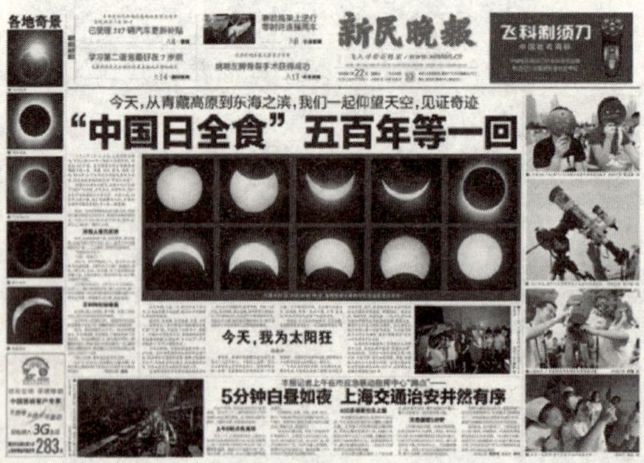
各地奇景
新民晚报
飞科剃须刀
今天，从青藏高原到东海之滨，我们一起仰望天空，见证奇迹
“中国日全食”五百年等一回
今天，我为太阳狂
5分钟白昼如夜　上海交通治安井然有序

图 5-5-3

大胆果断　快速漂亮

这是《新民晚报》2009年7月22日第1、16版(通版)，该版面获得第20届中国新闻奖二等奖(当年全国仅两个)。

2009年7月22日上午8时01分起，从错那县至舟山，天空上演五百年一遇的日全食奇观。这是近500年间，在中国境内日全食持续时间最长的一次。西藏、四川、重庆、湖北、上海、浙江等12个省市自治区能观赏到日全食，天文爱好者因此称它为“中国日全食”。密密的云层遮天蔽日，让很多地方失却了“追日”的机缘，只有重庆、安徽黟县、浙江安吉等地能看到日全食全景，而在上海，仅处洋山深水港、南汇观海嘴的人们，方能在云雨中依稀追寻到天予人的一抹震撼。

数百年一遇的日全食，时间正好与晚报的出版时间契合。版面编辑在上午极短的时间内，将各路记者抢来的新闻原料结合自己觅得的新鲜调料，做出了一道时效性极强的“美味大餐”，漂亮地完成了作为媒体人记录新闻事实的使命。

通版以大标题“‘中国日全食’五百年等一回”为统领。

中部有文字记者的“重庆现场报道”，有摄影记者的“安吉现场实录”，还有一篇青年记者写的很有特色的随感“今天，我为太阳狂”。

左右边路，分别是组照“各地日全食奇景”和“各地观食者奇招”，加上版面下部“上海5分种白昼如夜，治安正常”的配图报道，涵盖了当天最为主要、最为新鲜的内容。

左右呼应，上下配合，版面语言使用得当，功力非同一般。

另外，从版面内容来看，不难发现报社领导决策(做通版，整版报道)的大胆果断，采编部门的积极配合，版面编辑人员的快速处理。

思考与练习

1. 请在报纸上分别选择一篇消息、通讯、评论，进行评析。

2. 请比较党报、晚报、都市报、周报、财经类专业报纸对同一新闻所做的不同报道，并分析其版面编排。

3. 请搜集系列报道、连续报道、组合报道案例并对其展开评析。

第六章　广播新闻作品评析

本章要点：

1. 广播媒体的特性及其语言要求。
2. 广播消息、广播新闻专题、广播评论的评析。
3. 广播系列报道与连续报道的评析。
4. 广播新闻访谈、广播新闻现场直播、广播新闻节目编排的评析。

第一节　广播媒体与广播语言

一、广播媒体的特性

在汉语中，“广播”一词最早出现在汉代。桓谭《新论·琴道》中有“八音广播，琴德最优”的说法，其中“广播”是广泛传播的意思。而在《三国志·吴志·孙策传》中有“封为吴侯”一语，裴松之注引《吴录》“陛下广播高泽，不遗细节”，在这里“广播”实际上也是广泛传播的意思，但由于传播的是“高泽”，可以进一步解读为普遍施予。在新闻传播领域，广播指的是通过无线电波或者导线向广大地区传播声音、声像节目的大众媒体。很显然，在这里它有广义与狭义之分。从广义上看，它包含了广播电台与电视台；从狭义上说，它单指电台。在通常的情况下，新闻传播领域所提及的“广播”，都是单就其狭义而言的，本书也不例外。

作为大众传播媒介之一，广播有其自身的特性，主要表现在三个方面：

1. 纯听觉的媒介

广播不同于报纸，需要受众通过眼睛进行阅读。也不同于电视媒介，缺少来自于画面的信息。广播由于只对人的听觉器官起作用，使得听众在对信息的接收和记忆方面，效果要弱于电视。有科学家研究表明，从记忆效果看，人们对听到的信息能记住 20%，看到的信息能记住 30%，边听边看的能记住 50%。从这个方面来说，“纯听觉”也是一种弱势。

2. 线性传播

广播传播是按照时间流程依次播出节目的，每一句话语都是随着时间的流逝而逐步呈现，传送的信息是瞬间即逝的。这就有别于报纸等平面媒体的空间传播方式，受众在阅读时，可以对前面所看的内容重复进行翻阅。虽然现在出现了网络广播，听众可以通过点击的方式重听某档节目。但在一定时间内，广播的这种传播特点仍然要求听众在瞬间能够把握住信息。

3. 伴随式收听

听众在收听广播时，一般都是处于伴随式收听状态。与伴随式收听相对应的是专注式收听。例如，学生在上课的时候，集中注意力进行有目的的倾听，这种状态是专注式收听。而听众在收听广播的时候，通常会一边做别的事情，如开车、做家务、看书等。在伴随式收听的状态中，听众往往会遗漏一些信息。

正是由于广播具有这些与其他媒体不同的特性，在制作广播新闻的时候，就应该加以考虑。如果忽视了广播自身特性，往往会影响信息的传达。例如，我们经常听到广播新闻节目中会用到报纸上的新闻稿件，有一些播音员或主持人，在对待这些稿件的时候，往往不加处理直接播读。如果遇到一些听起来比较费劲的语句，就会影响听众对信息的接收与理解。

二、广播语言的要求

由于广播自身的特性，我们在运用语言的时候，就不能完全等同于报纸或电视。这就要求我们在广播新闻的语言的使用上，应该尽量针对它的这些特性，扬长避短，为听而写。

要做到为听而写，就是要尽量使广播新闻的语言口语化、通俗易懂、形象生动。

1. 口语化

要做到语言的口语化，应尽量少用单音词、文言词以及书面语，多用口头用语表达。像“现”、“今”、“曾”这样的单音词，“皆”、“故”、“乃”这样的文言词，还有“宜于”、“何谓”这样的书面语，如果出现在报纸消息中，一般不会阻碍读者对信息的理解。但是这样的词语，如果出现在广播新闻里，听众要在短时间里听懂这些词语，就比较费劲。如果分别改成“现在”、“今天”、“曾经”、“都是”、“所以”、“是”、“适合”、“什么叫做”这样的口头用语，更能方便听众对信息的接收。

2. 通俗易懂

广播的受众群体，比报纸所要求的“智力门槛”更低，一般来说，广播拥有低文化层次的受众要比其他类型的媒体更多。所以，在语言上面，也更应该照顾这部分的受众，尽量通俗易懂。

此外，还要避免听觉上容易导致错乱的一些词语，特别是在谐音词的使用上。例如，“我市”与“我是”，“全部”与“全不”、“走进”与“走近”等，这些词语读音完全一样，但是意思却不一样，甚至大相径庭。广播新闻在进行表达的时候，最好有意识回避这些词语，比如要表达“全部”的时候，可以换成“全都”。

3. 形象生动

广播虽然没有画面，但是也可以依靠语言，营造出生动形象的效果。要做到这一点，最好要尽量调动语言的表现力，在听众的头脑中产生画面感。比如“谈话间不觉已经夕阳西下，满山遍野的森林郁郁葱葱，即使是那些百年的参天古树也染上了春天的翠绿。”在这句话中，“夕阳西下”、“漫山遍野”、“郁郁葱葱”等具有画面感的词语，仿佛把场景直接呈现在了听众面前。虽然并不真能亲眼看见，但通过联想，也能感知记者要传达的场景。在美学理论中，“通感”是指审美过程中各种感觉器官间的互相沟通，即视觉、听觉、触觉、嗅觉等各种官能互相呼应，彼此交感。这种“通感”现象在信息传播领域一样普遍存在。音响是广播的灵魂，依靠典型化的音响，营造出具有通感效果、富于审美情趣的生动画面，无疑是广播通讯写作的极致。

要做到形象生动，还要尽量少用抽象的语句。例如：“这个钻井队每年打井进尺 9 000 米。”这样的数据，虽然很直观，但是对于听众来说，9 000 米到底有多深，仍然不得而知。如果在后面加上一句“相当于一座珠穆朗玛峰的高度”，抽象的数字就变得具体可感了。

4. 语言、语序符合听觉习惯

人的听觉习惯，是一个不断产生问题的过程。例如，听众在接收到“他来了”的信息时，头脑中立马会产生“谁来了”这样的问题。这个时候，传播者可以就此问题进行回答，如“张三来了”。当这个问题被解答之后，听众头脑中又会产生新的问题“他来干嘛”。因此，在传达信息的时候，也应该按照听觉习惯，使得传达的信息不断让听众在头脑中产生疑问，又不断进行解答。只有让头脑中产生疑问，才能吸引听众的注意。解答问题是为了信息的传达。

所以，在使用广播语言的时候，要尽量符合人的听觉习惯。比如，尽量不要用倒装句。在书面记录人物语言时，我们经常会这样表达：“‘我要为国争光’。在运动会上，刘翔激动地说。”而在广播语言中应将说话人的提示放在前面，避免引起歧义；尽量写短句子。太长的句子包含的信息过多，也不利于听众对信息的接收。

此外，还要对新闻中的一些重要信息进行适当重复。由于广播语言容易转瞬即逝，听众容易听到后面的忘记前面的。所以当引起听众注意时，对于重要的信息，尤其是人名、地名、单位名进行重复，可以达到更有效的传播效果。

第二节　广播消息

一、广播消息的特点

广播新闻有广义与狭义之分，从广义上看，它包含广播消息、广播评论、广播专题等各种不同形态的新闻类广播作品；从狭义上看，它指的就是广播消息。由此可见，广播消息在新闻类广播作品中的代表性地位。简而言之，广播信息指以广播为传播手段，以简要的语言文字和适当的现场音响迅速传播新近事实，报道事情的概貌而不讲述详细经过和细节的新闻体裁。

广播新闻主要的特征有两点：一是时效性强。追求时效性是新闻传播媒介在竞争环节中共同的生存法则，但是，广播在这个方面有先天的优势。它不像报刊那样常常要受制于截稿时间，与电视相比，其采制与编发过程更加轻便灵活。因而，从技术上看，广播最有条件成为捷足先登的最新消息的发布者。它既可以把刚刚发生的新闻事件即时告诉听众，又可以随着时间的推移，把重大新闻发展的变化过程的最新状况传播出去。还可以通过现场报道的方式，把正在发生的事件传播出去。当然，其他的媒体也可以这样做，但是，它们肯定没有广播消息这么轻便自如，迅速快捷。二是篇幅短小。这一点不是人为的，而是由人们生活的状态和媒介的特性所决定。由于生活和工作节奏的加快，以及获得信息和休闲娱乐方式的不断丰富，人们专门用来听广播的时间大大减少，很自然希望能够用尽可能少的时间在广播中获得更多的信息。而向听众不断地提供新鲜和多样的即时信息，正是广播媒体的传播优势。在现行的新闻实务中，广播消息作品的长度在不同的栏目中有不同的表现，一般都在一分钟左右。而且有些栏目的广播消息，往往都是一句话新闻。按照中国新闻奖的要求，即使是长消息，其长度上限也不能超过4分钟。

二、广播消息的构成

下面以一篇录音报道为例，谈谈广播消息的基本格式。

贫困县歌咏比赛“穷扎势”

陕西人民广播电台　孙华林　郭家建

陕西台记者孙华林报道：元旦前夕，国家扶贫开发工作重点县之一的蒲城县，耗资数百万元，历时两个多月，举办“迎元旦万人歌咏比赛”，在当地引起强烈争议。

昨天比赛结束后，记者在蒲城县文化局、交通局、地税局、城关镇等10多个部门、乡镇暗访时，发现很多干部群众对这场比赛十分反感，说是“穷扎势”、“瞎摆阔”，一些部局长、乡镇长甚至在骂娘。

(录音)1. 咱县上这次活动阵势大，一个队100多人的阵容，一人一身衣服，哪个队下来都得六七万元，有钱的单位住宾馆、发补助，弄了一河滩。全县下来四五百万以上。2. 工资都发不出来，花几百万扎啥势？（录音完）

蒲城县文化局是这次比赛的承办单位，局长万少平是歌咏比赛领导小组办公室主任，他在电话中告诉记者：

(录音)不花钱不可能。统一服装怎么统一，各单位自己想办法。县上有文件，县上六大班子全部人都在那儿。(录音完)

早在10月15号，蒲城县委办、政府办就联合发文，对歌咏比赛作出详细安排。要求“通过比赛展示成就，歌唱县委县政府的求真务实精神”，“各单位主要领导负责，副科以上干部全部参加”，“必须有统一的服装”，“有各自的伴奏乐队”。

就这样，蒲城县县级各个部门和乡镇组成84支代表队，加班加点练唱歌，几个有钱的部门吃住在宾馆，还请来专业演员指导排练。经过预赛选拔程序，最后有25支代表队进入了12月27、28号举办的决赛，结果全都获奖，其中6支队伍获得一等奖。参赛部门的知情人估算，全县这次活动的费用，累计在三四百万元。

县水利局一位姓张的干部：

(录音)花了这么多钱，场面闹的这么大，不知道给谁脸上贴金哩。这钱都是花老百姓的辛苦钱。把这些钱真正用在老百姓的吃水上、生活上，或者田间渠道的管理上，要比这好的多。(录音完)

记者了解到，近几年，蒲城县财政赤字每年都在2 000万元以上，目前县财政负债总额已超过5亿元。2003年，农民现金收入为全国平均水平的42%；贫困人口不减反增，达19.41万人，占农村人口26.8%，还有26万多人饮水困难，超过全县农村人口的40%，几十个村子至今没有通电、通车，教师、干部工资也保证不了。群众不明白，就这样一个国家扶贫开发工作重点县，耗费巨资来搞万人歌咏比赛，这到底求的什么“真”、务的什么“实”？

这个作品属于广播消息不常见的类型，它是一个典型的批评性报道，而且还采用了暗访的手段。尽管如此，它还是符合消息的一般特征。其导语、主体、新闻背景、结尾等部分齐全，也包含着新闻基本要素。在写作上，符合消息的基本写作规范，即强调突出新闻的真实性、时效性、可读性与指导性。

除此之外，通过与报纸消息比较，我们也可以发现广播消息在写作上也具有自身的一些特点。

1. 标题与介绍格

对于报纸消息来说，标题被称为是新闻的眼睛，制作标题是重要的一个环节，制作方法也非常的考究。一般在广播新闻节目中，我们很少听到播读广播消息的标题。记者在写稿的时候，为了方便新闻的编辑和审稿，常常会在广播消息前面加上标题，但一般不会播出。所以，广播消息的标题的重要性与报纸有所区别。

上面这个例子是一个评奖的作品，给它配上标题，主要是为了评奖审评的方便。总而言之，广播消息对于标题的要求，没有报纸消息的要求严格。

在广播消息导语的后面，都会出现“请听记者某某发回的报道”，或者“请听记者某某采制的录音新闻”，这句介绍报道人姓名和新闻体裁的话，被称为“介绍格”。这在电视新闻当中，也能够听到。有的时候，介绍格也可以出现在消息的最末尾，如“以上是记者某某报道的”。

2. 导语

消息的导语有硬导语与软导语之分。

硬导语指的是直接导语或概括式导语，直接交代何时、何地、何人、何事、何因以及如何。[①] 为了突出新闻价值，对于报刊新闻特别是事件性报道，一般都是直接在开头提炼出新闻的价值要素，读者通过看前面几句话就能明白整则新闻的大概意思。如果对此感兴趣就继续往下阅读，如果不感兴趣就直接跳跃，选择阅读其他的新闻。这种导语开门见山，传达的信息一目了然。

软导语，又被称为延缓式导语。这种导语通常较长，并非直接切入正题，而是将信息稍微置后，先通过展示描写细节或是部分情节来吸引读者注意力，然后再进行信息的传达。下面是一条消息的导语：

> 今天，成都火车站出现了一支特殊的队伍，集体进站的民工手持一张“大票”就可以上车。这是成都火车站为方便民工集体乘车采取的一项服务举措。

这是一则典型的软导语。它不像硬导语那样，一上来就介绍服务举措这个最重要的事实，而是先说“成都火车站出现了一支特殊的队伍”，靠这个小悬念来吸

① 杜桦：《广播节目编导》，中国传媒大学出版社，2009年版，第30页。

引受众，然后再把最重要的信息推出来。

一般来说，就广播消息而言，硬导语与软导语都可兼用，具体情况要视新闻节目的自身定位、整体风格以及新闻内容而定。例如，中国之声的“新闻和报纸摘要”栏目，是中央人民广播电台最具权威性的广播节目，在全国新闻界和广大听众中享有良好的知名度和美誉度。其播出的内容主要以时政新闻为主，政治色彩较为浓郁，在风格上比较严肃，因此里面的新闻基本都是采用硬导语。统一的导语风格，也有利于节目自身风格的形成。

此外，对于一些主题严肃的新闻，如时政类新闻，重大的政治、经济、科技等方面的内容，一般也多采用硬导语；而接近百姓日常生活的逸事趣闻，如民生新闻则可以多用软导语。

但是，这里值得强调的是，从导语的性质与媒体的特性来说，延缓式的软导语是最适合广播新闻的。这类导语自然与平和的品性，可以增添作品的亲和力，与听众收听广播时伴随式的收听状态是十分契合的。

3. 结构

对于报纸消息来说，大多采用的是倒金字塔结构。即按照事实的重要程度来安排段落顺序，把最重要的内容放在消息的最前面，次重要的内容放在稍后的段落里，最次要的放在消息的尾部。

倒金字塔结构，不仅有利于记者快速报道新闻，更是给受众的接受带来了方便。受众只要一看导语，就可以把握这则新闻中最核心、最重要的信息。对于广播消息来说，倒金字塔结构可以使用。但是除此之外，非“倒金字塔结构”更适合广播的特性。

非“倒金字塔结构”在广播消息中，常见的有顺序式结构及螺丝钉式结构。

第一，顺叙式结构。

顺叙式结构的广播消息，往往没有导语，而是按照事件发生的时间顺序来写作，或者顺着人们正常的思维逻辑来组织新闻内容。事件的开头就是消息的开头，事件结束，消息也就收尾了。这种写法如同讲故事，开头比较一般，随着情节的步步推进，事件的高潮在后面出现。

中央人民广播电台的《山定权　树定根　人定心——温家宝考察集体林权制度改革》就是这样一个典型的例子。在这则广播消息的开头，没有导语对整个事件进行概括，而是直接出现场音响，起到先声夺人的作用。紧接着，记者也没有立即介绍这是一个怎样的新闻事件，而是用语言对前面的现场音响进行解释和说明。随着温家宝和村支书徐锦兵交谈的现场音响的陆续展示，这则消息才逐渐清晰明朗起来：原来是总理在对长水村的集体林权制度改革进行考察。在新闻的最末尾，记者还借总理的话语，强调了“山定权，树定根，人定心”的重要意义。

像这样按照时间顺序或逻辑顺序层层深入的结构方式，就是顺序式结构。这种结构方式非常符合人们的听觉习惯和思维特性。尤其当听众处于伴随式收听的状态下，这种方式更容易听众理解和记忆。

第二，螺丝钉式结构。

螺丝钉式结构，顾名思义，新闻的结构方式有如螺丝钉的形状一样：螺帽部分用来概括介绍全篇新闻的主要内容和中心事实，类似于倒金字塔最上面的那个部分。螺丝杆则是以顺序的方式展开具体的新闻事实。这种结构方式，既能在消息的开端一下子把重点信息传达给听众，也能在主体部分循序渐进，层次分明，将信息具体展开，便于听众理解。下面是中央人民广播电台的一条广播消息：

历史性的握手

李涛　赵雪花　郭亮

【播音员】中共中央总书记胡锦涛在人民大会堂与中国国民党主席连战进行了历史性的握手，两党最高领导人举行会晤，就促进两岸关系改善和发展的重大问题及两党交往事宜，广泛深入坦诚地交换了意见。

请听中央台记者李涛、赵雪花、郭亮采制的特写：历史性的握手。

【现场杂音，压混】

【记者】2005 年 4 月 29 号下午 2 点 58 分，中共中央总书记胡锦涛沿着红地毯，走到人民大会堂北大厅中央，向等候在这里的中外记者挥手致意。

2 点 59 分，中国国民党主席连战乘车来到北京人民大会堂。他走下车，拾阶而上，迈进向他敞开大门的人民大会堂北大厅。在这里迎候的中共中央总书记胡锦涛微笑着，向连战伸出了手。

3 点整，在海峡两岸中国人期盼已久的目光中，中国共产党和中国国民党的最高领导人终于见面了，他们的手紧紧地握在一起。(掌声)

【胡锦涛】连主席你辛苦了，我也非常热情地欢迎你。

【记者】在如雨般的拍照声中，胡锦涛和连战互致问候。胡锦涛热情欢迎连战来访。

这是历史性的时刻！

这是跨过了那道浅浅海峡的握手，这是穿超了半个多世纪纷纭历史的握手。

握手后，胡锦涛和连战表情轻松，并排走过红地毯，步入人民大会堂东大厅。这是两党启动正式交往、面对现实、开创未来的一次最重要的会晤。

胡锦涛总书记首先致欢迎辞。(掌声)

【胡锦涛】四月的北京春意盎然，在这美好的季节里，我们迎来了中国国民党主席连战先生率领的国民党大陆访问团。今天的会见是我们两党主要领导人历史性的会见。你们的来访是中国共产党和中国国民党关系史上的一件大事，也是当前两岸关系当中的一件大事。从你们踏上大陆的那一刻起，我们两党就共同迈出了历史性的一步，这一步既标志着两党的交往进入了新的发展阶段，也体现了我们两党愿共同促进两岸关系发展的决心和诚意。我们共同迈出的这一步，必将记载在两岸关系发展的史册上。我相信，国民党大陆访问团的这次访问，以及我们两党的交流对话，已经给两岸关系的改善注入了春天的气息。(掌声)

【记者】中国国民党主席连战发表答谢，说：

【连战】我也很坦诚地来跟各位提到，那就是这一趟来的并不容易。我一再讲台北、北京，台北、南京距离不远，但是因为历史的辛酸，让我们曲曲折折，一直到今天才能够见面。所以我说，有点相见恨晚的感觉。当然，中国国民党、中国共产党，我们过去曾经有过冲突，我们都知道这些历史的过程。但是历史毕竟已经是过去的事情，我们没有办法在此时此刻再来改变历史，但是未来却是掌握在我们的手里。让我们把握当前，让我们共同来开创未来。(掌声)

这则消息于2005年4月29日播出，报道的是一个历史性的大事件。它的导语部分非常简要地概括了整个新闻事件的核心，让听众对此新闻所报道的事件有一个基本的掌握。在主体部分，则采用了顺叙结构，按照这次见面的实际步骤，一环一环地加以描绘。既展现出了双方握手的完整过程，又没有忽略其中典型细节。

4. 音响

除了语言之外，音响是广播报道新闻的另一个关键性元素。与报纸消息相比，广播消息最大的特点与优势，莫过于可以加入现场采制的音响。有了音响的加入，大大增强了报道的现场感和整体感，起到了画龙点睛、锦上添花的作用。具体来说，广播消息中的音响具有以下三个作用：

首先，音响可以再现新闻现场。用音响再现新闻场景，可以充分体现出新闻的“贴近性”，拉近新闻现场与听众的距离，使听众产生身临其境之感。所以，这类音响是记者在采制广播新闻时不可忽略的重要内容之一。

其次，可以用音响寻求事实依据，即用最能反映新闻事实的音响来“说话”。

这样的音响可以起到一般文字新闻所起不到的“依据”作用，从而使新闻更具有说服力。

最后，音响还可以增加广播新闻的信息含量。如在采访人物的时候，从音响中不仅能听到采访对象说话的内容，还能感知到说话者的口气、态度、方言等等。这就比文字新闻富含更多的信息量。

三、广播消息评析示例

作品一：

耗水大户“水疗城”竞相出现在缺水边城乌鲁木齐

李英君　赵萌　乌拉木　王颖　王宏

各位听众，今天(12月18日)上午12点30分，乌鲁木齐水务局在友好路图书馆举办了“我为节水出点子”的颁奖仪式。就在同一时刻，位于天山区昌乐园的金海湾水疗餐饮广场隆重开业，下面请听本台记者从两个现场发来的报道。

【出记者现场报道1】听众朋友，大家好，我是记者赵萌，我现在在乌鲁木齐市国际友好图书城，(【现场音响扬起】欢迎大家参加由乌鲁木齐市水务局主办的“我为节水出点子”现场颁奖活动。)乌鲁木齐市水务局局长王魁梧在活动现场呼吁：

【出王魁梧局长的现场讲话】乌鲁木齐市是一个水资源极其缺乏的城市，节约用水是我市发展的迫切需要，我们的目标是：2008年把乌鲁木齐市建设成为全国的节水型城市。

【出记者现场报道2】各位听众，我是记者乌拉木，您现在听到的是金海湾水疗餐饮广场开业仪式。(【出现场音响】我宣布金海湾水疗餐饮广场剪彩仪式正式开始！今天前来参加庆典的市委领导有，市委副书记……)：我现在采访的是金海湾水疗餐饮广场总经理潘军。

【出潘军音响】金海湾水疗餐饮广场现在投资已经超过了1.2亿，总营业面积是2万平方米，我们就是要打造水疗行业的这个航母级的一个休闲娱乐场所。同时，我们这个项目也是2005年市政府督办的重点工程项目，同时，它也将成为我们天山区的一个形象的标志性的建筑。

据了解，金海湾水疗餐饮广场的开业只是乌鲁木齐大兴水疗洗浴娱乐场所的一个缩影。今年以来，乌鲁木齐市大大小小的水疗洗浴场所层出不穷，遍布大街小巷。

出租车司机王捍卫：

【出录音】你说现在乌鲁木齐这个水疗城呀，是泛滥成灾，乌鲁木齐随便走到哪条大街小巷都能瞧见它们的身影，这个水资源的浪费太厉害了。像友好路，一路上去像“大商洗浴”，再往下那又是一排子水疗。然后到阿勒泰路你再看，从阿勒泰路下桥头开始，一直走到木材厂，这一路大大小小，无数个。

乌鲁木齐市自来水公司负责人透露，今年以来仅天山区、沙依巴克区兴建的水疗城、洗浴中心就达150多家，其数量和规模在全国其他城市中也属罕见。一个大型水疗城平均每天耗水量相当于400个普通人家的用水量，而被称为离海洋最远城市的乌鲁木齐人均水资源量不足全国人均水资源量的1/4。近年来，城市生活用水连连告急，特别是今年夏天的缺水量由前些年的3万立方米上升到10万立方米。

乌鲁木齐市东后街居民王军：

【出录音】我们乌鲁木齐呢，城市用水越来越紧张，就拿东后街这个片区来说吧，这个地方一到夏天就开始限时、分段的供水，甚至有时候几天就没有水来，弄得老百姓生活没有着落，到处找水，甚至买些矿泉水，而且家里面都有大盆、大桶，就怕停水。【录音止】

一边是城市用水紧缺，社会各界献计献策建设节水型社会；另一边耗水量巨大的豪华洗浴城纷纷上马。面对记者的疑问，前来参加金海湾水疗餐饮广场开业典礼的乌鲁木齐官员不置可否。

【出录音】这个……我说不好，我说不上这个。

（新疆人民广播电台2005年12月18日播出）

听觉的“对比蒙太奇”

广播是一种听觉媒体，通常为方便听众收听，广播媒体在报道新闻时，往往采取常见的一事一报的方式。但在这篇广播报道中，表现得异乎寻常，在一个新闻作品中，先后对两个相互独立的新闻事件进行报道。其中一个是乌鲁木齐市水务局主办的“我为节水出点子”现场颁奖活动现场，另一个是乌鲁木齐市金海湾水疗餐饮广场开业仪式。这边水务局局长在活动现场呼吁将乌鲁木齐市建设成为全国的节水型城市，那边金海湾水疗餐饮广场总经理誓言打造水疗行业航母级的一个休闲娱乐场所。两位记者，兵分两路，分别对两个活动进行现场报道。他们在简洁地介绍报道所在点后，就直接采录现场音响。这些音响将这一对矛盾事件生动地展现了出来，听众犹如身临其境，可以真切地感受到现场氛围。

影视制作中有一个概念叫对比蒙太奇，类似文学中的对比描写，是以镜头对列为基础，通过镜头组合在形式或内容上的相互对照、不断叠加，产生单个镜头所不具有的更丰富的含义，以表达某种思想和主题、情绪。广播节目虽然不能像影视节目一样，通过画面的剪辑来达到这种对比蒙太奇的效果，但却可以通过对声音进行一定的组合达到这种效果，《耗水大户“水疗城”竞相出现在缺水边城乌鲁木齐》就是通过这样的手法，呈现出了这样的效果。两个并不相关的新闻事件，经过记者巧妙的制作与编排，不仅产生了联系，而且形成了强烈的对比，让人听着不仅不会觉得凌乱，反而感到意味深长，发人深省。

记者展示了这两件新闻事件之后，没有直接发表任何的评论。这当然是因为消息的职责只是客观报道，记者是不能在其中发表议论的。而事实上，采编者通过对这两个事件的叠加与对比，其实已经很清晰地表现出了他们的情感态度。这就是“对比蒙太奇”的报道形式的意义与价值。

这个广播作品在音响运用方面，也颇有匠心。其前半部分对两个现场活动进行报道时，在衔接关口采用了压混的技术手法。相对于一般情况下，播完一段再播一段的处理手法，压混实际上起到了将两个事件并列起来的作用，传达出了两个事件共时性发展的效果。由此，其强烈的对比感在听众的视觉中立体地建构起来了。

作品二：

铜鼓县砍掉2亿元香菇产业　保住30万方天然阔叶林

张吉昌　刘崇智

铜鼓县今年减少八成香菇产量，保住近30万立方米天然阔叶林。请听江西电台记者张吉昌、刘崇智采写的录音报道：

【出现场口播】

又到香菇上市时，但记者在铜鼓县的赣西北香菇交易市场发现，这个占地2万平方米的江南最大的香菇交易市场内，难得见到香菇的影子。店主们告诉记者，一年前，这里的香菇交易还很红火。【出录音】

“以前规模大，很多人往这里送。当时我们就有12个保鲜库，装满了香菇，一个冻库一般装到2万斤。”

作为我国南方重点林业县，铜鼓县前些年依托林业资源兴起香菇产业。到2005年，全县香菇年产量突破1 200万袋，一跃成为全国第二大香菇产地，全县1/3的人口从事香菇及相关产业。铜鼓县农业办主任黄德业介绍说：【出录音】

“当时的产量达到了15 000吨左右，销售香菇产值大概是2个亿左右。

种了香菇的(每)户平(均)一年达到 3 000—5 000 元的纯收入。"

香菇生产需要消耗大量的阔叶林。铜鼓县林业局总工程师谢新根算了一笔账，从取料、搭棚到灭菌、烘干，每生产 1 吨香菇要耗费 20 多立方米的阔叶林木。而天然阔叶林对保持水土、涵养水源具有重要作用。只占全县活立木蓄积量四分之一的天然阔叶林，照此下去，不出 10 年将消耗殆尽，严重威胁到生态安全。【出录音】

"香菇生产每年就消耗二、三十万个立方米的木材，个别地方甚至就成了一块荒山了。"

为改变菇兴林毁的局面，铜鼓县去年痛下决心，立誓三年内退出香菇产业。铜鼓县县长杨玉平对记者说：【出录音】

"毁了天然阔叶林将毁了铜鼓的绿色生态，也就等于毁了铜鼓的立县之本，更谈不上科学发展。"

仅仅一年时间，铜鼓县的香菇产量就下降了八成，保住近 30 万立方米天然阔叶林。

为帮助菇农寻找新的致富门路，铜鼓县科技局积极引导菇农转变食用菌生产模式，推广不消耗木材的草腐菌。带溪乡原香菇种植大户帅新兆改种巴西菇后，在市场上照样吃香。【出录音】

"稻草呀、玉米秆子都可以生产。上半年，巴西菇每亩的收入在 1.3 万元。"

而不断壮大的有机农业正接替香菇产业，成为铜鼓农民新的增收途径。铜鼓县绿色产业办主任帅明池对此信心十足：【出录音】

"我们的规划是，有机农田 10 万亩，茶叶 5 万亩。3 年以后，肯定要达到这个香菇的人均增收的水平。"

(江西人民广播电台 2007 年 9 月 8 日播出)

以远见卓识发现新闻

消息类的作品核心在于将具有报道价值的信息，以最快的速度传播出去。所以，采编者在制作技巧上的发挥空间有限，作品的优劣与高下，在很大程度上就体现在新闻题材的捕捉与选择上。而在新闻题材捕捉与选择方面，记者要面临的主要两种情况。第一，他们面对的一些事件是显性的事件，一望便知是否值得报道。如洪灾、海啸、空难、车祸，以及飞船登月、卫星上天与重大的节庆、众所瞩目的赛事、会议，等等。在这里，记者比拼的是耳目与腿脚，也就是说需要的是信息的畅通，报道的快捷。第二，还有一类新闻题材是隐性的，也就是说如果不加思索，就不会觉得有什么报道价值，很容易疏忽过去。这里需要的是头脑的思考力与判断力。上面的这篇作品就是一个典型的例子。

江西省铜鼓县是我国南方重点林业县，该县为了振兴本地经济，增加农民的收入，一度确立了依托林业资源建立香菇产业的发展思路。这个思路得到了切实的落实，并取得了显著的成效。到 2005 年，全县香菇年产量突破 1 200万袋，一跃成为当时全国第二大香菇产地。可以想象，在那个时候他们对自己的决策是非常满意的。但是，就在一年之后，铜鼓县就主动放弃了香菇产业，“这个占地 2 万平方米的江南最大的香菇交易市场内，难得见到香菇的影子。”之所以忍痛割爱，是因为香菇生产需要消耗大量的阔叶林，每生产 1 吨香菇要耗费 20 多立方米的阔叶林木。而天然阔叶林对保持水土、涵养水源具有重要作用。照此下去，不出 10 年，只占全县活立木蓄积量四分之一的天然阔叶林将被消耗殆尽，严重威胁到生态安全。正是基于这样的一种担忧，铜鼓县痛下决心，决定在三年内完全退出香菇产业。

可以看出，这个事件的核心要素是铜鼓县放弃香菇产业，时效性不强，甚至可以说很差。铜鼓县改弦更张，忍痛放弃香菇产业的时间还是在“去年”，一般情况下，是不会将它与新闻事件相提并论的。但是，本节目的两个记者以自己的远见卓识，看出了这里存在的眼前利益与长远发展的矛盾，发现了其中存在的非同一般的新闻价值，并且以自己的作品对铜鼓县的选择表示了认可与赞赏。

第三节　广播新闻专题

一、广播新闻专题的特点

如果不是为了辨识与比较，在一般的语境中，广播新闻专题往往被简称为广播专题。在广播新闻体裁上，它是广播消息的扩展与延伸。以前常用、现在仍旧在一些场合存在的广播通讯、广播专稿、录音通讯，实际上与广播新闻专题指的是同一个对象。它一般表现为对某一新闻事件或新闻人物作专门而深入的报道。具体来说，这种报道以叙述和描写为主，也可以掺杂抒情和议论等手法。其特点主要表现在以下三个方面：

1. 篇幅较长

广播专题的报道内容可以是一个新闻事件、新闻人物，或者是一个社会现象。作为广播新闻的一种报道体裁，其容量和幅度是比较大的。具体来说，如果是报道新闻事件，它不会只是展示出事件在最新时间点上的状态与进展，而是突出其发展过程，甚至连带前因后果。如果报道的是人物，它不会只展示该人物与新闻点密切相关的一个面相，而可能包括其成才经历，及其内心世界的变化过程。另外，在形式上，它往往具体表现为深度报道、解释性报道、调查性报道、新闻特写、新闻综述。所以，与广播消息相比，广播新闻专题在篇幅上明显更长。一般时间较短的长度在5—8分钟，而较长的广播新闻专题可以长达20—30分钟。根据中国新闻奖的评奖细则，广播新闻专题的长度允许在30分钟以内。

2. 时效性上具有弹性

广播消息非常讲究时效性，篇幅上的短小精练也是为了配合尽快进行消息的传达。而广播新闻专题作为广播新闻作品的一种类型，自然不会放弃对时效性的追求。不过，这种追求不像广播消息那样不折不扣，全力以赴，而可以有一些弹性和迂回。它可以是对最新事件的报道，也可以是反映近一段时间的某个新闻事件或者新闻人物。

《小岗村的好书记——沈浩》是安徽人民广播电台的一个具有全国性影响的广播新闻专题节目，它一经播出，引起了强烈的社会反响，在全国掀起了学习沈浩同志先进事迹的热潮。这也是安徽人民广播电台几十年来在先进典型宣传报道中，首次在全国范围内获得巨大的影响。节目较为真切地记述了沈浩六年来扎根小岗，为村民呕心沥血、艰苦工作，终因操劳过度、英年早逝的先进事迹和高尚情怀。情真意切，真实感人。从时间上看，沈浩病逝于2009年11月6日，而该节目播出的时间为2009年11月18日，正体现了广播专题在时效性上更具弹性的特点。

3. 语言丰富多彩

广播消息一般客观而冷静地叙述新闻事件与人物，记者个人的情感零度介入，他们的情感倾向性只体现在题材的选择与叙述的角度上。尽量少一些议论，戒绝直接的抒情；而广播新闻专题在这方面的尺度更加宽松、自由，可以进行更多的描写、议论，甚至是抒情。尽可能地给人以如见其人、若闻其声、如临其境的形象感受。因此，有经验的广播采编人员在采制广播专题时，都是在重视新闻的基本事实的前提下，也注重调动语言的各种表现技巧，利用具体、生动的形象表现主题，展示事物的内蕴或者人物的精神境界，借以感染听众，加深听众的印象和理解。

二、广播专题制作应注意的环节

1. 主题的呈现要符合听知规律

主题是贯穿于一篇广播新闻专题作品始末的中心思想，是把各种具体材料连接为一个有机整体的灵魂。一般来说，广播专题的主题要求不仅要正确地反映客观实际、揭示事物的本质和内部规律，而且还要鲜明地体现时代精神与社会发展的必然趋势。

我们知道广播主要是靠声音传播，是一种线性传播。因此在提炼广播新闻专题主题的时候，要尽量符合听众的听知规律。具体而言，其主题要高度集中，不能分散、游离。天津人民广播电台于2007年10月20日播出的广播专题《永远歌唱祖国——追忆人民艺术家王莘》，就是一个主题表现的非常紧凑的作品。王莘是《歌唱祖国》的词曲作者，他于2007年10月15日在天津去世，记者在有限的时间里，采访了王莘的亲人、朋友、同事以及相关的专家学者、普通听众，用生动的声音形象刻画出一位以"歌唱祖国、歌唱人民"为己任的人民艺术家的形象。尤其值得注意的是，这个广播作品用不同版本的《歌唱祖国》作为音响贯穿始终，在呈现和烘托主题方面发挥了不可替代的作用。

此外，为了要照顾不同层次听众的理解和接受能力，广播新闻专题的主题还要单纯明朗，不能复杂隐晦，有时甚至不妨直接点拨出来。2007年11月29日，

承德人民广播电台播出了新闻专题节目《捡个老人当"妈"养》，作品讲述的是一位偏远山区的幼儿园教师将"捡"来的聋哑老人以亲妈相待的故事。在专题的最末尾，记者的这段话就是点题之笔：

> 古语说："礼失而求诸野"，其实，真、善、美一直存在于人们的心中。只是缺乏发现，没有被激活和点燃。恰好，作为一名偏远山区的幼儿教师——张国富再次点燃了这把"火"。这"火"是文明之火，道德之后。火光熊熊，照耀着你我，温暖着世道人心。

这段话不仅点明了主题，而且激发了听众的联想，从而扩大了主题的意蕴。

2. 谋篇布局的基本框架

广播新闻专题的谋篇布局，或者说结构，是其整体制作过程中的重要一环。确定好了作品的主题，接下来应该重点考虑的问题是为其选择一个适当的结构，这是保证作品成功的关键方面。

大致归纳一下，广播新闻专题的结构大致有以下几种形式：

第一，顺叙结构法。这是广播新闻专题最为常见的结构方式。所谓顺叙式，就是按照时间的先后顺序来叙述。这种方法与事件的发展过程同步，平铺直叙，简单明了。新疆人民广播电台的《我不能让我的孩子流血》，便采用了这样的结构方式。该作品完全按照时间流动的先后顺序展开，最明显的标志是其中用了一些

表示时间推移的词语，如“几月几号”、“中午”、“下午”、“夜幕降临”等，这是广播新闻专题一种比较典型的叙述方式。

第二，倒叙结构法。这也是广播专题常见的一种结构方式，其特点是先讲故事(专题)的结尾，然后再按照时间先后的顺序，从头讲起。由于篇幅与内容的不同，与广播消息相比较，广播专题在倒叙结构的使用上更没有顾虑，也更为常见。已经获得中国新闻奖的一些作品，如《离家百年，终回故里》《爱心编织的谎言》《珠峰日记》等，都是采用了这种结构方式。

第三，插叙结构法。它以顺叙法为结构安排的基础，但在其中会插入一些主要时间线之外的内容，插入的元素在编排上可以弥补时间线索比较单一的缺陷。天津人民广播电台李英华采制的《邓大姐回故乡》，以邓颖超同志逝世后骨灰回归故乡天津和撒入海河这一事件发展顺序为新闻线索，其中穿插了她生前的许多片段，如回到南开中学、与天津天红服装厂女工的欢聚、罗云同志的回忆、邓颖超秘书的回忆等，这些插叙，极大地拓展了报道的空间，丰富了报道内容，为生动勾勒出邓颖超同志平易近人、生活简朴和忠于党、热爱人民的可亲可敬丰满形象提供了空间与可能。

除了这些结构方法之外，还有一些其他的方法也可以用来为广播专题搭建框架。如总分总结构法、双线结构法等。总体而言，结构是为内容服务的，适当的结构方式可以增强广播新闻专题的可听性。

3. 音响的采制与使用

音响效果是广播新闻专题的重要组成部分，音响选用得当有助于渲染气氛、揭示和深化主题。在许多优秀的广播新闻专题作品中，可以看到音响的运用精良、布局合理。下面将要评析的专题作品《4 个小时的较量》就出现了不少的音响材料，还采用了大量的现场音效烘托气氛，这一切都使得节目极具感染力，给人留下了深刻的印象。

在广播专题中，不同的音响所起的作用是不尽一致的。背景音响的主要作用表现在不仅可以证实事件的真实性，渲染特定的环境气氛，同时还能在一些特定情境中，承担着叙事功能，如采访农村的一户人家，记者进了院子就能听到鸡飞狗叫的声音、猪吃食物的声音。进了校园，就能听到课堂内的书声琅琅，操场里的欢声笑语。这些音响或许与广播专题所要表现的中心对象没有直接的关联，但是它们在很大程度上可以唤起听众对于这些特定场景的想象，弥补广播媒介不能直接展示画面的不足。

对于典型音响，广播专题更应充分调动。典型音响是出现在典型时间与地点中的音响，更重要的一点还表现在它们与报道的中心人物与事件直接相关。典型音响不仅可以提高作品的真实性与感染力，增强作品的美感效果，而且可以在表现上起到画龙点睛、以少胜多的作用。中国国际广播电台 2004 年 11 月 13 日播发的广播专题《巴勒斯坦送别阿拉法特》，把典型音响的效果发挥到了极致。该篇作品一开始就引入了巴勒斯坦国歌，接下来便使用飞机声、哭声、示威声、祷告声、挽歌声，呈现新闻环境中的典型化的声音效果，一幅宏大、隆重、悲痛的送葬场景通过这些音响真真切切地展示在听众眼前，给听众以巨大的冲击力和感染力。

在刻画人物、揭示心理时，新闻事件的当事人富于个性化的语言，是各种媒体不同类型的体裁都会全力捕捉的。不过，在这里，不同的媒体获得的表现效果是不同的，而且还可以明确地说，这与记者的专业素养无关。因为报刊记者捕捉到了这种个性化的语言以后，他们要用自己的文字来进行转换。尽管他们主观上极力追求转换的完整性和准确性，但是在转换的过程中，一些信息肯定会被损耗，比如，说话者的语调、语气等。而广播记者则不同，他们可以将这些个性化的语言作为关键性的音响，完整地录制下来，然后直接放置在作品的合适位置。长春电台的作品《棚户区回迁居民享受到集中供热》，其中涉及记者对长春市棚户区改造回迁居民越冬供暖状况的访问情况：

> 棚户区居民刘树琴的家住在 3 号楼。推开房门，一股热气迎面而来。今年 68 岁的刘树琴曾在棚户区里居住了 50 年，如今能够回迁到这个小区里，住上了楼房，享受到 24 小时集中供热。她感到享福了。(出音响：晚上睡觉不用盖厚被，就盖薄被，可暖和了。孩子回家就穿线裤。)……她的儿子王书勋今年 47 岁，一出生就在棚户区里居住，如今和母亲一起居住在这处 $50m^2$ 的回迁房里。王树勋正在厅里看电视，听到供热的话题，他也要说几句。(出音响：差距很大。过去在棚户区是自己烧土暖气，又是劈柈子、烧煤，又是到室外倒脏水，挺费事。我们回迁以后都集中供热了，挺暖和，比在棚户区的时候省事多了，没有那些脏活了。)

在这里，记者通过两位棚户区居民带有地域性特征的个性化语言，淋漓酣畅地表现出棚户区居民回迁后住上温暖舒适的“三气”楼房的喜悦心情，也对作品主题的表达起到了升华作用。

三、广播专题评析示例

作品一：

4个小时的较量

王芳　宋震　朱旭　孙颖

（播音员）随着改革开放的深入，中国企业参与国际竞争的深度和广度不断加大，与此同时，也遭遇到各种技术封锁和贸易壁垒的挑战。在各个领域，没有硝烟的战争每时每刻都在激烈进行。就在今年的巴塞尔世界钟表展、这个国际钟表领域专业水平最高的展会上，天津海鸥手表集团与世界表业巨头也进行了一场惊心动魄的较量。在短短的4个小时里，他们凭着五十年来自主创新的深厚积淀，不仅赢得了胜利，也打破了瑞士在高端手表领域的垄断。请听记者王芳、宋震、朱旭、孙颖的报道：

4月5日，“2008巴赛尔世界钟表展”开幕的第二天，午后和煦的阳光洒满古老的街道，微风轻轻拂过美丽的莱茵河，一切是如此的温馨而宁静。巴塞尔展览中心里，各种展示、洽谈、交易都在平和有序地进行着。

下午三点多钟，在中国展区天津海鸥手表集团展位前，集团总经理王德明看了看手表，还有两个小时就到闭馆的时间了，他回想着这两天的洽谈成果，沉浸在喜悦当中。就在此时，四个神情严肃的欧洲男子，行色匆匆地来到近前。王德明认出，其中的三人是本届展会知识产权仲裁委员会的工作人员。经验丰富的他立刻感觉到来者不善。

业内人士都知道，瑞士在几百年的制表历史中，几乎掌握了全部顶尖技术，并形成了坚实的知识产权壁垒，中国钟表行业的产品研发稍有疏忽就会被诉侵权。十几年来每届钟表展上都有中国企业被投诉，轻者罚款，重者被诉诸法律程序，而且中国企业至今没有一次胜诉的记录。王德明的预感很快成为现实：

（录音：有人向他们投诉我们双陀飞侵犯他的专利权，要我们即刻把表拿出带走，要检查这件事。如果你不拿出来，巴塞尔参展条例你是看过的，我有权叫警察撬开你的柜台把表带走！）

展览大厅内所有人的目光一下子聚焦到中国展区，气氛立刻变得沉重而压抑。很多同行立即认出，状告他们的竟然是世界著名钟表业大鳄，历峰集团旗下的国际顶尖独立制表人——格勒拜尔·福尔赛。历峰集团是世界上实力最强的奢侈品公司，它拥有的钟表品牌在世界十大名表中占据五席，而福尔赛的制表技术被同行惊叹为“出神入化”。这位制表大师固执地认为，海鸥“双陀飞轮”表的关键部件抄袭了自己的专利设计。

“双陀飞轮”表一直被誉为“表中之王”，它凭借着独特的运行方式，把钟表的动感艺术美发挥到登峰造极的地步，代表了机械表制造工艺中的最高水平，仅一只名牌“双陀飞轮”表的售价最高就可达上千万元，历来被作为高档奢侈品来收藏，是拥有者身份和地位的象征。但是，这个市场有史以来就被瑞士所垄断，海鸥双陀飞的出现，无疑给瑞士钟表行业带来前所未有的震动。难怪福尔赛大师甚至不顾24小时应诉时限的规则，近乎无理地要求“海鸥”方面在他限定的2个小时内提供“并非抄袭”的证据，这咄咄逼人的架势，摆明了就是要把海鸥赶出高端手表市场。

面对这突如其来的“国际麻烦”，王德明心里一沉：根据国际相关条款，如果被判定侵权，“海鸥”将被查封生产线，不仅自己难以生存，中国的钟表行业也将背上抄袭的恶名，今后要想进军世界高端市场更会难上加难。他提醒自己：千万不能乱了阵脚。

（录音：稳住，我们有自己的专利，确实是自主研发的，申请了国内的专利。）

要想驳回对方，就必须尽快地找出有力证据。但是时间已经所剩不多了，王德明先来了个缓兵之计，冷静地安排工作人员借着语言不通的原由和“老外”们打起了哑谜，稳住对方，然后再来个暗度陈仓，悄悄躲在一边，迅速拨通了天津方面技术负责人马广礼的电话。

瑞士当地时间下午3点40分，北京时间已经是晚上9点40分了，马广礼正准备休息。一接到电话，他立刻跳了起来，第一反应是召集所有技术人员马上赶到公司。这天正是休息日，但半个小时后所有科研人员就全部到位，开始搜集与“双陀飞轮”手表有关的一切资料。

首席设计师周文霞带领一组技术人员迅速找出专利证书，认真核对技术构造图；有近50年设计经验的老专家刘连仲带领另一组技术人员重新整理技术说明；

技术负责人马广礼则寻找国际专家针对海鸥“双陀飞轮”发表的学术文章等一切有利证据……

在漆黑的夜色中，技术中心的灯光显得格外明亮。伴随着时钟的滴答声，海鸥集团所有技术人员的心既紧张又忐忑，虽然这是我们自主研发的技术，但能不能得到国际专家的认可？马广礼看出大家的不安，他坚定地说：

（录音：从核心技术讲，关键在差动装置，钟表设计大师鉴赏家乔大羽先生对这个也有同样的认识，认为是世界上独一无二的，这是我们自己的产品，绝对有这个信心。）

天津是中国手表行业的发祥地，我国第一块手表就诞生在海鸥集团，公司成立五十多年来，始终坚持用自己的技术，做自己的品牌，并不断向世界顶级技术发起一次次挑战，先后攻克了双陀飞轮表、问表、月相万年历表等腕表领域最先进、最重要的三大经典制造技术。凭借着技术上的强大优势，海鸥不仅在国内钟表行业称雄，也开始被世界同行所关注。澳门一位资深的钟表鉴赏家曾经在业界核心刊物上评价海鸥"双陀飞轮"的技术结构，他说，海鸥竟然采用如此简单的机械结构就代替了瑞士公司的复杂工艺，真是令人敬佩！

就在天津方面正在准备材料的同时，王德明在前方巴塞尔展馆尽一切可能争取时间。瑞士时间下午4点整，仲裁委员会的官员们已经等得不耐烦了，声称立即和警方联系。王德明及时据理力争，并表示已经请了瑞士律师，此时正在赶来的途中。

北京时间晚上10点半，马广礼和技术人员再一次核对双陀飞轮表的每一个技术指标和关键创新点，首席设计师周文霞将准备好的构造图、专利证书以及技术说明，开始一页一页发往瑞士……

转眼间已经是瑞士时间下午5点钟了，海鸥聘请的瑞士律师若森赶到了展台前，他第一句就问王德明：你们到底有没有申请专利？王德明正要回答，收到了马广礼发来的短信，正是海鸥"双陀飞轮"表的技术专利号。王德明满怀信心地对律师点了点头，律师紧张的面色略有缓和。带上马广礼搜集好的各种材料和有力证据，海鸥集团副总经理侯桂林与律师一起奔赴仲裁委员会。

侯桂林的到来让仲裁委员会的工作人员和福尔赛吃了一惊，他们自负的认为这些中国人根本就不可能具备设计、生产这种高端手表的能力，更没有什么辩驳的余地。看到侯桂林等人有备而来，他们只好匆忙地请专家过来鉴定。

时针慢慢指向了下午6点钟，三位钟表专家缓缓走进仲裁委员会的会议室。律师的脸色突然阴沉了下来，他低声告诉侯桂林，为首的一位七十多岁的长者竟然是与对手同属一家集团的资深技术权威。侯桂林突然有一种窒息的感觉，偌大的会议室里，空气仿佛凝固了，只听见钟表"滴答滴答"的声响。侯桂林瞪大眼睛，紧紧盯着专家们的每一个眼神，每一个动作，半个多小时的测试，仿佛过了半年那么长。只见那位首席专家韦特维特把目光从手表上移开，抬起头，脸上露出一丝微笑。

（录音：首席专家冲我讲了一句话，说这只表做得非常好！我们那个律师冲我挤了一下眼，我赶紧给我们这边打电话，说律师冲我挑大拇哥说，OK 了。）

鉴定结果表明，在海鸥"差动结构"中具有格勒拜尔·福尔赛公司专利中没有涉及的"行星轮"，而这项差异正是海鸥的核心技术。仲裁委员会综合专家们的意见，一致认定，海鸥"双陀飞轮"表的结构没有侵犯瑞士公司的专利，驳回瑞士公司的申诉。律师若森深有感触地说：

（录音，压混：这次申诉让我感到非常兴奋，以前曾经接过类似的中国企业与欧洲企业的知识产权纠纷案件，但中国企业能胜诉的并不多。瑞士的制表业相当发达，一块手表有时可能包括了上百项专利，中国的产品能够在和瑞士最大制表集团的纷争中获胜充分说明了中国企业、中国品牌的实力。）

这场较量以中国人胜利而告终。起诉人福尔赛站在一旁，脸色灰暗，沮丧地摊开双手。那位首席专家大步上前，紧紧握住侯桂林的双手，意味深长地说，瑞士手表恐怕难以一统天下了，我们有了强劲的竞争对手，那就是中国海鸥！

此时已经是瑞士时间晚上 7 点，展览中心门外华灯初上，暮色宁静，中国表业的同行们却是一片沸腾。这是中国手表行业与国际同行在知识产权的较量中取得的第一次胜利。中国表业协会的副理事长汪孟晋激动地和王德明拥抱在一起，他说，海鸥赢了，中国赢了！这是海鸥的骄傲，是中国钟表业的骄傲，更是中国人的骄傲！王德明手捧这块饱含着海鸥人心血和汗水的"双陀飞轮"手表，侧耳倾听，（音效渐出）这微弱的嘀嗒声正在变得越来越强壮，震撼着每个人的心灵。（音效渐入）

（天津人民广播电台 2008 年 6 月 19 日播出）

准确的聚焦　完满的呈现

这是一个报道新闻事件的广播专题，再现了天津海鸥手表集团在瑞士"2008 巴赛尔世界钟表展"上与瑞士当地一家制表公司发生侵权纠纷，并最终成为获胜方的经过。这次知识产权之争，事关民族自主品牌的创新与保护，是一个与我国崛起于世界民族之林密切相关的话题。胡锦涛同志在党的十七大的报告上曾特别强调指出：提高自主创新能力，建设创新型国家。这是国家发展战略的核心，是提高综合国力的关键。要坚持走中国特色自主创新道路，把增强自主创新能力贯彻到现代化建设各个方面。由此可以推断，《4 个小时的较量》题材重大，非常值得以专题的形式进行细致的报道。

该作品的一个显著特点是，采编者具有清醒的聚焦意识，将全部的叙述框定在发生纠纷的4个小时之内。本作品报道的是天津海鸥手表集团远赴瑞士参加“2008巴赛尔世界钟表展”活动，制作者省略掉了其他所有的过程与环节，将焦点集中在天津海鸥手表集团与瑞士历峰集团的一场纠纷上面。对这4小时中所发生的事情，作者抓住其中的一些重要时间节点展开描述。

瑞士当地时间下午3点多钟，瑞士一家独立制表公司向本届展会知识产权仲裁委员会提出申诉，对天津海鸥“双陀飞轮”提出质疑，认为其关键部件“差动结构”抄袭了该公司的专利设计。该仲裁委员会立即派员到中国展团天津海鸥公司展位，以强硬的措辞通知海鸥集团，要求将海鸥“双陀飞轮”手表送到仲裁委员会，并有进一步深入调查的意向。这是事件的起点。3点40分，天津海鸥手表集团与国内联系，要求准备应诉材料。4点整，仲裁委员会的官员们已经等得不耐烦了，声称立即和警方联系。5点，收到从国内发来的海鸥“双陀飞轮”表的技术专利号。6点钟，三位钟表专家缓缓走进仲裁委员会的会议室，经过半个多小时的测试与考核，一致认定，海鸥“双陀飞轮”表的结构没有侵犯瑞士公司的专利，驳回瑞士公司的申诉。晚上7点，中国表业的同行们共同欢庆这个珍贵的胜利。这样的设计与处理，凸显了关键性的情节与细节，使整个较量的过程像浮雕一样凸显了出来。

为了完满而生动地展示出纠纷的过程，作者所采用的一些表现技巧，恰到好处，为作品的整体表达增色不少。在作品的一开始，出现的是这样的一些句子：

4月5日，“2008巴赛尔世界钟表展”开幕的第二天，午后和煦的阳光洒满古老的街道，微风轻轻拂过美丽的莱茵河，一切是如此的温馨而宁静。巴塞尔展览中心里，各种展示、洽谈、交易都在平和有序地进行着。

这里展现出的完全是一派温馨、宁静与祥和的气氛，紧随其后的却是描叙纠纷兴起的带着火药味的文字。作者这是有意为之，前面的文字越是平静与温馨，就越能够反衬出后面火药味的浓重与热烈。

渲染原是中国画的一种技法，也称晕染。指用水墨或颜色烘托物象，分出阴阳向背，属辅助性用笔。以水墨或淡彩涂染画面，以烘染物像，增强艺术效果、质感和立体感。这个广播作品也很善于渲染。在这场纠纷刚刚开始的时候，就一再介绍瑞士制表工艺的发达与先进。如其中提到：“业内人士都知道，瑞士在几百年的制表历史中，几乎掌握了全部顶尖技术，并形成了坚实的知识产权壁垒，中国钟表行业的产品研发稍有疏忽就会被诉侵权。十几年来每届钟表展上都有中国企业被投诉，轻者罚款，重者被诉诸法律程序，而且中国企业至今没有一次胜诉的记录。”此类句子，为这场纠纷渲染了一种凶多吉少的气氛，使节目更显惊心动魄，跌宕起伏。

此外，作品中关于时钟走动的几次描摹，也颇耐人寻味。如："伴随着时钟的滴答声，海鸥集团所有技术人员的心既紧张又忐忑，虽然这是我们自主研发的技术，但能不能得到国际专家的认可？""侯桂林突然有一种窒息的感觉，偌大的会议室里，空气仿佛凝固了，只听见钟表'滴答滴答'的声响。"虽然时钟的响声出现在不同的地方，但体现出来的都是时间的紧迫和人心的紧张。而且，本节目原本就是围绕着钟表而展开的，这可以让听众对节目中出现的钟表滴答声多了一层联想和解读。

作品二：

追逐太阳的青春

程锐　肖玉　贾丽娟　郁立东

〔风声、经幡飘动声〕

（现场同期声）

各位听众：

我是唐山电台的记者程锐，我现在是在西藏海拔 5 013 米的米拉山口向您做报道，这次我要报道的是 1995 年到 1998 年唐山师范学院 15 名来西藏援教的大学生，他们的援教期限同为 8 年，到今年的 6 月份距离最后一批大学生入藏援教刚好过去了 8 年，也就是说他们全部援教期满了，而家乡人民也始终在牵挂着他们，期盼着他们回来。

米拉山口是我要采访他们的必经之路。现在我的呼吸非常困难，与我同行的朋友告诉我，我的脸色非常难看，嘴唇和指甲都已经变成了紫黑色。我感觉脑袋好像大了好几圈儿，而且特别的晕，我的两条腿软绵绵的，已经不听使唤了。不行了，我要回车里去了，我快要晕倒了。

〔汽车关门声、行驶声〕

〔牧歌〕

男：悠远的牧歌，连绵的雪山，透明的阳光，然而我们却无法领略世界屋脊的迷人风光，心率过速，胸闷气短，针扎般的头疼，严重的高原反应让我们的采访之路异常艰苦，但是昏沉沉的头脑中我们的叩问却更加强烈。

女：十几年前，唐山的就业环境还相当宽松，内地经济的快速发展也给年轻人创造了很多实现人生理想的机会，他们为什么会选择来西藏呢？他们最长的已在这里工作了 11 年，最短的也有 8 年，又是什么力量让他们坚守雪域高原呢？这些年他们生活得怎么样？他们什么时候回家乡唐山呢？

男：我们终于翻过了米拉山口，在林芝一中我们找到了当年唐山师院第一个报名援藏的95届毕业生周兰芸，如今她已是闻名林芝的全国优秀辅导员。

〔读书声〕

问：（录音）“兰芸，当年为什么会选择来西藏呢？”

答：（录音）“就是想干点事儿，不想碌碌无为地混日子，当时受孔繁森的影响比较大，他把生命都献给了西藏，毕业的时侯我就想到祖国最需要的地方去，哪怕干成一件事，也就心满意足了！”

女：周兰芸是一位多情多义的姑娘，入藏前一天她悄悄来到血站无偿献了400毫升血，她说，家乡哺育了我20年，没能为家乡做点事就要走了，这点血就算是对家乡人民的一份报答吧！告别母校，告别父母，周兰芸带走了一包故乡的泥土，她说，想家了就摸摸它看看它！

男：然而真的踏上了西藏的土地，他们面临的第一道难关不是想家而是强烈的高原反应。周兰芸说：（录音）“我反应最重，流鼻血，出不来气，在医院打了半个多月的点滴，一到晚上我就搂着那包故乡的土掉眼泪，特别想我妈！但是我并不后悔，既然选择了这条路，就要勇敢地走下去。”

女：周兰芸代表援藏的同学们在给母校的回信中写下了这样一段话：“西藏距家乡很远，却离太阳很近，我们愿以火热的青春追逐太阳，因为我们从事的是最神圣的事业！”这15名援藏的大学生分别去了拉萨市、曲水县、林芝的八一镇、墨脱县、波密县、山南的泽当镇和扎囊县，如今他们就像西藏的山一样稳稳地站在了雪域高原，为那里的藏族孩子们传播着知识，带去了希望。

〔讲课声〕

男：这位正在讲课的教师名叫于久永，1996年他与唐山师院中文系的同学也是他的恋人潘丽君一起来到了曲水中学援教。

〔下课铃声〕

（录音）

问：“请问你喜欢上语文课吗？”

答：“非常喜欢！”

问：“为什么呢？”

答：“因为上课时候，老师很幽默，同学们都非常喜欢他！”

问：“你呢？”

答：“我也是，因为老师特别亲切、特别和蔼！”

男：10年前刚到曲水时于久永完全是另外一个样子，他说："（录音）：面对这么艰苦的环境，不是说是一天、两天的，我非常失落，也很忧郁。"

男：那么又是什么改变了他呢？"（录音）是我们之间的情感并没有变得脆弱，而是越来越纯净，让我变得坚强、乐观，它能让我以饱满的精神状态，面对我的学生们。当我看到他们的笑脸的时候，我那个时候，我觉得真的是幸福的、自豪的。我真心的感谢西藏！我也永远融入了西藏！"

女：潘丽君告诉我们："（录音）刚到西藏的时候呵，父母亲非常惦念我，我也很想家，尤其是我妈妈，她想让我能够回唐山，所以呢就让我和于久永分手，然后呢在唐山再重新给我找对象，我也知道父母亲的苦心，他们是想在结婚以后呢，能够让我以两地分居的理由调回去，父母亲是为我好，他们是想让我过得幸福，但是我没有同意！因为我和于久永相知多年，我没有办法舍下我们的这份感情。西藏的条件确实很艰苦，每当遇到了困难，我们都能够互相支持，互相鼓励。回想起一起走过的这十年，我们也经历了沟沟坎坎，也很不容易，但是心里感觉特别踏实，日子过得很幸福！"

女：1997年寒假，他们在曲水中学举行了简单的无法再简单的婚礼，新房是一间四面透风的木板房，嫁妆是几位藏族女教师编的一支大风铃。为了不给别人增加负担，他们只请了四位留守在学校的同事吃了顿饺子，饺子馅是从曲水县城买来的几根油条做的。

开学的第一天，得知他们结婚的消息，他们带的两个班的学生晚上悄悄地来到他们新房的门前，整齐地站成一排用藏语唱起了这首《雪山阿佳》。

〔歌曲〕

男：这也许是世界上最纯净的歌声，这也许是世界上学生对老师最纯净的祝福。每到一处采访，援藏大学生们对我们说得最多的就是，西藏的孩子太可爱了，纯朴、善良，然而他们对自己的孩子却没有尽到应尽的责任和义务。

女：唐山的援藏大学生大部分都已经在西藏成家，其中的8名女性都已经做了母亲，他们的爱人几乎都是来自全国各地的援藏教师，由于双方老人都在内地，加上气候的原因他们只能回去生孩子，产假休完了只能把不满周岁的孩子丢在内地，回西藏时几乎是走一路哭一路。奶水还未退去，初为人母经验不足，医疗条件又十分有限，结果有的人得了乳疮，留下了做女人的终生遗憾！

男：然而最让她们痛苦的不是身体的伤痛，环境的艰苦而是感情的空洞，那时的西藏连个电话都打不出去，这些年轻的妈妈们常常因为想孩子夜里就蒙上被子嚎啕大哭。

在山南二中采访98届援藏大学生王莹时，她拿出了一盘录音带放给我们听。

〔孩子笑声〕

女：这是王莹回唐山探亲的时侯录下的儿子的笑声，在失眠的夜里，看着儿子的照片一遍一遍地听，边听边流泪。她哽咽着告诉我们："(录音)说实话，我真的舍不得西藏的孩子们，我决不当逃兵。"

男：援藏8年，王莹已深深融入了山南这片热土，而这里的藏族同胞也把王莹看作了传播爱和希望的使者。

女：在山南我们遇到了一位藏族的阿佳(大姐)。(出藏语录音，压混)她说她叫格桑卓玛，祖籍贡嘎，丈夫早年病逝。因为王莹非常有名，不仅数学教得好而且她教出的孩子都能讲一口流利的汉语，为了让儿子来王莹的班上读书，将来能够有更广阔的发展前途，她放弃了在贡嘎稳定的生活，在山南二中所在的泽当镇开了一间小茶庄来陪伴儿子读书。

男：格桑卓玛告诉我们，山南是藏民族的发源地，从第1代到第33代藏王都是在这里建立基业，民风民俗充满了浓郁的藏族风情，这里的藏族同胞会讲汉语的很少。王莹所在的学校全都是藏族学生，虽然也开设了汉语课，但由于师资水平有限，师资力量不足，教学效果始终不尽如人意，有的汉语教师只好选择了放弃。

女：8年前王莹初到山南，当她意气风发地走上讲台，充满激情地授课时，学生们却是一脸的茫然，他们都听不懂汉语。面对陌生的汉族教师，陌生的教学语言，一时都难以接受。

女：进藏前王莹虽然做好了充分的心理准备，但这依然让她始料不及。王莹说："(录音)我费尽心血准备的教案都几乎成了一堆废纸，哎呀！当时脑子里真的是一片空白！"

女：但是王莹很快就调整了自己。"(录音)我既然来了，就不能够逃避责任，藏语和汉语应该说并不矛盾，打个比方说就好像是一对翅膀的左翼和右翼，孩子们学好藏语呢可以使藏民族的文化得到延续；汉语是国语，可以让藏族的孩子们与其他的民族进行交流，可以开阔眼界，也可以提高能力。"

女：王莹绞尽脑汁寻找探索着能够尽快与学生们沟通交流的有效方法和途径。王莹发现藏族孩子有一种特殊的音乐天赋，不管什么歌曲只要是听一遍就能唱下来，于是每节课前，她就先给学生们唱一首歌，课堂气氛一下子就活跃了，兴高采烈的学生们就跟着她一句一句的唱，王莹又教他们用汉语朗诵歌词，学生们开始喜欢上了这位能歌善舞的汉族女教师。

女：那段时间王莹成了学校里支领粉笔频率最高的教师，她说："(录音)第一遍课由我讲，讲完以后马上来擦黑板，第二遍和第三遍由学生们用汉语跟我一起来复述，然后擦掉，第四遍再由我来讲，最后才是学生们做笔记。"

男：细致入微的讲解，不厌其烦的示范，使学生们的汉语思维能力和口头表达能力有了长足的进步，这也为他们日后的人生发展拓宽了一片新的天地，打开了另一扇窗口。目前在泽当镇政府工作的达娃央宗是王莹第一届的学生。虽然高考落榜，但正值山南在对口援藏的湖南、湖北两省的帮助下，大力发展经济，旅游业更是方兴未艾，需要大量的既精通藏语，又懂汉语的双语人才。达娃央宗告诉我们："(录音)我的汉语就是和王老师学的。我毕业的时候，在县里面要招工作人员嘛，我就被录取了。"

男：一时间王莹成了山南二中最受欢迎的教师之一，然而她每次都是主动接手别人不愿意带的成绩较差的班级。"(录音)我从心眼里喜欢藏族的孩子们，他们真的是非常地善良、诚实，你只要与他们平等的去交心，去发现欣赏他们身上的优点，就能激发出他们学习上的积极性。"

女：王莹现在所带班上一位叫尼玛布赤的女孩这样评价自己的老师："(录音)以前我们班的数学成绩排在普通班的倒数第三名嘛，王莹老师教了我们班以后，我们班的学习成绩提高了很多，成绩已经提高到了普通班的前一、二名，我们都喜欢王莹老师。"

男：得知我们是从王莹家乡来的，兴奋的藏族孩子们用汉语唱起了这首王莹刚刚教给他们的《一个妈妈的女儿》。

〔歌声〕

女：此时我们深深的理解了王莹，理解了她心中那份更炽热、更博大的爱，我们也由衷地为这些可爱的藏族孩子们祝福。

男：西藏在和平解放前没有一所正规意义上的学校，只有贵族子弟和一些僧侣能在私塾和寺院里读书，而如今在党和政府的大力扶持下，教育在西藏这片古老的土地上开辟了新的天地，唐山以及从全国各地奔赴而来的援藏教师们，满怀一腔热忱，引领着这些祖祖辈辈在西藏这片土地上放牧耕作的农牧民的孩子们走上他们父辈们曾经梦想的路。

女：为了让更多的西藏孩子们走上这条路，另一位唐山95届的援藏大学生张文军，在林芝二中的三尺讲台上辛勤耕耘了11年。11年他带出了多名西藏自治区中考状元，他的学生几次荣获全国中学生数学竞赛的一等奖，

11年他成了西藏屈指可数的自治区级骨干教师。林芝地区教育局王泽民局长这样评价张文军：“(录音)首先呢他非常深入地了解咱们这块儿的学生。在教学中间创造性的开展工作，不论是课堂教学，还是对学生的管理，都有些大胆的、创新的举措，形成了一种良性循环，推动咱们林芝地区的教育逐渐地走上了快车道。”

女：在很多人眼里张文军已经功成名就，然而出乎所有人的意料，2006年7月他把妻子和6岁的儿子留在林芝，自己主动申请去了林芝地区的墨脱县，11年后他又开始了二次援教。

男：张文军所去的墨脱县位于西藏的东南角，是我国与印度接壤的重要边陲，四面环山，气候恶劣，一年中有半年以上的时间被雪崩、塌方、泥石流封锁，是全国唯一一个不通邮、不通公路的县，人称“高原孤岛”。墨脱也是全国最贫困的地区之一，直到2000年这里才建起了一所简易的中学，但是由于师资缺乏，一直处于半瘫痪状态。

男：进入墨脱的路悬崖峭壁重叠，急流险滩密布，一位军旅作家进墨脱时曾这样描述“尤如万米高空走朽绳，生命脆弱如枯叶”，我们一路上险象环生，几经波折，最后终于在墨脱中学见到了张文军。

问：“为什么会选择来墨脱二次支教呢?”

答：“是一位藏族的小女孩让我一直牵挂着墨脱”。

女：四年前张文军曾在墨脱中学搞过几个月的教学交流。有一次周一上课班上的一位藏族女生却没有来，三天后她才衣衫褴褛的来到学校，她告诉张文军，路上遇到了雪崩被困住了，为了取暖把能烧的东西都烧掉了，唯独没有烧课本，她说就是冻死也不会烧，当她用冻伤的小手取出带着体温的课本时，张文军一下子就流泪了！“(录音)她那双冻伤的小手，对知识渴求的眼神，一直让我放不下。这几年墨脱中学的教学质量无法保证，我的心不甘呵！我从唐山到西藏来干什么，教书育人呵！来这儿我是放弃了很多东西，我认为值！为了墨脱的孩子们，我值了!”

女：张文军的到来也给墨脱中学的教师们以极大的鼓舞，一位叫次仁央宗的藏族女教师感慨地说：“(录音)对藏族的孩子非常好！很让我们感动！教学水平、奉献精神都是我们的榜样，对我们本地教师有很大的促进。”

男：采访结束张文军执意要送我们出墨脱，路上他似乎看出了我心中急切的叩问。他告诉我援藏期满时，唐山师院多次派人与他们联系，明确表示回唐山可以安排工作，然而他们都婉言谢绝了！张文军说：“(录音)西藏的教育与内地相比差距太大了，我们不甘心呵！虽然援藏期满了，就这么回去对不起西藏的孩子们，大家一商量都不回去了！就在这儿扎根了！因为西藏还是缺教师，西藏需要我们，西藏的教育需要我们。”

女：车到林芝我们看到路边有很多卖瓜果蔬菜的商贩。

〔过往车辆声〕

问：“老乡，这西瓜怎么卖的?”

答：“两块钱一斤。”

问：“你是藏族吗?”

答：“我妈是藏族，我一直在四川老家。”

问：“现在怎么回来了?”

答：“现在西藏发展快嘛，这是这儿大棚里长出的西瓜，已经卖到四川去了！还有青椒、西红柿，要在以前做梦都不敢想！带点回去嘛!”

张文军：“没想到西藏出产瓜果蔬菜了吧?”

记者：“没想到，没想到呵。”

张文军：“西藏的变化日新月异，这回青藏铁路就要开通了，过去我回唐山最长的一次要走11天。开通以后只要50个小时就到了，再过几年墨脱也会大变样。可以说我们就是西藏10年发展变化的见证人，我们对西藏充满了信心，对自己的未来也充满信心!”

男：从渤海岸边的唐山到平均海拔4 000多米的西藏，他们选择了高原，就选择了境界，选择了留下也就选择了奉献，常年高寒缺氧的环境也让他们付出了非同寻常的代价，指甲凹陷，面色紫红，脸颊浮肿是他们共同的面容，心室肥大，心律不齐，高血压是他们共同的病历。

女：在唐山15名援藏大学生中，97届的李亚一的身体损害最为严重，头发基本掉光，出现了心脏瓣膜闭合不全，导致血液返流，已危及生命。在原始森林深处、雪山脚下的波密县扎木中学工作了8年零6个月后不得不调回唐山。

男：8年的时间李亚一培养了40多名大学生，尤其是他所带的第一届高三毕业班的黄健，当年以优异的成绩考入北京体育学院，这是波密县第一个来北京上大学的藏族孩子，当时轰动了波密。

女：经过多方寻找，我们在林芝职业教育学校见到了已经成为这里骨干教师的黄健。说起班主任李亚一对自己的影响，他说：“(录音)毕业之后，在上海已经谈好了一个工作吧，但是就想李老师作为一个汉族，内地条件那么好，既然支援到我们西藏，在我们县教书，我为什么不能回来呢？受他影响特别大。我一想，算了，我也回来也做一份他这种事业吧!”

女：如今李亚一已经在唐山十中任教，只要有时间他就会与扎木中学的同事通电话，他无时无刻不在牵挂着西藏。

（电话铃声）

李亚一："喂，是小曹吗？"

小曹："亚一，你好！我告诉你一个好消息，前两天我跟你说的，咱们学校多媒体教室现在已经调试好了，明天我们的学生就可以用了，到时候我们可以用网络聊天了！"

李亚一："太好了！我真想再回去看看！"

小曹："就是，回来看看吧！到时候你肯定认不出我们学校了，现在建得可漂亮了！"

李亚一："好，小曹你要多注意身体！"

小曹："谢谢！"（电话挂断声）

李亚一："（录音）每天做梦我想的都是西藏，我特别想念那里的同事，想念我的学生。也说不清是什么原因，我好像把自己的魂都留在那里了。明年我准备再回去一趟，如果身体状况允许，我还回西藏教书！"

男：无论离开的，还是留下的，离开了又再来的，都再也不能释怀那份对西藏深深的爱，而这份爱就如同火炬传递一样感染、鼓励着他们母校的一批又一批莘莘学子，唐山师院的郑禾书记激动地说："（录音）我们用这15名援藏同学的精神教育、鼓舞着我们的学生，从1999年到2006年我们唐山师范学院又有40多名学生奔赴了祖国的西部，为祖国的建设贡献着自己的力量。"

女：距家乡很远，但他们并不孤单。

男：离太阳很近，他们用火热的青春追逐着太阳。

〔《放歌西藏》〕

我们用珠穆朗玛的脊梁，托起那灿烂的太阳

我们用雅鲁藏布的豪放，播撒幸福吉祥

呀拉索，西藏放歌

呀拉索，放歌西藏……

（西藏人民广播电台、唐山人民广播电台2006年11月8日同时播出）

青春与奉献的礼赞

这是一个对人物进行报道的广播专题，它展现的是一个人物群体。作品讲述了15名大学生援藏期满后，主动放弃回唐山工作的机会，立志扎根西藏的故事。完全可以说，这是一首对青春与奉献的赞歌。

首先，作品的主题积极向上，催人上进。采编者由衷而热忱地揄扬了大学生们勇于付出、甘于奉献的精神。

西藏位于我国高海拔地区，教育水平不高，师资力量薄弱，特别是汉语教学更是缺乏，国家一直倡导大学生支援西部的建设与发展，但由于西部地区特殊的地理位置和社会环境，对多数人来说，对此作出响应其实是一个不小的挑战。而这篇作品所报道的作为一个集体典型的唐山15名援藏大学生，则是具有高尚的情操和远大的志向，他们共同向听众展示了一种舍弃小我、奉献社会的人生观与价值观。

很容易感受到，广播专题的采编者对这个人物群体的赞赏之情是发自内心，并且也是毫不掩饰的。节目一开始，他们就以自己在西藏的亲身感受，表明内地人在西藏环境下的不适与难耐。记者直接在节目中说自己在户外呼吸困难，脸色难看，嘴唇和指甲都已经变成了紫黑色。而且还头晕目眩，双腿疲软，不听使唤。只有躲到车上，才可以稍稍缓解。记者的体验是直接而真切的，不容置疑，那么，这些来自唐山的大学生们年复一年、日复一日的边陲生涯，其中的甘苦就可想而知了。

周兰芸是这个群体中的一员，这个广播作品记录下了她的一些铿锵有力的话语。她说不想碌碌无为地混日子，由于受孔繁森的影响，“毕业的时候我就想到祖国最需要的地方去，哪怕干成一件事，也就心满意足了!”到了西藏，她的高原反应很大，呼吸困难，还流鼻血，但是她说：“我并不后悔，既然选择了这条路，就要勇敢地走下去。”她还在给母校的回信中写道：“西藏距家乡很远，却离太阳很近，我们愿以火热的青春追逐太阳，因为我们从事的是最神圣的事业!”

我们经常听到说，现在是一个价值多元、个性飞扬的社会，人生的道路不必整齐划一，可以有不同的选择。与此相呼应的是，不少人都在放任自己的追求，也在放纵自己的私欲。正是在这样的背景下，拜金主义、享乐主义和极端个人主义的言行，在大庭广众之中、光天化日之下公然现身。听了《追逐太阳的青春》以后，我们可以获得这样的一个启示：在今天，或许人们可以在一定的范围内选择自己的人生观、价值观，但是，在这些不同的人生观与价值观中，可以区分出上下，辨别出高低。

其次，在表现上，注意发挥故事与细节在传情达意上的特殊功效。

本节目的主创程锐在谈到本节目的制作时，提到了“新闻故事化、故事人物化、人物个性化”的传播理念。他说：“‘新闻故事化’，我个人认为指的就是素材的取舍尺度，只有找到故事，也就是找到那些真正能令人为之心动的真实的事，才能写出好新闻；而‘故事人物化’讲的是载体，写人物身上的事，写事是为了写人；‘人物个性化’说的则是新闻作品的内涵、思想性和独特性，三者相互关联，密不可分，但‘新闻故事化’是基础，是新闻作品成功与否的基石。”①

正是在这样的理念的引导下，制作者在这篇专题稿中特别展示了几个真实的故事：第一届唐山援藏大学生离开唐山时悄悄到血站献血，以此作为回报来报答家乡的养育之恩；第二届两名唐山援藏大学生坚贞不渝、相濡以沫的爱情故事；第三届援藏大学生因高原病生命垂危依旧眷恋西藏，眷恋藏族学生的故事；第四届唐山援藏大学生把不满周岁的孩子交给年迈的父母照顾，而自己返回西藏，在藏民族的发源地山南，积极推广汉语，促进民族关系融洽的故事。这样几个故事分别从家乡情、爱情、母子情、民族情来阐述主题，以不同的角度，不同的侧面展示了这个阳光、健康、积极向上的集体的精神风貌。

在描述这些故事的过程中，又将每一个人物的内心情感，每一段故事的情感交汇，通过微小的细节来展现，例如 95 届毕业生周兰芸因为高原反应在医院打了半个多月的点滴，一到晚上就搂着故乡的土掉眼泪；98 届援藏大学生王莹，夜里看着儿子的照片，一遍一遍地听回唐山探亲时录下的儿子的笑声，边听边流泪；这些细节表露了援藏大学生的真情实感，令人唏嘘。

此外，在作品的转折与衔接处，采编者还有意识地穿插了一些具有浓郁雪域高原气氛的藏地歌曲。那清澈、纯净与明亮的歌声，为整篇报道带来了灵净的气息，也让人不由自主地想起节目中人物群体的宽广情怀与高洁旨趣。

第四节　广播评论

一、广播评论的特点

广播评论是新闻评论与无线电广播结合的产物，它是新闻评论这个体裁家族中的年轻成员，也是广播新闻体裁中的后起形式。长期以来，广播评论基本上是报纸评论的声音版。随着新闻传播观念的更新，传播技巧的变化，广播评论的形

① 程锐：《素材选择标准》，见中国广播：http：//www.cnr.cn/zggbb/jmxs/200712/t20071220_504659335.html

式也发生了改变。广播评论不仅具备一般新闻评论共有的“快”、“准”、“深”等特点，而且也开始具备口语化、音响化等广播特色。

总体来说，广播新闻评论应具备以下的特点。

1. 条理清晰明了

广播节目随着时间的流逝，节目内容也慢慢会被听众忘记，对于广播新闻节目同样面对这样问题。为了避免听众听了后面的问题，而忘记前面所说的内容，节目就必须简明而清晰，突出重点，让听众有目的地收听，能够确切的理解节目内容。

文章立论鲜明、条理清晰，听众一听就能够迅速抓住文章的核心内容，体现广播评论的特色。这种特征其实不是只有广播评论才有，现在各类新闻评论都要求精短、有力，几百字、一千字左右的评论已经成为一种潮流。

2. 选题从身边事件入手

广播评论的选题主要从大众身边的事情入手，通过细致的分析，推导出深刻的道理。这与广播主要采用声音传播手段密不可分，声音能给听众一种亲切感，激发他们对原来生活中不是十分敏感的话题更加感兴趣。

人们收听广播不仅是为了了解信息，很大程度上也是为了能够从中吸取经验，解决自己生活中的一些问题。而对于一些与自己没有很大关系的意见，听众会选择拒绝收听或者是听的时候思想不集中，因而信息的发出者就达不到传播效果。在此基础上，评论员的选题就应该抓住与人们日常生活有关的话题进行评论，实现入耳入心的效果。

3. 论据结合具体事实

一般而言，新闻评论都是来源于具体的新闻事实，而不是空头说教。报纸主要借助文字展开评论，读者可以通过一边阅读、一边思考，容易理解作者所要表达的具体意思。而广播则主要通过有声语言来传达作者的意思。如果在广播中依然采用艰涩难懂的文字进行述说，很难引起听众的兴趣，增加理解的难度。

而如果在说理过程中，能够穿插具体的新闻事实，则会降低理解作者思想意图的难度，更易于让听众接受。因为事件本身很容易被接受，而且具有一定的故事性、新鲜性，能够激起听众的兴趣，听众也易于记住，不需要过多的思考就能理解，听起来不费力。在记住事件过程和细节的基础上，也就记住了评论者的观点。

4. 论述语言口语化

广播评论与所有的新闻节目一样，都是采用声音语言进行传播。所以不能采用书面语言，而应该选取一些生动的、简单的、易于理解的语句。除非是一些特别严肃的话题可以相对选用一些书面语言以外，一般情况下都不宜用书面语言。

因为不上口，难以理解，有时还会给听众一种居高临下的感觉，这样就拉远了播音员与听众之间的距离。在这里，口语化语言是一种常规性的选择。

但是，这里所说的口语化语言与日常口语是有很大区别的。日常口语难免会重复、啰唆、缺乏主题。而广播评论员应该首先明确主题意思，提出明确的内容，避免重复散漫，并对日常口语进行提炼，梳理出清晰的层次，既保持口语的纯粹质朴，又注意韵律与节奏，做到表达自然又富有艺术性。

二、广播评论的主要类型

广播评论主要有本台评论、记者述评、短评、编后语等形式。本台评论的层级较高，直接代表广播媒体的立场，一般用来论述重大的新闻事件或者具有全局性的问题，这类评论在我国有明显的政论性质，围绕各级党委和政府的中心工作展开，具有显著的权威性和指导性。

记者述评表现为记者以个人的名义发表评论性意见，其题材的选择、言述方式等都带上了记者个人的印记。它一般采用夹叙夹议、边叙边议的格局。其形式有用文字写成文章的，也有直接在演播间口头播讲的。记者述评由于形式灵活，所以在新闻性节目中采用得比较多。

短评一般是一事一议，分析、评论议题的某个侧面，或者就事论事。强调论述要深入浅出，既要有一定深度，也要通俗易懂，论点要正确，论述要有力。对于论述的话题要求有一定的关注度与教育意义，这样才能引发听众的兴趣，达到预期的效果。

编后语是放置在特定的新闻报道之后，针对具体事件而发表看法。这是广播评论中最简短的一种形式。往往寥寥数语，点明事情的关键，提出问题，一针见血。

此外，从节目要素的构成上，还可以将广播评论分为以下几种形态：播音员播读的纯文字评论、播音员播读插有现场音响的带响评论、评论员出场的直接口述评论和主持人谈话＋现场音响＋连线嘉宾的组合评论；从评论的指向上，还可以区分为：褒扬的评论、褒贬兼具的评论、专事批评的评论；从评论的风格上说，有严肃纯正的评论，有尖锐泼辣的评论，有幽默风趣甚至调侃的评论；就评论的规模而言，有系列评论，有常设栏目的评论。

三、广播评论评析示例

作品一：

国企频繁制造“地王”为转型升级埋下“地雷”

集体采制

出录音：场上最高叫价18.9亿……压混……

昨天(8月5日)，在苏州市今年最大一场土地拍卖会上，位于吴中经济开发区的十四号地块吸引了中海、华润、保利、双冠、栖霞建设等十几家地产企业的争夺。经过几十轮的鏖战后，19亿元的报价已经是起拍价的一倍了。此时，拥有国企背景的保利地产和中海地产互不相让。势在必得的中海报出19.8亿元后，现场一片掌声。这也印证了中海发展(苏州)有限公司总经理张贵清在之前所说的一句话。

出录音：对于中海来讲，用赵本山的话来说，就是"不差钱"。

然而，保利地产随即报出19.9亿元，并最终以高出起拍价108%，夺得十四号地块。今年苏州新"地王"也由此诞生。

出录音：5、4、3、2、1，成交……掌声……

值得关注的是，在制造苏州"地王"之前，保利分别以高价在重庆、北京、成都夺得三幅地块。保利房地产集团董事会秘书岳勇坚表示，高价拿地风险非常大，但拿不到地的话，压力更大。

出录音：土地的话，你超出一定的价格确实存在着比较大的风险。我们今年参加了30多次的土地拍卖，实际上我们只拍下了四块地，你发现你去投标每一块地你都拿不到，你也会有这个压力，你也会着急。

背景资料：保利只是"国企频造地王"这部大片的主演之一。来自《易居中国》的数据显示：今年4至6月，全国共拍出10个地王，其中北京、上海、广州等一线城市新地王的买家都是国企。而在国资委分管的136家中央国有企业中，近七成涉足房地产，其中主营业务不是房地产的近80家，他们的主业分别是钢铁、医药、粮油、化工等。

著名经济学家郎咸平表示，为应对全球金融危机，国家实行了宽松的货币政策，银行在上半年就放出了7.37万亿的巨额信贷，资金空前充裕的国企纷纷加入到天价囤地的行列。

出录音：7.37万亿里面的40%左右是给以国营企业为主的企业。拿到这么多钱之后，他敢不敢投资实体经济，您想一想？投资环境恶化，产能过剩，他也不敢的。那他拿了这么多钱怎么办呢？圈地算了。

面对全球金融危机，中央要求把保增长与扩内需、调结构结合起来。曾任国务院发展研究中心研究员的许小年指出，全球范围内的产业结构调整正在金融危机的背景下进行，这就要求我们在保增长的同时，必须统筹消费、投资、出口协调拉动，以实现转型升级。

出录音：我们过去的这些依靠外部需求，依靠投资拉动的增长模式，在新的国际经济环境中，碰到了非常大的困难。这个时候迫使我们思考，如何去改变我们的增长模式。

国企拥有多种发展的优势资源，本应成为转型升级的领跑者。可是，它们却挟巨资频繁的制造“地王”，这必将阻碍居民消费、加大金融风险，更是为转型升级埋下了“地雷”。

第一，国企频繁制造“地王”，推动房地产价格进一步上涨，埋下了一颗阻碍居民消费的“地雷”。

如今，高房价要消耗两代人甚至几代人的积蓄，房贷还款占据收入的一大部分，使许多人成为“房奴”，日常开销只能节衣缩食。来自湖北的吴晓云和爱人在苏州工作了近3年，眼看着房价一天天上涨，他们却居无定所。于是，双方父母拿出全部积蓄，他们贷款购买了一套90平米的二手房。

出录音：父母支持十几万吧，家里全部积蓄吧！现在可能只是供房，有了小孩的话压力就更大了。

贷款买房的人为了还贷，不得不压缩日常开支；无房户为了买房，又要节衣缩食攒钱。有房没房都在为房奔忙，过高的房价已经成为抑制居民消费的重要原因。国家统计局公布的数据显示，2008年我国居民消费率仅为35.3%，不仅远低于美国的70.1%，也低于同属发展中国家印度的54.7%。

建设部房地产经济专家委员会委员，苏州科技学院教授盛承懋表示，今年房价上涨，尽管有流动性加大、通胀预期增强等因素，但是作为房价最重要的组成部分，地价上涨的这个推手也是“功不可没”的。以保利地产拍得的十四号地块为例，其楼面地价已达到7 549元/平方米，超过周边香滨水岸等项目的在售价格。这种楼面地价比周边现房价格还要高的现象，被称为“面粉比面包贵”。其结果只能是“面包”无限的“膨胀”，百姓勒紧腰带为其埋单。

出录音：从开发商的心理来说，会趁势抬高自己的价格，抬高自己的地位。

第二，国企频繁制造“地王”，将使更多的资金沉淀在房地产业，埋下了一颗加剧房地产泡沫化的“地雷”。

房产租售比是衡量一个地区楼市运行是否良好的关键指标，其判断楼市泡沫程度的警戒线，国际公认的标准是1∶300。以购买苏州工业园区的一套100平方米住宅为例，总价约为80万元，而目前市场上的月租金仅为2 000元，需要400个月才能收回投资，租售比为1∶400。而北京、上海、深圳等一线城市的租售比就更高了，地产业的泡沫端倪已经显现。中国社会科学院金融研究所博士易宪容表示，这和20世纪80年代末的日本极其相似。

出录音：一个是房价涨的比日本要快，房地产的各项指标都要高很多，中国的房地产泡沫要比日本高的多。

易宪容进一步指出，信贷的过度助力推高了房价，也积聚着金融风险。据银监会统计，房地产开发贷款已经占全部贷款总额的20%，仅上半年全国金融机构新增个人住房按揭贷款就近6 000亿元，这相当于前十年的总量的四分之一。而一旦房地产泡沫破灭，风险将转移给整个金融体系。

出录音：通过银行信贷，银行高杠杆把房价炒高，这种风险会转移给银行，转移给我们整个金融体系。

本次全球金融危机缘于美国放任房地产业及其抵押贷款的金融衍生品被肆意炒作。国企高价拿地则使更多的资金投进了房地产业，膨胀了资产泡沫，加大了经济风险。苏州大学商学院教授朱仲羽建议，要及时遏制国企频繁制造地王，以避免更多的资金沉淀在房地产业。

出录音：国有企业应该务正业，该干啥干啥，不能哪赚钱就干啥。

第三，国企频繁制造“地王”，违背了中央为国企设定的主辅分离做强主业的初衷，埋下了一颗丧失核心竞争力的“地雷”。

背景资料：加入世贸组织后，我国将在更深层次上融入经济全球化。2002年，原国家经贸委等八部委联合下发了《关于国有大中型企业主辅分离实施办法》，对国有大中型企业实施主辅分离、辅业改制提出具体操作办法和措施。近年来，中央加快了国企改革的步伐，要求国企充分利用主辅分离、辅业改制的政策，做强做优主营业务，提高企业核心竞争力，增强参与市场竞争的能力，强化为国民服务的能力。

国企作为国民经济的支柱，只有坚持主业的技术、产品、商业模式的创新，才能在本行业做强做精。全球金融危机倒逼产业结构调整的时间窗口稍纵即逝，国企只有看准方向、积极行动，才能在转型升级中抢得先机。就在这个的关键阶段，国企却偏离了主业，进入高风险的房地产业。许小年认为，国企把大量资金和精力放在非主营业务上，尽管暂时获取了利润，也拉动了经济快速回暖，却失去了发展战略性新兴产业的宝贵机会。

出录音：短期内GDP数字的好转，将为中国经济的长远发展带来巨大的成本。

这种“不务正业”还将延缓中国经济结构的调整过程，错失转型的良机。

出录音：和我们所需要进行的结构调整背道而驰。

众所周知，国企属于全体国民，其发展的根本目的是造福百姓。但是，一些国企却拿着保增长、保民生的钱，炒高房价加重百姓的负担，这显然违背了国企的使命。因此，是时候要给"不务正业"的国企套上"紧箍咒"，念一念责任经，督促其回归主业。唯有如此，才能杜绝国企与民争利，才能让百姓分享国企发展的成果。

（苏州市广播电视总台2009年8月6日首播）

切中时弊　彰显承担

该评论以国企参与土地拍卖现场为切入点，对国企介入房地产开放市场展开了正面而严谨的讨论。在表面上，这是一个学术性很强的话题。但是，它与民生密切相关。作者眼光锐利，观点鲜明，显示了新闻人直面现实，敢于承担的可贵品质。综合起来，它有下面三个特点。

一、选题重大，切中时弊

2009年8月该评论的由头是在昨天(8月5日)，在苏州市当年最大一场土地拍卖会上，十几家地产企业的争夺激烈。经过几十轮的鏖战后，一家拥有国企背景的地产公司最后如愿获得了这块苏州新"地王"。然后，由此及彼，联系到2009上半年全国六成的高价地块由国企获得，国资委分管的136家央企中，近七成涉足房地产。在这样的背景下，记者又将其放在转型升级的历史进程中思考，把敏锐的触觉延伸到问题的深层。

国内房地产市场的混乱，其来有自。房地产开发混乱，房价久压不下，反而越涨越高，这些问题已经成了政府全力应对的顽症。对于许多百姓而言，被各种力量炒高了的房价，成了他们心中的隐痛。常说人类的基本生存条件是衣食住行，居住条件赫然其中。所以，在现在，无论是两会提案还是街谈巷议，房价总是一个频繁出现的话题。不能很好地解决好百姓的居住问题，民怨就难以停歇。房地产市场的混乱，肯定是多种因素导致的。本文没有全面涉及房地产市场，而是聚焦国企介入的现象，这是别具慧眼的选择。这个节目的形成于2009年8月，其首播时间为2009年8月6日。到2010年3月19日，中央勒令78家不以房地产为主业的央企退出房地产业务。由此，也拉开了调控楼市的大幕，楼价快速上涨的趋势也得到了一定程度的控制。由此可见，该评论作者新闻触觉的敏锐，以及对现实关切的可贵。

二、观点正确，并且具有前瞻性

评论提出的基本观点是，国企拥有多种发展的优势资源，本应成为转型升级的领跑者。可是，它们却挟巨资频繁的制造"地王"，这必将阻碍居民消费、加大金融风险，更是为转型升级埋下了"地雷"。

作者是从以下三个方面阐述观点的：第一，国企频繁制造“地王”，推动房地产价格进一步上涨，埋下了一颗阻碍居民消费的“地雷”。第二，国企频繁制造“地王”，将使更多的资金沉淀在房地产业，埋下了一颗加剧房地产泡沫化的“地雷”。第三，国企频繁制造“地王”，违背了中央为国企设定的主辅分离做强主业的初衷，埋下了一颗丧失核心竞争力的“地雷”。最后强调，国企属于全体国民，其发展的根本目的是造福百姓。炒高房价加重百姓的负担，这显然违背了国企的使命。

可以看出，作者在这里多次使用了“地雷”一词，形象地说明了国企进入房地产市场可能给社会、百姓、企业带来的巨大的隐患。另外，它对国企性质的认定，是非常准确的，但却往往被当事者遗忘。总之，这些意见体现了较强的专业性和学术性，概括力强，也有一定的前瞻性，显示了作者在这方面良好的积累与素养。

三、论证有力，富有说服力

在论证的过程中，作者不是仅仅空谈理论，而是做到了言之成理，持之有据。为了加强评论的说服力，作者使用了不少专业性的数据。谈到房价过高，限制了百姓的日常消费水平，作品中提到：“2008 年我国居民消费率仅为 35.3%，不仅远低于美国的 70.1%，也低于同属发展中国家印度的 54.7%。”言及国内楼市泡沫程度，节目中说道：“房产租售比是衡量一个地区楼市运行是否良好的关键指标，其判断楼市泡沫程度的警戒线，国际公认的标准是 1∶300。以购买苏州工业园区的一套 100 平米住宅为例，总价约为 80 万元，而目前市场上的月租金仅为 2 000 元，需要 400 个月才能收回投资，租售比为 1∶400。”有了可信的数据支撑，推断似乎就变得不容置疑，显得非常具有说服力。

还应该指出的是，这个节目是苏州市的广播记者采编的。为了提升议题的层次和范围，他们有意识将讨论引向全国。在陈述国企在苏州市拍得“地王”后，又提到“今年 4—6 月，全国共拍出 10 个地王，其中北京、上海、广州等一线城市新地王的买家都是国企”。另外，在节目展开的过程中，屡屡播出一些专家的采访录音。其中主要的两位都具有全国性的声誉，一位是中国社会科学院金融研究所博士易宪容，另一位是著名经济学家郎咸平。这样处理，可以带给观众这样一种印象：评论中所反映的不是一个地方性的问题，而是一个全国性的问题。同时，节目对这个问题所进行判断与讨论，具有充分的权威性和专业性。由此，自然可以进一步增加节目的说服力。

作品二：

决不许亵渎英雄、歪曲历史

张勤　王新玲　陈建海　范少俊

潘冬子：我爸说，民族唱法容易上春节晚会，我们唱民族唱法吧，听说刀郎一场演唱会能赚100万，那该多少钱啊？

春芽子：好，民族就民族，我们一起走穴，那能赚多少钱啊？

潘冬子：对，去年超女那么火，今年也轮到我们了！

听众朋友，正在播放的是从网络上下载的恶搞红色经典短片《闪闪红星之潘冬子参赛记》片断。短片中，小英雄潘冬子变成了整日做梦挣大钱的少年，其母亲一心想参加"非常6+1"，只因为梦中情人是主持人李咏。近来，恶搞红色经典、恶搞英雄、恶搞历史成为一种时髦。一时间，"雷锋是因为帮人太多累死的"、"黄继光是摔倒了才堵枪眼的"、"董存瑞是因为被炸药包上的双面胶粘住了"、"狼牙山五壮士跳崖是假的"、"岳飞、文天祥不能算是民族英雄"等说法甚嚣尘上。搜索网络上所谓的"人品计算器"，雷锋的人品只有2分，岳飞的人品不如秦桧。更有甚者，有人要捕风捉影拍摄电影《雷锋的初恋女友》，《大众电影》竟刊登文章称没有人看见董存瑞托起炸药包的情景，董存瑞的英雄事迹是根据一些蛛丝马迹推测出来的。

恶搞，作为一种新的娱乐形式，本也无可厚非，然而任何娱乐都不能歪曲事实，都必须坚守道德和法律的底线。高尚的娱乐应该给人以健康向上的精神愉悦。如今流行的对红色经典、英雄人物、人文历史的戏说、恶搞，以颠覆历史、丑化英雄为乐事，是对民族精神的亵渎。

74岁的虞仁昌老人是雷锋生前所在连的连长，说起电影《雷锋的初恋女友》，老人十分气愤。[录音2]"雷锋没有谈恋爱，不要说雷锋，像我这个二十七八岁当连长的，看到女同志都脸红，都没谈过恋爱，这个事没有的"。所幸的是，该电影即将拍摄的消息一经公布，就遭到了雷锋生前17位战友的投诉抵制，严肃要求"导演要尊重真正的历史"，坚决反对"娱乐式游戏地对待雷锋"，该电影也被国家广电总局及时叫停。

原董存瑞生前所在师副政委程持久，当年是师政治部宣传干事。在攻打隆化的战斗中，他正好在董存瑞所在的六连。程持久回忆道：[录音3]"对董存瑞这个连攻打隆化中学东北角的全部情况，我都知道，我看他用一只手托起炸药包，把导火线拉了冲着我们喊'连长，冲啊！'""我都愣了，连长喊了一声：'董存瑞'，这一声喊得撕心裂肺啊！"程老忍不住要质问那些恶搞的人，[录音4]"你们享受着这几十年的和平时代，享受着这么美好的生活，这是哪来的？你们现在享受的是以前他们牺牲的成果，你们好意思这么享受他们牺牲的成果吗？你们良心哪儿去了？”

屈原、岳飞、文天祥，承载着中华民族的民族精神，当代红色英雄是我们今天过上幸福生活的功臣，他们都是中华民族的脊梁，是中华民族最宝贵的精神财富。

何祚庥院士认为，那些恶搞英雄和历史的人，[录音 5]“对我们老祖宗当时的奋斗了解的太少了，……他们享受着现成的比较富裕的生活，但是没有去认真想一想这个富裕生活是怎么到来的，……自己需要承担什么责任，怎么去做一个现代的人。”他更直斥这种恶搞行为：[录音 6]“等于是亵渎自己的祖宗啊，亵渎自己的先辈啊！”

是的，对于先人的奋斗，对于英雄，对于历史，我们应该常怀敬仰、感恩之心。

沈阳军区《前进影视报》前主编刘国彬大校花了大量的心血，考证了董存瑞英雄事迹，维护了英雄的尊严。他对记者说：[录音 7]“任何一个民族，都是有道德底线的，真善美，假丑恶历来是泾渭分明的。”“圣女贞德是法兰西民族的英雄形象，对她调侃就被视为违反道德的极端行为；在印度，圣雄甘地是一个民族英雄，老百姓对他指手画脚是犯法的；在美国，黑人领袖马丁·路德·金是反种族压迫的无畏战士，对他有不恭敬的言辞，也会受到美国民众的痛斥。我们自己的民族英雄，我们自己一个个把他们全都颠覆了，全都摧毁了，全都歪曲了，全都否定了，这是民族的悲哀。”

郁达夫先生在悼念鲁迅的时候说：“没有伟大的人物出现的民族，是世界上最可怜的生物之群；有了伟大的人物，而不知拥护、爱戴、崇仰的国家，是没有希望的奴隶之邦。”

联合国前副秘书长斯特朗提醒我们：“西方的文化有很强的物质主义倾向，在中国变得富有、追求物质的时候，千万不要丢失了自己的灵魂。”

一个伟大的、优秀的、生机勃发的民族，一个正在崛起的大国，不能没有自己的英雄，不能不敬仰自己的英雄。老连长虞仁昌说得好：[录音 8]“人民需要雷锋，时代需要雷锋，改革开放更需要雷锋。”我们应该理直气壮地宣传雷锋、董存瑞这样的英雄，大张旗鼓地宣传社会主义核心价值体系，坚守民族的精神高地，用道德和法律的规范，来坚决制止对红色经典、对英雄和历史的亵渎和歪曲，还历史以真实的面貌，让英雄的浩气长存！

直击恶搞　铿锵有力

2006 年前后，社会上出现了一股恶搞红色经典、恶搞英雄的“时髦”现象，针对这种社会现象，本作品的作者在深入采访、获取证据的基础上，发表了广播评论《决不许亵渎英雄，歪曲历史》，义正词严地对这种现象进行了批评，高呼“一个正在崛起的大国，不能没有自己的英雄，不能不敬仰自己的英雄”。

论点鲜明，直击社会热点

“雷锋是因为帮人太多累死的”、“黄继光是摔倒了才堵枪眼的”、“董存瑞是因为被炸药包上的双面胶粘住了”、“狼牙山五壮士跳崖是假的”、“岳飞、文天祥不能算是民族英雄”…… 各种恶搞红色经典、恶搞历史、恶搞英雄人物的行为在网络上蔓延，似乎演变成了一种时髦。

针对这一社会热点问题，评论从一段恶搞录音《闪闪红星之潘冬子参赛记》的片段入手，通过对其他一些随意恶搞英雄、歪曲历史的事实的归纳，提出了鲜明的观点。恶搞，作为一种新的娱乐形式，本也无可厚非，然而任何娱乐都不能歪曲事实，都必须坚守道德和法律的底线。高尚的娱乐应该给人以健康向上的精神愉悦，但如今流行的对红色经典、英雄人物、人文历史的戏说、恶搞，以颠覆历史、丑化英雄为乐事，是对民族精神的亵渎。不许亵渎英雄、歪曲历史的论点由此而发。

论证严谨，有理有据有节

对恶搞现象的抨击，评论不仅做到了理直气壮，还做到了有理有据有节。对于被恶搞的历史事件，评论作者深入采访，获得证据，了解事实真相，并用这些事实证据推出决不许亵渎英雄，歪曲历史这一主题。

比如，在直斥电影《雷锋的初恋女友》时，作者采访了雷锋生前所在连的连长 74 岁的虞仁昌老人。老人气愤地说道“雷锋没有谈恋爱，不要说雷锋，像我这个二十七八岁当连长的，看到女同志都脸红，都没谈过恋爱，这个事没有的”。而该电影即将拍摄的消息一经公布，就遭到了雷锋生前 17 位战友的投诉抵制，严肃要求“导演要尊重真正的历史”，坚决反对“娱乐式游戏地对待雷锋”，该电影也被国家广电总局及时叫停。虞仁昌老人的陈述，雷锋战友的抵制及广电总局的叫停，这一系列的事实论证着雷锋有初恋女友的说法是子虚乌有的。

面对“董存瑞是因为被炸药包上的双面胶粘住了”这一网络恶搞，作者采访了原董存瑞生前所在师副政委程抟久。他当年是师政治部宣传干事，在攻打隆化的战斗中，他正好在董存瑞所在的六连。程抟久证实了董存瑞不顾个人安危手托起炸药包向前冲。此外，作者还花了大量的心血，考证了董存瑞英雄事迹，利用多方面的事实材料证明，“董存瑞是因为被炸药包上的双面胶粘住了”纯属无稽之谈，维护了英雄的尊严。

评论借助各位采访对象的声音，质问恶搞的人：“你们享受着这几十年的和平时代，享受着这么美好的生活，这是哪来的?”“你们好意思这么享受他们牺牲的成果吗?”“你们良心哪儿去了?”

在对各种恶搞现象进行质问、驳斥的同时，评论强调了敬仰英雄，尊重历史的重要性，呼吁人们坚决制止对红色经典、对英雄和历史的亵渎和歪曲，还历史以真实的面貌。其中提到：

联合国前副秘书长斯特朗提醒我们：“西方的文化有很强的物质主义倾向，在中国变得富有、追求物质的时候，千万不要丢失了自己的灵魂。”

郁达夫先生在悼念鲁迅的时候说：“没有伟大的人物出现的民族，是世界上最可怜的生物之群；有了伟大的人物，而不知拥护、爱戴、崇仰的国家，是没有希望的奴隶之邦。”

这一正一反的对比论证，有理有据有节，突出了决不许亵渎英雄、歪曲历史的主题。

语言准确，录音音响锦上添花

纵观整篇评论，我们可以发现作者在语言方面做足了功夫。标题“决不许亵渎英雄，歪曲历史”为评论定下了基调，言简意赅，对恶搞红色经典、英雄人物的行为的坚决抵制态度跃然纸上。在接下来的陈述中，一字一句都体现着这一态度，言辞间从正面角度铿锵有力、态度鲜明地抨击着恶搞现象。

“屈原、岳飞、文天祥，承载着中华民族的民族精神，当代红色英雄是我们今天过上幸福生活的功臣，他们都是中华民族的脊梁，是中华民族最宝贵的精神财富。”

“是的，对于先人的奋斗，对于英雄，对于历史，我们应该常怀敬仰、感恩之心。”

“我们应该理直气壮地宣传雷锋、董存瑞这样的英雄，大张旗鼓地宣传社会主义核心价值体系，坚守民族的精神高地，用道德和法律的规范，来坚决制止对红色经典、对英雄和历史的亵渎和歪曲，还历史以真实的面貌，让英雄的浩气长存!”

而录音音响恰到好处的运用，不仅驳斥了各种恶搞行为，同时也为主题的表达锦上添花。由于被采访的人与被恶搞的人物具有非同寻常的关联，这些录音素材原本就非常难得，被编排在合适的位置以后，就使评论的说服力陡然大增。如果缺乏了这些音响素材，本篇评论就会意趣大减，变得非常空洞，索然寡味。

第五节 广播系列报道与连续报道

一、广播系列报道的定义及发展

广播系列报道是我国特有的一种广播新闻报道性体裁，它是指广播媒体围绕一个特定新闻主题或者一个新闻事件展开多角度、多侧面、多层次、多方式报道，作为一种组合性报道，一般都由三篇或者三篇以上的作品构成。

系列报道这种报道形态首先出现在报刊中。有学者认为早在20世纪20年代，报纸就开始运用这一形式反映客观实际的重大发展变化。其具体的证据是："瞿秋白于20年代初期，就运用这一形式系统地报道了十月革命胜利后俄国的社会情况，歌颂十月革命的胜利成果，前后发表了50多篇报道，以后又撰写了《饿乡记程》和《赤都心史》两部纪实性著作。"随后，"范长江的《中国的西北角》《塞上行》和邹韬奋的《萍踪寄语》，实际上也是有计划采写、先在报刊上陆续发表而后结集出版的。而且这些报道所运用的体裁，大概都可以归入通讯的范围。"①

在更加严谨的眼光看来，《饿乡记程》《赤都心史》《中国的西北角》《塞上行》《萍踪寄语》等，与这里的系列报道是存有较大距离的。它们的写作尺度显然更大，少了一些新闻写作常要受到的禁忌。像《饿乡记程》《赤都心史》，在更多的时候是被当作散文或者是报告文学研究的。不过，我们至少可以将它们视为具有系列报道性质的纪实性作品，或者说是系列报道的雏形。

对于国内广播最早出现的系列报道，有人认为是中央人民广播电台1952年连续播出的"新中国合作事业介绍"特别节目，以及1953年派驻鞍山钢铁公司的记者组采写的一组系列通讯，如《跑在事件前面的人——王崇伦》《孟泰仓库》等，但是曹璐与吴缦不同意这种意见，她们认为这里存在着对系列报道的误解；而现在可以确定的最早的广播系列报道是上海人民广播电台蒋孙万采制的《成功从何而来——胡晓平的故事》，该作品1982年获得第一届全国优秀广播节目二等奖。

在此后，系列报道由于其报道容量在报道重大选题上的特殊优势，被各地广播电台普遍采用，并且佳作也不断涌现。从规模与影响来说，《长江行》是一个空前的广播系列节目。其制作过程，可称是国内广播界跨省合作的成功范例。该系列有37组稿件，从万里长江第一镇攀枝花写到长江入海口上海。参加采写、播音、录音的共有来自川、鄂、湘、赣、皖、苏、沪七省市的84人，加上编辑和审稿人员，共有百余人投入到这项庞大的工作中。它从1987年2月湖北台发起

---

① 曹璐、吴缦：《广播新闻业务》，北京广播学院出版社，1997年版，第284页。

动议开始，到七个电台先后播完，历时将近一年，广播的覆盖面约占全国三分之一国土。节目播出以后，引起了强烈的反响，各台都收到听众热情洋溢的来信，反映这样的报道“很有气魄，很感人”，“听来令人耳目一新，使人如临其境”。[①]

2007 年，中央人民广播电台制作的《穿越“三北”风沙源》，也是广播系列报道中的大手笔。针对我们沙漠化日益严重的现状，中央电台组织、调动了台内多个部门的力量参与其中。在采访的 20 多天里，东西两路近 50 名记者共行程 26 000公里，穿越五块沙漠四大沙地，途经 10 省区，持续播发了 150 余篇报道。形成了点面结合，立体化、多层次的报道格局，取得了积极广泛的社会反响。

二、广播连续报道的定义及特点

广播连续报道是指广播记者密切跟踪正在发生的新闻事件，并且同时进行持续性的报道。持续报道的必要性就在于，其所面对的新闻事件在第一次报道的时候并没有完结，尚处在不断的发展与变化的过程中。

就广播连续报道的特点而言，从不同的层次可以进行不同的表述。如果进行高度而简洁的概括，其特点就是集中地体现了广播媒体短小、快捷、灵活的传播优势。《朱建华创造男子跳高记录》是上海广播电台 1983 年 9 月播出的节目，虽然播出时间已经有些久远，但是由于它典型地体现了广播连续报道的特性，下面就以此为例进行说明。这组连续报道的全文如下：

(16 点简明新闻)

今天下午(9 月 22 日)3 点 35 分，我国优秀跳高选手朱建华，在虹口体育场第一次起跳，他轻轻地越过了 2 米 10 的高度，比赛正在继续进行中。

(17 点新闻)

先播送一条最新消息：在五届全运会跳高决赛中，男子跳高第二次试跳，有 3 人跳过 2 米 22 的高度，他们是上海的朱建华、刘云鹏，广东的蔡舒。朱建华在第三次试跳中，已经跳过了 2 米 26。

(17 点 35 分简明新闻)

在五届全运会跳高决赛中，男子跳高选手朱建华已经跳过 3 米 34 的高度。现在朱建华还在向更高的目标前进。

(17 点 43 分临时中断《百灵鸟》节目插播)

上海人民广播电台，各位听众，五届全运会田径比赛上传来特大喜讯：今天 17 点 19 分，跳高选手以 2 米 38 的成绩，再一次打破世界纪录，比他

---

① 齐毅：《一曲改革开放的颂歌——大型广播系列报道〈长江行〉浅析》，载《传媒观察》，1988 年第 3 期。

上次创造的纪录又提高了0.01米，为祖国争得了光荣！我们向朱建华同志致以最热烈的祝贺！（插两遍）

可以看出，上海人民广播电台的这次报道是非常成功的，它以连续4次的报道形式，把朱建华打破世界纪录这一重大事件的整个过程及时地展示出来了，这是非常难能可贵的。它前两次报道是朱建华第一次与第二次试跳的成绩，一般的情况下，媒体是不会报道这些内容的。记者都是等比赛结束以后，报道谁获得冠军就行了。如果其他记者考虑到朱建华当时的影响力与知名度，也愿意提前展开报道，但是报社记者完全达不到现在的这种效果：即时向受众传播比赛状况。电视媒体在技术上完全可以做到，但是它运转不如电台灵活，操作起来非常不便，除非当天下午是在对田径场的比赛进行现场直播。由于前两次播出的铺垫与烘托，到第四次播出时报道朱建华打破世界纪录，就使得这组报道显得水到渠成，完美无缺。总而言之，这个连续报道的成功，缘于采编者娴熟的专业技能与良好的专业敏感，同时与广播媒体的传播优势密不可分。

三、广播系列报道与连续报道的制作要点

广播系列报道与连续报道的采制，除了要遵循体裁自身的规律、要领之外，更要结合广播媒介的特点。只有这样，才能扬长避短，制作出具有较强传播力的作品。

1. 在选题方面，要尽量考虑广播听众的收听意愿

广播仅仅是凭借声音来传播信息的，不像电视那样看得见，也不像报刊那样摸得着。如果不是特别的需要，听众在收听广播时无法做到专心致志，聚精会神。所以，在一般情况下，广播的新闻报道以传播内容的新鲜精练、传播形式的短小精悍取胜。作为一种报道体裁，系列报道与连续报道在形式上是个报道集群，最少的有3篇，已经在篇幅上非常可观了。至于那些十多篇、数十篇的组合性作品，则简直可称是鸿篇巨制。在这种情况下，要让听众持续地关注并收听，在选题上一定要慎重。

近些年来，大学生就业一直是社会普遍关心的问题。在2009年，加上国际金融危机的严重影响，这个问题显得更加尖锐与突出。北京人民广播电台组织多路记者采写了系列报道《大学生就业之路》，多角度透视了这一问题。在摆问题找原因的同时，也总结归纳出了多条解决问题的办法。这样的节目播出以后，对于那些关心这个问题的听众来说，肯定不会因为其篇幅较长而放弃收听的。

2009年3月16号下午，在长春市同志街与清华路交会处，一位在长春的一家饭店里打工的女孩，爬到了六层楼的楼顶，准备一跳结束自己的生命。长春市警方、120急救等部门出动了大量的人员营救这位轻生的女孩。而此时路过这里

的一位女警察毅然地爬到了楼顶，发挥她二级心理咨询师的技能与轻生女孩展开了谈判，后来还不顾一切地纵身一扑，抓住了女孩的臂膀。吉林人民广播电台的记者采制的广播连续报道《最美警花你是谁?》，报道了这个惊心动魄的事件，自然对听众是极具吸引力的。

2. 在编排方面，要打破常规，不拘一格

一般的广播作品，在什么频道、栏目上播出，往往是相对固定的。这是节目编排规范化的需要，也是广播电台内部管理体制所决定的。但是，广播新闻的系列性作品，由于题材的重大，以及在内容繁多的前提下又要追求时效性，就要主动打破成规，做出一些适当的调整。

中央人民广播电台的《穿越"三北"风沙源》选题重大，在格局上是一个不折不扣的鸿篇巨制，参与的人员共采制了150余篇报道，在一个月内就全部播发出去了。如果只在一个栏目上播出，这是绝对不可能的。实际上，这个作品集群分散在中央台的"新闻和报纸摘要""全国新闻联播"、"中国农村报道"、"新闻纵横"、"新闻直播间"、"第一报告"、"整点新闻"等众多的栏目之中。此外，少量的稿件还通过经济之声和都市之声频道播发。

2007年6月6日，上海一家肯德基门店发生了挟持人质的恶性事件。接到听众爆料后，SMG广播新闻中心记者徐廉、顾隽洁、李斌随即赶赴事件发生地和医院。3位记者想尽办法，通过各种渠道，第一时间采访到了事件的目击者和人质家属等关键人物，从下午3点多到事件结束的22点共计7个多小时内，为东广新闻台、上海交通台播发了20多个现场报道和路况报道。这组报道，如果只在单一电台的单一栏目播出，其时效性就会丧失殆尽，而这对突发性事件报道来说是致命的损伤。

3. 在结构方面，要注意引言与结语的使用

作为一种报道性体裁，系列报道与连续报道在格式上是非常灵活的，几乎没有什么固定的程式。不过，与报刊等媒体相比较，广播系列报道与连续报道有一个特点，它们大多会设计一个引言和结语。这样的引言和结语如果出现在报刊中，可能会给人叠床架屋的感觉，甚至还会破坏作品的整体性。但在广播中则不仅不会让人感到多余，反而显得非常必要。这是因为广播是一种声音传播，来无影去无踪，难以给听众直观的整体感。所以需要一些语言在结构上起到连缀、衔接的功能。

《虽死犹生的检察官》是贵州人民广播电台2004年采制的一个系列报道，它一共包括四篇报道，分别是《滚滚热泪为忠魂》《爱岗敬业为了党》《当官要为民做主》和《清正廉洁腰不弯》。下面是其中第一篇的引言与结语：

（引言）在铜仁市郊美如画卷的架梁山下埋着一个忠魂。他长眠了？不，他还在守望着锦江两岸的老百姓，他还在凝望着灯光依旧的办公室，他还在惦记着家中的妻儿老小。他太累了，他需要休息一下，陪伴他的有墓前常年不断的鲜花，还有那些认识或不认识的人经常来这里看他。下面请听贵州台记者谢红娟、吉宁、赵建科采制的系列录音报道《虽死犹生的检察官》第一集《滚滚热泪为忠魂》。

（结语）白花朵朵，哀乐阵阵，泪水涟涟，一个崇高的灵魂远去了，他却永远活在我们心间。明天请接着收听《虽死犹生的检察官》系列报道第二集《爱岗敬业为了党》。

可以看出，上面的这段引言与结语，并不是报道本身必须的内容，它的主要功能是弥补广播文体在结构上不直观、不清晰的弱点。除了起到了衔接、间隔等的作用外，还可以引导听众进入作品描述的境界。

四、广播系列报道与连续报道评析示例

“微尘”在行动　爱心铸品牌

王丽君　王　菲　祝洪珍

（本系列报道篇幅较长，此处只选录其第一篇。）

【片花】

2005 年 10 月 16 号上午，北京人民大会堂掌声不断。第二届“全国十大社会公益之星”表彰大会隆重举行，岛城人爱心汇聚而成的“微尘”第一个登台领奖。和其他领奖人不同的是，接受荣誉的并不是“微尘”本人。

作为唯一一个也是首次出现的不具名的公益群体，“微尘”的当选引来了人们好奇的目光：一个普通人的爱心，像星星之火，在照亮别人的同时，也点燃众人爱心，汇聚成从善如流的力量，激荡为叫响全国的公益品牌！

第一篇：凡人小事，神秘“微尘”无私奉献

【现场音响 压混】

化名“微尘”，是青岛的一位普通的市民，他数次向灾区大数额捐款不留名；“微尘”又是一个充满爱心的群体，频繁出现在青岛市各种公益活动当中。

在人们赞佩的目光中，青岛市红十字会常务副会长刘丽萍戴着“微尘”徽章第一个登台，人们把掌声慷慨地送给岛城的这个爱心群体。

【音响】

“微尘”能获此殊荣，是我们青岛市人民的骄傲和荣耀！

“微尘”是谁？公益群体又是怎样产生的？这得先给您讲一个带有童话般神秘色彩的真实故事。

故事回溯到2004年的最后一天，当时正值印度洋海啸灾难发生后不久，一对中年夫妇急匆匆地走进青岛市红十字会。工作人员陈敏回忆说：

【音响】

他们掏出了5万块钱的现金，说呢要替朋友向海啸灾区捐款。

工作人员反复询问捐款人的姓名以便开具收据，中年夫妇为难地说：这位朋友只是想向灾区尽自己的一点微薄之力，如果非要留下什么名字的话，就写上“微尘”好了。

【音响】

他们说，人都应该有一颗感恩的心，自己呢只是一个很平凡的人，做的事也非常的微小，就像一粒微不足道的尘埃，不值得称道，只是想平静地做一点事情。

而“微尘”这两个字却让工作人员心头一震，他们再熟悉不过了。

【音响】

我们感觉又是他们！怪不得觉得非常地面熟。因为这个“微尘”，他曾经在非典的时期捐款1万元，在新疆喀什地震的时候捐过5千块钱，而且还为白血病儿童捐过1万块钱，为湖南灾区捐款5万元。

市红十字会在随后的统计中发现，“微尘”的捐款已经累计超过了20万元。“微尘”到底是谁？是什么让他(她)这样无私地去帮助素不相识的人？在猜测与寻找间，“微尘”成为岛城市民街谈巷议、持续不衰的新闻热点。市民刘先生。

【音响】

特别想见见这个人，都想认识他！因为社会公益事业最需要这样的“微尘”。

红十字会的工作人员更想找到“微尘”。市红十字会常务副会长刘丽萍告诉我们：

【音响】

我们不仅仅是在寻找一名热心的捐款人，更在寻找一种关爱他人的精神，通过这种寻找，把市民的目光聚焦到青岛的公益事业上来。

可是寻找过程并没有想象的那么顺利。

【音响】

我们通过媒体报道了“微尘”的事迹，而且我们公布了热线电话，希望市民提供有关“微尘”的一些线索。但这些努力并没有让“微尘”现身。

与此同时，在青岛新闻网上，网友们纷纷留言，《2005 请你找神秘“微尘”》：成为论坛里最热的帖子。

电台开通的寻人热线 85701377 也几乎成了祝福专线，市民张女士在热线中说：

【音响】

其实匿名捐助呢正是我们值得提倡的一种社会风气，我觉得吧既然“微尘”不愿意露面吧，那就让我们默默地祝福他吧。

市民袁先生建议说：

【音响】

“微尘”这两个字吧非常生动、贴切，我倒建议，今后不愿留名字的捐献者吧都可借用“微尘”这两个字，让它成为岛城公益事业的一种象征。

就在这时，市红十字会工作人员陈敏给新闻台打来热线，带来了有关“微尘”的消息：

【音响】

昨天晚上，一个非常神秘的男子给我们打来电话，在电话里他说，你们别再找了，“微尘”本人是不会露面的，但是他会继续做一些善事，记住“微尘”这个名字，让更多人来关心公益事业，这就是对他最好的一个新年祝福。

“微尘”还会出现吗？面对“微尘”的爱心之举，岛城市民会继续守望还是选择效仿？明天请继续收听系列报道《“微尘”，在行动，爱心铸品牌》。

（青岛人民广播电台 2005 年 10 月 18 日至 20 日）

“微尘”，谱写时代正气歌

王丽珍　祝洪珍

静下心来，认真梳理这篇作品创作的前前后后，总结系列报道《“微尘”在行动，爱心铸品牌》的采写经验，深有体会，今天在这里与新闻同仁交流、探讨。

立足地方新闻资源，选准主题挖潜创新

对于地方媒体来说，青岛涌现的众多名牌企业以及由此形成的“名牌现象”无疑是一座丰厚的新闻素材“富矿区”。一个城市具有自身区域性的特色与亮点，充分挖掘这些特色与亮点，在自己的一亩三分地上进行精耕细作，

这是城市台新闻报道的优势所在。可以说，青岛电台多年来创优工作的内在规律就是立足地方新闻资源优势，不断打造报道精品，获奖作品《“微尘”在行动，爱心铸品牌》的创作再次体现了这种思路。

对于任何一座城市而言，他都不缺少自己的时代典型，那些危难时刻见义勇为、利害当头横刀立马的故事在生活中随时上演；同样，对于任何一个时代而言，它也都有自己符号性的人物，雷锋、焦裕禄、任长霞、许振超……一串串刻录时代足音的名字光芒四射，成就了中国人的筋骨和脊梁。

然而“时代典型”与“符号人物”，总让老百姓觉得有点神秘感和距离感。“了不起！可换了是我，那样的事儿我可做不了。”时代典型成为很多人终生追求的目标，是我们一生的榜样和参照。

青岛“微尘群体”的出现让“时代典型”有了新的定位，原来，“微尘”就是你，“微尘”也是我，“微尘”就在青岛千千万万普普通通的市民当中，就在你我身边。可学、可做、可为，人人都可以成为“微尘”。众多像“微尘”这样热心社会公益事业、无私捐助他人的市民不断涌现，让一个城市暖意融融，温暖无限，人与人之间相互关怀，和谐融洽。

我们深刻地认识到，从一个无私奉献的个人到一个爱心群体，再到反映城市文明进程的品牌形象，“微尘”诞生于建设社会主义和谐社会、倡导社会主义荣辱观的时代背景下，是时代的最强音、是群众力量的凝聚。作为新闻媒体有责任也有义务放大这种声音、传递这种力量。可以说，“微尘”这组报道之所以能够挺进中国新闻奖，最大的冲击力就在于它的时代特色和社会影响力。2005年10月16日，“微尘”作为唯一一个没有具体名字的群体获得了“全国十大社会公益之星”。我们的记者坐在人民大会堂主席台下，听到颁奖人说：化名“微尘”，是青岛的一位普通的市民，他数次向灾区大数额捐款不留名；“微尘”又是一个充满爱心的群体，频繁出现在青岛市各种公益活动当中。让我们以热烈的掌声欢迎“微尘”代表上台领奖……随着如潮的掌声响起，我们的记者也是心潮澎湃、无比自豪：一个普通人的爱心，像星星之火，在照亮别人的同时，也点燃众人爱心，汇聚成从善如流的力量，激荡为叫响全国的公益品牌！同时也感慨于记者近一年时间对“微尘”的持续关注是值得的，媒体关注的就是全社会关注的，媒体倡导的也是值得全社会倡导的，我们的追踪报道促使“微尘”走进了人民大会堂，走向了全国。酝酿已久、积淀深厚的系列报道《“微尘”在行动，爱心铸品牌》就在“微尘”获奖之后迅速推出。

系列报道真实记录下了“微尘”这样一个公益群体从一个个体行为发展壮

大为市民共同行动的过程，展示了青岛市民以奉献爱心为荣、以践行“诚信、博大、和谐、卓越”的城市精神为荣的可贵品质。

见证“微尘”首次现身，记录“微尘”壮大历程

时代造“英雄”，这自然是个不容置疑的规律，但多数时代典型的出现还是需要一个过程的，也就是说要有一个被发现、被推出和被大众所认知的过程。在这个过程中，起关键作用的就是正确的舆论引导。

从2004年年底“微尘”不留名捐款开始，作者就密切关注“微尘”的每一次行动，并掌握了大量一手的独家资料。当时正值印度洋海啸灾难发生后不久，记者去红十字会采访了解到，一对中年夫妇替朋友捐款5万元，当工作人员问其姓名以便开具收据时，他们留下了“微尘”的化名。工作人员心头一震，因为这个“微尘”，他曾经在非典的时期捐款1万元，在新疆喀什地震的时候捐过五千块钱，而且还为白血病儿童捐过1万块钱，为湖南灾区捐款5万元。

市红十字会在随后的统计中发现，“微尘”的捐款已经累计超过了20万元。“微尘”到底是谁？是什么让他这样无私地去帮助素不相识的人？记者敏锐地觉察到“微尘”会是一个很有链条效应的新闻人物。因为“微尘”——一粒微小的尘埃虽小，但是它的力量却是强大的。如果大家都像“微尘”那样，利用自己的财力、物力和时间，积极参与扶危济困、救助伤残、抗灾救灾、保护环境等社会公益活动，发扬“不图名利、服务人民”的奉献精神，就能产生“众人划桨开大船”的强大合力，为建设和谐社会提供强大的动力和支撑。

青岛电台第一时间对神秘“微尘”进行了报道，并通过连续的热线互动节目公开了寻找“微尘”的热线，将“微尘”的义举进行了充分宣传，“微尘”的故事在大街小巷迅速传递开来，“微尘”一时间成为岛城市民街谈巷议、持续不衰的新闻热点。是谁第一个署名“微尘”？没有答案，但许许多多的市民都用行动证明“我就是微尘！”

“微尘”的善举感动了青岛每一个市民，市民的捐助热情也因为“微尘”不断高涨。后来就发现了一个更为感人的现象，那就是再到红十字会捐款的时候，很多青岛市民都留下了“微尘”这个名字。“微尘”正在凝聚更多的爱心，“微尘”已经超越了一个名字的称谓，它已经成为青岛市民奉献爱心、扶贫济困的一面旗帜，大家自觉自发地聚拢到这面旗帜之下。记者马不停蹄、及时将这些感人的行动进行了报道，积累了大量一手资料。

从超市捐款箱中数次出现的万元捐款，到红十字会成摞的无法寄出的捐款收据；从无私捐助病友脱离生命危险的普通市民，到捐资10万元帮助先

天性心脏病儿童实施手术的企业老板，有人需要帮助时，“微尘”们就会出现，无数个“微尘”在行动，而记者用敏锐的眼光一一捕捉、予以报道，最终在市民中产生了轰动性的效应，人人以成为“微尘”而感到骄傲。

采访中有的市民说：如果说海尔、澳柯玛、青岛啤酒这些都是价值上亿的品牌的话，那么“微尘”这个品牌就是无价之宝。可以说稿件在当时先声夺人，以有声的力量诠释了这一品牌的时代价值。

时代典型需要有人去发现、去挖掘。尤其是这样蕴藏在老百姓当中的平民“英雄”更需要有人沉下心去发现、去挖掘。而青岛电台对“微尘”从一个个体到壮大为一个爱心群体的翔实报道，对从一个人的爱心奉献到整个城市的爱心行动的密切关注，从人人都做“微尘”的积极倡议到全体市民以做“微尘”为荣的真情传送，可以说青岛电台舆论引导积极有力，以强大的宣传声势，为“品牌青岛”塑造出了全新公益品牌。

发挥广播媒体优势，以声动人以情感人

广播媒体最大的优势就是“有声的力量”。富有感染力的声音、有生动细节的现场音响最能打动听众，也最能与听众产生“共鸣”。系列报道《“微尘”在行动，爱心筑品牌》的作者就是充分调动丰富的音响素材，用声音说话，以“音外画”效果再现新闻现场。比如被“微尘”救助的先天性心脏病患者胶南七岁女孩和她妈妈的现场对话，红十字会工作人员在超市募捐箱发现万元大钞，都是以现场音响说话，没有记者过多的赘述和评论，“有声的力量”打动着每一个在现场的人、打动着每一个听众。

面对大量采访素材，好中选优、优中选精，有取有舍。

时下流行一个词叫“海选”，对于媒体的总结回顾性报道而言，同样存在这一问题，那就是要对大量杂乱无章的素材在脑中、耳边一一过堂，精挑细选。推出这组报道前，记者粗略统计了一下，近一年中积累下来的“微尘”报道的采访素材大约有十张 MD 盘，即便没有全部整盘录满，也至少有 1 000 分钟左右、近 17 个小时的音响素材，这样一个庞大的素材库，是一笔财富，但是也意味着必须开动脑筋，删繁就简，有智慧地拿来。

记者的报道思路就是：以时间为轴线，从一个“微尘”的出现入手，铺叙无数“微尘”的出现，再到全体市民的自觉行动，最终形成城市品牌。选择那些音响生动、细节丰富、代表性强的事例运用到稿件中。

例如，在报道中如何体现“微尘”作为一个爱心符号的形象已经深入人心，形成一种人人参与的社会力量这一现象？当时摆在记者手头的同类型事例有上百个，每个“微尘”背后都有一个感人的故事。有好心人捐助 6 岁先天性心脏病小患者王者林进行"补心"手术；有农村贫困大龄产妇产下四胞胎后严重贫血，急需救治，众多好心人以"微尘"的名义雪中送炭，使母子得到及时救治；也有爱心"微尘"无私捐助使失学儿童重返校园，等等，这些故事同样感人肺腑，但是在这些事例中，记者选取了这样一条，江苏来青岛打工的柏莉因瘫痪急需手术，可是百般筹措之后，医疗费还差 3 000 元。手术前夜，柏莉面对丈夫轻声啜泣："咱回家吧，我不想再拖累你和孩子们。"次日一早，柏莉发现枕下塞着个纸包，打开一看，竟是厚厚的一叠百元钞票！一张纸条上写着："这 3 000 元钱捐给你治病，请收下。微尘。"

经过苦苦查找，原来捐款的"微尘"是同病房的病友刘桂琴，自从她和前来陪床的家人知道了柏莉的不幸遭遇后，时常送些滋补品给柏莉，并与她拉家常，并将在医院治疗节省下的 2 000 多元钱再添上一些，凑够了柏莉需要的手术费，帮她渡过难关。为了不让柏莉知道情况后再三道谢和避免尴尬，刘桂琴使用了青岛人最熟悉的"微尘"，并连夜搬出了病房。这个事例表现出青岛市民淳朴善良的本性，同时体现出"微尘"这个爱心的代名词已经深入人心。

刘桂琴的事迹感动了柏莉的家乡人，江苏卫视派出记者前来采访，将青岛的"微尘"带到了江苏全省。"微尘"刘桂琴也获得了 2005 年度"感动青岛"十佳人物提名。

选择这个事例还有一个原因就是，采访中获得了声情并茂的音响素材，包括柏莉在病房感动得哭泣，包括躺在病床上的刘桂琴那平淡的心态。

事实也证明，这一素材的选择运用恰如其分，取舍有道，很好地表现了主题。最终我们在获奖作品中所选"微尘"事例只有四件，但这四件件件掷地有声。连续的采访和关注，作者对所有的素材信手拈来、游刃有余，不足 15 分钟的报道字字如珠玑、句句含真情。

另外，整篇报道写的是"微尘"爱心之举，按说最初出现的"微尘"，记者应该把对她的采访运用到报道中，实际上在"微尘"想方设法回避媒体的采访、让众多媒体只能望人兴叹的时候，记者曾经千方百计用电话采访到了这位神秘"微尘"，并获取了独家的宝贵的音响素材，但是在最终形成这篇系列报道时，记者却放弃了这段音响。因为记者想表现"微尘"的一种"神秘感"与"现实感"的强烈反差。因为第一位"微尘"确实自始至终拒绝与市民见面，但是就在这样一个过程中，在千百万普通市民中却出现了更多的不留姓名的"微尘"，大爱无声，这时，"微尘"究竟是谁已经不重要了，如果记者硬要将"微尘"的声音报道出来，反而减弱了神秘感带来的高尚感。今天的青岛，

“微尘”还在源源不断地从普通市民当中走来，诉说着青岛人奉献爱心的故事。可以说，“微尘”的力量是我们共同的道德力量，是构建社会主义和谐社会的最和谐音。

（此文刊载于《中国广播》2007 年第 10 期，略有删节。）

第六节　广播新闻访谈

一、广播新闻访谈节目的缘起

新闻访谈节目是新闻业务发展到一定阶段以后才出现的，因为从最初的观念来看，新闻报道的是发生的事实，直接呈现在受众面前的是已经被各类特定的形式描述、记载下来的事件状态。这个状态是通过一系列的采访过程获得的，但是采访过程只是记者获取信息的手段，当然不会出现在公众面前。随着社会的发展，新闻采写技术与设备的更新，以及新闻从业人员新闻观念的变化，大家就不再满足于简单地报道记者自己感觉中的新闻事件的状态，而希望给受众提供新闻事实的更多的面相，并且还想让更多的人尤其是一些具有恰当身份的人一起参与对新闻事实的解读与判断。于是，将访谈的过程直接呈现在媒体上，就有了充分的理由。其中可以肯定的是，广播媒体对访谈类节目的出现起了至关重要的作用，因为报刊没有办法直接显现访谈的过程，而可以更加直观与形象显现访谈过程的电视媒体，其诞生时间则远远晚于广播。

实际上，把广播新闻访谈作为一个固定的节目形态确定下来，是近些年的事情，而且至今传播的范围还比较有限。《新闻学大辞典》由甘惜分主编，1993 年 5 月出版，是新闻领域较有权威性的一本专业辞书。该书可称规模宏大，设置齐全，用 180 万字的篇幅，集中了改革开放以来积累起来的新闻研究成果，是新闻理论、新闻史、新闻业务的知识总汇。但是，该书没有广播新闻访谈或者广播访谈的条目，其中只有与广播访谈较为接近的“广播对话”和“广播谈话”。这样的一种处置方式，在很大程度上也反映出了现在研究界在这个问题上所持的态度和认识的水准。在现今流行的相关书籍中，依旧难以看到广播新闻访谈节目的影子。

广播对话是早期广播报道与宣传中常见的一种体裁，通过两个或者两个以上的谈话者针对设定的话题，以回答或者交谈方式展开。节目的设计色彩很浓，一般都要淡化谈话者的角色身份，不让他们以真实面目示人。参与对话的人，有时形象是抽象与模糊的，连姓名也省略不提，只相互以“甲”和“乙”，或者“老张”和“小王”等方式相区分；有时以虚拟的固定形象出现，如设置警察和旅客的两人进行对话，谈论如何防抢防盗的问题。从节目的制作上看，它借鉴了广播剧的一些手法，配置音乐、音响和解说等元素，为的是追求亲切、形象、生动的效果。

广播谈话基本上被视为广播评论的一种，又被称为“广播杂谈”、“广播漫谈”等。它以一定程度的交流感为特点，用谈话的方式，表达对某一特定的事件或者问题的看法。写作上要求平易近人，浅显明了。分析说理要顺应听众的思路，可以运用多种表达方式启发听众的联想，调动听众的情感。在明晰传递节目意见与判断的前提下，与听众之间构成一种近似于日常交谈的思想和感情上的交流。

很显然，广播对话与广播谈话这两种节目形态被后出的概念广播访谈包括进去了。那么，从这个角度上可以说它们都是广播访谈节目的源头。广播新闻访谈作为一种节目形态显豁地存在着，这完全是凭借了中国新闻奖的评选活动的推动。在中国新闻奖的评选项目的设置中，广播电视类中有新闻访谈节目。从已经公布的历届获奖作品目录中看，2008 年举办的第十七届中国新闻奖才开始将广播新闻访谈作为一种节目类型列入其中。如果这种判断没有什么偏差的话，那么，这种作品类型被正式接纳，也就三四年的时间。

二、广播新闻访谈节目的类型

中国新闻奖评选对广播新闻访谈节目的要求主要体现在形式上，依据该办法意见，广播访谈节目的基本形态是主持人与嘉宾在现场进行沟通和交流，当然也可以有一些非交流性的内容，用以交代背景，补充事实，但是主持人与嘉宾现场交流谈话的篇幅应占整个作品时长 2/3 以上。除此之外，在作品的内容和技巧方面就没有具体的限制，所以，这类节目的标准化或者说一致性不太突出，显得琳琅满目，五花八门。归纳起来，主要有下面三种类型：

1. 通过对话，报道人物

这类作品的实际效果与一般的新闻报道中的人物报道相同，都是为了描绘和表现出新闻人物的事迹与形象，只是在形式上有所不同。它主要是通过与被采访者的现场对话展开的。其优点是让被报道者自己现身，进入到报道的前台，让受众通过其言语直接感受其所行所想，报道的真实性和亲近感由此大增。

黑龙江人民广播电台 2008 年 12 月 15 日播出的《航天员回家——与翟志刚、刘伯明面对面》，就是这类节目的一个典型例子。2008 年 9 月 25 日，“神舟七号”载人航天飞船发射成功，中国人首次实现太空漫步，举世瞩目。12 月 15 日，黑龙江籍航天员翟志刚、刘伯明回到家乡黑龙江，第一时间做客电台直播间，接受主持人的访谈。整个访谈作品独辟蹊径，没有重复公众已经知道的航天事迹，而是充分挖掘独家内容。以“回家”为主题，着重以“情”动人，以小见大，用大量细节和故事打动听众。节目还充分发挥广播的互动优势，开通手机短信平台，由听众直接向航天员翟志刚、刘伯明提出问题，让他们也加入到了访谈的过程，拓宽了作品的表现空间。航天员在整个访谈过程中认真回答主持人及听众提出的问题，语言朴实、真挚、幽默，展现了朴实大方、亲切可爱的形象。

2. 通过访谈，叙述事件

这类访谈节目目的在于再现事件，它与一般的事件报道的区别在于信息与事实的展示，主要是通过访问和交流，关键性事实借由参与访谈的人亲口说出，而不是记者转述。反映的事件在时效性上没有刚性的要求，可以是新近发生的，也可以是年深历久的历史事件。接受访谈的嘉宾大多是两个或者两个以上，访谈的地点不拘一格，可以在电台的直播间一同交流，也可以在直播间外面分头进行。其要点是接受访谈的人的身份，他们最好是新闻事件的亲历者、相关者。因为只有这样，才可以彰显事件呈现的可信度，访谈形式的设置也就有了意义。

《毛泽东与尼克松：六天改变世界》是中国国际广播电台英语中心制作的一期新闻访谈节目，它于2007年2月21日在“专家论坛”栏目中播出。节目播出的这一天，正好是尼克松访华35周年纪念日。通过与采访者的交谈，重现了1972年震惊中外的尼克松访华一事的决策、成行的过程，展现出该事件在当时乃至今天对中美关系和整个国际政治所带来的深刻影响。这个节目的成功，与参与访谈的两位嘉宾的介入密不可分。他们分别是傅立民(C. Freeman)和冀朝铸，两人都是这一事件的亲历者。傅立民(C. Freeman)是当时尼克松总统的首席翻译，而冀朝铸则是中方领导人的首席翻译。此外，他们都经历丰富，在不同历史阶段见证了中美关系的进一步发展。傅立民在1981年至1984年任美国驻华公使，是美国外交界叱咤风云的人物。冀朝铸在1979年1月28日至2月5日随邓小平副总理夫妇访问美国，后来担任过联合国副秘书长，是中国杰出的外交官。

由于这两个人的参加，这个节目的内容就变得非常丰富。既有对历史事件的回顾，也有对35年来中美关系发展现状的评述；既有亲历者对伟人风格的感受，也有事件对亲历者人生的影响；达到了宣传效果，也非常有人情味。尤其需要指出的是，节目中还使用了当年的音响资料，既增强了历史感，也丰富了节目的内容。

3. 通过交流，表达意见

如果说前两类分别报道人物和事件，那么这一类提供给听众的就是意见。其目标与广播评论相同，其实也可以把它看成是一种特殊形式的广播评论。现在的广播访谈节目，一般是主持人与嘉宾在直播室内进行交流，听众通过热线电话参与讨论，所要求的设备和条件比较简单。从听众接受的角度来考虑，访谈节目谈论的话题一般应该是社会的热点，主持人组织与引导嘉宾和听众就大家关注的问题或者社会上流行的思潮展开议论、评析。与一般的广播评论相比较，广播访谈在讨论对象的引出上有所不同。在广播评论中，往往是用最简省的篇幅引出谈论话题；而在广播访谈中，被谈论的事件或者话题的展示和呈现，也是作品的制作目的，所以，它们很多时候不仅仅是作为评议的靶子而存在的。

中央人民广播电台2009年7月30日播出的《"开胸验肺"的痛与失》，是一个针对社会热点问题展开评议的访谈节目。农民工张海超开胸验肺事件是当年的一个重大新闻，节目开始，通过首位采访"开胸验肺"事件的新华社记者的介绍，以及事件当事人张海超的描述，较为全面地交代了事件的缘起及其发展的最新进展情况，然后就将重点放在了对这一新闻事件的深度剖析和评论上。参与节目访谈的有多方相关人士：新闻记者、"开胸验肺"当事人张海超、为张海超做鉴定的北京朝阳医院医师、法律维权专家以及劳动关系专家。他们中有一人在直播间直接发表意见，还有四位嘉宾通过电话连线参与谈论。在节目进行过程中，一些听众还以短信的方式发表自己的观点。在主持人的统一调度下，大家的评说交替而有序地出现在节目中，结构环环相连，内容层层相扣，立体呈现了事件前因后果，并实现了叙中评、叙中议的巧妙布局。需要特别说明的是，在这个节目中，主持人起的作用更多的只是穿针引线，并没有滔滔不绝陈述自己先设的立场，或者以自己的意见左右嘉宾的发言。这样做带来的效果是，嘉宾们得到了淋漓酣畅的表达，整个节目向听众提供了丰富而多样的意见。

三、广播新闻访谈评析示例

质疑上海"二期课改"

秦畅　朱愉　朱应　乐建强

秦畅：各位，大家好！这里是《市民与社会》节目。相信今天中午的节目是很多听众所期待的。前几天，我们通过三次讨论想弄明白这样一个问题："一年级小学生为什么非得家长陪读？"究竟是哪个环节出了问题？随着讨论的深入，问题直指上海正在实施的二期课改。二期课改不仅让学生靠陪读才能过关，也让老师们满是困惑，分析结论直指教改的实施者上海市教委。所以，今天的节目我们特别邀请了市教委副主任瞿钧，走进我们《市民与社会》的直播室，与大家来一起进行对话。还记得前几次讨论中，我们的62780990热线始终是非常的热闹，大量的短信留言和听众来信更让我们感受到这一问题倍受关注。所以，今天我们仍想邀请您成为这次讨论的主角。现在我们就请出今天的嘉宾，市教委的副主任瞿钧。瞿副主任，您好！

瞿钧：您好！

秦畅：瞿副主任其实已经是数次在我们的节目当中和听众进行对话了。您会觉得今天这个话题难谈吗？

瞿钧：我想不难谈。

秦畅：好。那么在进入今天的讨论之前，因为瞿主任，前三档节目您是不可能档档都从头听到尾的，我们还是截取了节目当中的一些精彩片断，和听众朋友一起再来听一遍，好吗，瞿主任？

瞿钧：好的。

秦畅：因为第一次讨论是由一封家长来信所引起的，所以一开始是我在讲一封家长来信。

（节目剪辑 1）

【（秦畅转述家长来信）：我是一个一年级孩子的家长。学校留给孩子的家庭作业不是留给他的，而是留给我的。因为我一直信奉一种快乐教育。所以孩子在幼儿园阶段没识多少字，而老师布置的作业当中的绝大多数字他都是不认识的，就是必须有一个识字的人在旁边告诉他你今天必须干什么。我也曾经尝试着和老师去聊过。没想到老师淡淡地说了一句“那是因为你家孩子的学习习惯没有培养好，所以你得陪读”。

（听众电话 1）：“真的是很有同感，真的事情好多啊，每天都有作业，什么笔头的，口头的，有时还有手工的。看他那个作业似乎是满简单，问题是你得让他掌握。不是说他 5 遍 10 遍下来以后，就每一个字都认识，每一个字都会写，一整套东西下来呢，又真的到 9 点、10 点钟，看着孩子很累又很心疼，不做吧又怕第二天老师说你这家长都不配合老师的工作，所以就非常地困惑。”

（听众电话 2）：“我的孩子读两年级了，一年级苦也算苦过来了，但是两年级以后更迷茫了，三年级我不知道要怎么办啊，我现在就是每天要陪读他，以后就是要影响工作了呀。”

秦畅：手机尾号为 4779 听众说“我也有同感，陪儿子做作业很累很烦”、手机尾号为 1814 的听众说“哈哈，终于找到了知音，同志们慢慢熬吧”。

（听众电话 3）：“我小孩已经四年级了。我们天天晚上就是有一个人要全部交给他。一个班级里面如果 10 个人至少 6 个是这样的，如果你今天完不成，老师不会去跟同学说的，第二天他马上就会叫你家长过去，如果跟老师说这个应该是他去完成的，老师肯定不会同意的。”

秦畅：手机尾号为 0130 的听众说“我们尝试过随他去，但大环境没几天就把我们打回了原形”。】

秦畅：这是我们第一档节目的一些片断。那档节目啊，瞿主任，从头到尾基本上都是在抱怨陪读，在抱怨家庭作业多，更在抱怨老师做这些事情是为了什么——你干嘛要给我们布置这么多作业？干嘛抄3遍不行有时候要抄10来遍？干嘛要非得让家长检查完了，没有错误，签上字才能交给老师？你干嘛一有问题就要找家长来？指向了教师，我们必须让教师也说说话，必须给他们一个平台，让他们来说话。我们再来听一段那天节目的一段录音，好不好?

瞿钧：好。

(节目剪辑2)

【(老师B)因为二期课改的第一篇就是课文。50多篇课文还要穿插教拼音，进度也是非常紧的，我们一开始进来的时候就是教学文字，而不是教拼音，跟以前的S版、H版都是有区别的，要求要高一点。

(老师A)以前的学习知识点没有像现在这么多，这么密，要上好一堂35分钟的课，老师的备课量必须要达到2—3个小时，背后老师做的大量工作其实家长是看不到的。就好像现在要让一年级的小朋友也要有"刘翔的速度，姚明的高度"，这个要求一个是来自于教材，另一个是来自于家长的承受力。

(老师A)现在小孩子进学校他们的程度差异是蛮大的。有的小孩子识了1 000多字，因此他可以把老师布置的作业都自己消化、过关，有的小孩子进来以后是零起点，他是在幼儿园进行愉快学习的，所以这部分小孩子在进行这套教材学习的时候必须由家长扶着。】

秦畅：我记得那天我们还收到了一条短信，他说做一年级老师的确是很辛苦，从她们的嗓音上就可以听得出来。两方面都蛮困惑、蛮苦恼，大量有陪读现象，作为教委，您怎么看?

瞿钧：小学一年级的家长基本上不应该陪读的，我们的教学、教育不能把希望寄托在陪读上，特别是起始年级。

秦畅：这个面之广让我很惊讶，我不知道您怎么看?

瞿钧：这个现象确实也客观反映出了上海基础教育存在的一些问题，但是它绝不是方向。

秦畅：也就是说您也认为现在是有大量陪读现象存在的。

瞿钧：有，只不过陪读的形式、时间有所不同。这和我们的教学方法，老师的教学要求也可能存在问题。

秦畅：在我们的短信平台上有这样一些非常尖锐的短信：手机尾号为4465的听众说他认为"二期课改是越改越难，这样下去谈何减负?"；手机尾号为6239的听众说"现在二期课改的问题是一个学期要教50课左右，那么就是一天一课，在一到二年级要认识2 800个字左右，那么必须是填鸭式和急功近利的模式了”；手机尾号为2320的朋友说“照老师的说法，二期课改的语文主要是让学生会阅读，想法很好，实际上会造成生字离开书，孩子就不认识，这也造成了人们认为二期课改这样改不对”；更多的短信直接发来就说“我认为二期课改有问题”。您怎么看？

瞿钧：我想稍微多花点时间把我们的二期课改和小学起始年级的工作做一个简单的介绍。小学的起始年级的语文教材，我们的实施过程中在不断地调整，在前几年，我们经过试点学校，试点班，当时的效果是不错，当然可能是因为试点学校，我们投入的精力比较多，整个教学的标准把握得比较好，所以有些问题没有反映出来。那么在面上推广的时候，由于上海有大约近10万个小学一年级的学生，近千所小学学校，那么，同时执教的时候，反映出来的问题就比较大。所以我们在今年的2月份，专门针对小学起始年级的语文教学情况，做出了一个调整意见。识字标准由小学一年级的460个字，减为364个字，减少了近100个字。注意这是认识字。

秦畅：不是掌握字。

瞿钧：不是掌握字。其次，课文由60篇减为51篇，为什么要减少？就是通过面上推广以后，我们觉得从现在上海整个语文老师掌握课程的要求来讲，还有问题，所以宁可把进度放慢一点，把基础打得更扎实，从整体的效果来讲，是好的，但是呢，这一种教学的方法不是所有的人都愿意接受的，有些老师感到我教一个学生，他只会看，只会认，而不会写……

秦畅：这算认识这个字吗？

瞿钧：似乎和他过去的教学要求是不同的，觉得这样不能算是认字了，于是他在教学过程中，还是要求每一个学生对所有的字都会读、会认、会写、会默。这样就无形地加大了许多学生的负担。

秦畅：您的意思是说“听、说、读、写”四项，我们现在只要求“说”和“读”。

瞿钧：对。

秦畅：现在“听、说、读、写”依然在全面贯彻，加上我们已经有了这个300多字的认字量，就会给大家感到负担重，老师教不过来，你就得回家补，补的时候孩子还不会补，还得家长陪着补，就出现了现在这个状况。

瞿钧：这可能是一个比较大的原因。我们这个调整意见实施了将近一年，我们也作了些分析和调查。大概现在一部分学校里面，40%的老师是能够完全按照我们调整的意见来进行的，还有40%的老师呢，他基本上能够按照这个要求来做，但是他有的时候还不放心，有的时候要加一点，也有20%左右的老师，他不顾你的调整意见，他还是按照他老的在做。

秦畅：就是能够和你们的设计理念相符，严格执行教委二期课改的教学理念的，比例还不足一半。

瞿钧：对。

秦畅：这样看下来的确是不容乐观。讨论到这儿我们也有许多听众他们想就刚才瞿主任您提的一些观点和教委的一些设计进行对话了，我们一点一点在这个平台上把你们想的和市民困惑的，我们看看有些什么样的机会可以对接，好不好？5号线的周先生。

周先生：主持人、嘉宾，你们好，那个教育模式肯定有问题，现在一年级教师反正不管怎么样，像填鸭子一样全部填进去，消化不消化反正回家有家长帮忙一起消化。这个方式必须要消除。

秦畅：把责任推给家长的模式必须要消除。

瞿钧：我也很赞成这位先生的这个意见。我们学校的老师应当承担起对孩子的教育教学，不能把这个责任，“教得好不好”、“学得好不好”推给家长，这是老师的教学理念的问题。同时呢，家长呢也不必过虑，我也坦率地说，其实小学起始年级，他学的都是一些文化的最基础的一些内容，都是能够学好的。所以呢，家长不用着急，即使有的孩子在这方面稍微慢一点，也无所谓。

秦畅：孩子是有差异的，我们要认识这种差异存在的客观性。

瞿钧：对，现在老师呢也有点，好像一个班级30个学生、40个学生，大家都必须要完全一样，我觉得这可能也有点问题。

秦畅：4号线的王先生，您好。

王先生：主持人好，嘉宾好，我呢是一个3年级孩子的家长，小孩已经3年级了，现在教育啊，其实是目标发生了变化，但是教育的理念和教育的方法没有发生变化。这个矛盾导致现在出现了各种各样的问题，虽然素质教育这个教育的目标发生变化了，但是教育的人——“老师”、理念，这都没变。现在很多老师，我就是要教你这点，必须要背下来。孩子很反感，记得上次《新民晚报》还登了篇文章，说高学历家长替孩子挑作业做。我觉得这个关键掌握了，大家都能够解决这个问题。

秦畅：目前的矛盾发生在目标改变了，但是达到目标的过程中所使用的方法还是传统的。谢谢王先生的分析。手机尾号为4465的听众就在短信平台上问瞿主任，老师为什么不能转变这种观念呢？

瞿钧：这个呢也很复杂，一个呢他传统的教学习惯，他可能还是出自于对教学负责对孩子负责的一种态度，他感到我不让你写不让你默，就是不行。这是一个，另外呢，可能和学校对老师的评价方法也有关系。校长是不是能把握好课程的要求，他如何来评价你这个老师教学的水平高低，以年级考试来评他这个班级学生怎么只会写这么几个字，人家会写这么多字，这样可能也有点问题。

秦畅：1号线的赵女士，您好。您好，赵女士。

赵女士：秦畅老师您好，嘉宾您好，我的孩子读1年级，他从幼儿园到小学，中间好像没有一个衔接的阶段，所以现在学起来，他们比较好的学生也是比较累的。

瞿钧：这个问题呢我觉得不在于衔接的问题，实际上我们整个2期课改是一个完整的体系。它从学前教育，到高中毕业，都有一个整体的设计。而我们的设计，在幼儿园阶段是基本不学文化知识的。整个所谓的过渡期就应该是在1年级。我们的一年级学生进来的时候应当都是一张白纸，然后教他1、2、3、4，问题是我们有一些学校为了要招到一些所谓的好学生，所以他在进行违反义务教育法的入学选拔考试，这个风一起以后呢，就使得我们幼儿园产生了一种学科化的倾向。结果就使我们一年级的学生发生了很大的差异，对我们的一年级的教学带来了很大的问题。

秦畅：面对这个现状，我们教委有过什么举动吗？

瞿钧：我们从今年开始，特别强调在义务教育中小学一年级的招生工作中，绝对禁止进行考试、口试之类的东西，这样的话，可以从源头上来阻止幼儿园的学科化的倾向，而这种过早、过度的认知，已经被证明实际上对培养儿童是不成功的。

秦畅：但问题是目前的现状啊，还是理念认识都是参差不齐的，我想二期课改你们的理念是很确定的，从教育的实施者，就是各级的区县一级的教育局，再加上各个学校的校长，然后到了年级组长，然后再到每一个一年级的老师，再到每一个一年级学生的家长，这5大群体的人，我相信都是参差不齐的认识，这该怎么办？我们听听3号线张先生的观点，您好，张先生。

张先生：我认为二期课改要比一期好得多，因为老师教的呢，对象是人，所以每个学生有每个学生的不同，等于像一把钥匙只能开一把锁，关键是老师对教改的认识程度如何，那反映了这次二期课改实行得好还是不好。

秦畅：哪怕教委的理念是很好的，但是你的理念要靠那么多的学校的校长和老师去实行的，如果他们执行不了这个理念的话，他们很可能就带来大家认识上的障碍和误区，认为你是失败的，你是不成功的，你是不能实施的。

瞿钧：因为涉及的面很广，所以我们不可能一下子要求大概有13万的老师都完全100%按照我们的要求来做，这个过程必须在实践过程中不断完善。我们也在实践过程中不断强调对校长对老师培训，同时也希望社会各界大家共同来关心，来做好这件事。

秦畅：您觉得这种社会各界共同来关心，督促这件事情可以有哪些做法?

瞿钧：欢迎社会舆论来监督，比方说有一些是违背我们这些做法的，我想我们的家长如果感到这方面确实是有问题的，应当向所在的区县教育行政部门，区县教育局去反映。

秦畅：家长害怕。

瞿钧：这不用害怕，因为我们按照教育的方针办事，有一个，举报一个，查实一个，处理一个，大家起来做。

秦畅：就是说由于这种理念的推动需要各种助推力共同实现，那么我们普通家长的监督也是这样一种助推力，好，谢谢！我们听众有一个共同的呼吁，说瞿主任今天能来到《市民与社会》，期望您不虚此行，回去之后能够想出一些切实可行的办法来，解决目前的现状。瞿主任，有何感想？未来会有些什么样的措施?

瞿钧：刚才许多听众的来电都反映了一个共同的想法，这些想法和教委的想法基本上是一样的。我们觉得上海现在的教育发展，下一阶段主要的任务就是提高我们教师的教育教学水平。教师是我们课程改革成败的关键，而我们广大学生他们每天面对的是我们10多万老师。所以，今后相当长一段时间，教委的主要工作就是提高教师的教育教学水平。

秦畅：瞿主任，我有一个深深的感受啊，美好的理念形成是比较容易的，但是如何把理念真正地贯以实施，又有效果，这个过程将是比较艰难的，甚至是很长的一段时间，我们只能共同努力了。

瞿钧：好。

秦畅：好，非常感谢瞿钧副主任今天做客《市民与社会》，跟我们听众朋友共同进行的对话，谢谢瞿主任，再见。

瞿钧：再见。

（上海人民广播电台2006年12月9日播出）

关注民意 体现善意

第一，回应了市民的关切，正视了民众的诉求。上海市第二期课程改革工程是一个以提高学生素质教育为目标的新的教学体系，它起始于1998年，2005年在全市全面推广。出人意料的是，当这项工程大面积推进的第二年，问题便不断产生。为数不少的学生、家长及教师对此颇有微词。义务教育涉及千家万户，上海人民广播电台对此进行了及时关注，并且还深度介入其中，承担起了困惑发抒的平台和问题解决的桥梁。

第二，讨论富有诚意，意见交流充分。现场的讨论是本着正视问题，解决问题的思路展开的，而不是以完成一个访谈节目为目的。请到演播间的嘉宾上海市教委的副主任瞿钧，是“二期课改”的组织者与领导者。他在节目中与听众进行了充分的交流，坦承“小学起始阶段的确有大量陪读现象存在”，能完全符合教改设计目标、实施教学任务的教师不足40%。也就是说，大多数教师还是在用老的教学方法和目标来实施新的课程体系。有了这种坦承交流，问题的解决就具备了基础。

第七节 广播新闻现场直播

一、新闻现场直播的缘起

从形态上看，广播的现场直播实际上就是广播的录音报道与现场报道的进一步扩展和延伸。广播的录音报道与现场报道虽然名称不同，其实含义是很接近的，二者只是有不同的突出与强调的元素而已。录音报道是指利用新闻事件的实况音响和新闻人物的讲话录音而展开的报道，而现场报道则是指记者在新闻现场进行访问、口述所见所闻，并且伴有实况音响的报道方式。在这里，录音报道强调实况音响，现场报道强调记者在现场中口头报道。

说起广播录音报道与现场报道的出现，有一个人是无法回避的，他就是美国哥伦比亚广播公司的记者爱德华·默罗(Murrow Edward)。他1935年进入哥伦比亚广播公司，1937年被派往伦敦，任欧洲记者站的负责人。他主持了“现在请听”、“这里是伦敦”等广播节目，被誉为“现场报道的鼻祖”。1938年3月，默罗从伦敦赶到华沙，筹办一个文化节目。听说德军正在越过德奥边境，向维也纳逼近，默罗用一千美金包下一架27座的客机，独自直飞维也纳。

1938年3月12日，默罗在德军进占维也纳的同时，向美国听众广播了他的第一篇战争报道：

> 我是爱德华·默罗，此刻正从维也纳报道。现在是凌晨2点30分，希特勒本人还未到市内。看来，没有人知道他会在什么时候到这儿。但是绝大多数人预料他会在明早10点之后的某一时刻到达……我是几小时前乘飞机从华沙取道柏林来这儿的。从飞机上鸟瞰维也纳，我发现她跟从前没有两样。但是维也纳确实有所变化……人们在这里把武器举得要比柏林高一些，而且，人们说起"嗨，希特勒"这样字眼声音也要高一些。……年轻的纳粹冲锋队员乘车在街道四周游荡。他们乘着军用卡车、各种型号的装甲车，唱着歌，向人群投扔桔子皮。几乎所有的重要的大楼都设有武装警卫，包括我现在临时广播的这座楼房。整个城市有一种断定要发生某种事情的迹象，每个人都在等待着，想知道希特勒在什么地方，什么时候会到达这里。

爱德华·默罗的这次报道被视为广播史上的第一次"现场直播"，给广播记者留下了许多的启发。此后，默罗又进行了一系列出色的广播报道。埃默里父子在《美国新闻史》中说："1940年底，爱德华·默罗每天晚上都向哥伦比亚广播公司的听众报道纳粹空袭伦敦的消息。他的'这里是伦敦'形象生动地报道了不列颠战役，给美国人的心灵造成了最大的震撼。默罗那平静而令人信服的声音把炮弹肆虐下熊熊燃烧的伦敦展现在美国人民的眼前，使仍然保持中立的美国领悟到这场战争的性质。诗人阿奇博尔德·麦克利什后来这样评述默罗的广播：'你在我们的房舍里焚烧了伦敦城，我们感受到了那熊熊火焰。'"[①]由此可见，广播现场报道呈现现场的效果，给当时的美国听众留下了极为深刻的印象。

二、广播新闻现场直播的特征

1. 题材重大，可听性强，典型的场景具有持续性

就单个节目的时长而言，即使不对组合型节目的时间进行累加，广播现场直播节目的长度在广播所有的报道体裁里也是首屈一指的。其篇幅短的一般都在半小时左右，长的可以达到四五个小时。只有大家感兴趣的重大的题材，才有必要进行这样的细致而全面的报道。另外，它报道的不是一个新闻事件的一个片段或者结果，而是一个具有延续性的流程。其中，典型性的场景在事件的整个流程中不是一晃而过，而是有参次错落的分布。如果只是一晃而过，那么，直播节目的吸引力就会每况愈下，难以为继。

从选题上看，《首都各界庆祝中华人民共和国成立60周年大会现场直播》是

---

① ［美］迈克尔·埃默里、埃德温·埃默里著，展江、殷文译：《美国新闻史——大众传播媒介解释史》(第八版)，新华出版社2001年版，第396页。

一个常见的广播直播节目类型。该节目于2009年10月1日中央人民广播电台播出，全景性展示各界群众庆祝建国60周年的情景。由于报道的是一个典型的重大事件，节目时长达2小时40分。它是新中国成立以来中央电台规模最大、影响最广、最具震撼效果的一次国庆大典转播。在60年前直播开国大典原址上搭建直播台，前方现场直播人员达150多人，8个频率及网络多媒体同步直播，全国247家电台上千个频率同步转播中央台汉语直播信号或藏语直播信号，实现了传播效果最大化。

《一次惊心动魄的救援行动》报道的是一次突发新闻，是不大常见的另一种类型的广播直播作品。它于2007年6月26日在黑龙江都市女性广播频道播出。一名年轻孕妇被丈夫抛弃，她选择了打开煤气自杀。这个节目报道的就是社会各方对她进行惊心动魄的爱心大营救的过程。由于事件突发，冲突不断、悬念迭起，在整个事件发展进程中，听众无法预知下一秒会发生什么，都紧张地关注并积极地参与其中。当天节目进程中，打进导播间的参与电话有上百个。

2. 前期工作准备充分，注重策划和设计

从一方面来说，广播是以声音为媒介传播信息的。广播在技术上之所以可以进行现场直播，其原因就在于可以通过播发现场的音响，来呈现现场的实况。显而易见，音响只是现实场景状态的一部分，而且现实中的需要直播的事件在发展过程中，并不是始终带有音响的，因而需要大量的其他手段或者因素来补充。这就需要广播编导与记者在直播节目播出之前，在材料与信息等方面做大量的准备工作。从另一方面说，广播直播节目面对的报道对象，大部分是预发性事件。也就是说对事件发生的时间、事件的性质及其发展的大致过程，都是可以预先就知道的。这就为节目播出之前的准备工作提供了可能和便利。

《站在“9＋2”最前沿》是个大型现场直播节目，由四川人民广播电台主办，福建、江西、广东、广西、湖南、海南、云南、贵州、香港、澳门等省区广播电台共同参与制作而成。它以2小时35分的时长，直接向听众展现了在成都世纪城新国际会展中心举办的第二届泛珠三角区域经贸合作洽谈会开幕式的实况。这次广播直播效果很不错，被称为本次经贸合作洽谈会的一大亮点。直播前的前期工作在其中起了非常重要的作用。为了搞好现场直播，各家电台由台长和频率总监带队，选派优秀的节目主持人前往成都，40多名广播界精英人士汇聚一堂，共同策划、研讨节目。四川电台还抽派记者分赴泛珠三角11省(区)采访行政首长及相关人士，以便在直播时融入各台节目中，提升节目权威性。其他各台也采制了各自富有特色的节目内容，在现场直播时穿插播放。

3. 新闻现场直播的过程，是广播记者新闻采编业务技能的大考验，也是广

播媒体技术与设备条件的大检阅

广播现场直播与其他类型的单一节目不同，其实是一种综合性的节目。它至少包括了现场报道、背景介绍与事态分析等内容，可以说集采、写、编、播、评于一体，是对直播参与者广播技能的全面考核。同时，广播直播对广播的传输技术与设备要求很高，这种要求的具体程度，具体由直播的规模与方案决定。

《再探苍穹》是一个对“神舟”6号飞船载人航天飞行进行直播的大型节目，由中央人民广播电台集体制作。该节目充分调动多种直播元素，运用前方记者现场播报、北京飞控中心典型音响传送、演播室专家解读、背景资料短片介绍、主持人现场穿插、短信网络互动、音乐片花等形式，比较全面地反映了飞船发射、运行、返回和欢庆等不同阶段的实况。在整个直播过程中，节奏此起彼伏，扣人心弦，做到3—5分钟一变化，5—10分钟一转场。返回阶段的报道还首次采用了空中直播模式，丰富了中国广播直播形式。在这次直播过程中，中央台采编人员的广播采编与制作技能得到了充分的发挥，广播传播技术与设备也经受了极大地考验。

三、广播新闻现场直播点评示例

嫦娥奔月

——“嫦娥一号”绕月探测卫星发射特别报道(片断)

集体创作

(中央人民广播电台《中国之声》标志乐)

【直播总片花：——“嫦娥奔月”

(乐曲《东方红》，压混)

1970年4月24号，中国第一颗人造地球卫星“东方红一号”发射成功。一曲《东方红》在太空飞扬，举国上下一片欢腾；

(出音响，神舟五号发射过程)(杨利伟)坚决完成任务，不辱使命！

点火！(轰隆隆)起飞！(轰隆隆)

2003年10月15号，“神舟”五号载人飞船遨游太空，中国一跃成为世界上第三个能够独立开展载人航天活动的国家；

(音乐，压混)

今天，“嫦娥一号”绕月探测卫星将在西昌发射升空，

中央人民广播电台派出多路记者，全程报道发射盛况：

这里是西昌卫星发射中心绕月探测卫星发射场……

我现在是在西昌卫星发射中心的指挥大厅里……

“远望二号”航天测量船正航行在浩瀚的南太平洋上，我将随船为您报

道……

官员、专家权威解读，为您撩开“嫦娥一号”神秘的面纱：

（张云川）“实现‘嫦娥奔月’，圆千年奔月梦想。”

（欧阳自远）“满怀信心，要力争首发成功。”

中央人民广播电台中国之声倾力推出“嫦娥一号”绕月探测卫星发射特别报道《嫦娥奔月》。

飞天庆盛世，千里共婵娟！

（音乐结束）】

庞莹：听众朋友，香港特别行政区同胞、澳门特别行政区同胞、台湾同胞、海外侨胞们，这里是中央人民广播电台第一套节目中国之声，欢迎您收听“嫦娥一号”绕月探测卫星发射特别报道——“嫦娥奔月”。我是中央台主持人庞莹，在北京的总直播间向您问候。

雨亭：您好，听众朋友，我是中央台的主持人雨亭。听众朋友，十月是金色的季节，十月是收获的季节。继人造地球卫星、载人航天飞行之后，绕月探测工程作为我国航天活动的重要里程碑，今天即将迈出它雄健的第一步——“嫦娥一号”卫星发射升空。正如它的名字一样，“嫦娥一号”寄托着我们中华民族的千年梦想，是我国实现深空探测“零的突破”的标志性工程，对我国航天事业的发展具有重大意义。

庞莹：听众朋友，自古以来银色的月光总给人以遐想，月亮上是否有我们传说中美丽的广寒宫、可爱的玉兔，芬香的桂花酒。相信我们的这些千年传奇和今天的航天伟业都会集中体现在即将发射的“嫦娥一号”身上。从今天上午 7 点起，我们中国之声已经连续播出了两档特别报道节目，向听众朋友介绍了“嫦娥一号”卫星和我国的绕月探测工程。

雨亭：按照计划，“嫦娥一号”探月卫星的预定发射时间是今天下午 18 点左右，为了让您能够在第一时间获得最新消息，同步感受“嫦娥一号”从发射、起飞到在轨运行的全部历程，我们中央人民广播电台派出了多路记者，为你全方位、多角度地报道我国“嫦娥一号”探月卫星发射的现场情况。

【（嫦娥）小片花——“各路记者亮相”篇

嫦娥奔月，中华圆梦；绕月探测，再问苍穹；中央人民广播电台派出多路记者和您一起全方位、多角度见证“嫦娥一号”绕月探测卫星发射的历史时刻。

这里是西昌卫星发射中心绕月探测卫星发射场，搭载着“嫦娥一号”绕月探测卫星的长征 3 号甲型运载火箭，已经矗立在了发射塔架上，发射进入倒计时……

我现在是在西昌卫星发射中心的指挥大厅里，大屏幕上显示，绕月探测卫星和运载火箭数据良好……

“远望二号”航天测量船正航行在浩瀚的南太平洋上，我将随船为您报道……

我现在在北京航天飞行控制中心，这里是连接所有观测站点的神经中枢……

我现在是在中国科学院空间科学与应用研究中心……

我是中广网记者，我将第一时间给广大网民发回来自现场的图文和视频报道……

中央人民广播电台中国之声倾力推出“嫦娥一号”绕月探测卫星发射特别报道《嫦娥奔月》。敬请收听参与!】

雨亭：听众朋友，现在您正在收听的是中央人民广播电台第一套节目中国之声“嫦娥一号”绕月探测卫星发射特别报道——“嫦娥奔月”。我是主持人雨亭。

庞莹：我是庞莹。在今天3个半小时的节目当中，我们将共同见证中华民族的又一历史创举，亲身感受中国航天事业的新腾飞。

雨亭：在您收听我们节目的同时，您可以通过短信的形式参与我们的节目，发表您的感受，提出您所感兴趣的问题，当然也可以为嫦娥送上您的祝福。发送手机短信的方式：请您输入英文字母XW加上您的短信留言，发送到9500168，资费每条0.5元，不含通讯费。(此句简称互动语1)今天中国航天事业合作伙伴万和集团也将和全国听众一道共同关注本次“嫦娥一号”绕月探测卫星发射。

庞莹：各位听众，今天中国广播网也正在进行“嫦娥一号”绕月探测卫星发射的网上直播，大家可以登录中国广播网进行在线收听、关注和参与。中国广播网的网址是www.cnr.cn。

雨亭：再过两个小时，“嫦娥一号”绕月探测卫星就要载着我们的梦想和期待，发射升空了。下面，让我们先来认识一下今天直播的主角——“嫦娥一号”。

【(嫦娥)小片花——“嫦娥一号卫星介绍”篇

“嫦娥一号”卫星由中国空间技术研究院承担研制，以中国古代神话人物嫦娥命名。它将完成四大科学任务，首要目的便是为月球“画像”，也就是要通过各种手段获取月球表面影像和立体图像。此外，还要分析月球表面有用元素含量和物质类型的分布和特点，探测月壤厚度以及地月空间环境。嫦娥一号的外形为立方体，两张太阳能电池板分布在两侧，最大跨度达18.1米，起飞重量为2 350公斤，卫星需要14天进入环月轨道。“嫦娥一号”设计寿命为一年，执行任务后将不再返回地球。】

（主持人介绍听众短信，略。歌曲：《带我去月球》专家访谈，略）

【（嫦娥）小片花——“月球知识简介”篇（略）

（片花《发射倒计时》（西昌卫星发射中心、北京航天飞行控制中心和中科院空间中心的中央台记者报道现场情况。略）】

庞莹：嗯，现在我们的导播示意距离发射场只有一公里的中央台记者王亮打来电话，发射塔的回转平台现在已经展开了，“长三甲”已经现出真身。我们赶紧接通王亮的电话。王亮，你好。

王亮：主持人，你好。

庞莹：你现在看到火箭了吗？

王亮：主持人，各位听众，这里是西昌卫星发射中心绕月探测卫星发射场，现在是北京时间的17：12，在两分钟之前也就是北京时间的17：10，三号发射塔的南侧的回转平台的第一联已经打开了。在十分钟之前场区上空响起了警报声，工作人员正在陆续下塔并撤离现场。现在的五层回转平台的第一层已经缓缓打开，第二层已经开启了一部分，这应当说是一个标志，因为回转平台闭合时，火箭是处于测试状态，只要打开平台就意味着火箭进入了发射状态！刚才专家可能已经介绍过了“长征三号甲”火箭是全长52.52米，它的地球同步转移轨道运载能力是2.6吨，可以说它是一名出色的“大力士”。而且“长征三号甲”火箭从1994年首飞至今已成功发射了14次，成功率为100%，是我国长征火箭家族中的“金牌火箭”。过一会儿我们就可以看到“长征三号甲”火箭的真实面目了。现在还是只打开了第一联的回转平台，第二联只打开了一部分，可能打开回转平台的过程还比较缓慢。

雨亭：王亮，你是在现场，我想问问你现在现场的天气情况和能见度怎么样？

王亮：现在发射场的天气情况仍然是多云的天气，风力不是很大，我们知道，昨天西昌是结束了一段时期的阴雨天气，迎来了久违的阳光。今天凌晨西昌下了一场雨，到上午9点钟的时候雨量渐渐地减弱，天空见晴。现在发射场区的情况是多云，风力不是很大。

雨亭：好的，非常感谢王亮在前方的报道，稍后再一次关注前方的最新进展。对于今天“嫦娥一号”卫星的发射可以说各界都非常关注，我们再来带大家共同感受一下所有人的祝福吧。

【(嫦娥)小片花——“专家寄语”篇。略】

雨亭：听过了这些科技工作者还有专家们的祝福，听众朋友的短信，我们也来关注一下。手机尾号为1593山东的听众说，听了刚才你们在18点之前放的那曲《东方红》，真的是很激动。我们的祖国母亲经历了无数的风雨，现在要为他编织出更美丽的彩虹，祝福“嫦娥一号”。

庞莹：手机尾号为6830的长春听众说，我是一名高三学生，正在上课，可是我抑制不住听广播的冲动，这是一个紧张的时刻，祝愿“嫦娥”奔月成功。

【(嫦娥)总片花——“嫦娥奔月”】

庞莹：“嫦娥奔月”这个流传中国几千年的美丽传说即将从这里实现。这是让欣欣向荣的中华民族激动自豪的时刻！现在我们看到导播向我们示意，在前方也就是距离发射场最近的我们中央台记者王亮又再一次打来电话，说发射塔的回转平台已经全面展开了，我们来接通王亮的电话。王亮，你好。

王亮：主持人，你好，现在是北京时间的17点44分。在两分钟之前三号发射塔的五层回转平台已经全部打开！这标志着火箭从测试状态转入了发射状态。托举着“嫦娥一号”绕月探测卫星，承载着几代中国航天人光荣与梦想的“长征三号甲”火箭终于在世人面前展示出了秀美、挺拔的身姿！火箭上端，中国探月的标记和箭体上“中国航天”四个大字显得格外醒目。此时此刻，回转平台已经完全打开的三号发射塔就像母亲一样张开了自己坚实的臂膀，承载着“嫦娥一号”的“长三甲”火箭则像即将远行的游子依偎在母亲的怀中聆听着母亲的叮咛。因为它们明白，这次远行的意义非同一般，它承载了中华民族的千年梦想，它承载了华夏儿女的太多期盼。好的，主持人，关于现场的情况就是这样的。

庞莹：好的，谢谢王亮，让我们共同期待这一历史时刻的到来。

(西昌卫星发射中心的记者报道，略)

雨亭：王亮你好，介绍一下现场发射的情况。

王亮：现在是北京时间的17点52分。在几分钟之前几名身穿橘红色防静电工作服的塔台勤务人员是从发射塔撤离到了距离发射塔五六十米远的地下掩体里面。他们是火箭点火之前最后一批撤离现场的工作人员。我们从现场可以看到，火箭的最顶端被弹头形状的整流罩包裹着的就是整装待发的、即将访问月球的“嫦娥一号”月球探测卫星。工作人员告诉我，“嫦娥一号”就像婴儿一样被整流罩呵护着，因为整流罩内部的温度要始终保持在

15—16℃，洁净度需要保持百万级以上。那么我们还可以看到，在发射台的上面有四个火箭支撑点，它们像四个抓手牢牢地固定住火箭。为防止风力对火箭的影响，发射台上还有一个防风拉杆，保证火箭在发射台上不倾斜。现在我们可以看到连接发射塔的回转平台和火箭箭体的十根电缆摆杆缓缓地展开，这10根摆杆不仅能起到支撑火箭的作用，还可以自动为火箭充电、充气、加注燃料，它们好比是连接发射塔与火箭的一根根“脐带”。摆杆的展开就意味着火箭点火起飞的时间马上就要到来了！

庞莹：我们现在把信号再一次切到西昌卫星发射中心。佳慧，你好。

佳慧：庞莹，你好。现在我看到大屏幕上显示的倒计时时间已经是2分49秒，任务进程是4分钟准备，系统状态是控制系统准备好了，测量系统已经准备好了，动力系统也准备好了。应该说火箭发射之前的一切准备工作都已经准备好了，就等着那个最关键的状态。我们从大屏幕上还可以看到乳白色的星箭组合体屹立于塔架之畔，直指苍穹。“长征三号甲”运载火箭的二级箭体上蓝色的“中国航天”四个大字分外引人注目，火箭顶部整流罩中包裹着“嫦娥一号”绕月探测卫星，同样为蓝色的卫星标志也是清晰可见。现在大厅下面的工作人员已经作了最后的准备，他们目前的工作状态非常紧张，每个人脸上的表情非常的严肃。

雨亭：能够听到刚才喊出两分钟的准备口令了。

庞莹：给大家报一下现在的时间是18：03：10。

佳慧：距离卫星发射还有1分48秒。

庞莹：我们一起等待这1分48秒的到来，这是一个非常激动人心的时刻，在短信平台上已经有很多听众朋友都在表达着同样的心愿。

雨亭：是的，手机尾号为3915的听众是一名大学生，他说，我同时还是一位天文爱好者，一直关注今天的嫦娥奔月的特别报道，预祝火箭发射成功。

庞莹：上海手机尾号为3315的听众说，随着“嫦娥”升空时间的临近，我的心情也非常激动，祝首飞成功。

雨亭：还有一位手机尾号为6687的北京听众说，从今天早上开始就一直关注着中国之声的特别报道，不仅是预祝这个起点，而且希望在后续的这些天内都能够听到来自你们中国之声的现场报道，关注嫦娥一号的一举一动。

佳慧：雨亭，现在倒计时是1分钟准备，还有56秒卫星就要发射升空了。

庞莹：好的，听众朋友如果您想继续参与我们的节目，可以通过编辑短信的方式加入。现在我们听到前方的信号是在作倒计时的准备，已经还剩40秒的时间。

佳慧：也许平时40秒的时间比较短暂，但是现在我们觉得非常漫长。每个人的心都非常激动，现在我手心都出汗了。

雨亭：等到30秒了。

佳慧：29秒，27秒，26秒，现在是24秒。我们每个人的神经非常的紧绷，现在的时间显示的是倒计时14秒。

雨亭：让我们稍后来共同倒计时。

（现场　发射倒计时：10、9、8……3、2、1——点火！起飞！）

（中央人民广播电台2007年10月24日播出）

点评

1. 题材重大。“嫦娥一号”绕月探测卫星的发射升空，成就了我国航天事业的第三个里程碑。前面两次分别是：第一，1970年4月24号，中国第一颗人造地球卫星“东方红一号”发射成功；第二，2003年10月15号，“神舟”五号载人飞船遨游太空，中国一跃成为世界上第三个能够独立开展载人航天活动的国家。它们都是我国航天史上值得浓墨重彩大书特书的重大事件。

2. 场景恢弘。面对的是一个接地连天驰骋万里的宏大场景，必须要有非同一般的调度与设计，一切才有可能。本次直播设立了北京飞控中心、西昌发射中心、中国之声总直播间三大直播间，还安排了卫星发射现场、远望号测量船、中科院空间等多个中心现场，实行同步播报。

3. 预案充分。由于直播的是一种特殊的场景，发射时间并不确定，发射可能出现状况。为此，直播组确定了四套直播应急方案。此外，为了做好本次直播，在三个月前，中央人民广播电台编辑、记者、主持人走访了数十个研究院所，结识了近二十位航天专家，积累了近二十小时的珍贵音响资料。

第八节　广播新闻节目编排

一、广播新闻节目编排的特点

首先需要说明的是，节目编排是现在约定俗成的说法。准确的表达应该是栏目编排。无论是在口语中，还是在书面语里，节目既可以指单个的节目，也可以指一档栏目，这里使用的是其第二种含义。

简单地说，广播新闻节目或者栏目编排，是指对既有的广播节目的播出顺序、流程、结构进行整体的规划和设计，由此体现特定广播媒体的新闻理念与报道方向。

1. 应该体现媒体的立场与栏目的定位

我们的新闻工作从来都是旗帜鲜明地强调自己是有立场的，而且立场的存在并不妨碍媒体社会功能的充分发挥。自身的立场会体现在媒体工作的方方面面，这其中自然包括新闻节目的编排。

当然，国内的媒体在基本立场上是相同，所以，在听众的感觉中，广播媒体新闻栏目的立场在节目编排中体现得不是很清晰。不过，在栏目的定位上就完全不同了。从整体上，现在的广播电台在国内的布局是非常广泛和充分的，由于它们分别属于不同地域、不同层级，所以各自都有独具的栏目定位。这种定位会直接决定栏目编排时轻重主次的取舍。

"浙广早新闻"是浙江人民广播电台新闻频道的一档早间新闻栏目，下面是该栏目 2009 年 12 月 26 日播出的节目：

版块名称：省内新闻

舟山跨海大桥昨晚全线通车。

昨晚 11 点 58 分，近百辆汽车争过舟山跨海大桥。

新闻链接：舟山跨海大桥开通带来的影响。

宁波至舟山轮渡的价格、班线将做较大幅度的调整。

副省长陈加元倡议：企业为返乡职工提供一张免费车票。

杭州、宁波、温州将包机送四川籍优秀农民工返乡。

明年开始，浙江的企事业单位不为残疾人提供就业岗位将受罚。

好村官何小川的遗体昨天火化。

杭州市第二批公车改革明年元旦启动。

房地产新政不断出台，杭州二手房价格频繁跳水，但是接盘的人却不多。

明年是西湖"申遗"关键年，西湖今后将适当限制游客数量。

钱塘江昨天搜救工作又有新进展，第三具遗体被找到。

针对钱塘江潮水卷人事件，新华社发表评论。

平阳县电大招聘教师出现怪现象。

建德一名赌徒用长刀劫持桐庐银行保安。

年关将近，针对银行、小店等的抢劫时有发生。

周末两天全省将降温 6 到 8 度。

版块名称：国内外新闻

国家统计局发布第二次经济普查结果。

冷空气影响我国三分之二以上地区。

国家三部门紧急通知，对流浪乞讨者先救助后甄别。

短评：救助流浪乞讨者需要建立长期机制。

我国对军人伤亡保险政策制度作出重大调整改革。

创业板第二批八家公司昨天上市。

上海世博中心竣工。

武广高铁客运新干线将于今天上午开通。

警方在湖北武冈自杀的副市长杨宽生的宿舍搜出21万元现金。

34名学生被巨浪打入水中，4人失踪。

钟南山说，孕妇妊娠初期慎用甲流疫苗。

法院判决：宋祖德公开道歉，并赔偿谢晋夫人29万元。

阿富汗塔利班公布一名被俘美军的影像片段。

日本通过2010财年预算案，创初始预算历史新高。

日本发布新的高中教科书辅导材料，没有提到有争议的“竹岛”问题。

美国军方在圣诞节追踪圣诞老人。

版块名称：传媒视点

买不起房的市长需不需做“房奴”?

地产新政刚出，新地王何以接踵而至?

又见楼酥酥，到底谁缺钙?

公务员何以能“先天下之睡而睡”?

开除公务员呼唤退出机制。

“多少损失无法挽回”对反腐报告更重要。

“浙广早新闻”是浙江广播电台的一档栏目，那么，它是浙江省的一个重要的信息发布与传播平台。其基本定位是服务浙江，听众大多也在浙江境内。所以，它在节目的编排中突出传播浙江本省的信息，开头部分都是省内新闻，国内与国外的新闻则安排在其后播出。这不是国内与国外的新闻不重要，而是栏目的定位决定的。

2. 应该反映一个时期的宣传重点

我国新闻媒体的基本定位是党和政府的耳目喉舌，其含义即新闻工作是党和政府工作的一个部分，所以，媒体应该围绕着党和政府的中心任务开展工作。各级党委和政府在不同的时期有不同的工作重心，在这种时候，媒体就要迅速跟进，积极配合。显而易见，其中的新闻栏目更是首当其冲，责无旁贷。

2008年9月，三鹿婴幼儿奶粉受到三聚氰胺污染的事件被媒体公开报道，立刻就引起了广泛的关注，一时间对牛奶安全性的质疑成了波及全国的重大话题。下面是河北人民广播电台“全省新闻联播”栏目在这个期间播出的一期节目。

河北人民广播电台“全省新闻联播”2008年9月22日播出的节目

版块名称：处置三鹿事件进行时

党中央国务院对三鹿婴幼儿奶粉事件有关负责人员做出严肃处理。

经事故调查组调查，三鹿集团公司主要负责人涉嫌犯罪。

省政府决定按每头奶牛200元标准给奶农发放3.16亿元补贴。

代省长胡春华在沧州考察奶制品企业，强调严把质量关口。

版块名称：三鹿奶粉事件前沿信息

全省各地组织医护人员深入基层筛查救治食用三鹿问题奶粉患儿。

全省已有342名泌尿系统结石患儿康复出院。

专家指出：多数婴幼儿三聚氰胺泥沙样结晶可自行排出。

石家庄各大超市立即行动，把不合格液态奶全部下架。

我省加大婴幼儿奶粉市场供应力度。

以人民群众的根本利益为出发点和落脚点，妥善处置好三鹿奶粉事件。

版块名称：省内新闻

上半年我省9个设区市66个减排项目未能按时完成。

一至八月份，我省进出口贸易高出全国平均增速40个百分点。

八月份我省重点城市房屋销售价格涨幅回落。

省卫生厅出台规定，严查新农合工作人员虚报参合农民人数套取财政补助资金等违规违纪行为。

今天是世界无车日，邯郸大多市民选择骑自行车、乘公交车出行。

版块名称：国内国际新闻

中国石油集团增持6 000万股中国石油A股股份。

河南省登封市市长因“9.21”煤与瓦斯突出事故被免职。

外交部密切关注中国公民在新加坡遇害事件。

麻生太郎当选日本自民党新总裁。

美国金融危机以后幸存的两大投资银行高盛和摩根士丹利被批准转为银行控股公司。

河北是石家庄三鹿集团股份有限公司的所在省份，当“三鹿奶粉事件”出现以后，河北省的主流媒体就必须正面触及，进行重点报道，以便及时发布相关信息，解答社会的关切，消除市民的恐慌。从上面这份节目编排中可以看出，当“三鹿奶粉事件”成为新闻报道的中心以后，河北电台做出了积极而恰当的反应，“三鹿事件”在这里得到了充分的强调和突出。具体说就是栏目为此罕见地设立了专题板块，这样的板块不仅占用了足够的时长，节目一共有四个板块，与“三鹿奶粉事件”相关的就占了一半；而且还被安排在显要的时段，它们被放置在“省内新闻”和“国内国际新闻”之前。

3. 应该照顾听众的收听习惯

上面谈到的两点，考虑的角度都是广播新闻应该传播什么，这里谈及节目编排要照顾到听众的接受习惯，是基于另一个角度，也就是怎么传播。具体来说，就是新闻栏目的编排如果能符合听众的收听习惯，他们收听节目的概率就会大大增加，所以这样的节目编排是有效的，是我们应该极力倡导的。

受众的收听习惯，是因人而异的，不同身份不同层次的听众在收听广播时会有不同的要求。同时，受众的收听习惯不会一成不变，而是处于不断变化的状态之中。要做好这项工作，就必须直接面对受众，做好受众调查工作。然后根据调查的信息，调整新闻编排的观念。

二、广播新闻节目编排的方法

新闻节目的编排方法很多，一般常见的有以下几种：

1. 同类组合

这种编排方法就是将内容、题材相同、相近的新闻编排在一块，以一个节目集群出现，成为整个栏目的一个组成部分。这样编排的好处，首先可以把不同角度、不同侧面报道同一主题的新闻作品组合在一起，使所要报道的新闻事件与新闻主题得到突出的展示；其次，各条新闻之间相互依托，互相联系，增加了新闻报道的深度和广度；最后，通过同类的组合，编辑寓观点于编排之中，很自然地传达出了新闻采制的立场与态度。简言之，这种编排可以使单个的节目之间相互补充，相互呼应，发挥出节目集群特有的传播声势。

上面提到的河北人民广播电台“全省新闻联播”栏目 2008 年 9 月 22 日所播出的节目，把与“三鹿奶粉事件”相关的 10 条新闻，安排在“处置三鹿事件进行时”和“三鹿奶粉事件前沿信息”两个板块中。本期节目能够做到中心突出，并且给听众留下深刻印象，与这样的编排方式是密不可分的。

2. 对比编排

这种编排方法的要点是，将内容与性质完全相反的新闻作品安排在一起，在形式上形成一种直接的冲突与对立，在客观上可以达到非同寻常的传播效果。具体来说，就是通过这种对比所形成强烈的反差，可以引起听众的充分注意，并且给他们留下深刻的印象。此外，将相反内容的新闻并列在一起，在报道上也起到了均衡的效果，可以避免听众由此产生单方向的偏颇的联想。

对比的编排方法，在国内新闻界运用得非常普遍的。在长期的新闻实践中，也被证明是行之有效的编排方式。如一条新闻报道发生了严重的火灾，接下来的一条报道的内容就是某机构具有很强的消防意识，总是把火患消灭在萌芽之中。

3. 间隔编排

美国的节目编排有一种所谓峰谷技巧的说法，它是基于这样一个前提：一个新闻栏目中不可能每一条新闻都能使听众感兴趣。所以，必须把节目设想成一系列的山峰和峡谷，高高低低，参差不齐。对于新闻节目的编排来说，为了防止头重脚轻，虎头蛇尾，结构单调，缺乏变化与兴奋点，并由此导致受众易出现疲劳感、厌倦感，有必采用间隔编排的方法。具体来说，就是在同类相关的基础上，运用“峰谷”编排手法，对重要与次要、长与短、口播新闻与运用音响、录播新闻与现场报道等不同作品进行适当搭配，使节目形成一定的波澜，达到持续吸引受众注意力的目的。

可以看出，间隔编排的立足点是整档新闻节目的传播效果。主张将一些具有吸引力的新闻错落安排在栏目的不同时段，以此吸引听众对栏目所有内容的关注和收听。思路比较新颖、大胆，现在国内有些专题性新闻栏目常常会使用这种编排方式。

三、广播新闻节目编排点评示例

北京人民广播电台“北京新闻”栏目

2009 年 10 月 2 日播出

版块名称：庆典盛况

首都举行盛大阅兵仪式和群众游行，隆重庆祝中华人民共和国成立 60 周年

国庆 60 周年联欢晚会震撼亮相

版块名称：国内外评论

本台评论：盛世大阅兵，和平的承诺

国际舆论聚焦新中国 60 周年国庆庆典

版块名称：观礼代表和北京市民盛赞国庆盛典

各方观礼代表盛赞新中国 60 周年国庆庆典

北京电台记者肖朝阳登上国庆彩车接受检阅

游园群众观看庆典，祝福祖国

社区居民喜气洋洋欢度国庆

版块名称：庆典保障

首都公安民警全力维护国庆庆典和社会秩序

80 万名志愿者保障国庆庆典顺利进行

场外志愿者服务国庆庆典

点评

1. 题材紧凑，主题集中。“北京新闻”是北京人民广播电台在早间播出的一档综合性新闻节目，通常情况下，其传播的内容涉及方方面面。但是，本期节目一改常规，全部的内容都关乎国庆庆典。这是一个出人意料又在情理之中的设计。新中国成立60周年，正好一个甲子，而北京是新中国的诞生地，又是60周年庆典的所在地，北京电台做出这样的灵活处理，可以称得上是一次成功的编排创新。

2. 结构严整，脉络清晰。本期节目由“庆典盛况”、“国内外评论”、“观礼代表和北京市民盛赞国庆盛典”和“庆典保障”四大板块组成，脉络清晰，层次分明，环环相扣，浑然一体。

3. 叠加观照，全景展现。本期节目以巧妙的编排，实现了对北京国庆大典的叠加观照、全景展现。第一个板块用了两个录音报道呈现头一天庆典的欢腾景象，属于实况实景的描摹与展示，这是事实传播。而第二、第三个板块传播的是国内外对庆典的评议，这是意见的传播。在这里，事实传播与意见传播都直接面对庆典的盛况，是对庆典展开的正面报道。与此相对应，第四个板块涉及庆典的保障，是对庆典进行的一种侧面报道。正是由于多管齐下，庆典的实况才会被立体性、多侧面地展现出来。

思考与练习

1. 广播新闻作品评析，可以从哪些角度展开评析？

2. 请寻找不同类型的广播新闻作品各一例，对其展开评析。

第七章　电视新闻作品评析

本章要点：

1. 电视媒体的特点
2. 电视消息、电视新闻专题、电视新闻评论的评析
3. 电视系列报道与连续报道的评析
4. 电视新闻访谈、电视新闻现场直播、电视新闻节目编排的评析

第一节　电视媒体与电视新闻

一、电视媒体的出现

电视媒体的出现，是现代科技发展到一定程度的产物。1817 年，瑞典科学家布尔兹列斯发现了化学元素硒。1865 年，英国工程师约瑟夫在测量电缆性能时，意外发现了硒具有光电效能的特性。8 年之后，约瑟夫发表了关于硒的光电效能的研究报告，这项成果为日后电视技术的探索，初步奠定了理论基础。此后的一段时间里，世界上许多科学家纷纷发出了“用电来看东西”的设想。1884 年，德国的科学家尼普柯夫发明了机械扫描圆盘，为实现这种设想迈出了坚实的一步，机械扫描圆盘被称为尼普柯夫圆盘，它解决了图像传送的问题，在电视发展史上具有重要的地位。

20 世纪以后，电视技术的研究取得了突破性的进展。1923 年，科学家兹沃雷金发明了光电摄像管，用电子束的自动扫描组合电视画面，取代了机械圆盘扫描方式。此外，世界上还有不少科学家在这个时期对电视技术的探索取得了令人瞩目的成绩，从 1919 年到 1925 年，各国科学家提出的发明专利申请达 100 多项。

1925 年 12 月 2 日，英国人贝尔德利用尼普柯夫发明的扫描圆盘，第一个制成电视发射和接收装置，并成功地进行了电视图像的发射与接收实验。1928 年，贝尔德成功地将电视画面从伦敦传送到纽约，实现了电视图像的远距离传输。在此基础上，英国于 1929 年开始实验性电视播出。稍后，其他的一些工业发达国

家也进入到了电视节目的实验播出阶段，如美国、德国、法国、苏联等。

1936年11月2日，英国广播公司在伦敦建立了世界上第一座电视台，正式播出电视节目，这是世界电视业发展的真正起点。接着，法国于1938年，苏联于1939年，也先后开始了电视节目的正式播出。1941年7月，美国一家商业电视台经联邦通信委员会批准，第一个正式开始营业播出。

在第二次世界大战期间，刚刚起步的电视业遭受了重创。除美国6家商业电视台每天仍进行有限的播出外，其他已开办了电视台的国家都中断了常规的运作。战争结束后，电视业迅速得到恢复，并且在越来越多的国家得到发展。在1952年，世界上兴办电视业的国家并不多，到1955年就增加到了20个国家，共600座电视台，4 100万台电视接收机；1958年，电视业进入到了50个国家中，到20世纪70年代，世界上大多数国家都拥有了自己的电视台。

我国的电视事业是从1958年5月1日开始起步的，在这天我国第一座电视台——北京电视台开始试验播出。限于设备条件，其覆盖面只是北京地区，但它仍被视为国家级电视台，承担着全国性的宣传任务。同年的10月1日，上海电视台赶在国庆节这天也与观众见面了，这是我国大陆地区的第二座电视台。1958年12月20日，哈尔滨电视台也接踵而至，它是现在的黑龙江电视台的前身。随后，其余的许多省市电视台如雨后春笋般涌现。尽管技术设备条件相当简陋，但在当时那个敢想敢干的时代大背景下，物质的相对贫乏并没有扑灭各地兴办电视媒体的热情。

二、电视新闻的特性

电视新闻，是电视节目系统中的一种类型，是以现代电子技术为传播手段，以声音、画面为传播符号对新近或正在发生、发现的事实的报道。电视新闻作品，是所有以报道、评论新闻事实为内容的各种电视作品的总称。它通过新闻报道向受众传播社会上发生的事件，并且还对一些事件进行判断和评说。

从整体上说，作为一种重要的节目类型，电视新闻作品具有以下几个特点：

1. 传播迅速

新闻时效性，是新闻所追求的传播效果。一旦事件发生，以最快速度把它传播出去。电视是以电波为载体的，这种传播速度，是印刷媒介报纸所无法比拟的。例如，在国内当天的新闻事件，除晚报外报纸一般都要第二天才能见报。而电视则当天即可在屏幕上播出。电视新闻还有现场报道与现场直播这两种体裁，可以做到新闻事件的发生与报道同步进行。目前，我国中央及省市电视台除了在早、中、晚高密度集中播出新闻以外，大多还设立了整点新闻栏目，基本上做到了新闻的更替周期平均一小时一次。对于重大的突发性新闻，电视台都可以打断正常节目播出，随时插播。这些方式确保了电视新闻节目在时效性上的优势。

2. 直观纪实

直观性，是电视新闻的一大优势。这一点，只要与其他的媒介进行比较，就可以真切地体现出来。报刊记者依靠文字对新闻事件进行报道，要把现实中立体的场景记录下来，记者即使是手里拿着生花妙笔，其效果的缺陷也是显而易见的。大量的细节与信息会在文字的转换中损耗。晋人陆机在其《文赋》中感喟："恒患意不称物，文不逮意。盖非知之难，能之难也。"他触及到的是写作人的一个共同的困境，即用文字来描绘、展示外物总是难以完满。构思中的内容已经与描绘的对象存有距离，文字表达出来的效果与构思中的情状则更是相去甚远。信息的传输不觉间竟发生了两次损耗。造成这种结果显然不是写作者自身才力不逮，而是他们所借助的媒介——文字的原因。广播记者依靠声音来进行信息的传达，对于一个事件的描述，它实际上借助的是语言文字，只是这种文字是通过主播或者记者向听众转述出来了，听众无须接触文字而已。当然，广播有一个最大的优势是可以通过同期声的方式呈现新闻现场的声音，这是报纸记者无法做到的。但是，广播缺少画面，不能直接给受众现场情景。而电视则把画面具体的、可视的形象，直观地呈现在观众面前。逼真、生活的画面可以让观众产生"身临其境"的感觉。

3. 形象生动

首先，可以肯定地说，电视可以将现场中的形象、场景展示在观众面前。其逼真的效果，可以说达到了毫厘不爽、穷形尽相的程度。更重要的一点还在于，电视在展示现场物象与场景的过程中，不仅可以做到不损耗其中的任何信息，而且在观众的感觉中，电视所传达出的景象比实际存在的状态更生动，也更具震撼力。这是因为电视的拍摄并不是完全被动的，只是根据现实的情状亦步亦趋。摄像机是由人掌握的，拍摄者可以通过构图的设计、角度的选择、色彩的运用以及镜头的运动等手段，来聚焦或者突显其中的侧面与细节，这样往往可以给观众留下更为深刻的印象。

第二节　电视消息

一、电视消息的特点

电视消息是借助电视媒介对新近或正在发生的事实迅速、简短的报道，其目的在于简明扼要地将新闻事件传播出去。电视消息是最常见的一种电视文体形式，也是记者最常用的报道方式，快速、简短、广泛、鲜活是它的基本特点。

1. 快速

快是消息类新闻作品的最显著特点，它在时效上的要求是苛刻的，要求是刚刚或正在发生的事实。电视消息常称成为“专门攻打桥头堡”的突击队，为此，记者应有抢新闻的意识，尽量以最快速度把新闻事件传播出去。

在我国媒体市场化程度不断加剧的过程中，时效性竞争处于首要地位，对新闻信息的要求，总是习惯于先知为快。在快节奏的社会生活中，人们接受新闻信息时间有限，在有限时间里的选择，首要因素也是满足“先睹为快”的心理。从这个意义上讲，新闻媒介的时效关系到它的生存和发展。

在报道上的迅速与及时，这是电视消息最具标志性的一个特征，是消息被受众期待与关注的重要条件，当然也是它的存在理由与竞争优势。从理论上说，电视消息对实效性的追求是没有余地的。也就是说，记者应该以最快的速度将新闻报道出去，尽量缩短新闻发生与消息播发之间的时间。从技术上看，作为电子媒体，电视与广播一样，在这方面得天独厚，可以做到在新闻发生的同时，将消息传播出去。不过，在现实的新闻实务中，我们并不是在所有的时候和所有的题材都全力追求电视消息报道的时效性。这里有职业精神的问题，还有新闻观念的原因。

2. 简短

篇幅简短，是电视消息的另一个外在特征。电视消息篇幅的简短，与其报道的容量密切相关。电视消息最典型的形式就是动态新闻，它一般只报道新闻的核心事实、最新状态，如国内外的重大事件，社会各个层面的新人、新事、新成就、新问题等。并不过多涉及其来龙去脉、前因后果。此外，电视消息的简短与它对报道时效性的追求也是分不开的。要让新闻尽快传播出去，那么在从采编到播出中间的每个环节都应该紧凑、简洁。所以，不必等新闻事件进一步演化、发展，不能也无须作由此及彼的深一层的追问与思考，而只需把新闻事件的现时状态呈现出来就可以了。

我们强调电视消息篇幅要简短，这是就体裁的本身的特点而言的。当然只有这样，才有可能真正发挥出其传播的功效。但是，在实际的新闻实务中，有一些电视消息的时长往往会突破常规，而且一度还出现“长风”不减、愈演愈烈的状况。这种现象较多地出现在预发性的新闻中，尤其是一些会议与庆典型题材的报道中。此类题材原本新闻价值就不高，在篇幅上又被人为随意拉长，它们对电视观众的观看兴趣的伤害是很大的。

3. 广泛

广泛是电视消息在报道内容上的特点。消息类新闻节目要实现成为国内外要闻总汇的目标，不仅要力争在节目时间内容纳更多的消息，提供更多的信息，而且要拓宽视野，扩大报道面，广泛反映各个层面与各个领域的最新动态和发展变化。那么，怎样更有效地拓宽视野，扩大报道面，使这类节目真正成为要闻总汇，成为观众获取信息、了解社会的主渠道呢？

一是要调整节目的立足点。对于电视新闻节目来说，调整立足点意味着要善于从观众的信息需求出发来取舍新闻，从观众关心的角度反映各个领域的发展变化，更加充分地反映客观实际，报道人民群众政治建设、经济建设、文化建设、社会建设、生态建设中的新成果、新趋向。在内容取向方面，需要恰当处理重点与一般，政治领域、生产建设与日常社会生活，时政新闻与其他新闻等一系列关系，切忌“单打一”，切忌置广大观众共同关心、普遍需求的信息于不顾。

二是要认真研究客观实际。社会现实生活本来就是五彩缤纷的“万花筒”，在改革开放的新时期，社会生活每时每刻都在发展变化，为新闻报道提供取之不尽的报道题材。记者要关注那些处于萌芽状态的新事物、新经验、新问题，从而更有效地扩大报道面，扩大新闻节目的信息容量。记者工作只有认真研究实际，才能不断提高自己的新闻敏感性及新闻判断力。

三是要深入生活。记者要向深水游泳一样扎进生活中去发现新题材，挖掘有生命力的新闻报道。记者要善于抓新的经验、新的成果，更要善于抓住新的事物、新的问题。当事物、问题刚刚露头还没有引起足够重视的时候，就能敏锐地发现它、捕捉它，能迅速判断出其价值，予以纪实性的报道。这就体现了记者的新闻业务素质和业务水平。

4. 鲜活

鲜活，即活泼、生动，有较强的可视性。电视新闻最突出的优势在于声像结合，视听兼备，具有身临其境的现场感。记者应深入新闻现场，观察、捕捉事件的发生、发展的过程，记录现场的重要情节、关键细节、现场环境、音响等。

要使电视新闻“活”起来，必须注重细节的表现。多用具体事实，少用抽象概念。多用典型事实，少用名词议论。多用形象性材料，少用总结性数字。多一些现场实况展现事实，少一些万能画面。通过细节的表现以及悬念的设置最大限度地去传达现场的气氛，也就是要发挥电视呈现现实场景的特有优势，用画面和现场音响作为表现的重要因素，让观众身临其境，感同身受。这点也可以说是电视记者的看家本领。

随着社会进步，现代人生活节奏的加快，人们对电视新闻的需求也在不断扩展，不断更新。新闻的走向是求新、求异、求快、求多。观众总是希望迅速及时地获得最新鲜的，与以往不同的新闻信息量。观众要求新闻是鲜活的，要求在同一节目时间内获得更多的信息。面对新闻媒介，包括电视频道的激烈竞争，只有用准确、精练、有特色的电视语言提供最新、最快、最准确的消息，新闻才具有竞争力。

二、电视消息评析示例

作品一：

李百祥搬家

吴滨　路程　黄有

【导语】阜新市新邱区警环社区78岁的棚户区居民李百祥老人今天搬家了，作为老朋友，他特意打电话给记者，希望我们帮他把这个有纪念意义的日子记录下来。

【解说】

来到李百祥家，全家人正在往外搬东西，李百祥也不闲着，他的任务就是把奖状、大红花等一些最重要的东西保管好。虽然在这间房子里已经住了66年，但是他并没有太多的眷恋。

【同期声】

李百祥："没有动迁，没有盖新楼房之前，都是这样：到冷的时候咱就得冷，到热的时候咱就得热。"

记者："现在搬新家了，就冬暖夏凉了。"

李百祥："对，冬暖夏凉了。"

【解说】

告别这座狭小的院落，李百祥充满了感激。

【同期声】

李百祥："上面发的是一本好经，咱们底下念的也是正确，这才出现今天的'搬家了'，'上楼了'，'你多少号呀'，'他多少号呀'，要盖不上楼能问这个吗?"

【解说】

他告诉记者，他没有想到，短短两年时间，他告诉记者的那个梦想就真的圆了。2005年6月，全省棚户区改造工程刚刚展开，记者第一次来到了李百祥家。

【同期声】

李百祥："国家都照顾，都给钱，国家哪有那么多钱？天上也不掉钱，我想我能忍就忍吧。真要是领导、政府给换换房子，我就是砸锅卖铁也得想法凑俩钱支援国家。"

【解说】

按照棚改优惠政策，李百祥后来总共花了1.5万块钱，就买到了一套两居室的新房。

【同期声：鞭炮声】

【同期声】

记者："大爷，为什么把衣服脱了？热了？"

李百祥："热了！"

记者："在那边我看您还穿着呢，这边房子双向阳的比较暖和。"

李百祥："在那边屋子里是15度，这个屋现在是23度。"

【解说】

从灰暗破败的土坯到雪白崭新的墙壁；从简易的旱厕到洁净的卫生间；从打井取水的不便到喝自来水的便利，所有的一切都让李百祥感到新鲜。

李百祥的激动与兴奋让我们想起了他在两年前表达的一个愿望。

【同期声】

李百祥(两年前)："我今天76了，我希望呢……下边不用说了吧？在我没死之前，能享受几天好房子。"

李百祥(现在)："我做梦都梦不到，能住上今天这个楼，我76时说的话，那是梦话，做梦都梦不见，可是现在实现了。"

【记者现场(后半部分压境头)】

吴滨："下了大半辈子的矿，住了大半辈子的棚户房，李百祥老人终于在今天搬进了新居。像他这样喜迁新居的棚户区居民在阜新市的新邱区还有1.1万多户，而在整个阜新市还有将近8万户，在整个辽宁省已经有将近40万户了。在这项建国以来全国范围内规模最大的棚户区改造工程中，140万人告别了以'棚户'为标志的一种生存状态，走上了安居乐业的新生活。这是辽宁台报道的。"

(辽宁电视台2007年11月29日播出)

大主题　小切口

该条新闻在辽宁省城市连片棚户区改造工程收尾之时播出后，社会反响很强烈。许多观众通过热线电话，对棚改工程的成效表示肯定；一些外省的观众就是通过这个作品，对辽宁省的棚改工程有了直接而清晰的认识。

该篇报道能获得成功，这要得益于其题材典型，主题重大。辽宁省从2005年开始启动了棚户区改造工程，对集中连片的棚户区进行改造。经过短短两年时间，120 多万人顺利迁出又迁回。绝大多数依靠自身力量无法解决住房困难的群众，通过棚户区改造住上了新楼房，拥有了价值数万元的房屋资产，享受到了改革开放和经济发展的成果。棚户区改造是我国政府为改造城镇危旧住房、改善困难家庭住房条件而推出的一项民心工程。辽宁省棚户区改造工程是建国以来全国范围内规模最大，程度最深，影响最广的棚户区改造工程，也对全国起到了重大的示范作用。

关于棚户区改造工程的报道，各地都不乏其例。不过，它们大多只是触及改造工程本身。比如，报道工程的意义，工程的启动，工作的进展，工程的竣工，以及与工程相关的政策与法规、问题与措施。这些报道概括性好，整体性强，但是其不足之处在于缺乏生动的细节，很容易使人感到枯燥乏味。这条消息之所以能在众多同类报道中脱颖而出，关键在于选材的生动和典型。记者通过展示一位老棚户李百祥搬家来反映“民生工程”这一重大主题，摆脱以往主题性新闻报道图解政策、空谈概念、生拉硬扯的报道模式。具体来说，该作品选择在小切口进入，通过展示一位老棚户从棚户区改造工程刚刚实施到搬家那一天长达两年多的内心感触，形象地展现了政府的一个大思路、大举措与一个普通市民的直接联系，把对主题的理解和思考延续到画面之外。

标题对于新闻而言，具有极其重要的意义。虽然电视新闻的标题，是以字幕形式出现在画面上，或通过播音员、主持人口头播报，时间只有五六秒钟，字幕位置也不突出，不能像报纸新闻标题那样被突显和强调，但是，它对传播信息、沟通观众、引导舆论仍然有着不可替代的作用。它能够把新闻所报道事实的精华、核心和关键一目了然地报告给观众，使观众很快地把握新闻中最重要的信息，并且可以吸引观众的注意力继续关注新闻。这则消息以《李百祥搬家》为标题，把政府持续两年的一个专项措施，凝练成一户百姓的寻常家事，既清晰可感，又具有无限的伸展性。尤其值得指出的是，这种形式的新闻标题是不常见的。一个普通市民的搬家怎么可以成为新闻呢？仅从题目上看，这应该是一篇记叙文，重点在记述搬家的过程。如果是这样，这个作品就真的就是一篇记叙文了。

《李百祥搬家》的新意在于，它将重点放在对李百祥老人的内心感触的展示上。他对新房子的一切都感到新鲜和满意：从灰暗破败的土坯到雪白崭新的墙壁；从简易的旱厕到洁净的卫生间；从打井取水的不便到喝自来水的便利。并且其中还穿插了两年前的采访同期声，在其中李百祥“我今天 76 了，我希望呢……下边不用说了吧？在我没死之前，能享受几天好房子。”

应该说，这种结构在电视消息中也是别出心裁的。这些看似毫不起眼实则大有深意的安排，令人信服地说明了这样的一个结论：改善居住条件是普通市民梦寐以求的愿望，政府的棚户区改造工程受到了百姓发自内心的欢迎。

作品二：

百姓小事就是国家大事

王冬　胡瑜涛　李阳　周新丽

【主持人】

今年，猪肉价格上涨给老百姓生活带来的压力，成为国务院总理温家宝牵挂的大事。昨天，温总理又来到我省，考察生猪生产和猪肉供应情况，这是他今年第二次专门来陕调研猪肉价格。

【解说】

2007年12月29日

昨天下午，温家宝总理一下飞机就直接来到西安市阎良区井家村，到养猪基地仔细询问生猪饲养和出栏情况。今年5月，全国大部分地区，猪肉价格持续上涨，有的甚至达到了十几年来最高水平，生猪生产和猪肉价格成为总理操心的大事。

【解说】

2007年5月26日

半年前，温家宝总理就专程到陕西调研生猪的产供销情况，在兴平市生猪养殖专业村——西吴镇散区村，详细了解生猪饲养情况，并与村民交谈猪肉市场行情。

【同期声】

温总理："你知道今天西安的市场上的肉，你把手机打开问问看看。"

【解说】

生猪营销专业户白生华告诉总理，后腿精肉每市斤9块左右，价格稳中有升。

【同期声】

温总理："养猪的人希望价格高，吃猪肉的人希望价格低一点，你说是吧？"

百姓："就是。"

温总理："我呢，希望价格涨一点，但是价格涨到一定程度，应该平稳下来。因为城里人也有吃不起的，这两者把它兼顾起来，搞一个比较合理的(价格)，既让农民能挣钱，城里人又吃得起。”

【解说】

总理离开陕西后，国务院便启动了国家储备肉，平易猪肉市场价格，并出台了能返母猪补贴，全部实施免疫等鼓励生猪生产的十条措施。

半年后的今天，温总理再一次来到陕西，就是考察猪肉价格上涨趋势有没有缓解，惠农措施有没有落到实处。在村民袁宝安家，总理详细询问了各种养猪补贴是否详细到位，并请主人拿出领取补贴的存折，仔细查看。当看到各项补贴都落实后，总理欣慰地笑了。

【同期声】

温总理："我再告诉你个好消息，明年的补贴比今年还要多。"

袁宝安："还要多，那是好事，农民的好事。"

【解说】

最后，温总理看猪舍进餐厅，仔细了解从猪肉的生产到销售各个环节的情况。

【同期声】

温总理："最近我发现还不行，恢复得还很慢，因此我又决定了 10 条(措施)，母猪(补贴)增加到一百块钱，中央财政拿出 25 亿，支持规模养猪。保险全部应保尽保，我估计再有四、五个月，可以缓过来。"

【解说】

晚上，温家宝又来到阎良区润天花苑社区刘旭秋家，关切的询问猪肉价格上涨对他生活的影响。

【同期声】

刘旭秋："总理就放心，抓国家大事。"

温总理："我告诉你，天下最大的事，就是老百姓的事。"

【解说】

夜深了，尽管屋外寒风凛冽，但屋内却充满了暖意。

（陕西电视台 2007 年 12 月 31 日播出）

巧取视角　独具匠心

陕西电视台的消息作品《百姓小事就是国家大事》，及时、敏锐地抓住当时全国上下关注的事情——猪肉价格的连续上涨而展开。作品截取了总理在陕调研的几个非常具有特点的节点，通过总理和农民的交流对话，展示了党中央、国务院对猪肉价格上涨的密切关注，对民生问题的高度重视，生动地烘托了“百姓小事就是民生大事”的主题。

纵观这则新闻，其特点主要有以下三点。

首先是选取了独特的报道视角。农业是人们的衣食之源，生存之本，是关系国计民生的大事，是关系经济、政治、社会发展全局的大事，党中央、国务院对此高度重视。而这篇报道，从题目来说，就能特别抓住人，引起观众的深思和共鸣。记者以敏锐的新闻洞察力发现了一年内总理两次来陕调研猪肉价格，并巧妙地截取了总理在陕调研的几个非常具有特色的节点，并直接撷取总理自己的一句话作为消息的题目，让观众看到一个大国总理亲民、爱民的形象，起到了鼓舞人的媒体作用。

其次是同期声的恰当运用。同期声是指在拍摄人物讲话的现场同期录下的讲话声和现场解说词。纵观近年来的好新闻，同期声几乎成为好新闻必不可少的要素。人物出声、现场采录的同期音响的保留使受众全方位地感知新闻真实的内涵。这则新闻共 5 处运用同期声，把同期声的作用发挥到了淋漓尽致的地步。第一处的同期声与导语紧密联系。当观众听到“家里养猪了没”，言简意丰，同时也与当时敏感话题紧密联系，能引起观众的关注和兴趣。第二次同期声才是作者的独具匠心之处，马上与猪肉当天市场价联系上，也表明总理对猪肉价格的密切关注，随后的同期声中，总理谈到对猪肉价格矛盾的想法以及后来的“这是我每天早上醒来想的第一件事”，虽寥寥数语，没有过重的感情宣泄，没有轻飘的说教，却让受众真切体会到总理对民生问题的高度重视，让听众零距离接触到一个亲民、爱民的大国总理，引人深思，达到曲终人未散的传播效果。所有这些同期声与解说词水乳交融配合在一起，共同演奏了一曲鼓舞民心的暖人之作。同期声的运用不但强化了真实的时空感，还原了新闻的真实面貌，使新闻中的人物更贴近受众，而且增强了节目的生动性和报道的客观性，使消息的主题内涵更具说服力和感染力。

第三，作品的构成要素各得其所，各尽其能。电视消息由画面、同期声、解说词构成，画面、同期声、解说词具有相对的独立性，但这三个组成部分之间还有着内在不可分割的联系。没有画面不成其为电视新闻，没有同期声不能完整地再现新闻事件，没有解说词无法明确地表述记者的主观意图。消息的画面构图颇为讲究，将总理和养猪专业户、经营户等基层群众的画面置于镜头下，将总理始终放在画面的中心，并且注意抓细节性镜头，从而给人以强烈的冲击力，使整个新闻显得富有活力和感染力。消息的解说词所占比重不大，但毫无冗余信息，不但交代了总理两次在陕调研考察生猪生产和猪肉供应的情况，而且还细致地介绍了总理第二次在陕西考察与调研的场景。在结构与表意上，起到了的承接与补充的作用。

第三节 电视新闻专题

一、电视新闻专题的含义

专题是个指代性很强，也被广泛使用的词语。在这里，电视新闻专题指的是一种容量比电视消息更大、触及面更为广泛、发掘尺度更为深入的电视体裁。它与常说的专题新闻不同，专题新闻在时效性上与电视消息更为接近，报道的是新近发生或者正在发生的事件，在内容上它是简要新闻的扩充、放大与延伸。比如，每年的人大与政协会议期间出现的“两会报道”，就往往被命名为专题新闻。

早期的电视新闻专题报道，都是新闻记录电影片的制作模式，画面是无声的，以文字解说配合画面，再配上适当的音乐的渲染来报道、呈现人物或者事件。由于电视制作在初期基本上是承袭新闻电影的套路，因此习惯上把对事件进行简要报道的电视消息称为新闻片，把对事实作详尽报道的称为纪录片。随着电视人电视意识的觉醒，并且开始将这种意识贯注到电视制作的环节中去，这种纪录片慢慢与传统意义上的纪录片拉开了距离。在这个时候有人就用专题片来称呼它。后来，随着电视设备的不断更新，电视报道的手段日益丰富，尤其是随着电视人的视野不断扩大，制作观念的不断变化，这种电视纪录片或者说专题片在形态上的变化更加明显，开始出现记者、主持人在现场采访和声画同步结合的手法，呈现出了多样化的发展方向。

简而言之，现在的电视新闻专题节目指的是从不同角度报道、评述同一新闻事件、新闻人物、社会现象的电视新闻作品。在形式上包括深度报道、解释性报道、调查性报道、新闻特写、新闻综述等，每件作品的播发时间一般在30分钟之内。

二、电视新闻专题的特点

节目传播形态是电视报道的载体，就像报纸载体一样，不同载体负载与其相适应的报道内容。专题类电视新闻是承载着详尽的、有思想深度的报道内容的载体。从电视节目横向比较，电视新闻专题节目的特征是节目的新闻性。从新闻节目的纵向比较，它和消息类电视新闻的区别在于其专题性，即对某一专门问题作专门的分析报道。可以说，它是消息类新闻的延伸和拓展，是属于深度报道中的一种新闻报道形式。

1. 新闻性

电视新闻专题节目必须具有新闻性，即具备新闻的基本要素，这是新闻专题区别于社教类专题节目的基本特点。新闻性专题是围绕新闻事件或新闻人物等展开的。报道要有时效性，或是新近发生的事，或是适宜于当前形势需要的，报道要有新闻由头。对有重大新闻价值的题材，及时地深入采访、挖掘，把思想内容和表现形式都达到一定高度的节目呈现给观众，这是新闻专题的特征。

2. 重要性

与消息类新闻报道题材面广泛不同，新闻专题节目的题材需要精选。抓准题材，不仅指重大题材，也是指人们所关心的热门话题，人们实际生活中迫切需要解决的问题。正确判断选择题材，需要记者有较高的新闻业务水平，善于发现，也善于提炼思想，能从看似平常的事物中，挖掘出有重大意义的新闻。专题类新闻节目题材的选择要有重大价值，有群众性。主题提炼要有思想性，有普遍的社会意义，有正确的导向作用。

3. 专题性

电视新闻专题节目必须具备专题的特征，它是就某一新闻题材所作的一种深度性报道，深度的具体表现为：在篇幅上比较宽裕，在展示与表现上比较细致和深入。从题材的类型上划分，它主要有人物典型报道、重大新闻事件的现场报道和重大新闻事件的总结性报道等类型。

由于电视新闻专题节目承载深容量较大，所以给采编者留下了足够的展示和发挥的空间。中央电视台的"新闻调查"栏目所播出的节目，就是典型的电视新闻专题节目。该栏目 1996 年年初开始组建，开播初期，提出"三性"的定位口号，即突出节目的新闻性、故事性和调查性。要求采制的节目应该同时具备这"三性"。在当时，作为中央电视台唯一一档深度调查类节目，在百姓和高端都有着广泛的影响。现在，在中国社会发生重大变革的时候，《新闻调查》强调注重研究真问题，探索新表达，以记者调查采访的形式，探寻事实真相，追求理性，平衡和深入，为促进和推动社会和谐进步发挥着电视媒体的特有作用。由于定位新颖、准确，以及电视新闻专题节目形态上的优势，该栏目涌现出了一批又一批杰出的记者。

三、电视新闻专题评析示例

岩松看日本：多元交织的二战史观

白岩松　刘爱民　任涛　赵海燕　叶闪　董汉卿

【同期声】白岩松：我现在是在位于日本东京的靖国神社的大门外，我想不管对于我，还是对于其他来到这里的中国人来说，靖国神社一共有两个，一个是在穿过这个大门外之后继续向前走，进入到靖国神社里头，它有正殿，还有游就馆，以及其他的一些建筑，包括园林构成的一个实体的靖国神社，但是相对于实体的靖国神社来说，对于中国人还有其他的一些亚洲国家的人来说，恐怕一个精神的靖国神社才是格外地让人敏感。那么这个精神的靖国神社也被学者们称为靖国史观，今天我们就一起去看看，透过实体的靖国神社的背后到底蕴藏着怎样的一种历史观。

【解说】靖国神社建在东京的千代田区九段，占地十余万平方米，1869年明治天皇为了纪念那些帮助他建立明治政府的战死者创立了“东京招魂社”，十年后的1879年，正式更名为“靖国神社”。1978年10月17日，靖国神社举行例行的秋季祭奠，被远东军事法庭判处死刑的14名甲级战犯以及一千多名在二战结束后被处决的乙级和丙级战犯的所谓“英灵”，在这次祭奠中被放进了靖国神社并供奉起来。迄今为止已经有246万多个在历次战争中战死的军人被召为“英灵”供奉于此，其中80%以上是在第二次世界大战中丧生的，他们的名字在这里被精确到个人，这其中有中国人熟悉的侵华战争和太平洋战争的主要决策者之一东条英机；南京大屠杀主要罪犯松井石根，等等。当年的战争罪犯在此被供奉，被参拜，这一事实，刺伤着中国、韩国等在二战中遭受日本侵略和屠杀的亚洲各国人民的感情。

【同期声】白岩松：在即将进入靖国神社的正门之前，在它马路的两边，有两个日本陆海军的大灯笼，也就是我们所习惯地称之为所谓的纪念塔，那么，在这两个大灯笼的纪念塔的下方有16个浮雕的画面，其中多面都与日本侵略中国的画面是紧密相关的。今天为了更好地让大家来看到在一个实体的靖国神社的背后究竟隐藏着怎样的一种历史观，我们特别还请到了一位嘉宾，就是旅日的导演李缨，他刚刚拍摄完毕纪录电影《靖国神社》。这就是李缨，您好。

【同期声】纪录电影《靖国神社》导演 李缨：您好。

【同期声】白岩松：您好，我们一起去看一下，这面是陆军，这面是海军，是吧？

【同期声】纪录电影《靖国神社》导演 李缨：对，对，这面是海军。

【解说】1945年日本战败之前，靖国神社是直属于国家的政府机构，归陆海军省管辖。在神社大门的两边竖立的这两个陆军和海军的纪念碑，高十多米，也被称作石灯笼纪念塔。在两个塔座的四周嵌有十六面浮雕，上面描绘了甲午战争等历次战争的场面，这其中相当一部分都和中国有关。

【同期声】纪录电影《靖国神社》导演 李缨：这个是攻占，这个是在明治

33 年，就是清国事变，就是日清战争的时候，我们说的甲午海战之后，他们攻占了中国的天津，进入天津城的一个纪念性的画面。

【解说】我们注意到，这些浮雕的内容包括有：1894 年日本联合舰队击破清朝北洋水师；1933 年日军攻占山海关；1937 年日军占领天津城等。1945 年日本战败后，为了掩饰其对军国主义的纪念，这两个纪念碑上的浮雕曾一度被靖国神社涂上了水泥，但在六年之后，这些浮雕又重新显露了出来。

【同期声】白岩松：这个恐怕是很多中国人到了这儿之后，看到这些之后都会格外地气愤的一个画面。

【同期声】纪录电影《靖国神社》导演 李缨：对，这个是 1933 年的时候，那个时候整个日本已经建立了伪满洲国，就是当时的满洲，然后他们进入，压向中国内陆，就是压向北京那边，越过了长城，第一次踏在长城上面的景象，所以他们说这是攻克长城的一个纪念，在长城上面的一个纪念，而且是欢呼胜利的一种表情。

【解说】靖国神社对游客全年免费开放，而这次对于我们中国媒体的采访和拍摄，他们表现出的态度是谨慎的。今年二月份，《岩松看日本》摄制组就向靖国神社递交了拍摄申请，并提出了采访要求。在经过了近一个月的反复协商之后，三月初，靖国神社终于同意中国媒体进行有限度的两小时拍摄，但拒绝接受采访。在这有限的两小时里，我们希望用自己的眼睛能看清真正的靖国神社。

【同期声】白岩松：这个就是等于正式进入到靖国神社了，但是进这个大门之后，我们所有的摄制将受到非常严格的限制，就在这个大门的正前方，其实就是正殿，当很多人来参拜的时候就要进入正殿去参拜，这里一共有 246 万个灵位，其中在二战时死亡的是 210 万人，所占的比率是非常非常之大的。当然，为了更好地去了解靖国神社的一些史观，包括它的精神，靖国神社的一些特质，我们曾经也想采访靖国神社的馆长，提出一些问题，但是他说不接受采访，但是在纸面上回答了我们一些问题，问题很多，但是其中两个恐怕可能感触特别深。我们的一个问题是究竟有多少人来参拜过靖国神社？他说这么多年很难统计，但是去年一年来参拜靖国神社的人一共超过了 500 万人。当我们问另一个问题，即年龄或者说人员构成大致是什么样子的时候，他回答说不太好统计，但是有一点非常非常明确，近年来年轻人参拜的人数明显增多。

【解说】如果靖国神社提供的数字是真实的，那么参拜人数，特别是年轻人的增加，是不是就意味日本右翼势力的扩大和年轻化呢？

年过八十的渡边恒雄先生是日本第一大报《读卖新闻》的总裁，他被称为媒体将军，从2005年开始，渡边恒雄在《读卖新闻》上明确提出反对首相参拜含有甲级战犯的靖国神社，并接受美国《纽约时报》的采访，使自己的这种言论国际化。在接受中国媒体的专访时，谈话的内容就涉及日本对战争的反思。

【同期声】《读卖新闻》主笔 渡边恒雄：目前，日本的国民，可以说知道战争或体验过战争的人，绝大部分都已经不存在了。现在的人们多数都是不知道战争的人们，并且是对于当时的战争没有任何责任的一代人。他们对自己的父辈，对自己的祖辈，到底做了一些什么事情，可以说是完全不了解的。是谁发起的战争，谁是战争的牺牲者，这些事情也都是不了解的。并且在学校的教科书里面，比如说在现代历史、现代日本历史、现代世界历史里面，都没有做这方面很好的教育。

【解说】其实，渡边恒雄先生如此明确地亮出自己的观点，是冒着一定风险的，近些年他曾经多次受到过日本右翼势力的威胁、恐吓。

【同期声】《读卖新闻》主笔 渡边恒雄：我曾经收过这样一种威胁信，你周围的警卫非常严，我们不能去杀你，但是你的孩子，在哪儿工作，每天怎么样去上班，我们都清楚。杀你的儿子。我今年已经80岁了，过去常说人生50年，就是说人的平均寿命是50岁，但是我反而活了80年。所以说我的寿命已经是很长了。所以说右翼来刺杀我也没有关系，因为我现在抱有勇气来说话。之后能为日中友好起到作用的话，我就非常满意。

【解说】其实，靖国神社是右翼分子最经常去的地方，摄制组拍摄的这一天，虽然靖国神社相对比较安静，我们也没有见到右翼分子的身影。但是，在有的日子里，在这里会看到另外一种热闹的景象，数十万的右翼分子聚集到供奉着14名甲级战犯的靖国神社，并大肆进行各种右翼宣传，宣扬军国主义。这个时候，日本政要的言行举止就更为各国所关注。

【资料】(小泉参拜画面与抗议)

【解说】按照日本神道的说法，靖国神社里所有的灵魂都聚集在一把军刀上，因此，参拜者只要来到这里进行参拜，就等于参拜了包括14名甲级战犯在内的所有的灵魂。而对这些战犯的参拜，才是令亚洲人民最不能够接受的。

【同期声】

白岩松：进入靖国神社之后，在它的最右手就有一个游就馆。从某种角度来说，它带有一种展览馆的色彩，但是它展览的恐怕是跟战争有关的各种各样的物件，包括一些片子等。这是一个老的游就馆，在旁边我们看到一个透明玻璃的是一个扩建了之后的游就馆，这是在新千年之后开放的。显然，游就馆不但没有缩小，还由于各种财力所导致的因素，它拥有了能量，可以进一步地来扩建。游就馆这几个字，“游就”这两字可能大家不是特别地了解，它是什么意思呢?

【同期声】纪录电影《靖国神社》导演 李缨：这个名字就来自中国的古典，就是《荀子》。《荀子》里面的一句话，就是“君子游必就是”，所以它这个游就馆，就是你要出游的话，你要向一些有德行的人物去学习他们的规范，学习他们的品行，也就是说，这里面是一个在战争当中如何为国捐躯、如何忠君爱国的一个典范的展示的博物馆，它是军事博物馆，但更重要的是，在战争当中他们是以什么样的精神去从事这个战争的，是那么展示的过程，并当成一个榜样。

【解说】白岩松：那么，由于靖国神社的规定，我们是无法让摄像机进入游就馆的，但是我们会一起进去看一下，出来的时候，再把我们看到的说给您听，看看这里究竟存在着什么样的榜样。

【解说】由于靖国神社不同意拍摄游就馆里面的内容，所以，我们只能借用李缨几年前拍摄的画面，为您展示游就馆的真实面孔。游就馆是一座占地近一万平方米的两层建筑，展示的内容分别为战争历史介绍、战争兵器、日本士兵的遗书、遗物、照片以及宣传侵略战争的影视作品。它是一个战争博物馆，更是日本宣传所谓圣战的地方。

【同期声】天皇照片、参观人群：为了那些魂消战场的战友，日本假如仍在迷路，那就要声明大东亚战争就是日本人的自卫战争。

【解说】在游就馆内循环播放的两部录像片中。他们把日本对中国的侵略战争称之为“支那事变”，把日本发动的太平洋战争，称之为自卫战争。历史在这里被完全扭曲着展示了出来。

【同期声】白岩松：出来了，可能是心情决定的原因，不想在里头待的时间太长，你要问我此时是什么样的一种心情，我觉得用生气或者愤怒这样的字眼并不能准确地概括，或许用荒唐这样的字眼来概括的话，相对来说比较准确，因为面对历史，如果有一定差距的话还有辩论的可能，但是如果差距太大，甚至变成黑白之间的问题的时候，可能你的感受就变成了一种荒唐。

【解说】我们看到，在游就馆里参观的那些日本人，面对这样的展览，脸上的表情似乎都很平静。当然也有一些日本人面对这种靖国史观，发出了不同的声音。日本著名的政治评论家、第二大报《朝日新闻》的主笔若宫启文先生就是其中之一，他一向反对日本首相参拜靖国神社。2006年5月，他还在《朝日新闻》上发表了一封写给日本前首相小泉纯一郎的公开信，劝导小泉不要以首相的身份进行参拜。《岩松看日本》摄制组在对若宫启文进行采访的过程中，他这样评价了以游就馆为代表的靖国史观。

【同期声】《朝日新闻》论说主笔 若宫启文

当然我也去过游就馆，去过三次。但是我觉得现在游就馆或者靖国神社所摆设的主题，已经和日本大多数人的想法是不吻合的。靖国神社在战争中确实起到了很大的作用，所以说他作为一个神社，如果同时有对自己参与战争的自戒心情或者反省的心情可能还有一定的意义。所以说，现在我看到那些情况总是觉得不好意思、没有脸面，这种心情。

【解说】无论是若宫启文还是渡边恒雄先生，他们的声音代表了日本社会中一部分理性的声音，但否认侵略，甚至颂扬侵略的声音，有时比理性的声音要大得多。同样，日本政府面对二战，面对日本军国主义对中国及亚洲其他国家所进行的侵略行为所表达出来的态度，还是不能让其他国家满意。面对这段历史，在日本存在着复杂而多元的态度。

【同期声】白岩松：在我结束了今天这个采访，即将走出靖国神社大门的时候，我突然发现，就在靖国神社大门的正对面，就是东京理科大学这样的六个大字，其中一个理字深深地触动了我，任何的一种历史观应该讲理、有道理，要有理性，因为我们所有人应该信奉一句话“有理走遍天下，无理寸步难行”。

片花：

【同期声】白岩松：我现在是在日本的立命馆大学，在我的身后有一座来自中国的孟子像，这是中国国务院新闻办送给立命馆大学的。为什么这尊孟子像可以矗立在这所大学当中呢？原来立命馆大学的“立命”二字就来自于孟子修身与立命的思想。

那么，对于立命馆大学来说，它的立命之本又是什么呢？在它的教学理念当中有五个字“和平与民主”。为什么会把和平摆放在这么重要的位置上呢？或许，我们该从接下来会看到的立命馆大学所独特拥有的一个和平纪念馆来说起。

【解说】位于京都市的立命馆大学，是日本的一所著名高等学府，每年报考人数超过十万，在全日本的影响力仅次于早稻田大学。二战期间，立命馆大学也曾经把数千名学生送上战场。二战后，立命馆大学决意不再允许弃笔持枪的行为，并把“和平与民主”定为教学理念。1992年，立命馆大学开设了国际和平博物馆，这也是世界上第一家由大学开办的和平博物馆。在展馆内我们看到了与靖国神社游就馆完全不同的展览。这里有侵华日军进行细菌战、毒气战的照片，有强征慰安妇的资料，有七三一部队进行活人实验的介绍。而这些在游就馆里是只字不提的。日本右翼想极力掩盖的一些事实，在这里被毫无遮掩地赤裸裸地展示了出来。

【同期声】白岩松：这是士兵对其他人加害的这种行为，尤其我们看到，在日军占领南京之后，就在长江边上，大家可以看到，死难者这样的一幅照片，这是在俘虏营里头被俘虏的其他国家的战俘，瘦成什么样子了啊。在这边是他的轰炸，住民虐杀，这是南京，大家又可以看到，这是一幅南京大屠杀的照片。然后这一块也有，在等待着慰安妇提供所谓服务的这样的日本士兵这样的照片，然后这边还有慰安妇的场所，也是在中国的战区里头。我想看完这些图片，你能感觉在立命馆大学的和平纪念馆里头可看到很多这种史料。

前两天我也去了靖国神社进行采访，进了游就馆，在游就馆我是很难看到南京大屠杀的照片、细菌战的照片或者说虐囚的照片，等等，我不知道馆长先生怎么看游就馆的那样对历史的一种态度？

【同期声】立命馆大学国际和平博物馆馆长 安斋育郎：那个游就馆，就是靖国神社游就馆，它是一个军事展示博物馆，它的立场和看法跟我们是完全不一样的。

【同期声】立命馆大学国际和平博物馆馆长 安斋育郎：我最大的遗憾就是日本国家没有一个能客观看待战争的这么一个博物馆，靖国神社它是一个军事的，是站在一个发动战争的这么一个立场来建立一个博物馆，它一年有600多万人参观，可是参观的人们都是从一个视点，不是从客观的角度看待展览的这些东西吧，这个是我最大的遗憾，国家应该建立一个像我们这样的一个，就是能够展示加害、受害，让大家都可以看到真正的事实的这么一个博物馆。

【解说】在这个国际和平博物馆里，对于日本在二战中的回顾，大致分为两部分，一部分是我们在日本很少能够见到的对战争罪恶的展示，另一部分也展出了在这次侵略战争中日本人民所付出的代价。

【同期声】立命馆大学国际和平博物馆 解说负责人：今天是3月10号？

【同期声】白岩松：是。

【同期声】立命馆大学国际和平博物馆 解说负责人：1945年3月10号是

东京大空袭的那一天。

这个是非常非常大的空袭，它牺牲的人数是将近 10 万人。这个是投下炸弹的数目，这个数目非常多。因为炸弹引起的火灾，到处都是火灾，妇女们为了灭火，烧死了很多人。后来呢，因为那个火太大，根本就毫无办法，所以大家都跑了。

【同期声】白岩松：前面我们也看到了很多，比如说日本作为当时的侵略者，给其他国家带来很多很多的灾难，不管是这种轰炸、细菌战、慰安妇、虐囚，等等，那么到后来演变成了其实日本也开始成为战争的受害者，这可能也是他必须去反思的地方。

【同期声】白岩松：我想问一下，先生今年的岁数是多少？

【同期声】立命馆大学国际和平博物馆 解说负责人：我今年 78 岁。

【同期声】白岩松：那年东京轰炸的时候和整个战争的记忆，在您的头脑中还是很清楚的，对吗？

【同期声】立命馆大学国际和平博物馆 解说负责人：这个记忆非常强烈。因为我年轻的时候经历的这个，是在我终生的经历中是不能忘记的，非常残酷一个经历，因此现在我们换取了和平，我觉得这可以说是必须用生命来保护的一个，有这么个代价的和平。

【解说】在国际和平博物馆里虽然有对二战历史客观、真实的反映，但是令我们感到遗憾的是，在我们拍摄的两个小时里，来这里参观的人数还不到十名。国际和平博物馆自己也做过一个统计，从 1992 年建馆至今，全国有 3 000多所大中小学校，曾经组织学生来这里参观，累计参观人数大约为 53 万人，猛一听这个数字似乎很多，但是跟靖国神社一年就有五六百万的参观人数相比，15 年 53 万人，平均一年只有三万多名参观者，这个数字确实很少，但它的存在表明了一种理性声音的存在。

【同期声】白岩松：从馆长的角度来说，特别希望能起到什么样的作用，参观结束了之后，人们应该带着什么样的想法走？

【同期声】立命馆大学国际和平博物馆 馆长 安斋育郎：我们认为最重要的是通过参观这个纪念馆，让大家能够认识到，日本不仅是加害者，又是受害者，就是感受这两个方面，因为日本在亚洲、太平洋地区已经牺牲了很多国家的几千万人的生命，可是日本本身又是受害者，国内的人们也有很多很多人牺牲了。正好，今天是 3 月 10 号，是东京大空袭的日子，因此我们就是让观众、参观者们认识到这两个方面。

【同期声】白岩松：在我们即将离开这个纪念馆的时候，突然看到在身后的这个墙壁上有个大型的壁画，这个形象也许不是我们熟悉的，但是这个作者却是我们非常熟悉的，就是创作了《铁臂阿童木》的作者手塚治虫，这个壁画的名字叫做《火的鸟》，但是我突然奇怪地发现，它不是一幅，在对面还有一幅，一共是两幅《火的鸟》这样的壁画。为什么是这样的设计呢？哦，看了刚才的介绍我才突然知道，这一幅代表的是过去，也就是战争所留给人们的苦难，而在前方呢是每个人希望的那种将来，就是拥有和平的。那么设计者设计两幅壁画，就是希望参观者能够坐在过去与未来的中间来思考，我们究竟向哪个方向走。

片花

【解说】从京都南下500多公里就到了位于日本九州南部的鹿儿岛。这是一个相对偏僻的临海小城，越过大海再往南，就是日本的军事基地冲绳岛。第二次世界大战的后期，日本就在这里组建了神风特攻队，对美军进行大规模的自杀式攻击。现如今，在鹿儿岛建起了神风特攻队和平会馆。当前日本国内纷繁复杂的二战史观，在这里展现出了既不同于靖国神社，也不同于国际和平博物馆的另一张面孔。

【同期声】

白岩松：虽然离开了靖国神社，但是可能很多人都会记起在“游就馆”的门口还有一个“神风特攻队队员的雕像”，而在“游就馆”的里头也有一架相关的飞机，显然靖国神社是把“神风特攻队”当成了一种精神的象征，试图在为军国主义招魂。我现在是来到了日本南端的鹿儿岛，在这儿有一个神风特攻队的和平会馆，在这儿又用怎样的笔调在讲述着那段历史呢？我们一起去看一下。

【同期声】神风特攻队和平会馆 讲解员：这是真正的实物，这是战争的时候实际使用的，在日本现在保留下来的只有这一驾飞机。用自己的飞机去攻击对方的飞机，一般都会死的，但是他去了两次，他都没有死。

【解说】

1944年，即第二次世界大战结束的前一年，战争局势对日本愈加不利，特别是在太平洋海战的战场上，日军更是连连受挫，节节败退。为了阻止美军在海上的进攻，当年十月，日本组建了8个神风特攻队，共有神风特攻飞机9 000余架，招募成千上万的日本青年成为神风特攻队队员，他们采用飞机直接撞击美军飞机、军舰的自杀式攻击，用这种疯狂而绝望的战斗方式企图阻挡盟军的进攻，为日本天皇效忠。

60多年过去了，当年神风特攻队的飞机被摆放在了和平会馆内最显眼的位置，橱窗内展出的是 1 036 名神风队员的遗书、军刀、以及 4 000 多幅当时的照片，阅读其中的说明性文字，我们发现，这里面更多的是对特攻队员年轻生命的惋惜和追忆，甚至多少还透露出了一种歌颂与赞扬。

【同期声】神风特攻队和平会馆 讲解员：这个少年是 17 岁零两个月，上面两个人是 17 岁零四个月，他是 17 岁九个月，他是 19 岁。他们在部队里面有一个小名叫做“开朗部队”，这个照片是当时的一个新闻记者看到这些少年都在嘻嘻哈哈大笑，在开玩笑，所以他就把这个照片拍下来了，然后问他，你们到底是什么时候出发？他说我们明天出发。

【同期声】白岩松：可他还是个孩子。

【同期声】神风特攻队和平会馆 讲解员：高中二年级。当时新闻记者听说他们明天就要出发，所以把这个照片拍下来了，但是他们这几个人的笑脸是明天要死的人的笑脸。所以他们总是这样笑，特别开朗，所以当时的基地给他们起外号叫做“开朗”，或者叫做“活宝”部队。

【同期声】白岩松：但是越看到他们笑，越觉得明天是残酷的，是谁推着这个孩子非要去走，这不是一件很残酷的事情吗？

【同期声】神风特攻队和平会馆 讲解员：是这样的。

【同期声】白岩松：和靖国神社一样，我们来到这里也希望采访这个会馆的负责人，但是得到的依然是书面的回答，我特别关注的依然是参观的人数，大家可以看一下，在 2001 年的时候参观的人数是 71 万人，在 2003 年的时候是 65 万，在 2005 年的时候是 61 万人。所以他说是比较稳定的每年参观人数在 60 万人至 70 万人之间。至于参观者人数的构成，最开初的时候是年岁大一点的参观者会比较多一些，但是现在年轻人明显增加，尤其是中小学生和高校的学生，每年大约有 500 所学校的 4 万人到 5 万人前来参观，这是会馆方面给我们提供的数字。

【解说】我们进行采访的这一天，鹿儿岛一直下着小雨，但是来参观的游客依然是川流不息。其中大部分都是 60 岁以上的老年人，他们大多会聚集在神风特攻队队员写给母亲或妻子的遗书前唏嘘不已。

【同期声】白岩松：你自己怎么看待这些文物？

【同期声】神风特攻队和平会馆 讲解员：我是想让更多的人能够参观会馆，然后认识到绝对不能够再一次发起这样残酷的悲惨战争，如果有人到这儿来参观以后，觉得还想再发起战争，我认为他是神经病。

【解说】会馆的负责人不愿接受采访，只有这位讲解员一直在向我们介绍每一件展品背后的故事。从他说话的语气中，我们能够感受到他对神风特攻队队员满含同情和遗憾的感情。

【同期声】白岩松：担不担心现在年轻人会想，这些人很值得尊敬，他们很为他们骄傲，很感谢他们。

【同期声】神风特攻队和平会馆 讲解员：不会这样想，他们是认为，不能活着回来的这样的事情，是绝对不能再重复的。

【同期声】白岩松：我特别想知道，很多到展览馆的母亲会是什么样的心态，有没有交流过？

【同期声】神风特攻队和平会馆 讲解员：来到这里的母亲他们总是想说，自己的孩子如果处在这样的状况下应该怎么办，所以绝对不能把自己的孩子放在这样的环境当中，绝对不能再次发起战争，并且他们说很能想象到当时母亲的心情。

到这儿来参观，感觉到战争是一个好事，这样的人到目前为止没有一个人。

【同期声】白岩松：比如说孩子，像小学生，中学生，大学生，到这儿参观以后，是否他们的老师也会给他们讲，除了这些展览馆能看到的，也会格外地跟他们讲和平和战争不应该再有这样的内容。

【同期声】神风特攻队和平会馆 讲解员：一些学生到这儿来以后，他们可以说是都认识到了，绝对不能再第二次发起战争，并且他们把自己的感想写下来，留下来，老师在参观的时候他是关注学生有什么感受，回到学校上课的时候，会对学生介绍和平的重要性，然后是战争的悲惨性，不应该再第二次发生战争。

【同期声】白岩松：会馆里头留下的留言本，各种各样的语言可能都有，我们能看到的类似像感谢，还有痛、泪这样的字眼儿，当然也有对世界和平的祈祷。所以，在这留言本里能感受到各种各样的感触都会有，从感谢一直到对和平的一种期待。

【解说】摄制组在神风特攻队和平会馆拍摄的这一天，日本当地三家媒体都不约而同地派出了记者对中国媒体进行全程跟踪拍摄。

【同期声】白岩松：在我们今天采访会馆的过程中你也看到，日本有三家电视台都在跟着我们采访，或许他们也意识到，中国人会怎样看待这样的一个会馆呢？会有什么样的感触呢？可能一会儿出门我会说。

【同期声】记者：能让他们介绍一下他们都是哪些电视台的记者？

1：鹿儿岛读卖电视台。

2：鹿儿岛放送。

3：南日本放送。

【解说】日本的这三家电视台对中国媒体的采访拍摄非常关注。平均每家电视台都对白岩松提出了3—5个问题。而问得最多的就是面对神风特攻队和平会馆这样的纪念馆，中国媒体会做出什么样的判断。

【同期声】日方记者：请你先介绍一下，你们这一次来采访特攻和平会馆的目的？

【同期声】白岩松：因为我们很想知道，在日本，在面对历史的时候，都有什么样的面孔，我想靖国神社是一张面孔，可能去“立命馆”大学的和平博物馆也是一张面孔，可能来到鹿儿岛今天这样的一个和平会馆也是一张面孔，可能把这些面孔都拼接起来的时候，才是一张最真实的日本面孔，所以我们多方面地看一看。

【同期声】日方记者：您今天看到的感想怎么样？

【同期声】白岩松：我觉得既有一些理解，更多的可能会有一些遗憾，说的遗憾就是，在这里我看得到情感，但是我看不到一种更理性的思考，需要靠参观者自己最后去得出一种理解，那么他就有可能走向不同的道路。还有一个遗憾是没有人告诉我们，这些年轻人为什么，背后是一种什么样的原因让他们成为武器的一部分。我觉得恐怕还应该有遗憾，就是说我们注意到这些年轻的生命的离去，当然是一种悲剧，但是当他们出发的时候，也会导致别的生命的离开，别的生命的背后，同样有母亲和家庭。

【解说】从靖国神社到立命馆大学的国际和平博物馆，再到鹿儿岛的神风特攻队和平会馆。对于二战的历史，以及日本在战争中所扮演的角色，我们听到了各种不同的声音，也看到了三种完全不同的面孔。

【同期声】白岩松：到底哪一张脸是更真实的代表日本的表情？还是都纠缠在一起才是最真实的代表了日本面对历史的一种表情？

【同期声】《朝日新闻》论说主笔 若宫启文：我觉得还是各种看法都是混合的一个状态，当然游就馆是一种比较极端的象征。如果只看靖国神社的话，很多遗属都来参拜，我觉得这是很自然的事情，但是游就馆确实是有点极端。同时日本还存在其他的历史观，像一些非常有良好的展示这样的设施，这样的看法也是有的，所以说都是混合在一起的。我在这里发表的一本书里曾经这样写过，我说，日本战后的历史60年是一个对战争的反省，在对战争反省的基础上，在新的宪法的引导下，和周边的亚洲各国保持友好关系，这样的一个60年；但是同时也是怎么样来维持日本民族的自豪感，在这两者之间进行拼搏挣扎的60年。

【解说】我们在采访中也可以感受到，现在日本存在着多元化的二战史观。首先，确实有不少人持有靖国史观，但并不能由此判断说它代表了日本绝大多数人的态度，只不过这些人的声音比较尖利，刺耳而已。而像立命馆大学的国际和平博物馆那样，能够客观而公正面对历史的人，确实不占多数，并且在当前的日本社会中，他们如果明确而坚定地亮出自己的观点，还是需要具有承受压力的勇气。当然，更多的人对于那段历史的认识还是含混不清的，他们愿意承认战争带来的苦难，但是却有意或无意地回避了当年日本军国主义发动战争的罪恶。在这种复杂的感受中，我们走出了神风特攻队和平会馆。

【同期声】白岩松：走出这个会馆会是一种什么样的感受呢？这里头有情感，但是没有忏悔，有自己的生命，却没有别人的生命，如果走出来的时候会感慨年轻的生命却被战争驱使，然后使普通的家庭面临灾难，因此为和平祈祷希望永远不再有战争那是好的。但是如果如同讲解员声情并茂地解说放大了浓浓的情感，让人们停止了思考，甚至模糊了历史的对错的话，他恐怕就是一个罪过了，当走出这个会馆的时候看到，就在门口有一个为和平祈祷的钟，不知道有多少人走出这个会馆的时候会愿意敲响这个钟，尤其重要的是在心里敲响，如果没人的话，今天我们来了，之后奔向下一站。

（中央电视台 2007 年 4 月 4 日播出，略有改动。）

勇于承担　直面现实

2007 年 4 月，温家宝总理要对日本进行访问，这显然是一次非同寻常的外事活动。在 2005 年以及此前的几年时间里，由于小泉连续参拜靖国神社，中日两国关系降至谷底。虽然在 2006 年日本首相安倍晋三的访华，开始了“破冰之旅”，但中日关系由于长期积怨导致的低迷状态，并不能完全消失。也就是说，温家宝总理访日之前，中日关系虽然已经有所修复，但还依旧还很脆弱。所以，温总理此行肩负着“融冰”的重任，并且还带着推动中日关系进入新阶段的目标。

正是在这个重要关口，作为国家级电视制作与播出机构，中央电视台以高度的责任感，勇于承担，主动配合，积极跟进，组织了一个大型的电视采访活动。电视人的这一选择，是基于这样的一个思路：尽管中日之间存在历史问题，但是日本作为中国重要的邻国，有必要对其进行更加全面、客观的报道，以帮助中国公众更加全面、理性地认识日本。在 2007 年 3 月的 20 多天时间里，中央电视台的摄制组在日本采制了一个大型的电视系列节目《岩松看日本》。它通过对日本政治、经济、文化领域权威人士、相关话题进行专题采访，增进我国人民对日本的了解，促进两国民间的良性互动和媒体交流。《岩松看日本》共包含20期专题节目，包括人物专访和专题报道，《多元交织的二战史观》是其中之一。

顾名思义，《多元交织的二战史观》展示的是日本对第二次世界大战的认识。这话题虽然严肃，但是中国观众感兴趣的。因为这个问题出落日本，却与中国密切相关。很显然，中日关系的顺畅与波动，很大程度上与日本人对待历史的态度相关。当他们能够正视历史问题的时候，中日的关系就顺畅；当他们扭曲历史的时候，两国的关系就倒退。这是一再为历史所证明的规律。在该节目中，采编者通过对靖国神社、立命馆大学国际和平博物馆和鹿儿岛神风特攻队会馆的深入采访，首次为中国观众全面展现了当今日本社会三种具有代表性的二战史观，客观呈现了日本历史认知的暧昧和多元。在这里，他们没有因为要营造气氛而回避矛盾。而是直面现实，将日本人的真实思想和盘托出，显示出了一种更为通达与成熟的电视制作理念。

第四节　电视新闻评论

一、电视新闻评论的特点

评论类电视新闻节目带着所有类型的新闻评论的共同特性，具有新闻性、社会性、政论性和指导性。它以电视的方式，对社会和广大群众普遍关心的新闻事实，进行分析、探讨与研究，最后推导出科学的、并且能为广大受众所接受的结论来，以辨明是非，引导群众。

1. 新闻性

新闻评论性节目针对新近发生的事件、最新变动的事态，或最为人们关注的话题发表议论，表明电视台的立场、观点，从而达到及时“提供给观众多元化的信息，合理有效地引导社会舆论，指导实际工作与生活”的目的。新闻性是新闻评论最基本的要求。但是，评论性节目的新闻性、时效性又和消息类新闻有些不同。消息类新闻的优势在于消息的新、快，要求很强的时新性；评论类节目更侧重于挖掘新思想、新观念，在“新”的前提下讲求时宜性。

2. 社会性

社会性即节目的群众性。评论论述的文体应该是群众感兴趣的问题。社会性强的节目大多是“热点”“焦点”等问题，也常常是解决起来较为麻烦的“难点”问题。唯其热，观众才关心，才可能成为人们议论的中心，成为人们最热衷、最关注的话题。

3. 政论性

政论性是电视新闻评论的旗帜。新闻评论性节目的好坏与新闻报道是否客观、公正，是否具有科学性有关，只有与事实有关，只有以事实为本，评论才能有的放矢。新闻是基石，评论是旗帜，新闻的力量在于摆出事实，评论的力量在于讲出道理，而且还要讲得精到，这就需要在论点、论证、论据上下功夫。论点要鲜明，论据要强调典型性，论证要说到点子上，其核心在于注重具体分析，层层剖析。要论述正反两方面的道理，不能片面、武断。

4. 指导性

指导性，即导向性。电视台是社会舆论机关，肩负着反映和引导社会舆论的重任。它的这一功能主要是通过发表有见解的、旗帜鲜明的评论来实现的。评论要阐述党和政府的方针、政策，指导人民群众的改革建设实践，又能反映人民群众的呼声。评论通过自己鲜明的观点、透彻的分析，帮助群众观察世界、认识世界，进而动员他们改造世界，这也是舆论宣传的目的所在。

二、电视新闻评论的类型

目前，电视新闻评论节目的形态除了拥有一部分报刊、广播脱胎而来的评论样式外，还有以下三种更能体现自身传播特点的视听结合的节目形态。

1. 电视述评型

电视述评型是新闻述评在电视中的具体运用，它融叙述与评论于一体，既有对事件的客观叙述、又有对新闻事实的分析评论。这类节目也滥殇于20世纪60年代的美国。美国CBS广播公司1968年9月创办的“60分钟”节目，就已出现了类似我们所称的电视述评的节目板块。在我国，1980年7月，以央视的“观察与思考”的诞生为标志，中国正式出现了一种新型的新闻评论样式——电视述评，这是第一代评论节目。此后，央视为了加强了新闻评论节目传播效果，整合“社会瞭望”与“观察与思考”两个栏目，成立“观察思考”，这标志着我国电视新闻评论节目从此进入了一个新的发展阶段。1994年，“焦点访谈”栏目横空出世，很快就受到广泛的关注，并且在全国范围形成了一股学习与模仿的风潮。电视新闻评论节目由此进入发展的黄金时期。“焦点访谈”的节目形态主要表现为：论证过程事件性、让过程说话，实现形象性与抽象性的统一，论据的可视性与论证过程的事件性的统一，观点的渗透性与明确性的统一，记者的客观表达与嘉宾的积极参与的统一。这些经验至今还在国内电视界延续，并且发扬光大。

2. 主持人评论型

该类型表现为由主持人直接参与策划、制作或播出的全过程，并以与观众直接交流的方式出现，融叙事性与哲理性、个性化与人格化于一体。从形式上看，主持人评论有些类似于口播的本台评论员文章，但这两者之间还是有很大区别的。主持人直接参与评论的写作与制作过程，以评论作者的身份与观众做直接的面对面的交流。

这类节目在评论的角度、见解、表达习惯和语言风格上都具有个性化的特征。同时还借助于仪表装束、表情动作等可感知的视觉形象来张扬主持人的特征。

主持人评论还具有人格化的特征。与一般代表媒介发言的口播评论不同的是，评论的发出者不是抽象的媒介，而是具体的主持人，他们将个人的所见所闻所悟融入节目之中。他们有名有姓，有感情、有性格、有特点，媒介的意向借他们之口发出，在传播过程中又掺入他们个人的理解与发挥。以个人名义发表的议论不仅更具亲近感和易受性，在某种程度上也为媒介留下一定回旋的余地，更为主持人留下更多张扬个性的空间。在这类评论中，主持人对一些新闻作简短点评，自然而然地引出自己的感受和思考，让受众更好理解新闻的价值；或者主持人插入一小段新闻补白，提供新闻的背景，让受众在比较中体会新闻的内蕴。

在主持人评论型节目中，读报类的节目占了相当的部分。凤凰卫视的“有报天天读”、广州电视台的“新闻日日递”是这种节目形态的典型代表。

3. 讨论型

讨论型评论是以主持人邀请有关方面的政府官员、专家学者或各方面的代表人士，围绕某一新闻事件或社会话题进行的座谈或论坛式谈话节目。通过访谈、讨论等面对面交流的方式，传播出对特定的话题或者事件的意见与判断。

这类节目最早出现在20世纪60年代的美国，著名的“唐纳·休节目”被认为是其发展的起点。近年来我国的一些电视台也先后开设了此类节目，如央视新闻频道的新闻“新闻1加1”、“国际观察”，凤凰卫视的“新闻今日谈”，而影响最大的当首推1996年3月开播的中央电视台“实话实说”节目。该节目播出的第一期就把论坛类评论节目的优势和特点表现得淋漓尽致。这期名为《谁来保护消费者》的节目，邀请的五位嘉宾包括一位新闻工作者、一位律师和两位著名的经济学家，最后一位出场的是化了妆的王海。在这期节目中，围绕“消费者的正当权益由谁来保护”、“对‘王海现象’应如何看”和“消费者如何运用法律保护自己的正当权益”等问题，嘉宾与观众站在不同角度，展开了一场热烈的讨论，并提出了不同见解。

这类评论的选题往往与百姓息息相关，所以能够引起观众的普遍关注。如"实话实说"节目播出的《为什么吸烟》《不打不成交》《面对孩子的谎言》《结婚的钱谁来出》《话说广场鸽》等节目，都曾引起很大的反响。在"实话实说"的每期节目的末尾都打出征集话题的广告。这是保证节目讨论话题具有普遍趣味的有效手段。

三、电视新闻评论评析示例

作品一：

山西洪洞"12·5"矿难调查

法展　黄瑛　喻晓轩　夏青　朱邦录　张予北

【主持人】

观众朋友，你们好，12 月 5 号夜里 11 点 15 分左右，山西省临汾市洪洞县新窑煤矿，发生特别重大瓦斯爆炸事故，经过连续 4 天的救援工作，初步确定死亡人数共计 105 人。目前，搜救工作基本结束，当地政府正在进行对遇难家属的善后工作，相关部门将工作重点转入到事故调查阶段。

【解说】

发生爆炸事故的新窑煤矿位于山西省临汾市洪洞县左木乡红光村，是个乡镇煤矿，核定生产能力为每年 21 万吨。证照齐全，属于低瓦斯矿井，据了解，爆炸发生在 12 月 5 号晚上 11 点 15 分左右，当时，一百多名正在作业的矿工被困井下，接到事故报告后，当地政府立即组织力量投入救援，15 只矿山救护队，一百二十多名救护队员下井轮班作业，全力搜救。国家安全生产监督管理总局局长李毅中，山西省委省政府等相关领导立即赶赴事故现场指导事故抢险救援工作，截至 12 月 8 号，虽经各方全力搜救，仍有 105 名矿工不幸遇难，人们不禁要问，这夺去 105 名矿工生命的灾难是怎么发生的呢？

发生事故的新窑煤矿距洪洞县城 40 公里，当记者闻讯赶往矿区时，却发现短短的路途上，路卡一个接着一个。

【同期声】

[交警]关了，关了，把你那个关了！

[记者] 您好……

[交警] 关了，把你那个(摄像机)关了。

[记者] 为什么关？

[交警] 关了！

【解说】

好不容易通过了几个路卡，又遇到了不少穿棉大衣的人的阻拦。

【同期声】

[穿棉大衣者]我们接到了命令啊，就是说不允许采访。

【解说】

在这样的命令下，采访果然很难进行。

【同期声】

[矿工]这都是假的。

[记者]以前不让带？

[穿棉大衣者]你们干什么？

[记者]我们采访。

[穿棉大衣者]你们是哪里的，现在外面不要人！

[记者]为什么？什么不要人？我们了解下情况，你们干什么？

[穿棉大衣者]你们干什么的？

[记者]你们不要打人啊！

[穿棉大衣者]你们干什么的？

【解说】

从洪洞县第一时间提供给外界的信息上可以得知，发生事故的新窑煤矿是个证件手续齐全的合法开采的煤矿，合法开采，发生事故，为什么要采取如此严厉的措施，拒绝记者正常的采访呢？矿工们提供的信息让人逐渐明白了，这极力要隐瞒的原因是什么。

【同期声】

[矿工]9号煤是黑窑，都不是正规的。

[记者]是不允许开采的？

[矿工]不允许开采，他偷采的。

[矿工]每年在这里，常年开采。

【解说】

这位矿工所说的9号煤，就是发生爆炸的9号煤层，据了解，新窑煤矿只取得了这个地区的2号和3号煤层的开采权，9号煤层，新窑煤矿根本就没有开采权，属于越界开采国家资源的行为，因为是非法行为，因此9号煤层基本上不具备安全措施。

【同期声】

[矿工]瓦斯探头，什么都没有。

[记者]瓦斯探头也没有？通风设备呢？

[矿工]没有，就是那个9号煤层，什么都没有。

[记者]9号煤层就是发生事故的那个？

[矿工]就是发生事故的那个，它什么都没有。

【解说】

在地下开采煤矿是个高度危险的工作，探测瓦斯的设备和通风设备是开采的最基本的条件，这些设施没有，不可能预知危险的到来，然而让人不可思议的是在这样的条件下，新窑煤矿竟然还使用可以产生明火的运输工具。

【同期声】

[矿工]这下面管理混乱，里面有三轮车，三轮车的后面排气管道冒火，可能是由这个引起的。

[记者]排气管冒火？

[矿工]嗯。

[矿工]自然冒火嘛，油门高了它不冒火？

[记者]在井下冒火是很危险的是吧？

[矿工]那都是三轮车。

[记者]平常这个三轮车运输没有人管？

[矿工]没有人管，职工都开着车。不用车煤炭怎么出来呢？

【解说】

长期非法开采，没有瓦斯探测器和通风设备，这样带发动机的三轮农用车，在高度危险的煤矿井下使用，发动机产生的火焰一旦和瓦斯相遇，新窑煤矿发生安全事故几乎是必然的。

【同期声】

[李毅中]下面还有五十多辆三轮车，在下面没有通风系统，多头掘进，人海战术，最后造成这样惨痛的结果。

【解说】

就这样，一百多位矿工失去了生命，一百多个家庭陷入了痛苦的深渊，其实，按照规定，新窑煤矿一次下井的人数不得超过60人，一次爆炸竟然夺去了一百多条生命，这又是怎么回事呢？据了解，为了增加产量，煤矿的管理者根本不限制下井的人数，据矿工们反映，每一班下井的人数都超过了一百人，不仅如此，这些众多的下井矿工竟然都没有佩戴任何的自救系统，事故发生后，许多人没有直接死于爆炸，却因为没有自救系统无法呼吸，而窒息死亡。

【同期声】

[记者]这次你知道不知道很多憋死的，都是一氧化碳中毒的矿工，都没有带自救器。

[矿工]没有。

[记者]你们下矿的时候，矿里面要求你们带吗？

[矿工]没有。

[记者]有没有安全检查员在矿口？

[矿工]有。

[记者]那你们没有带，他们制止不制止你们下矿？

[矿工]就没有听说过这个东西。

【解说】

新窑煤矿的管理者、所有者为了获取最大的利益，无视生命安全，没有原则地降低生产成本，造成了这起重大事故的发生，自然会受到法律的制裁，然而人们不禁要问，这些明显的安全隐患，洪洞县的有关管理部门，怎么在日常工作中就不能及时发现，及时制止呢？

【同期声】

[记者]各矿的这种安全情况 你们经常派人下去检查吗？

[调度室负责人]我们现在人员不够，还没有人。

[记者]平常不派人下去，人员不够？

[调度室负责人]嗯。

[记者]那这个制度怎么落实啊，安全怎么保证啊？

[调度室负责人]通过电话报的嘛。

[记者]用电话报？

[调度室负责人]用电话安排，按报的情况落实。

[记者]各个矿报上来什么就是什么？

[调度室负责人]嗯。

[记者]具体报井下的情况，你们都在值班，报上来是什么情况？

[调度室负责人]报上来人数也没有超啊。

[记者]也没有超？有没有自救器，通风系统是否正常？

[调度室负责人]这个没有报过。

[记者]就说人数没超？有没有越界开采都没有报？

[调度室负责人]都没有报。

[记者]这是谁报上来的？

[调度室负责人]咱们矿上报过来，安全员签字，驻矿的签字。

[记者]基本上平常的这种监管就是安全员来报，你们不下去，亲自到矿山上了解情况吗？

[调度室负责人]咱们这里现在人不够。

【解说】

其实，洪洞县安全生产监督管理局有专门的安全纠察队，如果说安全调度室的人手不够，无法下矿检查，这些纠察队员的职责就是每天到各个煤矿进行安全检查和监督，那么平时，他们监察和监督了吗？

【同期声】

[记者]新窑矿在事故发生前，有没有去检查过啊？

[纠察队负责人]这个我不太清楚。

[记者]谁清楚？

[纠察队负责人]你问一下领导。

[记者]平常是你们领导去检查还是平常整个纠察队要去检查？你平常有没有去过新窑矿？

[纠察队负责人]去过，怎么没有去过。

[记者]去过？发现什么问题没有，安全问题？

[记者]有没有发现过什么安全问题啊？

[记者]同志……

【解说】

今年3月和5月，临汾地区已经发生了两起死亡20人以上的矿难，这起矿难发生之前，新窑煤矿的安全隐患已经持续了相当长的时间，只要有一次认真细致的安全检查，发现问题，及时整改，悲剧是不是可以避免呢？

【同期声】

[记者]如果要防止未来发生这样的事情，比如其他的矿，现在还没有发生事故的，那这样的事情肯定还会发生的，怎么来控制这种隐患呢？

[调度室负责人]不知道，这不好说。

[记者]只能说发生以后才用劲儿，这样亡羊补牢？

[调度室负责人]这也不好说。

[记者]这次一百多条生命！

【解说】

也许山西省代省长孟学农在事故现场的这番感慨，能够让这里的悲剧不再重演。

【同期声】

[孟学农]科学发展观、以人为本，我们到底落实得怎么样，尽是口头上的事。坐而论道，落到底下了吗？我说临汾接二连三地出问题，三月份出一次，五月份出一次，为什么不出一件事的时候，咱就好好找一找工作上的原因？一直不落实。凡是不落实的，我都怀疑有什么钱权交易在里面。这个我们慢慢来，查清了再说，锥子剃头一根根挖，查处一个处理一个，要不然我们党和政府怎么取信于老百姓？

【主持人】

目前，公安机关已经控制了这起事故的相关责任人33人，其中刑拘21人、移交司法机关8人，对矿主和该矿的实际控制人已经发出全国通缉令。“12·5”事故是2006年以来全国发生的一次死亡人数最多的特别重大事故，伤亡惨重，损失巨大，社会影响恶劣。党中央、国务院对这起事故高度重视，国务院领导多次做出重要批示。国务院成立了事故调查组，相关负责人要求调查组要以高度的政治责任感履行事故调查责任，按照“四不放过”原则严肃追究事故责任，要求调查组全体成员提高事故调查的效率和质量，向党和人民负责，要交出一个经得起历史检验的事故调查报告。

（中央电视台2007年12月9日播出）

专业素养与职业韧性的完美体现

2007年12月5号，山西省临汾市洪洞县新窑煤矿发生特大瓦斯爆炸事故，共造成105名矿工死亡，是2006年以来全国发生的一次死亡人数最多的特别重大事故，伤亡惨重，损失巨大，社会影响恶劣。《焦点访谈》栏目制作播出了电视评论《山西洪洞“12·5”矿难调查》，节目播出后，不仅让广大受众了解了事故真相，同时也给地方管理部门敲响了警钟，及时收到了舆论监督之效。

1. 集中体现记者的专业素养和职业韧性。

调查性新闻报道往往在采访中需要新闻记者具备很强的采访技巧和对事件进行层层深入挖掘的能力。《山西洪洞“12·5”矿难调查》报道的过程和报道的内容，充分体现出了记者令人赞赏的专业素养和职业韧性。在整个事件的调查过程中，当地有关部门为隐瞒事故真相，设置重重障碍阻挠记者正常采访调查。记者不仅要突破各种路障才能到达现场，还要克服采访被粗暴干涉，采访对象被当场威胁的各种困难。比如，记者闻讯赶到矿区时，就遇到不少穿棉大衣人的阻拦，对其采访的粗暴干涉。而在这种困难情况下，记者们没有退缩、放弃，而是知难而上，巧与周旋。在这种恶劣的采访环境下，记者在短时间里不仅采访到生还矿工，调查出了事故真相，而且还辗转了解到当地煤矿部门存在粗放管理、监督不力等现象，得出矿难迟早发生的必然性。特别重要的是，该作品还将采访的被阻拦、被干涉的情景都摄录下来了，并且将之作为节目内容的一部分，与矿难的隐情一起展现在观众面前。很显然，这可以引发大家对于矿难的深一层的思考。

在不利的环境下进行采访，已属不易。如果还要在有限的时间里完成并且及时播出，其难度就更是可想而知了。这里不仅需要合格的专业技能，还需要良好的专业精神。记者在事发当天赶到现场，在受到阻挠的情况下克服困难，第二天完成采访并于当夜编辑完成。由于山西南部大雾预定航班取消，记者第三天一早又赶往陕西，乘飞机于当天下午赶回北京并经过审片，合成播出。整个作品从采访到播出，虽然经历了三天，但是给人的感觉是马不停蹄，一气呵成。作为独立调查这次矿难的专题电视新闻，其时效性位列于各媒体之首。

2. 精心编排，评说到位。

这篇作品在整体结构上层次清晰，环环相扣，始终保持着对观众的吸引力。该片围绕着这夺取105名矿工生命的灾难如何发生的这条主线展开，在扑朔迷离的黑幕中拨云见日。它采用倒金字塔式的结构和倒叙的手法，首先从事故惨重结果起笔，“12月5号夜里11点15分左右，山西省临汾市洪洞县新窑煤矿发生特别重大瓦斯爆炸事故。经过连续4天的救援工作，初步确定死亡人数共计105人。目前搜救工作基本结束，当地政府正在进行对遇难家属的善后工作，相关部门将工作重点转入事故调查阶段。”主持人开头的一段话，很容易引起观众深入了解的兴致。接着，观众的视线就随着记者采访的步履，亦步亦趋，毫不懈怠，直至真相的逐步打开。

值得称道的还在于，主持人在作品开头及结尾处两段恰到好处的点评，充分展示了电视评论理性思维的魅力。片头点明此次事件的惨重结果和相关政府部门的措施，强调党中央国务院的高度重视。在片子的结尾处，主持人又以精练的语言，做了正确的舆论导向。既可以让受众了解事故真相，又给地方管理部门敲响了警钟，充分发挥了主流媒体正确的舆论监督的作用。

作品二：

7·18暴雨启示录

林海燕　李晨　尹翠华

【解说】

这是2007年7月18号，记者在济南市山水沟拍摄的镜头，一个绝望的女子长时间跪在人群中，请求围观的群众下水救救她的亲人。陈萌，济南市民，几个小时前，她的三个亲人被洪水卷走，其中一个是她正准备举行婚礼的爱人。

7月18号这一天，济南市有37个人在下班回家的路上，因遭遇一场暴雨，意外身亡。陈萌的三个亲人就在其中。在城市中，一场暴雨，为何会夺走37条生命，那天晚上究竟发生了什么。

【字幕】

7·18暴雨启示录

【字幕，画外音】

那场大雨让我们的车失去了方向，那个我一辈子痛恨的山水沟像一个漩涡把我们的车连同我们四个人一块卷进了水里！在我落水的瞬间，是我身边的爱人用温暖有力的双手把我从车中推了出来。

【解说】

这是陈萌后来发表在自己博客中的文字，短短一个月时间，她的博客就达到了几十万点击量，无数网友被这场发生在济南的泰坦尼克号的故事所感动。

【字幕，画外音】

我跪着祈求身边所有的好心人，救救他们吧，但是，那是一个连车都能吞下去的漩涡，我只能把整个身子贴在岸上，用力打自己，并拼命喊他们的名字……

【解说】

那场雨，事后被很多气象专家称为百年一遇的特大暴雨，是济南市有气象记录以来的历史最大值，陈萌遭遇的一切，完全是由于一场天灾引起的吗？在暴雨来临的时候，为什么一条城市街道会变成一个吞噬生命的魔鬼？

【同期声】

［王俊胜 济南市排水管理服务中心主任］以前，山水沟这个地方没有道路，它就是一条自然的冲沟。1964年(济南)市政府投资，对黎明坝和山水沟进行了重新修建，在这个时候，建设了现在这条混凝土路面。

【解说】

山水沟，从名称上我们很容易发现它的历史。过去，他代表一条天然形成的泄洪沟，现在，他代表一条城市街道，它的泄洪系统大部分被转移到了地下。那么7·18这天，为什么洪水没有顺着地下流，却跑到了马路上？

【同期声】

[崔明礼 原济南市政协委员 原济南市规划设计院研究员](洪水)从沟盖板上就流过去了，进不到里面去，清淤比较困难，因为咱留的清淤口比较少，沟实际上的断面缩小了。

【解说】

就是这个不足百米的收水口，夺走了陈萌至亲的爱人，事发后，陈萌曾向110和119呼救，但是由于交通瘫痪，他们只能采取就近援助的方案，那天夜晚，洪水不仅在山水沟这条弯路上肆虐横行，而且还充满了济南市的所有街道。难道，整个城市的排洪系统已经超过了最大负荷。

【同期声】

[王俊胜 济南市排水管理服务中心主任]河道本来有很多建筑物，棚盖占压了本来应该是清淤通道的道路。当洪水发生的时候，水不能流进河道里去，从而形成了马路泄洪。

【解说】

济南市泄洪沟的棚盖占压面积十分惊人，目前城区河道的总面积约为18万平方米，但是河道占压棚盖面积却高达15万平方米，社区只有17%的河道没有被棚盖占压，那么，河道为什么会被大面积的占用呢？

【同期声】

[徐天祥 济南市政协委员]寸土寸金，见缝插针。因为市里的地皮很贵啊，这个缝是什么？就是这些沟。实际上在建设中，这些成本是最低的，第一步倒垃圾，第二步把它平了，第三步盖房子，搞小区。你看济南搞了多少市场，多少小区，都是在沟上建的，修了多少路，都是在沟上建的，这样是赚取了不少GDP。

【同期声】

[邓相超 山东省政协委员]最典型的就是真如意大酒店、微山湖大酒店，这两个大酒店都盖在排泄洪水的渠道上，而留下的排泄洪水的泄洪口，也就半米。

【解说】

由于河道被大量占用，长期以来，它内部的清理工作成了一项无法完成的难题。

【同期声】

[王俊胜 济南市排水管理服务中心主任]进去清的话，你也考虑到清淤人员的生命安全，里面产生大量的硫化氢等一些有毒气体，这个很难克服。

【解说】

济南，是全国25个重点防洪城市之一，现在，整个城市的泄洪通道共有67条，而在建国以前，济南市天然形成的泄洪通道多达上百条，如今，城市规模急剧扩大，但是泄洪沟的数量却有所减少，近50年时间，市区因特大暴雨引起的洪水灾害，就有十多次。

【同期声】

[姜波 山东建筑大学教授]这是民国时期的地图，我们可以看出，都有自然形成的山水沟，但是现在我们看这些自然形成的山水沟，或者是历史上经过疏浚、治理的山水沟，在我们城市里面都断断续续地不存在了，或者改掉了。城市血脉不畅通了，这也是形成灾害的一个重要原因。

【解说】

河道就像城市的消化排泄系统，这个系统经过几十年的不断破坏，堵塞越来越严重。当特大洪水来临的时候，城市的病痛在这一刻彻底爆发了。

【字幕 画外音】

谁也没想到，大水淹没的城市街道会有一个泄洪沟！谁也没想到，一个泄洪沟会没有护栏！谁也没想到，一个没有护栏的泄洪沟会将一吨多重的汽车和我的三个亲人瞬间淹没……

【解说】

暴雨过后，市民和救援人员从山水沟内打捞出五辆报废汽车，人们只找到陈萌的表姐，她的尸体被压在一个巨大的垃圾箱下，那么，洪水究竟有多大的力量能够轻易将几吨多重的垃圾箱和一吨多重的汽车托起并瞬间淹没。

【同期声】

[邓相超 山东省政协委员]整个济南市是南高北低，从南部山区到小清河段，总长是7.5公里。落差达到132米。这么大的落差，山洪下来谁都阻挡不了，水流过急而把人冲倒，又冲进水沟顺流而下，结果失去生命。

【解说】

济南市南高北低的地势助长了洪水的侵略性，但是这种特殊的地形并不是洪水极具破坏力的唯一帮凶。

【同期声】

[宋少文 山东省水文水资源勘测局总工程师]一大片区域如果都是绿地的话，它的渗透性比较好，降雨降到这个地方，它能产生的地表径流，也就能达到10%左右。如果都是硬化路面的话，它产生的地表径流，可能就要达到90%左右。

【解说】

济南市的南部靠山，由于山区通常覆盖大量植被，因此南部山区应该成为洪水压力的重要缓冲区，那么7·18当天，洪水汹涌而至之前，给人们准备的时间了吗?

【字幕 画外音】

那个暴雨倾盆的夜晚，洪水以惊人的速度从南向北汹涌而来，碰到阻拦后掀起近两米的激流，它来得太快了，没有给我们任何逃生的时间，暴雨堆积的力量似乎想要摧毁一切……

【解说】

那个夜晚，和山水沟仅有一路之隔的济南银座地下商城也见证了洪水的这种威力。

【同期声】

[济南市银座地下商城工作人员]一开始往里进水，也就几分钟的工夫，就没了脚了，我说赶快跑，赶快跑，都出去吧，还没等出门，那水就没到腰了。

【解说】

前后不到半个小时，整个商城就成了一个大水塘，这个市区最繁忙的地下卖场经受了一场前所未有的摧残，那么南部山区对洪水为什么失去了第一时间的缓冲功能呢？山洪为什么会如此轻易地直接冲到市中心，将一座现代城市成功俘虏。

【同期声】

[徐天祥 济南市政协委员]恰恰是在咱们济南市的南边，山区里边，咱们过分地把这土地硬化了，盖了楼，修了马路，地面硬化，水渗不下去，当然就加剧了洪涝灾害。

【同期声】

[邓相超 山东省政协委员]原来济南是城在山中，现在是山在城中了，整个建筑物把山给包围了。

【同期声】

[孔翔宇 济南市政协人口资源环境委员会主任](建筑)把这个地区布满的时候，它对生态的影响将积累起来，使小的生态问题变成大的生态问题，而这种对生态的影响，不是加减法的关系，它将成为几何基数上升。

【解说】

那天的暴雨一共持续了三个小时，暴雨过后，由于洪水很久不散，救援人员经过十多个小时，仍然没有找到陈萌的爱人和姐夫。

济南市南高北低的地势本身十分有利于迅速疏散洪水，那么，洪水为什么会滞留在城市中，久久不散呢？

【同期声】

[崔明礼 原济南市政协委员 原济南市规划设计院研究员]什么造成的，假如下边很通畅，护城河里面的水，能很顺畅地排泄出去，就不会出现这个问题。

【同期声】

[邓相超 山东省政协委员]因为它的出口没有，出口太小，出口不畅。

【解说】

济南北部的小清河是洪水在这个城市的最后一个出口，由于小清河的断面先天不足，容纳不了太多洪水，因此生活在小清河附近的居民常年忍受着雨季带来的苦恼。

【同期声】

[济南市民]外面的水都灌进来了，把蜂窝煤全都泡倒了。

【解说】

从这张民国时期的地图上可以看出，过去，济南市北部曾是大片湿地，现在，这片湿地已经被大片住宅和道路所取代。

【同期声】

[邓相超 山东省政协委员]这个湿地干什么呢，这个是雨水期滞留洪水的，平时就是湿地，现在全是一片住宅了，所以我们济南缺少了滞洪的区域。

【同期声】

[徐天祥 济南市政协委员]所以，7·18是把尺子，是面镜子，它量出了，照出了我们过去在城市发展当中的一些问题，这些问题就是不尊重客观规律，不尊重水的规律，不尊重地形的规律，有些主观主义。

【解说】

7月19日上午11点，陈萌的姐夫在距离出事地点几公里之外的三连河被打捞上来，在同一地点被打捞上来的还有另外两具尸体，其中一个就是陈萌的爱人。

【字幕】

因过度悲伤，陈萌拒绝了所有媒体的采访。暴雨过后第三天，山水沟的泄洪口安装了护栏。

2007年7月20日，陈萌和生死相隔的爱人在济南市殡仪馆举行了婚礼。

近日，济南市政协人口资源环境委员会向济南市委市政府提交了关于暴雨预防机制的专题调研报告。

经多方论证，济南市计划投资10亿多元进行腊山和小清河治理，2009年工程完工后南部山洪将不再经过市区，直接分流到黄河。

（山东电视台公共频道2007年8月29日播出）

让事实与过程说话

2007年7月18号这一天，济南市有37个人在下班回家的路上因遭遇一场暴雨意外身亡。这显然是一个非同寻常的事件，正是这个事件触动了电视记者对于导致灾难原因的耐心追索，并由此出发，展开了关于城市的功能，以及城市规划与城市建设的深层思考。

该作品在陈说评论的由头时，并没有把37个人的罹难事实都一一罗列出来。编导们把陈萌家的遭遇作为代表性案例，给予了重点的关注。陈萌有3个亲人在那场灾难中去世。电视片一开始，观众就看到这样的画面：一个绝望的女子长时间跪在人群中，请求围观的群众下水救救她的亲人。她的三个亲人被洪水卷走，其中一个是她正准备举行婚礼的爱人。她就是陈萌。必须说明，这是记者拍下的真实的镜头。对于电视作品来说，这样的镜头是可遇不可求的，可以带给观众以强烈的视觉冲击与心里震撼。很显然，这样的冲击与震撼越强烈，就使得对其成因的探索越有必要并且迫切。简而言之，这个电视评论开头的交代与呈现具有非同一般的表现力与传播力。

用事实与过程说话是电视评论有别于报刊评论和广播评论的显著特点之一。记者对于该事件的看法与意见不是直接通过记者或主持人之口说出来，而是让这样的意见与看法蕴含在揭示事件的真貌的画面上，以及与相关的人士交流的话语中。编导为了还原雨灾对于城市的冲击与毁坏的过程，苦心经营，想方设法，调动一切可以调动的力量，使用一切可以使用的材料。除了使用自己拍摄的镜头以外，他们还采用了三家电视台的视频、两家报社的照片，以及防汛和交警部门的监控录像，甚至还搜集了民间的手机视频资料。为了使内容与画面更生动、真切与形象，该作品还使用了相关人的博客叙述、卫星地图，以及电影视觉包装技巧等。

该作品围绕着一个基本问题展开，这个问题就是："城市中，一场暴雨，为何会夺走37条生命?"对这个基本问题的解答，是伴随着对一些具体问题的思考展开的。比如，在暴雨来临的时候，为什么一条城市街道会变成一个吞噬生命的魔鬼？为什么洪水没有顺着地下流，却跑到了马路上？电视的采编者自己没有直接碰触这些问题，至少在形式上他们只是提出问题，回答问题的是一些相关的专家与官员。他们中有建筑大学的教授，也有城市排水管理服务中心的主任，以及省可持续发展中心的研究员等，他们的回答具有权威性和专业性，容易让人信服。

济南市泄洪沟的棚盖占压面积十分惊人，社区只有17%的河道没有被棚盖占压。那么，河道为什么会被大面积的占用呢？对这一问题，专家徐天祥是这样回答的："寸土寸金，见缝插针。因为市里的地皮很贵啊，这个缝是什么？就是这些沟。实际上在建设中，这些沟成本是最低的，第一步倒垃圾，第二步把它平了，第三步盖房子，搞小区。你看济南搞了多少市场，多少小区，都是在沟上建的，修了多少路，都是在沟上建的，这样就赚取了不少GDP。"这位专家在作品的末尾，还说了这样的一段话："所以，7·18是面镜子，是把尺子，它量出了、照出了我们过去在城市发展当中的一些问题，这些问题就是不尊重客观规律，不尊重水的规律，不尊重地形的规律，有些主观主义。"这些意见不仅有的放矢，一针见血，而且还振聋发聩，发人深思。显示了专家的专业素养与学术胆气。

从表面上，专家们的回答反映的只是专家们的看法，而不是记者的发现与推断。但是，由于这些意见和看法是有机地穿插在电视作品中，它们已经成了该作品不可分割的一部分。可以进一步推断说，被采访的嘉宾的意见与看法所具备的力量，就是电视作品所具备的力量；其所达到的高度，也就是电视作品的高度。而这些正是我们理解《7·18暴雨启示录》让事实与过程说话的一个很好的角度。

第五节 电视系列报道与连续报道

一、电视系列报道与连续报道的界说

系列报道与连续报道都不是单篇的作品，是一种组合式的报道。

系列报道指的是针对同一新闻题材或者新闻主题，从不同的侧面、不同的角度进行连续性的多次报道。每条新闻相互之间没有直接的衔接关系，但是它们在逻辑上的关联是显而易见、清晰可感的。换言之，每条新闻之间的关联性，不是体现在结构与文脉上的起承转合，而是体现在深层意义上的呼应与承接。在同一报道主题与报道方向下，相对独立的各个单篇报道，在不同的层次或不同的侧面，对新闻题材进行全面而系统的报道，所以也可以说它是一种组合形态的电视深度报道。

系列报道的对象一般都是非事件性新闻，更进一步说，往往都属于成就性报道，是我们国家特有的一种新闻报道形态。1984 年，中央电视台推出了《光辉的成就》和《六·五成就》节目，反映建国 35 周年以来方方面面取得的重大成绩。这是已知的最早的电视系列节目。

连续报道则是指在一定的时间之内，对正在发生并且还将持续发展的新闻事件进行不间断的连续报道。它所报道的事件一般具有显著性，是广大观众所关心的焦点。报道往往以时间为顺序，追踪事件的发展轨迹。伴随着事件的不断发展，电视记者分段分次地将其中的最新动态显现在观众面前。从报道形态来看，它是电视消息的叠加与延伸形态。

电视连续报道的方式，在国外早已有之，它是新闻报道的一种常见形式。在我国电视新闻界，连续报道的形态真正被认可，是在 20 世纪的 80 年代。在 1984 年第二届全国优秀电视新闻评选中，首次设立了连续报道一项。获得该项目一等奖的作品是《广州市民踊跃献血》，报道广州市民热心公益事业，积极主动地献血的事迹。

二、电视系列报道与连续报道的特征

电视系列报道与连续报道虽然自成体系，但它们共同的特征也是显而易见的。具体表现在下面三个方面：

1. 显著性

系列报道与连续报道大多是由三篇或者三篇以上的作品构成的集群报道。一个电视媒体针对一个新闻题材、新闻主题展开密集的报道，这一方面反映了电视媒体对报道对象的高度重视，另一方面也是表明所报道的是非常具有影响力的事件，或者是观众普遍关心的问题。

2008年5月12日，四川汶川县发生了大地震。这次地震使宝成铁路109隧道发生塌方、起火，造成线路中断。宝成铁路原本就是我国西北通向西南的铁路大动脉，地震发生以后，它还要承担救灾物资紧急抢运的重任。所以，宝成铁路109隧道的抢险成了当时全国上下关注的焦点之一。陕西电视台记者第一时间赶赴现场，在总共12天里，他们每天展开《决战“109”》的连续报道。这组报道共有42篇，既有最及时、最权威的动态消息，也有反映抢险队员不怕牺牲，奋勇拼搏抢险的新闻特写，内容扣人心弦，题材丰富多样。

2. 递进性

同为组合性报道，连续报道与系列报道稍有不同。连续报道的报道内容虽被分置在不同的篇什中，但这并不能阻隔它们之间的有机联系，它们在内容上具有承上启下的衔接。如同接力赛跑一样，上一棒传递给下一棒，直至整个过程结束。由于整体呈现纵向线形布局，这种衔接相互之间的扣合显得非常紧密，常常还会表现为发生时间与事件情节上的直接贯通。系列报道各篇之间的衔接，大多呈现扇形布局，在表层上不会表现得如此严丝合缝，但是在意义上、逻辑上还是具有显而易见的呼应与递进的关系。

《江西农民惜售粮食现象调查》是江西电视台的一个组合式报道，首播时间为2008年9月13日至15日。这组节目3篇作品的报道重心分别是：第一，2008年是江西早稻连续第五年增产，而上半年全球粮食供应偏紧，全省早稻收购价格一路上扬，各类粮食购销企业敞开收购。但是有一些农民却不太愿意卖粮。其原因是农民对渐涨的早稻收购价有着更高的期望；第二，在当年的早稻收购市场上，收粮的想多收，卖粮的想多赚，但这不应该被简单地视为买卖双方之间的博弈。造成这种现象的深层原因是国家重视粮食安全问题以及国内粮食市场偏紧的格局；第三，保障农民卖粮的收益，实际上就是保障粮食市场的稳定。要解决这个问题，不仅要依靠粮农和粮食企业，更需要政府部门发挥引导和决策作用。总体而言，这篇作品在发生时间与事件情节上并没有直接联系，但是相互之间在意义与逻辑上的递进关系显而易见。

3. 系统性

系列报道与连续报道都是系统性构造，它们的意义是由一组作品共同来体现的，单篇的作品中在这里不是一个独立与自足的存在。从系统论的观念来看，系统是由相互联系的要素构成的，要素是组成系统的单元。系统不是单元的简单相加，而是有机组合。一组系列报道或者连续报道作为一个系统，其构成要素就是具体的单个作品。

宁夏是国家卫生部农村医疗改革唯一的试点省区，当时选取了首府银川市和贫困山区固原市的农村进行试点。在试点工作运行了九个月后，宁夏电视台记者于2009年10月底11月初对试点工作进行了采访，并采制了连续报道节目《记者观察“一元钱看病”》。该系列作品共有3篇，第一篇的报道重点是普通百姓如何看待“一元钱看病”，以及该改革方案有哪些功效；第二篇的重点落在这项意在造福百姓的政策在运行了九个月以后，农民得到了哪些实惠；第三篇采访的对象是村医，他们是“一元钱看病”方案的具体实施者，其参与的积极性与改革的成效密切相关。可以看出，这三篇作品是一个系统，它们各自都不是完整的表意单位，集纳在一起才完成了对宁夏农村医疗改革探索的整体展现与判断。

三、电视系列报道评析示例

上海旧改阳光动迁系列报道

集体采制

1. 从“第一难”到“第一快” 阳光动迁创造奇迹

【导语】旧区改造动迁工作，一直被称为天下第一难。由于以往动迁工作中存在着先紧后松和暗箱操作等情况，居民们普遍对动迁单位不信任，对动迁安置始终抱着观望、等待的态度，以至于动迁拉锯战耗时越来越长，难度越来越大。但最近，卢湾区太平桥地区115街坊的动迁，却在第一天就达到了近40%签约率，创下上海有史以来动迁第一快的奇迹。

【正文】

【解说】昨天下午1点半，太平桥地区近2 000位居民把卢湾区兴业中学操场围了个水泄不通，因为这里正在进行抽签选房会。当着居民和公证人员的面，工作人员把签约家庭的签约表放进了摇号箱，并随机邀请现场10位居民代表上台抽号。这种决定选房顺序的方式，在上海还是第一次。

【实况】工作人员：编号是145，庄子安，复兴中路249号，恭喜你，你是一号。

【解说】经过3个多小时的公开摇号，第一批528户签约家庭全部确定了选房次序，首批60户家庭将在今天晚上率先选房。

【同期声】动迁居民：我原来想想我们一间房子能有个100多万差不多了，他说我能拿到190多万，喔唷，我赶紧签。

动迁居民：浦江这房子，你眼睛一闭，住进这房子就像天堂一样了，就到天堂了！

【解说】集中摇号只是卢湾动迁新政的一个新环节。今年以来，卢湾区在旧区改造动迁工作中，探索出一系列动迁新办法。为确保动迁程序公开透明，卢湾区采取的是征询制：在启动动迁工作前，先向每户家庭发放意见征询表，就愿不愿意动迁、愿不愿意参与补偿方案制定等问题，征求意见，在获得 2/3 家庭签字后，再启动动迁工作。同时，还定期举办现场征询会。用抽号代替排队领号来决定选房顺序，就是 11 月底动迁办集中征求意见时，居民代表提出的。此外，每户动迁居民现有住房面积有多大、什么时候签的约、签约后拿到多少补偿款，都在电脑中公开，随时接受居民查询和监督。

【同期声】动迁办负责人张国樑：这个公示的信息我们要刻盘，然后跟审计比对，审计和这个信息相一致这就是最硬的，不可能作假。

【解说】为确保安置公平，卢湾区则尝试用数砖头代替数人头，以房屋面积为标准进行核算，对住房面积很小的家庭采取套型保底政策，保证每户家庭动迁后都能换到大房子住。同时，一户家庭只能对应一个合同，这就彻底杜绝了一房多户口、补偿不公平的情况。而为了体现全程公正，区政府还要求动迁办给每户居民发放书面承诺。

【同期声】卢湾区建交委副主任李舜：如果居民发现有猫腻的情况，凭这份承诺书，凭发现的情况，可以到法院去提起诉讼。居民有一些个性化的、需要基地确定的东西，只要是在法律框架内符合，我们都能予以书面形式确认。

【解说】以往老百姓还担心，动迁工作会不会先紧后松，动迁办负责人表示，他们的政策会保持前后一致。

【同期声】动迁办负责人张国樑：过去的动迁，由于前后不一致，所以大家觉得缺少诚信，想看等到后面是不是会拿更多一点，看看我吃亏了没有，还有看看我是不是能找点门路，阳光动迁的本意，就是公开透明，就是要让先走的老百姓得益，特别是对后走的坚决不放水。

【同期声】卢湾区建交委副主任李舜：因为对后走或者钉子户的松动，其实是对前面走的居民的不负责任。

【解说】由于动迁新政落实到位，第一轮动迁征询时，居民赞同率就超过 93%。动迁签约工作启动第一天，签约户数就达到 528 户，占动迁总户数的近 40%。如此高的首日签约率，在上海历年来的动迁工作中尚属首次。

【同期声】动迁居民：早点签约，可以拿到好的房子，然后我还有奖励。

动迁居民：以前暗箱操作，我们就不知道这家拿多少，那家拿多少，现在能拿多少平方都公开出来，拿多少钱都知道，要多给你也不可能，我们可以去举报。

【解说】截至今天下午 5 点，又有 44 户居民到动迁办签约，目前签约率已达到 41.7%。

【编后语】阳光动迁是架在政府、动迁单位与居民之间的一座信任桥梁，其原则就是公开、公平、公正。相信只要以人为本、坚决落实三公原则，就能消除居民对动迁工作抱有的种种成见，确立政府在动迁工作中的诚信度与公信力，从而推动动迁工作顺利、有序进行。毕竟，绝大部分住在旧区的老百姓都渴望能早日改善居住条件，过上有质量的生活。

2.“阳光动迁”为何能深得人心？

【导语】继上周六创下动迁首日，近4成居民签约的奇迹后，昨天晚上，卢湾区太平桥地区115地块的动迁选房工作正式启动，首批通过随机抽号诞生的60户家庭率先开始选房。对这些多年住在蜗居中的人们而言，能在这个城市拥有一套属于自己的新公寓，能住进宽敞明亮、煤卫独用的大房子，是他们梦寐以求的心愿，而现在，这个愿望终于实现了！

【正文】

【实况】“感谢哦，感谢党和政府！”昨晚六点半，动迁选房正式开始。在居民的掌声中，“一号”庄子安激动地走进选房办公室。经过认真比对，他终于为自己选定了新家。

【解说】庄子安的老房子，是个亭子间，面积仅5.4平方米，房间里只有三样家具：床、电视机柜和桌子。平时，换洗衣服只能挂床头，杂物只能装箱或套塑料袋，放在床上方的隔板上。

【同期声】居民庄子安：上个厕所还要到外面，烧饭也没地方的，你看就门口这一点地方。

【解说】现在，通过套型保底政策，庄子安拿到了80多万安置款，用这笔钱，他换了两套位于闵行区莲花南路上银河新都小区13楼的景观房，住房条件大大改善。

【同期声】居民庄子安：非常满意，对于我来讲，这是一个天堂。

【解说】这次涉及115地块动迁的家庭共有1 300多户，由于都是80多年的老房子，没有独立煤卫设施，居住条件非常差。

【同期声】居民：洗澡在家里洗，用煤气，要方便就自己倒痰盂。

【同期声】居民：从阳台上的灶间烧好菜下来，一不当心一滑，整盆菜从三楼朝一楼摔下去也碰到过好几次。

【同期声】居民：自己儿子已经27岁了，想谈恋爱，就是没房子。房价太高，买不起，这次动迁来签字，就是完成了他多年的心愿，什么心愿，就是房子有着落了。

【解说】为了最大程度体现居民意愿，保障居民利益，卢湾区在制定动迁方案时，动足了脑筋，推出一系列创新办法。比如，评估公司不由动迁办指定，而是通过召开大会的方式，由居民投票推选而出；所有评估结果也会在第一时间上网公示。拆迁补偿安置方案不由动迁办一家说了算，而是根据现行法律规定，由动迁办初拟，再举办座谈会，组织居民讨论、完善。在讨论中，不少居民对评估价格、房屋记载面积、阁楼面积计算等存在疑义，区政府就每天组织房管部门、评估公司和法律专家坐堂，免费进行咨询，像现行方案中的公开抽号选房和签约鼓励奖等政策，都是征求民意的结果。

【同期声】卢湾区建交委副主任李舜：我们在符合法律框架的范围内，第二在合情合理的范围内，尽可能满足大多数居民的意愿。

【解说】更值得一提的是，由于补偿方案是以面积标准来制定的，一张权证只能买一套房子，为了照顾一些实际居住面积很小，而户口又很多的家庭，动迁办特事特办，想出了以廉租房标准，代替居民评议小组审核的办法。也就说，凡一个家庭有4人以下符合廉租房申请标准的，就有资格选购2套一室的房子；凡一户中有5人及以上都符合廉租房申请标准的，就能选购两套两房或一套三房、一套一房。

【同期声】动迁办负责人张国樑：过去大家喜欢迁户口，通过结婚啊、离婚啊，好像人头很多，但是现在通过住房保障标准来核定，严格按照这个标准来核定的话，可以解决真正面积小、人口多的矛盾，老百姓也觉得这样做很公平。

【解说】动迁工作的顺利推进，也离不开广大基层工作人员的真心付出。115地块从评估启动到首批居民顺利选房，只用了短短两周。两周来，街道、居委会的20多名工作人员，每天都深入居民群众家里，倾听民意、调解纠纷；动迁办的200多名工作人员则每天加班加点、接待居民。

【编后语】阳光动迁政策，为何能深得民心？除了操作程序上公开公正全透明之外，在方式方法上也充分听取了民意，最终才设计出真正符合居民意愿的动迁政策。其实，不仅仅是卢湾区，上海其他一些区域也都创新实施了各具特色的动迁新政。这些政策或许还有这样、那样需要改进的地方，但是它们发展的方向和方法体现了以人为本的科学发展观和执政为民的理念。

3. 桥东二期旧改动迁：以人为本创新机制

【导语】对于动迁，老百姓都十分渴望，但是真到了动迁的时候，居民们又常常是心情复杂，心存疑虑，甚至抱有抵触情绪。而最近，记者在闸北区桥东二期旧改基地采访时却发现，这里的老百姓都对动迁政策充满了信任，四个月不到，签约率已达到八成。这又是什么原因呢？来看记者的调查。

【正文】

【解说】桥东二期旧改基地是目前闸北区芷江西路街道最大的一块2级以下旧里。从今年8月31号启动动迁至今，1 350户居民中已有80%签约搬离。与基地仅隔一条马路的，是另一片旧里，大约住着350户人家，记者每回采访经过这里，都会被居民们拦住。

【同期声】老人：这里动迁吗？

【同期声】记者：你们想动吗？

【同期声】老人：我们想动的。

【解说】居民们渴望动迁的心情为什么如此迫切？穿过幽暗狭窄的小巷，映入眼帘的是成排的危棚简屋。这里的居民大多是3代同堂、蜗居一室，很多房间还常年不见阳光。居民们说，住在这里，夏天热得像蒸笼，冬天又阴冷潮湿；没有厕所，没有煤气，更没有个人隐私。

【同期声】居民：(指楼梯实况)他们最好赶快给我们拆掉，上回有一次痰盂马桶全都摔下来。

【同期声】居民：有时候谁不当心一掀帘子，喔唷，小便啊。我洗澡，说给你们听，晚上10点钟就站在门外洗，10点钟没人了，稍微拿块布一拉。

【同期声】居民：两房媳妇，你看一房媳妇住这里，大媳妇住阁楼上，公婆和孙子睡这个小床，你说这种房子能住吗？

【解说】没事的时候，那里的居民们就会到桥东二期的动迁大厅走走看看，动迁政策也让他们羡慕。征询制、数砖头加托底保障，房源、安置补偿信息全部上墙公开，该有的阳光政策一项都不少。此外，还能在异区安置和就近安置之间作选择。

【同期声】居民：房源挺多的，有就近安置的，包括沪太路、保德路，(也有)浦江泗泾的，我们都很喜欢的。希望第二期动迁赶紧跟上，尽快尽早，这是民众的呼声。

【解说】桥东二期今后是建造闸北区保障房项目，按照平均每户建筑面积20平方计算，加上各种奖励费，一张产权证约能拿到110万安置款。家庭数多的，则能拿到150万左右。为了确保动迁户利益，同时又照顾到一些居民不愿离开老地方的意愿，动迁办提供了三套实物安置方案：一是原拆原建保障房；二是在区内大华新区、彭浦新村就近安置；三是在闵行浦江镇和松江泗泾安置。像张玲屏一家三代6个人，就用安置款买了两套房子，一套原拆原建的房子给婆婆和女儿住，还有一套松江的小户型房子，张阿姨和丈夫自己住。

【同期声】张玲屏婆婆：原拆原还是因为孙女上班近点，我的脚摔坏了不好走，岁数大了，去郊区看病不方便。

【同期声】张玲屏：（松江）空气好点，环境好点，到那里人稍微住得舒服点。

【同期声】上海闸北动拆迁实业有限公司经理黄静：实际上每家人家都有自己的需求。提供多处房源，对老百姓来说，选择的余地更大一些。

【解说】动迁房源总量毕竟有限，首批签约的居民又有先有后。为体现公平，动迁办还让那些因为签约稍晚，而没有买到最称心房子的居民，以安置款基础上不超过5%的总价买房，超出部分由居民自己承担。这样一来，先签的居民能买到喜欢的地段和房型，晚签的人贴了钱后，选择余地也增加了。

【同期声】上海市建交委主任黄融：政府在以人为本理念下开展旧区改造，一方面要加大我们城市的面貌，特别是我们城市建设的改造力度，同时，让老百姓通过这轮城市改造，生活水平得到提高，住房条件得到改善，让市民在整个社会发展过程中，在改革过程中，享受到应有的成果。

【解说】据悉，桥东二期阳光动迁、异区安置与就近安置相结合的创新政策，明年将在全市推广。

【编后语】在公平、公开、公正的"阳光动迁"基础上，创新设计出就近安置与多元选择相结合的方案，让动迁居民能按照自己意愿，选择想住的房子，必然会深受居民欢迎。桥东二期旧改案例再次说明：只有结合百姓需求，坚持以人为本，不断创新制度，才能和谐推进旧改工作进行，真正实现城市让生活更美好。

【结束语】好，感谢收看新闻透视。

（上海电视台新闻综合频道2009年12月7日、12月8日、12月31日播出）

积极跟进　及时引导

上海市在我国具有特殊的地位，它具有内蕴丰富的历史，在一定程度上可以说它是近现代中国的一个缩影。在新中国成立以后，它在经济建设和社会发展中一直扮演着重要的角色。不过，作为我国的第一大城市，上海市长期以来也存在着一些不足。其城市的拥挤，市民住房的逼仄，早就在全国广为人知。那么正在向现代化国际大都市目标迈进的上海，肩负着面向世界、服务全国、联动"长三角"的重任。在这个关口，为了更好地发挥城市的功能，对城市的布局与结构进行调整就势在必行了。上海市启动的旧改阳光动迁工程，可以理解为实施这一发展思路的具体举措。

显而易见，旧改阳光动迁工程是一个重大的决策，是一个时期内当地党委和政府的中心工作。它也是一个非同寻常的决策，与其他的政府工程不同处在于，它的触及面广、影响大，与绝大多数的市民的核心利益相关。所以，一经推出，就只能办好，不能办坏。否则，党和政府的形象和声誉就会受到重大的损伤。《上海旧改阳光动迁系列报道》就是在这个背景下出现的，它的主动配合，积极跟进，充分显示了电视人高度的大局观念与责任意识。另外，该作品采用的是电视系列报道，先后播发了三个作品，其首播的时间分别为2009年12月7日、12月8日和12月31日。从此可以看出，采编者对此项工程持续关注和投入的时间近一个月。这充分显示了他们对这项报道的重视程度。

从整体上说，城市的改造与动迁是社会经济发展到一定时期必然要面临的课题，它既是城市改造与城市发展的必经路径，同时也是实现市民改善居住条件意愿的有效选择。但是，因为这个措施涉及多方面的利益，尤其是关系到市民的核心权益，在实施起来，往往会变得非常复杂、敏感。如果再出现一些人为的因素，事情就会向人们意愿相反的方向蔓延，这样的局面在各地都不乏其例。这就使得城市旧区改造动迁工作成为一件“天下第一难”的事情。在本次报道之前，上海的动迁工作就出现了先紧后松和暗箱操作等现象，居民们因此普遍对负责动迁的单位不信任，对动迁安置始终抱着消极与观望的态度。针对这些状况，本系列报道对卢湾区太平桥地区115街坊的动迁工作的关键性行环节，进行了重点的关注和描述。其中介绍：为确保动迁程序公开透明，卢湾区采取的是征询制。在启动动迁工作前，先向每户家庭发放意见征询表，就愿不愿意动迁、愿不愿意参与补偿方案制定等问题征求意见。获得2/3家庭签字后，再启动动迁工作。同时，还定期举办现场征询会。另外，为确保安置公平，卢湾区则尝试以房屋面积为标准进行核算，对住房面积很小的家庭采取套型保底政策，保证每户家庭动迁后都能换到大房子住。同时，一户家庭只能对应一个合同，这就彻底杜绝了一房多户口、补偿不公平的情况。

系列报道突出报道此类内容，其目的就是要呈现出这样的一层含义：城市的改造动迁工程，虽然可能会导致一些不公平不应该的状况。但是，这些状况绝对不是城市改造动迁工程的必然产物，只要导致出现这种不良后果的原因，比如说组织者的经验不足、考虑不周或者私心杂念等消除殆尽，那么，城市的改造动迁工程就会回归其本来面目，成为一桩让市民心悦诚服的好事。显而易见，电视采编者为了打消市民对动迁的消极态度，主动进行及时的舆论引导，为城市的发展和市民的福祉贡献心力。

第六节 电视新闻访谈

一、电视访谈节目的出现与发展

由于广播与电视同属电子媒体，在机构设置与人员配置等方面的相关性及互渗性，从一开始就充分地体现出来了。电视在诞生之初，节目的样式很大程度上是借鉴广播媒体的。美国广播界在1930年代就形成了比较成熟的访谈性节目，它们围绕着时政话题展开交流、讨论。电视出现以后，很快就移植了这种节目样式，并且在不同的时期出现了一些具有代表性的节目。在20世纪60年代有《唐纳·休节目》，80年代有《奥布拉·温弗莉节目》《拉里·金直播》，90年代有《莉基·莱克节目》《杰尼·琼斯节目》等，可以说访谈类节目是美国电视发展史中成长最快的节目类型。

《电视节目研究》一书认为："我国电视屏幕上第一个电视访问节目是1980年4月，在《交流》栏目播出的《轻工业部部长梁灵光答电视观众问》。"[①]《交流》是中央电视台的一个以谈话与沟通为基本形态的栏目。初期的访谈节目集中表现为上情下达式的形势与政策的宣导，一般都是在党和政府出台重要的决策之后，采访相关部委的负责人，起到了上下沟通的桥梁作用。

国内访谈节目真正被广大电视观众所关注，并且比较充分地展示出电视的传播魅力，是在《东方之子》出现以后。1993年，中央电视台推出早间新闻杂志节目《东方时空》，其中有个栏目是《东方之子》。该栏目强调"浓缩人生精华"，意在让各行各业的杰出人物与观众进行心贴心的交流。观众既能看到一些人物的今日辉煌，分享其成功的喜悦，又能了解被访者的昨日蹉跎，体味人生的曲折。《东方之子》的新意在策划时就已经体现出来了，当时确立的宗旨是：本专栏有别于传统的人物专访，有别于以介绍人物为核心的专题片。主要通过主持人与被访人物的双向交流来生动、具体展示人物的独特风貌和特质。可以看出，该栏目没有把注意力全部放在被访人物的事迹本身，而是将被采访者陈说自身事迹的言说方式及其伴随着的音容笑貌，都作为报道不可或缺的部分。电视的传播特性在这里得到了充分的调动与发挥。

自此之后，随着国内电视业的整体发展，电视访谈节目在不同的方向上各自有程度不同的尝试与探索，出现了一大批形态各异的节目样式。

---

① 叶子：《电视节目研究》，北京师范大学出版社1999年版，第297页。

二、电视访谈节目的特性

1. 贴近性

这里的贴近性指的是电视访谈节目具有贴近时代、贴近社会的特点。访谈节目的形式关键在谈，节目是否成功，很多程度上取决于谈论的对象。新近发生的热点事件与热点话题，往往都会受到访谈节目采编者的青睐。所以我们会发现，电视访谈节目的话题大多紧跟时事，时效性很强，经常谈论的是当天的事情。因此有人说，这类访谈节目是“关于新闻的新闻”。当一个重大的新闻发生以后，人们对事件本身已经有了充分的了解，在这时候，他们会选择收看这一类谈话节目，意在“看看他们怎么说”。看了这样的节目，可以让观众产生紧贴时代、紧贴社会、紧贴人群的踏实感。

《对话江淮——我们的两会》是安徽电视台公共频道在2009年两会期间做的一个访谈节目，它围绕议案、提案以及热点话题，邀请代表、委员、专家学者、普通百姓走进演播室，针对农民增收、大学生就业、食品安全、廉租房、留守儿童、公共卫生应急体系、民生工程、自主创新、中小企业应对危机等问题进行了访谈、交流。这里涉及的都是观众非常关心，并且也与百姓的生活紧密相关的问题，这样的节目不仅可以吸引观众观看电视，而且还会吸引大家关注两会。

2. 交流感

访谈就是一种交流，我们通常对这种交流习焉不察，等闲视之，不太愿意花费时间与精力去琢磨它。既然它是一种非常流行的节目的基本存在样式，就值得我们做些深层的考究。在这里，交流不是寒暄。寒暄也是一种交流，但它只停留在礼貌层面，交流的双方只需不动声色，各自说些不关痛痒，也不触及内心的套话就可以了；这里的交流也不是打招呼。打招呼当然也是一种交流，但是它浅尝辄止，刚刚开始就戛然而止了，是一种不自足不完全的交流。

那么，到底应该怎么看待访谈节目的交流呢？简单地说，这是一种可以充分展开的、用心说话的交谈。具体来说，首先，因为节目有足够的时长，交流足以完全展开，充分表达。其次，它具有真正的交流感。这与前一点密切相关，正因为有了足够的时长，交流感才具备足够的展示空间。交流感是访谈节目不可或缺的要素，它的具体表现是访谈双方进行交流的时候，话语是从自己的心里自然流出来的，而不是在背诵或者演示已经准备好的台词。在交流过程中，应该有即席的挥洒，随性的闪光。这不是说访谈节目不需做必要的准备，录制节目之前的准备是必不可少的，但是它主要是指对将要讨论话题的材料进行搜集，对自己的思路进行梳理，不包括背诵写好的谈话底本。

3. 现场感

新闻访谈节目大多展示的是意见，节目要传播的焦点就是现场嘉宾对于所选话题与事件的评析与判断。除此之外，另有一些访谈节目则重在展示人物，他们在新闻访谈节目中出现，理由就在于他们是当时大家所关心的新闻人物。我们常常用这样一些词语形容人物表现的成功与出色：栩栩如生、活灵活现、须眉毕现，以及如闻其声、如见其人，等等。意思是在描绘一个人的状貌时，如果能达到像真人一样的水准，那就是表现技巧的顶级高度了。而在电视访谈节目中，编导让所要展现的人物直接在现场现身，其特有的传播功效便不言自明了。不仅如此，电视访谈节目可以通过提问和交流，还能够呈现出所要展现的人物在特定情境中的一颦一笑，一举手一投足，及其所思所想。这些都是关注与喜爱他们的观众非常愿意看到的景象。

刘岩原本是北京奥运会开幕式唯一独舞演员，但在距离奥运会开幕仅剩几天的一次彩排中意外摔伤。这不仅使她与北京奥运会擦肩而过，而且还造成下肢瘫痪，很可能将终生与轮椅相伴。27 岁的刘岩是舞蹈界公认的才华出众的青年舞蹈家，本来有着不可限量的辉煌艺术前途，可是这场意外却改变了她的命运。黑龙江电视台的访谈节目《永远的舞者：刘岩》，通过主持人的深入访问，让刘岩自己讲述了受伤后承受的巨大痛苦，同时也展示了她对艺术的热爱、不屈的韧性和不变的信念。这样的一种展示方式，带给喜欢和关心刘岩的观众的满足感，是任何语言都不足以形容的。

三、电视访谈节目点评示例

新中国首位主持人沈力：开创贴近观众的主持风格

资料来源：凤凰网

陈鲁豫：生活中每天都发生很多的变化，但是有一些在我们岁月的长河中，那些印记是不会淡忘的，今天我们的节目就是有关我们记忆当中熟悉的面孔和声音，比如说新中国第一代播音员、第一代电视节目主持人沈力老师。

解说：沈力，中国荧屏事业的先行者，又是新中国第一位电视播音员、第一位电视节目主持人，也被称为电视播音主持的“第一滴水”，她是中央电视台最早的播音员，曾经播出过央视新闻，主持过《为您服务》《夕阳红》等栏目。

沈力：观众朋友们，你们好，最近我们陆续收到一些观众同志的来信，希望我们在这里为他们呼吁一下，让他们能够从难以忍受的噪声中解脱出来。

解说：几十年的荧屏生涯，沈力为我们创造了一个端庄、文雅、大方、诚挚的电视荧幕形象。

陈鲁豫：沈力老师，我们在场所有工作人员的前辈，绝对是前辈，欢迎您。

沈力：不敢当。

陈鲁豫：可能刚才大家看到很多年前，沈力老师做节目的那些片段，就觉得一看就时代感特别强，要知道那是20年、30多年前的画面应该是。

沈力：八十年代初，特别土。

陈鲁豫：我不能用土这个词儿，反正八十年代的痕迹是很浓的。

沈力：对。

陈鲁豫：您自己看您当年的感觉是什么?

沈力：我就觉得挺土的。

陈鲁豫：您自己觉得土呀?

沈力：嗯。

陈鲁豫：但在那个时候是觉得好看的。

沈力：不知道观众朋友看了什么样，反正我觉得好像真的是时代的印记很浓。

沈力：电视记录浓烈的时代印记。

陈鲁豫：我小时候看您的节目，就觉得这个阿姨很漂亮，您小时候一定没有想过，有一天自己是在电视里工作。

沈力：不仅是没有想过，那时候哪有电视啊，没见过，没有电视，不知道电视是怎么回事的。

陈鲁豫：那个时候您肯定自己也看不到自己的节目，当时所有的节目我知道都是直播，对不对?

沈力：对，看不到。

陈鲁豫：因为我曾经采访过赵忠祥老师，他说几乎每一天都会做恶梦，因为是直播，几乎每天都做恶梦梦见自己，比如说耽误了时间没有起来，然后错过了，等等，所有可怕的事儿都梦到过。

沈力：对。

陈鲁豫：您梦到过吗?

沈力：梦到过，好像是我们那个时候很多人都会有，半夜醒了，哎呀怎么过时间了，就赶快跑吧，一跑一害怕醒了，结果才两点钟，就是大家很多人都会有这样的梦。

陈鲁豫：您会担心出错吗？

沈力：会担心，所以就特别地小心。

陈鲁豫：因为我知道那个时候，我没有见过那种工作状态，但是我后来听别人讲过，当时不像现在播新闻有那个提词器，你跟着那个提词器念就可以，那个时候是没有的。

沈力：没有。

陈鲁豫：稿子什么样就要把它念出来？

沈力：对。

陈鲁豫：不管那个稿子改得多乱，上面涂得多么密密麻麻，多么五颜六色，都要把它念得很流畅很准确，那是很难的。

沈力：是的。我们那个时候最难的时候，我记得当时播新闻就是配音，那个时候还没有出图像，配音的时候是下午三点多钟，摄像他们把片子拿来以后，然后领导审查，领导审查的时候播音员就要去念，念的时候就是等于说对一遍稿件，播放画面只此一遍，所有的画面你都要记清，哪儿说什么，哪儿说什么，而且那时候没有打印，稿子全都是每个摄影师自己写的，那个字相当难认，很多是，我到现在记忆都非常清楚，然后又修改，然后再加上领导一改，这儿勾出去画出去，那个稿子呀乱极了，所以那个时候太紧张了，我就准备一瓶黑墨水，把那个不要的都抹掉，然后我用蓝墨水把需要弄清楚的，有些字不清楚的把它描清楚，用红墨水把需要特别注意的地方，不要出错的地方把它勾出来。

沈力：播新闻条件艰苦　工作到膝盖发软

沈力：播的时候不像现在，有桌子有椅子，对面还有个监视器，我们那时候没有监视器，没有桌子什么都没有，有的时候我就自己放一把椅子，搁到那儿，稿子得放到那儿，事先把稿子一个一个、一张一张都把它弄好放在那儿，然后就播，播一张扔一张，就往地下扔了，没有地方。所以当时那条件非常艰苦，也是我工作最紧张的那两个多小时，五点多到七点多播出。

陈鲁豫：如果有时候播一些政治性的那种新闻那会很紧张，在那个年代。

沈力：是，我记得有一次是1960年的元旦，就播元旦贺词，元旦贺词一般来得都非常晚，心里紧张啊，脸上还要带着微笑，然后播完了以后，我就站不起来了，两手冰凉，两脸发烧，然后我想站起来，两个膝盖是软的，就那么紧张。就是内紧外松。

陈鲁豫：您几乎出过错吗，我知道您没出过错，但是几乎。

沈力：我出过，很少，我出过，我现在记忆很深的，因为我不太喜欢体育，不太在行，然后就给体育配新闻嘛，然后我就念得挺来劲儿的，大家争抢篮球板，后来人家说什么篮球板，篮板球你怎么播个篮球板，我就觉得我无知，就出错。播了去争抢篮球板，后来从那以后我就觉得作为一个播音员，那个时候都叫播音员嘛。

陈鲁豫：因为那个时候没有分，不像现在，我就是做体育的，我就是做新闻，我就是做文艺，那时候什么都要做。

沈力：什么都要播，而且当时一年多只有我一个人，什么都要干，每天节目开始是台标，台标完了就是播音员要出现了，出现了呢就是介绍今天的节目，然后比如说一个演播室，这儿有一个摄像机，你要在这儿对着镜头介绍，介绍完了一出电视新闻的片头，就要跑到导演间的外面，对着屏幕需画外音，画外音完了也可能底下还有一个什么节目，比方说科教影片那时候都要介绍，然后我还要跑到那儿去，扔下这个跑到那儿去，站稳了以后，要介绍这个科教影片是什么，是什么，是什么，就像一个小麻雀似的，蹦来蹦去，蹦来蹦去。

陈鲁豫：这一天全都是您。

沈力：没有第二个人，只有我一个人。

陈鲁豫：也就是说观众打开电视机，只要有节目，看到的就是您。

沈力：是。

陈鲁豫：出镜率这么高，每天都是。

沈力：嗯，每天都是。

沈力：主持《为您服务》　节目风格贴近观众

解说：20 世纪 70 年代，沈力改行到中央电视台社教部《文化生活》栏目做了一名编导，从台前走到幕后，沈力边学边干，将自己的全部热情投入到了当时的节目策划和制作当中。在文化生活组工作期间，沈力制作的节目获得了全国大大小小无数个奖项，就在沈力在自己喜爱的领域里，尽情挥洒热情的时候，一个新的机遇又摆在她的面前。1982 年中央电视台准备推出一档固定的生活服务节目《为您服务》，当时的领导找到了沈力，面对全新的领域，已经 50 岁的沈力，还是决定迎接这次挑战。作为新中国第一位电视节目主持人，没有经验可以借鉴，只能靠自己在摸索中前进，沈力又能否赢得观众的认可和喜爱呢。

沈力：然后领导通知让我去，做《为您服务》的主持人，而且不仅是主持人，是让我负责这个栏目，当时叫组长，现在叫什么制片人啦或者什么，我们那个时候叫组长。

陈鲁豫：这是您当过的最大的官吗？

沈力：最大的官，就是一个组长，等于是负责这一个栏目，所以那个时候，当时我不太想做，我不想接，为什么不想接呢，一个是我当时50岁啦，你想谁在电视里看一个老太婆，谁愿意看，再说，什么做饭做衣服我一窍不通，我特别不喜欢，而且我还有一个不太好的想法，我觉得不如我做文化生活，因为这之前我当编导的时候，是做文化生活节目，我觉得不如那个有品位，所以，我就不愿意，讲不下价钱，那不行，你不干也得干，那我就干吧。我们这代人就是这样，你只要干了你就必须是负责任，一定要把它做好，所以那个时候做《为您服务》，我就全心投入，我那个时候，特别是主持《为您服务》的时候，因为是跟观众，要走进观众的家庭，所以我尽量地不打扮，一件衬衣穿着合适，我就能穿上一个月。

陈鲁豫：那不用换服装吗？

沈力：那时候也没有条件，刚刚改革开放，也不太讲究服装什么的，都不太讲究。我也不会是照着镜子化妆，化上一小时，没有，就是稍微地一整理，所以看起来，我觉得真的是挺土的。

陈鲁豫：而且那时候您讲话很温柔，当年播新闻的那声音，还不是那种温柔的声音。

沈力：是，那个时候因为过去做播音员总觉得是代表一个国家，代表一个台，好像有点端庄，高高在上的、居高临下的那种感觉，但是接过《为您服务》这个栏目以后觉得，它是要走进老百姓的家庭，一定要去用心去和老百姓交流，一定要是尊重观众，做他们的朋友，所以，你必须要把心态放下来，把声音放下来，用白岩松的话讲就是要说点人话，一定要是跟大家很亲近的这种，所以整个一个改变。主持人和播音员一个最大的区别就是他有主观性，他是一个活生生的人，他是一个栏目的代表，你必须要有自己的见解必须要有自己的感情，所以我总结了几句话就是说，主持人要用自己的眼睛去观察，用自己的头脑去思考，用自己的心灵去感受，用自己的语言去表达，所以我就遵循着。

陈鲁豫：谢谢您，因为您当年这么做，所以现在我们都能够好好说话。

沈力：不不不。

沈力：很庆幸自己有8年当兵经历

陈鲁豫：真的，这个现在看来是特别简单，当然得这么说话，但是第一个做的人是很难，这一点我特别特别明白，所以要谢谢您沈力老师。真的，我跟您聊天以后，我就对于您以前的那种感受不一样。我从小觉得就是这个阿姨首先很漂亮，然后我觉得是一个特别柔弱的一个人，但是我现在发现，您以前真的是参过军当过兵的，骨子里刚强的劲儿，我现在能够感觉到。

沈力：是吗？

陈鲁豫：嗯，您是8年当兵的经历，是不是？

沈力：嗯。

陈鲁豫：我发现一个人当没当过兵是不一样。

沈力：绝对不一样，我非常庆幸我自己当过兵，我觉得解放军这所大学校，对我们年轻人来讲，你年轻的时候，你吃再多的苦都是值得，将来对你的生活道路都是非常好的，所以我觉得。部队真的是很锻炼人的。

陈鲁豫：沈力老师见证了中国电视这几十年的改变，她一直做得很投入很执着，我就觉得跟她当兵的经历是有关系的。8年当兵经历，时间我觉得不算短，改变了她的生活，也见证她晚年的幸福。

解说：自从1958年进入中央电视台，沈力主持《新闻联播》，主持《为您服务》《夕阳红》栏目，成为不少电视观众心目中的偶像。成为中国电视发展史上的重要人物。而沈力的主持风格和为人，也给她的同行带来了极大的影响。

(插播)敬一丹：有一次编辑给她写的稿子呢，是说有一天我走在路上，一位观众认出了我，而沈力老师呢就改成，有一天我走在路上遇到了一位观众，就这一个字我们就能看出沈力老师，这个处世为人的态度，也能看出她一种职业的要求啊，从这个意义上说，我觉得沈力老师真是一字师，就这一个字的修改给我带来了很长久的那种业务上的启发和影响。

(插播)白岩松：每次一看沈力老师的节目，就会觉得特别暖和，这是我当时用的一个词，而且我觉得是真实的，虽然我看得并不多，我觉得不会有多少少年，或者说青年在那个时候，从头到尾是把《为您服务》看完的，但是奇怪的是虽然我没有看多少期，可是沈力老师那种主持的姿态和那种语调却好像在我的耳边是最熟悉的声音。因为家里不断地在放，母亲他们不断地在看，而且她代表了一个时代的这种语言特征。在那个时代你总会留下一些非常温暖的记忆，我觉得沈力老师给大家留下的都是温暖的记忆，是陪着大家像家人一样很温暖地成长。

(插播)周涛：就是说在我们这个行业里面，应该说她是资深的老师，但是跟我们接触的时候，我们觉得没有什么距离，也没有什么障碍，从来没有觉得她是一个高高在上的一个老师或一个前辈，我们更愿意把她当成一个阿姨，当成一个妈妈。

沈力：在干校是炊事班长 亲手杀过三头猪

解说：就在沈力事业如日中天之时，也就是20世纪80年代初期，她的丈夫因病去世，那时候的她一个人既要奔事业，又要带大两个孩子，艰辛不言而喻，就在那时，一位老战友走进了她的生活。

陈鲁豫：我觉得对于年纪，一般女人可能是会怕自己年纪变大，但我觉得您年纪越大，您的风采就越好。

沈力：我从来不保养，说你今天吃仨枣吧，明天吃什么的，我还挺烦，我不愿意弄，我就是任其自然，随它怎么胖就胖，瘦就瘦，无所谓。

陈鲁豫：您也没胖过呀。

沈力：我是没胖过，但最胖的时候还是在干校吧，吃得好呀，我在干校是炊事班长，我还杀过三头猪呢，想不到吧。

陈鲁豫：您把一头猪从活的，然后把它杀了。

沈力：因为那时候觉得女同志都不敢，我说我敢，然后男同志就把那个猪的腿绑上，把那个嘴巴，就说你就冲着这儿，斜着一刀下去，下去了，刀一出那血(溅)得好远。

陈鲁豫：我真看不出来您能这样。

沈力：真的是。

陈鲁豫：您是我见过的最漂亮的屠夫，您今年有七十。

沈力：七十七，已经过了。

陈鲁豫：那七十七现在在家里面您跟您老伴，日常生活什么样啊?

沈力：日常生活，因为我们两个是一起参军的，就是1949年一起南下的，当时我们两个关系很好，就说那种很朦胧的。

陈鲁豫：介绍一下您的老伴您的初恋男朋友。

沈力：那个时候不许谈恋爱，完了以后，其实也没有什么，也不敢接触更多的，但是眼神什么可能会被人家发现了，发现以后就批评，批评了不许谈恋爱，后来那个时候一受批评，受不了了，我这辈子也不理他了，然后很快我就调走了，调到总政歌舞团了。

陈鲁豫：那他呢?

沈力：当时我也不知道他哪里去了，后来知道他就经过考试，准备考预科，考上了去了哈尔滨上那个军工大学，就走到那儿去了。

陈鲁豫：一个南下，一个北上。

沈力：对，但是当时就根本没有联系了。

沈力：经历很多波折和初恋男友又走到一起

解说：提起当年在部队时，沈力送给自己的一双棉袜，当时的情景战友张瑞林，也就是沈力如今的老伴，至今仍然记忆犹新。

张瑞林：人同此心心同此理，所以说在那个时候呢，就不用讲了都记在心里了。

解说：而几年以后两人的再次见面，却让当时已订婚的沈力内心感慨，阴差阳错，造化弄人。

沈力：后来是我认识了我原来这个老伴，有一次是到哈尔滨去演出，因为我们是赴朝啊，赴朝是经过哈尔滨，我就跟其他的朋友打听到了，给他打个电话，我看看他，那时候也不知道是出于什么心态，反正是分开那么久了，同志嘛还是去看看吧。看看，当时就他还一个人，他也没找朋友，就说我心里觉得挺愧的，怎么他还，他还在那一个人呢，我又找朋友了，心里挺不安的，但是没办法呀，我当时也是思想斗争，我一想我别了，我扔了那个再去捡那个，我别折腾了，我折腾什么呀，算了吧就这样吧，命。就这么分开了。分开了以后很多年，他在哈尔滨有时候出差到北京，也经常去看看我，看看我，我就离他远一点吧，那也不能招人家了，我已经有家了对吧。然后他到我家，我原来那个老伴跟他都挺好，有的时候从我家走了，你送送你的小朋友吧，就去送送他，反正就是很正常的。后来因为我的老伴病故了，病故了以后，他后来也是离异了，就是一个人，他就跑到北京来了。

陈鲁豫：我听说很巧，他跟您住在同一个街上。

沈力：就叫学院南路，他住在东头，我住在西头。

陈鲁豫：谁都不知道是住一条街上？

沈力：谁都不知道。

陈鲁豫：然后有一天碰到了吗？

沈力：有一次碰到了，碰到了后来他就老出击，老想碰到我，就老也碰不上了。

陈鲁豫：有的时候真的，生活就那种，你不信不行。就你越无意间的话，越能够碰上，你有意去等，去碰的话，反而就碰不上。

沈力：其实那时候我们也见面，有的时候经常我们战友有聚会，经常聚会嘛，我对他还比较是冷冷的，为什么冷冷的呢，因为我知道他一个人，可是我还有家，我不能去对他太热情，对吧。我不能这么去伤害他，后来老伴去世以后，他当然有这种想法，我当时真没有真的是没有，因为我觉得我这个人比较自立，而且当时事情也挺多，我不想再成立家庭，我绝对不想，但是后来很多老战友给我做工作，因为老战友都知道我们俩的情况，做工作吧，做工作，最后终于心软了，我一想，有个人疼疼我也行，因为过去的生活我也挺苦的，我觉得工作非常忙，孩子的事儿，家里事儿，老伴病了六年，我一直都在医院照顾着他，所以后来我想算了吧，这个已经是这样了，我就答应了。就这么很简单的事儿。我们俩就又走到一起了。

陈鲁豫：不简单，多难，多浪漫哪。我发现就是那一代人让人很感动，你们说起来就很简单，但其实这中间那种坎坷，那种波折，那种困难，其实我们也能够体会到，真的是不容易，可能就是那个时代，特别的那个时代造成的一种特殊的情感经历。

沈力：是，其实你说那时候很年轻的时候，你真正谈到什么爱情，我觉得谈不到，你说爱他，爱什么你根本就不了解，根本就没有那种接触，但是它就是很纯真的，一份情感在那儿，那么多年过去了，我自己也不知道，我心里还会保存着这个不知道，所以真的是一种缘分吧。

解说：岁月的更迭，有时候却洗刷不去依稀的过往，时隔半个世纪后，命运再次眷顾了两位有情人，一次不期而遇，几次战友的撮合，让两个人最终戏剧性地走到了一起。这半个世纪的爱恋，终于画了上了一个完美的句号。

张瑞林：战友在一起聚会的时候，又把这个前缘给续上了。

解说：面对五十年后的再续前缘，两位老人没有太多年轻人的所谓的激情，没有太多阴差阳错的人生感叹，更多的是却是历经岁月洗礼后，难得的平淡和真诚相惜。

沈力：岗位上是电视工作者　生活中是老百姓

沈力：现在就是走到一起以后也互补吧，我们两个性格不是完全一样，我比较内向，他比较外向，我不爱说什么，他哪儿都愿意说，整天说个不停的，比较外在的一个人，从爱好上我们还有相近的地方，比方说看一本书啊，看一个电视剧呀，看个电影啊，有什么想法都比较能够说得来，我呢不愿意做饭，他呢还可以吧还喜欢弄，在外面吃了饭啦，学一点回来捣鼓捣鼓，反正现在就是他做饭我干活，就这么一个很简单的，普通老年人的生活。

陈鲁豫：有人为您服务现在？

沈力：嗯，有人为我服务。

陈鲁豫：生活是公平的，生活是公平的。

沈力：我刷碗，我打扫卫生。

陈鲁豫：真好，我就觉得您的声音您的形象，是我们记忆的一部分，这其实是对一个人最高的评价，您说呢？

沈力：谈不上，我觉得不管是周围的同事或者领导，或者观众朋友对我都是过奖有加，真的是。我觉得我就是平平常常一个人，我觉得在岗位上我是一个电视工作者，下来我就是一个老百姓。真的，我退下来以后我非常自在，我可以到街边的小铺去吃早点，我经常坐着公交车出门，有的时候司机就说，呀，沈老师你还没有专车，我说我们这代人哪来的专车呀，对吧，现在国家给我们是离休嘛，给我们一个离休本，走哪儿公交车也不花钱挺幸福的，是吧。

陈鲁豫：坐公交车不花钱啊？

沈力：对。

陈鲁豫：坐地铁花钱吗？

沈力：不花，挺好，所以我觉得现在挺安稳的，如果社会上还有些工作需要我去做呢，我能出去活动活动挺好。没事儿，我自己在家里学点什么，学电脑啊，然后他就看他的书啊，看他的报啊，有时候两个人一块出去，到哪儿去旅游一下，挺好的，挺正常的，老百姓的生活。

陈鲁豫：我就希望我到我七十七、七十八的时候，我能跟您一样风度这么好。

沈力：谈不上风度，现在的年轻人太棒了，你们肯定是很了不起的，真的。

陈鲁豫：真的特别谢谢沈力老师。您跟我想象的不一样，但是也一样。就是你比我想象的内心要刚强，但是跟我想象的也一样。就是一个对生活特别真诚的一个人，对工作也很真诚的一个人。

沈力：我觉得我成就最大的就是，我对观众是最真诚的，真的。

陈鲁豫：我们能感受得到。

沈力：因为我觉得观众给我的太多太多，特别在《为您服务》又到《夕阳红》，真的给我的太多太多。

陈鲁豫：生活就很公平，你付出了就能够得到相同的回报跟真诚，特别谢谢沈力老师。

沈力：别客气。

（凤凰卫视 2010 年 10 月 28 日播出，略有删改。）

点评

这个作品做到了如下两点：

第一，亲切自然，交流感强。整个节目没有设计与台本的痕迹，让人感觉到

访谈就是在一种自然随性的状态中展开，行于所当行，止于不可不止。同时，在话语的自然流通过程中，又清晰地呈现出了被访者的履历与天性，殊为不易。

第二，自就各位，各司其职。节目共有三种元素构成，分别是：主持人与嘉宾交流的话语、电视采编者的话外解说和同事亲友的评价。它们有详有略，有概述有细节，相互补充，相互呼应，共同展现出了一个清新自然的嘉宾形象。

第七节 电视新闻现场直播

一、几个相关概念的界说

新闻现场直播与新闻节目直播、现场报道等概念虽然关系密切，但其含义有所不同，不能混为一体。新闻现场直播是指与重大新闻事件的发生和发展同步播出，集现场报道、背景介绍与事态分析等于一体的新闻作品。一般都表现为电视新闻报道团队在新闻现场一边摄录并伴以必要的解说，一边同步播出。以纯粹的纪实手法在事件发生的同时，就将现场的信息传递出去。这种报道与播出方式形象、直观、迅速，并且还比较充分地发挥了电视传播的优势。

新闻节目直播的特点是，电视新闻节目的制作与播出同步进行。也就是说，在新闻节目制作的同时，观众就可以收看到节目。它是相对于电视节目的录播而言的，先前的电视新闻采用的都是录播的方式，节目摄录与制作在前，向外播放在后。这样的制作没有风险，在播出以前随时都可以对节目进行调整与增删，但其致命的弱点是时效性不强。

电视的现场报道是指记者在新闻现场出境陈述新闻的事件的报道形式。它一般都具备下面三个要件：第一，记者必须在现场进行采访和报道，报道是随着事件的发生、发展来展开的。第二，报道是进行式的，也就是说要让观众感觉到记者一直在现场。如果记者只是在新闻镜头露一下脸，播报了内容提要后就不再现身，这就不能算是合格的现场报道。第三，同期声是现场报道的关键性要素，在适当的时候，应该有事件现场与画面摄录同步的现场音响效果。

概而言之，新闻现场直播与新闻节目直播的相同点在于直播，也就是说节目制作的时间与节目播出的时间合为一体。二者的不同点在于：现场直播在第一时间展现的是一个发生了新闻事件的现场，而新闻节目直播在第一时间展现的则是播报节目的演播室。新闻现场直播与现场报道的共同之处是：二者都展现出了新闻现场，让观众亲临其境，直接了解和感受新闻事件的环境。不同之处则表现在各自所展现出的现场有所不同，前者由于有比较充分的时长和篇幅，因而可以展现出一段具有持续性的立体场景，而且其使用的表现技术和手段更为复杂、丰富。而后者限于篇幅和报道条件，展现出的往往是新闻事件发展进程中的一个节点，或者是一个横截面。

二、新闻现场直播节目的类型

可以根据节目题材性质，把电视的新闻现场直播节目分预发性事件直播与突发性事件直播两类。

1. 对预发性事件的直播

现在能看到的电视现场直播节目，大多数是对预发性事件的报道。这种状况的出现，有其具体的原因。比较而言，电视现场直播节目的制作，是一个宏大的系统工程，涉及采编、技术、管理等方方面面的人员。而且它在报道的条件和设备等方面，还有特殊的要求。预发事件是事先已知要发生的，这就给报道的策划、设计、协调等方面的工作，留下了足够的时间。另外，准备进行以现场直播的方式进行报道的事件，往往具有相当的重要性，一般也都是新闻宣传的重点，如党代会、人代会等政治活动，以及卫星发射、飞船上天等振奋人心的大事件，莫不如此。所以，也值得在直播的人力与设备方面给以充分的投入。

我国早期的电视现场直播节目都属于这种类型。据叶子《电视节目研究》一书的记载，从1964年开始的十年左右时间里，中央电视台制作的现场直播节目主要有：

1984年，建国35周年庆祝大会；

1987年，党的十三大开幕，这是国内电视新闻发展史上首次现场直播党代会的开幕式，并首次通过通讯卫星向海外传播；

1988年，七届人大一次会议和政协七届一次会议开幕式，并多次现场直播两会期间的记者招待会。这在我国政治活动传播上也是首次；

1990年，第十一届亚洲运动会开幕式、闭幕式；

1991年，西昌发射“亚星一号”卫星；

1992年，两次发射“澳星一号”卫星；

1992年，党的十四大开幕式、闭幕式以及记者招待会；

1995年，世界妇女大会开幕式。

到了近些年，对预发性新闻的现场直播依旧受到各个电视台的重视，并且在报道的范围和技巧上有新的拓展和丰富。《共圆精彩》是山东电视台2009年10月26日播出的节目，它以现场直播的方式对第十一届全运会的开幕式进行报道。该节目充分利用全运会史上最先进的IBC传输技术，演播室与现场充分互动，实时接入现场信号。通过三路记者滚动式现场连线，在提前带观众感悟全运激情的同时，更通过演播室访谈对“和谐中国，全民全运”理念进行了深入解读。整体节目构思巧妙，表现到位，极具表现力和感染力。

《精彩云南辉煌60年》是云南电视台2009年9月17日播出的大型直播节目，它的整体制作更富新意。该节目意在庆祝国庆六十周年，全面反映全省各地的巨大变化。直播行动行程两万多公里，足迹遍及全省16个州市，打破了传统的宣传模式，对主题报道的思路与方式进行了一次全新的创新，把宣传任务与宣传主题贯注到生动、有趣的现场直播之中。

在现场直播节目的制作方面，中央电视台更是今非昔比，新意迭出。《嫦娥奔月》是该台中文国际频道2007年10月24日播出的大型节目。在总时长7小时10分钟的播出时间里，该节目运用多种手段直播中国首颗探月卫星“嫦娥一号”的发射和探月过程。整个直播分为5个单元，利用卫星发射的公共信号，邀请绕月探测工程副总设计师、月球探测工程首席科学家等高端人士，详细介绍嫦娥一号卫星的运行轨迹、中国嫦娥工程的进展，以及中国航天事业的发展规划等内容。尤其值得一提的是，为了让观众获得直观形象的感受，电视台还专门搭建600平米演播室，利用卫星车及月球车模型、太空服模型、月壤、宇宙、星空布景等，在演播室中设计营造了一个真实、生动的月球氛围，让观众在感受中国航天发展的同时，与“嫦娥一号”一起展开一次奇妙的探月之旅。

2. 对突发性事件的直播

突发性事件是指不可预料突然发生的事件，往往会带来人员伤害、财产损失与生态环境破坏的后果。正是由于其明显的负面特征，为了不致引起社会混乱，群众恐慌，过去采取的态度都是秘而不宣，压下不报，当然就更不会进行电视现场直播了。现在，这种状况已经有了明显的改观。一方面，这是由于公民具有知情权的观念已经得到广泛的认可；另一方面，以民为本、关注民生的理念已经得到实施，灾难发生以后，各级政府会组织力量不遗余力地展开施救。这个时候，电视媒体展开现场直播不仅不会引发群众恐慌，反而能够增强他们战胜灾难的信心。

2007年10月8日，长假后上班的第一天，台风“罗莎”给杭州带来了50年一遇的大暴雨。城市变成水城，城区道路交通中断，数十万居民受灾。面对这场突发公共危机，杭州电视台综合频道临时决定打破常规编排，破天荒地派出35路记者分赴全市采访，其中10路采访小组借用了外台与杭州市相关部门的人员。大家同心协力，推出长时间不间断特别直播节目，承担起了提供信息、引导疑难、服务群众的责任，在灾情中的杭州发挥了不可替代的作用。

在整体播出过程中，该节目体现出了突发性事件直播独具的一些特征。参与采编与播出的人员一边准备，一边直播。调用了卫星直播车、全向微波直播车、城市交通监控探头、光缆、电话、网络、可拍摄手机等10多种技术手段，共300多个直播信号通道，综合运用记者卫星连线、光缆连线、微波连线、电话连线等信息传输手段，以及现场报道、观众互动等报道形式，对抗洪救灾进行了多层面的展示。由于电视播出平台与城市监控网络联网，交警路面300多个监控探头成了水中忠实的直播机位，传回了最及时、最珍贵的灾情画面。节目第一时间开通了直播热线，接到市民关于灾情报料和求助电话千余个。这些电话不仅成为直播中的重要内容，也为救灾工作提供了直接的帮助。这个名为《大雨袭杭州——抗击"罗莎"特别直播》的直播节目，受到了杭州市民的广泛关注和积极评价。

中央电视台在突发时间的直播方面，也进行了卓有成效的探索。2008年5月12日汶川地震发生以后，央视在每天的整点新闻中开始了持续性的现场直播报道。并且在非常规的状态下，不拘一格，善于变通，勇于尝试，尽可能向受众传递最快捷最全面的信息。在《抗震救灾 众志成城》的直播节目中，他们创造了许多个"第一次"：

第一，使用了平时几乎从不使用的"突发事件"片头。

第二，对同一条新闻进行反复多次播出，打破了一条新闻在一档新闻中只播一次的惯例。

第三，不停地对新闻进行更新和更正，包括震级修订等；另外，援引了中新社报道浙江地震的消息，后被证实不属实，便多次加以更正，强调市民不要恐慌。在中央台的历史上，播错新闻随后在一档新闻中多次更正，也是史无前例的。

第四，来不及写稿，来不及打稿，来不及制单，电话连线处于随来随接状态，只能在耳机里告诉主持人一个地名、一个人名，立刻就要进行连线，这也是史无前例的。

第五，多方搜集可用信息源，包括本台记者、若干个省的地方台记者，甚至包括中国移动的老总。一个电话过去，告诉对方"马上和你连线"，立刻就能播出。这也是史无前例的。

总体而言，上面提到的"第一次"，大多在常规状态下都属于报道事故，至少也可以说是工作失误或者差错。但是在这里，它们显得无可挑剔，体现出了一种真实而有效的新闻采编工作应具的品质。

三、新闻现场直播节目示例

连战大陆行直播特别报道

说明：2005年4月，时任中国国民党主席连战率团参访大陆，中国电视台对这次历史性的事件展开了重点报道，制作出了大型节目《连战大陆行直播特别报道》，其中含有10场直播，时长达995分钟。这个节目获得广泛的关注，并且被评为第十六届中国新闻奖一等奖。下面所附的材料《作品简介》与《申报资料实录》来自中国记协网，它们是为该作品申报中国新闻奖而特别准备的，是我们了解《连战大陆行直播特别报道》的上佳材料。

1. 作品简介

2005年4月21日，我们接到中央台办通知，要求对中国国民党主席连战率团参访祖国大陆进行报道，时间是2005年4月26日到5月3日。现在回想起来，从接到任务起，在如此短的时间里，完成这样大规模、多场次的重大涉台电视直播，无论在电视业界还是对台宣传方面，都是重大突破。

虽然在此之前，中国国民党副主席江丙坤的到访让我们对随后连战的来访有所预见，我们也按照中央台办的要求进行了一些必要的准备，但这些准备也只是基于常规新闻的报道思路。比如当时我们派出了一些记者到连战即将参访的地方拍摄相关新闻和专题，但后来发生的情况是：中央台办宣传口径不断变化，由初定的常规新闻报道变成了全程直播报道。规模、场次、密度、难度陡然升级，这一变化使得随后的每一场直播都变成了遭遇战。比如4月26日，在连战一行首次抵达大陆的第一站南京的报道中，开始的任务还只是制作常规新闻并提供一些公用信号，但就在飞机刚刚出现在南京禄口机场上空的瞬间，报道方式突变为四套可以直播、新闻频道在栏目内现场报道，而之后的9场直播，都是在事件现场依形势的发展而临时决定直播规模的，好在我们都是迅速适应了每一次的变化。

根据最新的要求，我们将在随后的8天时间里，要在内地4个城市和香港、台湾以及境外搭建起多场次、多个点对点的直播连线平台，同时还要全方位满足大陆和台湾电视媒体直播需求，每场直播提供8路单边报道系统。为此，我们迅速建立了直播应急机制，在最短的时间里，组织了包括地方台在内的记者、技术、导播等相关报道人员2 000人次；调动了包括大型卫星转播车在内的200多台直播和摄录设备；联络了包括中央台办、各相关省市台办以及机场、宾馆、大学、参访地等近百个部门和单位。时间之紧，场次之多，规模之大，影响之深，在对台宣传中，史无前例。

可以这样说，正是由于电视直播手段的运用，让两岸人民乃至国际社会得以全面、准确、及时地了解这一重大历史事件。中央电视台的媒体作用得以充分地发挥。在这一系列的直播报道中，应该是各具特色。其中，我们选送的胡锦涛总书记会见连战主席，连战在北大演讲，连战抵达南京三场报道最具代表性和影响力。

4月29日下午举行的胡锦涛总书记会见连战主席，是一次让世人瞩目的会谈，它不仅载入了历史，同时也开创了两岸关系新的未来。在这场直播中，我们在大会堂内外共架设了10个机位，着重在镜头的表现力上做了精心的设计。这次历史性的会见最打动人的经典画面，就是胡锦涛总书记和连战主席握手的那一刻。为了能营造出两岸乃至世界对这一历史时刻的期待，同时能在短短50多米的距离内展现出大陆与台湾渐行渐近、最终将手握在一起的重要进程。我们反复演练，为了能在最佳时点切入两人直面，逐渐走近的画面，从大会堂门口到握手的地点，这一段路我们的编导走了几十遍，导演尝试了多种镜头分切的方案，最终确定连战入画长镜头跟上，直到他与胡总书记的手握在一起。镜头是客观的，但精心设计的镜头往往是充满感情的。为了能向全球同步传达出会见的所有信息，我们特地从距离会见地点北大厅200多米远的人民大会堂西北小院拉出电缆；提前在大厅地毯下埋下了多个话筒，每个话筒的位置和音质，都经过了严格的测试，这样才确保了两位领导人一见面，胡总书记“欢迎你，辛苦了”和连主席“非常感谢您”的对话清晰地传向全球。

连战北大演讲备受关注，这是56年后首次踏上祖国大陆的中国国民党主席连战在大陆的第一场演讲。他会给大家讲什么？他有怎样的观点？连战的母亲曾经在北大学习？一向以提问题尖锐著称的北大学生会给连战提出什么样的问题等，众多因素交织在一起，吸引着观众。由此在节目设计上，我们着重突出了这场直播的内容主体。从连战进入会场到最后互换礼物，实时并且完整展现了精彩演讲全过程。

特别是直播中注重细节的捕捉，在北大领导向连战赠送他母亲学籍档案时，完全原生态地展现，近景镜头凸显连战激动的表情，整个场面非常感人。另外，这场直播中还有一个突出的亮点，就是现场记者出色的归纳和进一步阐释。通过演播室和现场的互动，把会场内容延伸到会场之外，又从会场之外回到会场。

演讲结束后，有一段关于“听会和鼓掌”的精彩归纳，再次突出了北大师生对于连战演讲本身和演讲内容的认同。

整个直播过程中，不仅有高质量的现场演讲信号，而且充分调动和运用了演播室专家的权威访谈、新闻短片、背景资料等多种元素和手段，彰显了电视媒体的传播优势。

连战大陆之行全球瞩目，因此在首场直播中；放大海内外高度关注的元素，分别在海峡两岸和境外布局多个现场报道点，采取与台北、香港、北京、南京、西安、上海等地记者接力式连线报道的方式，让观众既对连战一行从台北出发，经香港来南京的行程做一个简单的回顾，又对接下来连战在大陆各地的活动作了提前预告。这样采用点、线、面结合的方式，多视角凸显了连战一行首次访问大陆所产生的历史和现实意义。这场直播最值得关注的是，连战在到达大陆后的首个感言中就表明了“这次访问间隔上一次到南京整整60年，看到大家，实在有一种相见恨晚的感觉”，向世人宣告了“中国国民党愿意为和平稳定的两岸关系来尽我们的绵薄之力”。

此次，我台一共进行了10场直播，时长995分钟。节目播出后，中央领导同志多次致电我台领导给予了高度的评价。从最后的宣传效果来看，一言以蔽之，就是帮忙不添乱，出彩不出事，中央百姓双满意，境内境外皆欢迎。

（中央电视台2005年4月26日～5月3日）

2. 申报资料实录

作品评介：2005年4月26日到5月3日，中央电视台出色完成了中国国民党主席连战率团访问祖国大陆的所有直播任务。特别是第一时间、第一现场向全世界传送了胡锦涛总书记与连战主席的历史性会见和握手、连战56年来首次跨越海峡踏足大陆、在北京大学发表演讲等重要内容，表示了坚持“九二共识”、反对“台独”，共促两岸人员往来和经贸文化交流等方面的重要措施，展现了同根同源的两岸同胞渴望和平发展、合作共赢的共同愿望。这次运用开放的理念和全新的技术，大规模直播这一两岸关系发展史上的重要事件，被称为中国电视史上的创举。

所有直播节目充分发挥了记者的现场报道能力和直播的实时传播能力，第一时间完整记录和传播了重大历史事件的全过程，展示了很多生动感人的细节，做到了以事实说话；通过精心策划和采制的专题片，使得这一特殊的新闻事件更加富有历史感和时代感；通过独家专访，获取了两岸关系的权威分析和评论。直播节目结构大气紧凑，内容丰富权威，形式独到新颖，是专业媒体通过动态策划有效传播重大新闻事件的典范。

采编过程：此次特别报道，由于是56年来中国国民党主席率团首访祖国大陆，不确定因素多、政治敏感度高且电视直播点多、技术复杂、难度大。中央电视台所有参战人员，都以高度的政治责任感和精良的专业素养做足预案，把关在前，不仅与中台办等有关部门迅速建立直播应急机制，动态处理直播中随时出现的新情况、新问题；更能够创新传播理念，通过实施聚合全台和各地方台的精锐人才和技术资源等举措，按照中央确定的原则，大胆拓展直播空间，首次全程并安全地展示参访活动的全过程。同时让每一场直播既有以演播室为核心的权威阐释和点评以及丰富的背景介绍，也有来自现场的客观、真实、生动的主体内容，还有穿插在整个直播过程中点对点连线和记者的现场述评。整个直播不仅安全、准确、及时而且牢牢把握了舆论主导权。

社会效果：中国国民党主席连战率团访问大陆，海峡两岸、港澳各界高度关注，国际社会广为瞩目。专家和观众认为：在李登辉、陈水扁大搞“去中国化”等“渐进式台独”活动的情况下，中央电视台抓住机遇，大规模现场直播连战此次来访寻根祭祖、发自内心地宣示自己是中国人，两岸应携手合作共创繁荣，是对大陆13亿人民进行“反台独、反分裂”的生动教育。据权威专业机构统计：连战来访期间，中央电视台多个频道相关直播节目收视陡增，新闻频道更创下开办以来收视份额达到2.74%的收视新高，并影响和拉动了相当一段时间频道收视率。

连战来访，引发境内外媒体大战。对此，中央电视台还实施有效传播战略，向岛内及全球300多家电视媒体提供了高质量的直播公用信号，扩大了对台湾和国际社会的影响，特别是台湾东森、中天、TVBS等多家岛内主流传媒实时转播中央电视台直播信号，有力地冲破了自2002年以来，台湾当局对中央电视台节目信号落地岛内的封锁。让台湾观众看到了胡锦涛总书记和连战主席的历史性握手和会见访问团全体成员并发表谈话的实况，看到了胡锦涛等党中央领导同志的恢弘气度和真诚关心台湾同胞的亲民风范。同时还通过直播，让台湾民众和海内外观众看到了连战在祖国大陆访问的实况及大陆在中国共产党领导下，取得的举世瞩目的现代化成就和发展的崭新气象，对台宣传收到了前所未有的入岛入脑入心的良好效果。

中央领导和中宣部、中台办等主管部门对中央电视台的连战大陆行直播给予高度评价和充分肯定。认为：中央电视台各场直播都准确、及时、客观、全面地把握和宣传了两岸关系发展出现的新景象和连战访问大陆的主要成果。特别是直播了访问团成员每到一地都受到当地民众自发而热烈的欢迎，使他们感受到了大陆同胞深厚的骨肉之情，随即在直播节目中表达他们期盼祖国统一的强烈愿望，这对推动两岸关系发展，起到了积极的促进作用。

（见中国记协网：http：//news.xinhuanet.com/zgjx/2007－01/08/content_5578251.htm）

第八节　电视新闻节目编排

一、电视新闻节目编排概说

本节讨论的电视新闻节目编排，更准确的说法应该是电视新闻栏目编排。节目一词存在广义与狭义两种表达。从广义上讲，它既包括单个节目，也包括作为单个节目汇集的栏目。栏目是电视台每天播出的相对独立的信息单元，主要是单个节目的组合，是按照一定内容（如新闻、知识、文艺）编排布局的完整表现形式。它有固定的名称、固定的播出时间（即起止时间固定）、固定的栏目宗旨，每期播出不同的内容，来吸引人们的视线，给人们带来信息知识、服务、娱乐等。

由此可见，电视栏目也是一个独具面目、自成一体的有机整体，它不是单个节目无缘无故的简单堆积与罗列。我们关注并且研究栏目编排，就是要优化节目的合理配置，使其产生出栏目整体的传播效应。为了使受众在收看新闻节目时，不仅能够获悉单条新闻的信息，而且还对整个新闻栏目留下印象，那么，新闻栏目的结构安排一定要有章可循。也就是说一定要在没有表示起承转合的关联词配合的前提下，形成栏目内各条消息承接与过渡的内在秩序与逻辑。只有这样，整个栏目才能显示出其应有的生气与活力，观众接受起来也不会感到突兀和生硬。

下面是中央电视台“新闻联播”栏目2011年2月1日的节目构成。

中共中央国务院举行春节团拜会 胡锦涛主持 代表中共中央国务院祝贺新春

中央电视台春节联欢晚会准备就绪 李长春看望慰问演职人员

周永康代表党中央、国务院和胡锦涛总书记看望慰问首都及全国政法公安干警

十一届全国人大四次会议3月5日、全国政协十一届四次会议3月3日在京开幕

2010年城乡居民收入稳定增长

春节民俗日历之腊月二十九：蒸馒头

吉林灾区：这个冬天很温暖

山西吕梁：乡间炕头送大戏

花灯瑞兔迎新春

[新春走基层]等待八年的回家路

春节期间全国大部分地区天气晴朗 气温回升

河北：体制“松绑”文化产业“领跑”

国内简讯

俄罗斯代表团登上俄日争议岛屿 日方表示“非常令人遗憾”

世贸组织就波音补贴案作出最终裁决

国际简讯

可以看出，上面的各条新闻各有专司，将它们集纳在一起却并没有显得杂乱无章，因为我们可以感受到其中有一条无形的线索与脉络。

优化电视新闻栏目编排的重要性与必要性无须多说，不过，值得补充的是，这样的追求并不是无止境的，它要受到很大的制约与限制。从道理上说，新闻的编排只能是在既定的新闻作品中进行。因为就新闻采编业务而言，首先面临的课题是新闻选择，也就是说应该报道什么新闻。等这个问题确定了以后，才会考虑如何对这些已经采制好的新闻进行恰当的编排。一般不会出现这样的情况：为了编排的美观或者有效，特别去采制已经框定好范围与性质的新闻。既然是这样，便不难看出，编排可以腾挪的余地与空间很小。它不是新闻采编业务中的核心部分，只可以锦上添花，但不能喧宾夺主。

二、新闻节目编排的基本思路

1. 选好头条

在消息的制作过程中，我们一般都会强调把最重要、最被关注的信息放在起首的部分，这是新闻制作的基本常识。同样，在新闻栏目的编排中，我们也应该把最重要与最具有吸引力的新闻编排在头条。头条新闻往往体现着电视栏目的报道思路与报道方向，并且在一定程度上代表着电视媒体的采编质量与水平。所以，对于头条新闻的编排一般都会经历披沙拣金、再三权衡的过程。

明确了这一点以后，接下来的问题是：怎样的稿件才有条件被确定为头条新闻呢？这是个很难进行一概而论的问题。也就是说，新闻栏目中单条新闻的重要性不能凭空估量，而应该与特定的新闻栏目结合起来考虑。具体来说就是在编排头条新闻的时候，一定要与所在的栏目的定位与目标结合起来权衡，不同的栏目所选择的头条新闻肯定是不一样的。

下面是中央电视台“晚间新闻”栏目 2011 年 3 月 5 日播出的节目内容：

十一届全国人大四次会议在京开幕

两会瞬间：抢新闻

两会声音：尊重民意

藏族同胞欢度藏历铁兔新年

巴西：狂欢节拉开首日 孩子是主角

从利比亚撤离中国公民全部回国

新西兰总理就中方向克赖斯特彻奇市地震提供支持和援助向国务院总理温家宝致感谢信

可以看出，“晚间新闻”栏目这天的节目数量与往日相比，显得非常少，这是因为其中的新闻《十一届全国人大四次会议在京开幕》，占用的时间很长。不仅如此，这条新闻还被列为头条。这充分体现了中央电视台的性质以及“晚间新闻”栏目的基本定位。全国人大召开一年一度的代表大会，原本就是全国人民政治生活中的一件大事，而且2011年又是我国“十二五”计划开局之年，中国内政外交政策和经济形势走向，备受瞩目。所以，作为中央电视台“晚间新闻”栏目以最显眼最突出的位置播出这条新闻，是完全可以理解的。

2. 层次清晰

现在的新闻栏目大多时长为30分钟，在这样的时间区段里，可以播发二三十条新闻。这些新闻来自不同的地方，不同的领域，其内容涉及方方面面。如果任意编排，新闻栏目就会变成毫无章法的杂货铺。但是，即使是意识到这个问题，一般也很难用清晰的线索将它们贯穿在一起。因为新闻稿件是既定的，编排的时候不能过于随便地进行增删。在这种情况下，我们可以追求栏目的层次感，尽可能让电视栏目的节目结构显示出一定的规律和脉络。

下面是东方卫视“东方新闻”栏目2009年7月1日播出的节目内容。

上海世博会：个人门票今起发售

直播连线：上海世博会四种购票渠道畅通【售票点】

南京、北京：世博会个人门票销售第一天

上海世博会：购票不实行“实名制”不限制购买张数

上海世博会：7类个人门票

直播连线：介绍参观流程以及注意事项【世博局】

湖北武汉：遭遇27年来最大暴雨 全城交通几近瘫痪

上海：第二架ARJ21飞机首飞成功

也航空难：一女孩生还 航空公司成众矢之的

A股：上证指数重上3 000点 本轮反弹幅度约75%

直播连线：湖南列车相撞后续【湖南郴州】

上海“莲花河畔景苑”：倒塌原因可能在周五公布

上海“莲花河畔景苑”：卸土工作今晚结束 危险隐患基本消除

南京：别克闹市接连肇事 9 人被撞 5 人死亡

南京：警方今天下午举行新闻发布会

工信部：绿坝强制预装推迟 客户可请商家代装

香港：今起香港全面禁烟 违者最高罚款 5 000 港币

伊拉克：最大油田竞拍成功 中石油中标

洪都拉斯：被逐总统明日回国 不再寻求连任

麦道夫案：10 名生意伙伴遭起诉

杰克逊：遗体或将移至“梦幻岛”

北京：“鸟巢”音乐会主打“跨界合作”

虽然我们很难说，这些新闻以这种形式编排都有必然的理由。但是，编排者的良苦用心及其成效还是可以感受到的。它重点关注“世博个人门票开售”、湖南列车相撞、上海“莲花河畔金景苑”倒楼、南京别克车酒后闹市肇事等备受关注的新闻事件。结构安排张弛有度，颇具层次感和节奏感。需要说明的是，其层次感是以题材内容与报道形式为依据，对每条新闻进行归类划片达成的。所以，对其层次感的认识，只有亲身观看了电视节目才可以获得全面的领会。

3. 摸索规律

熟能生巧，水到渠成的。只要用心，经过长时期的实践和探索，无论做任何事情，都可以寻找到一些规律性的东西。人们发现，以权威性、指导性为追求目标的电视新闻栏目，一般是都是按照这样的方式编排的：第一组要闻，第二组经济，第三组会议及一般时政，第四组社会新闻。有人把这种编排看成是陈规俗套，这是过于轻率的判断，我们愿意把它理解为对新闻编排规律的探索的成果。如果我们的社会环境与新闻观念没有发生重大改变，这种编排的方式基本上是可以沿用下去的。新闻原本就是一项讲究规范性的工作，美联社记者约翰·唐宁于 1889 年 3 月 30 日启用的 5 个 W 和 1 个 H 新闻写作规范，至今还很有生命力。当然，我们应该鼓励创新。但是创新是需要机缘的，多种条件与机缘凑齐了，创新才是具有意义和生命力的。总而言之，摸索和遵循规律是常态，而创新则只能偶尔为之。否则的话，创新就不再显得稀罕和珍贵了。

三、电视新闻节目编排评析示例

2009年7月22日中央电视台《新闻联播》节目

版块名称：日全食组合报道(国内外消息组合)

1. 我国长江流域出现日全食天文奇观

2. 日全食期间 各地启动预案确保安全

3. 亚洲多国民众共赏日全食

版块名称：时政新闻版块

1. 温家宝主持召开国务院常务会议

2. 纪念人民政协文史资料工作50周年座谈会

3. 周永康强调：维护国防利益和军人军属合法权益 巩固国防安全 促进社会和谐稳定

4. 民政部、总政治部联合下发关于做好“八一”期间拥军优属拥政爱民工作的通知

版块名称：涉疆题材报道版块

1. 新疆国际大巴扎恢复接待中外游客

2. 内地新疆高中班学生回乡宣讲促民族团结

3. 本台评论：青年的行动就是沟通的力量

4. 广东韶关旭日玩具厂新疆籍员工生产生活秩序稳定

版块名称：多主题报道版块

1. 太空技术地面“结果”中国航天打造新能源完整产业链

2.“百名青年编辑记者延安行”：“三贴近”的生动实践

3. 中农大 大连外院：鼓励和引导毕业生到基层就业显身手

4. 河南邓州：“4+2”工作法构筑村民自治新机制

5.“和平使命—2009”中俄联合反恐军事演习正式开始

6.【人民英模】中国工人运动的杰出领袖——邓中夏

版块名称：多题材动态简讯版块

1. 第十一届全运会男足比赛决赛阶段开赛

2. 首届两岸乡村座谈会在上海闭幕

3. 北京173家A级旅游景区昨起对残疾人免收门票

4. 济南军区援建北川八一中学交付使用

5. 中英互联网圆桌会议在北京举行

6. 第二十届香港书展今天开幕

版块名称：国际新闻版块

1. 中国—东盟外长会议在泰国举行

2. 麻生和鸠山分别阐述众议院大选立场

3. 木星再遭撞击 星表落下黑色疤斑

国际简讯

4. 委内瑞拉外交使团拒绝撤离洪都拉斯

5. 智利、哥伦比亚发生军机坠毁事故 飞行员成功逃生

6. 杜莎夫人蜡像馆将成好莱坞新景点

7. 游泳世锦赛：郭晶晶强势收金　蒋氏姐妹绽放夺牌

突破常规　合乎情理

这个作品呈现出如下优点：

1. 意料之外，情理之中。排列在最前头的是一组关于日全食的报道，而不是时政新闻。本期节目的编排一改惯例，逸出常规，给观众罕见与难得的新意。在这里，特别需要说明，突破惯例与常规本身并不值得肯定。为了突破而突破，这是一件简单易行的事情。关键在于，既突破了常规又合乎情理与目的。时政新闻通常被编排在最突出最显眼的位置，这是因为这些节目具有无可比拟的重要性。日全食作为一种天文现象，虽然在科学上已经有了合理的解释，但是在我们传统文化以及现今的民间传说对它的种种离奇怪诞的描述，依旧具有较大的传播与影响空间。中央电视台在这一天将日全食的新闻列在最前面，正是基于对其重要性的理解与判断。这样的突破与创新才显得珍贵。

2. 层次清晰，脉络分明。这期节目数量众多，内容丰富，但是并不给人以零散杂乱的印象。总共的23条新闻，按照内容分别被编排在5个版块之中。根据“新闻联播”的定位确定各个版块的次序，然后次第播出。观众只要用心观看，就可以感受到其中的线索与逻辑。

思考与练习

1. 电视新闻作品评析，可以从哪些角度展开评析？

2. 请寻找不同类型的电视新闻作品各一例，对其展开评析。

第八章　网络新闻作品评析

本章要点：

1. 网络新闻专题的评析。
2. 网络评论的评析。
3. 网络新闻访谈、网页设计作品的评析。

第一节　网络新闻专题

网络新闻专题，是用图片、文字、音视频、Flash 等多媒体手段和多种新闻体裁，从不同角度全面报道同一新闻事件或同一新闻主题的作品，页面层次结构不少于两层。

在网络媒体日臻成熟的今天，各网站面对任何一个可以引发读者关注的重大新闻或突发新闻，都会不约而同地为这个新闻事件做一个专题，网络专题的应用越来越广泛。网络专题已成为网络媒体的一种重要表现形式，也是不可或缺的表现形式。

一、网络专题的特点

网络专题借助互联网的特性，形成了不同于传统媒体专题的特点，主要表现在：

1. 页面精美，能准确烘托主题

网络专题使用大量的文字、图片、动画、音频和视频等多媒体手段进行网上信息传播或直播，通过精美的页面制作，其视频图像生动、准确、客观地将现实情景直接传送到广大受众面前，给受众以真实、形象、具体的感觉，强烈的视觉感染，能很好地烘托主题。

例如，2008 年，人民网制作的"纪念长征 70 周年"大型专题，进入人民网长征专题首页，呈现在网友面前的是：斑驳凝重的黑红背景、忽明忽暗的马灯、红军的斗笠、闪动的五星、飘动的红旗、特有质感的长征组雕、毛泽东龙飞凤舞遒劲有力的草书"红军不怕远征难"，如果你的计算机开着音箱，耳边还会响起耳熟能详的《长征》歌曲。利用精美的画面，丰富的内容，让网友一进来就马上能感染到长征的恢弘气势，就有了解或追忆那段峥嵘岁月的愿望，能达到很好的传播效果

2. 报道及时，时空跨度大，资料丰富

网络专题借助网络传播的技术手段，可以及时、方便、快捷地上传与专题内容相关的新闻和信息，对图片和文字新闻进行滚动更新，使受众获得最新的新闻信息；报纸版面的有限性，广播、电视传播的时间固定性和内容的有限性，决定了受众只能被动地接受到有限的信息，人们获得信息的自主选择范围相对较小，而网络专题信息的跨时空、大容量、多媒体化和超链接，使受众可以根据自己的兴趣爱好，自由地选择网站上的新闻，接受更多的信息，充分展示专题的宏大主题。

例如，人民网“纪念长征 70 周年”专题收录了 3 000 多位长征英雄的简历，上百张珍贵历史照片及遗址照片，近百篇对长征中的战役、会议或人物的回忆类文章以及长征路线图、战役会议、大事记等几十万字的背景资料，转载各类媒体的文章近千条。网友进入专题，便会进入长征资料的浩瀚海洋，在开阔眼界的同时，接受到了爱国主义教育。

3. 互动性强，集知识性和趣味性于一体

交互性、参与性是网络专题的又一个重要的特点和优势。通过在专题的页面上设置论坛专区和在线调查、评论等互动性栏目，网络媒体可以与浏览者展开全方位、全时段的网上交流，也可以聚拢人气，避免了传统媒体对受众进行单向传播的传播方式带来的弊端，从而达到网络新闻专题的最佳传播效果。

例如，人民网“纪念长征 70 周年”专题的 15 个大栏目中，能让网友参与其中的就有 3 个，包括献花留言、知识问答、跟着红军去长征等，通过这种方式来吸引受众参与到活动中来，受众在答题过程中受到潜移默化的教育，增强了对长征的理解和认识。另一个特色栏目“跟着红军去长征”，网友选择长征地图上的点，同一页面上就会出现放大后的以该点为中心的地图和长征途中在该点发生的主要事件的图文资料。这种把文字、图片、地图、Flash 技术以及网友的参与结合在一起的新颖设计，吸引了很多受众，达到了很好的社会宣传效果。

二、网络专题的分类

网络专题报道已经成为互联网上最常见的新闻报道形式之一。网络专题没有公认的分类标准，在这里我们把它分为三大类：

1. 新闻类专题

新闻类专题一般源自于突发事件，新闻性较强。在科学技术不断更新，网络媒体日益成熟的今天，一旦发生重大事件，网络专题常常是需要考虑的优先报道

形式。网络专题可以随时更新报道新闻事件的发展进程，用详细的新闻资料吸引受众。如抗击非典专题，抗震救灾专题等都属于此类。

2. 主题类专题

主题类专题是指可预见的主题，服务性较强，多数是以纪念重大历史事件为主。如党的十七大专题、改革开放30周年专题、北京奥运专题等属于此类。

3. 栏目类专题

栏目类专题是指出于不特定的事件、人物，但围绕同一个主题，报道周期往往是长期的，以网站的固定栏目形式存在。这种专题形式无须编辑过多干预，只需编写一个栏目导语，通过新闻的属性自动提取生成，这些新闻属性包括新闻发生的地点、人物、行业、事件等。也就是说，这些新闻列表的新闻，有着共同的新闻属性。如行业类专题，服务性也很强，如托福应试技巧、理财类专题、出国完全手册、旅游类专题等就属于此类。

三、网络专题作品评析示例

网络专题以其自身的特点和优势，受到了传播者和受众的重视，成为网络新闻研究的一个重要对象和焦点。

西安航空技术高等专科学校徐剑锋曾对网络新闻专题的评价指标总结如下[①]：

<table>
<tr><th>评价指标</th><th>评价内容</th><th>具体评价要素</th></tr>
<tr><td>内容呈现</td><td>网络新闻选题</td><td>选题意义(重大、热门、专业性题材)；主题鲜明；导向正确；富有创意(角度、栏目的设置)</td></tr>
<tr><td rowspan="5">形式设计</td><td>版面设计(内容)</td><td>图片的选择(大小、色彩、视觉效果)；视频(大小、播放器、数量)；标题与导言的制作、内容与链接的设置、反馈调查的策划、链接性、动态性、互动性</td></tr>
<tr><td>版面设计(视觉)</td><td>版式和色彩；视觉要素丰富；空间运用；图片处理；专题构架；推介(导航区结构、导读方式)</td></tr>
<tr><td rowspan="3">技术呈现</td><td>互动性及用户控制水平；信息交换与用户信息收集水平</td></tr>
<tr><td>主流浏览器支持评价；表现形式和选择形式多样化程度</td></tr>
<tr><td>浏览效果；外观效果一致性；多媒体支持一致性；页面的访问速度；页面是否存在链接错误；作品是否有明显的程序错误；主流显示器分辨率下的浏览效果</td></tr>
</table>

① 徐剑锋：《浅析网络新闻专题的评价体系》，载《新闻知识》，2010年第1期。

续表

评价指标	评价内容	具体评价要素
综合指标	网络整合的运用	体裁多样、栏目互动、信息整合集中全面、检索方便、多媒体手段的运用
		新闻的深度与内容的全面、社会影响力、信息量、媒体互动、报道手法、编排方式、资料分类的综合运用

在这一节中我们选了由人民网刊播的两篇作品，大家可以细细体会网络专题作品报道形式的独特魅力。

作品一：

中国共产党第十七次全国代表大会专题

集体采制

责任编辑：何加正 官建文 孙海峰 王　京 李晓明 王　倩

首发日期：2007 年 10 月 10 日

刊播网站：人民网

作品网址：http：//cpc. people. com. cn/GB/104019/index. html

亮点多　特色浓

人民网的十七大报道，启动早，亮点多，独具特色，专题较充分地发挥了及时、海量、互动、多媒体等特点，全面、立体化地呈现了十七大盛况。

第一，图文、音视频、电子杂志、无线、动漫、游戏、知识竞赛等多种报道形式齐上阵，中文、外文、少数民族文等多种语言同步播报，党代会网络报道手段实现创新和突破。专题采用了图文、音视频、论坛、博客、电子杂志、手机报、RSS 聚合新闻、动漫、游戏等活泼多样的表现形式和技术手段。除中文简体和繁体外，还开设了英、日、法、俄、西班牙和阿拉伯文等六种外文版本，蒙文、藏文和朝文等少数民族语言版则是第一次网上报道全国党代会。通过与广播电台的合作，对大会开幕式进行了同步音频直播。

第二，网络直播场次多、速度快、内容准。十七大期间，人民网共组织直播(实时报道)11 场，图文及视频实时报道时间总长超过 20 个小时。十七大新闻中心举办的所有新闻发布会和记者招待会均由人民网负责文字录入，其他网站转帖。对河南等代表团讨论会的直播，是十七大期间首场代表团的网络直播。

第三，特色栏目形式活、创意新、容量大。“人民特刊”和“人民副刊”采用电子杂志的方式，融图片、文字、音乐、视频为一体；每日一期的“动漫故事会”，以Flash形式通过生动典型的真实事例反映社会的发展、变化；“党报头条汇”每日推介中央及省级党报当日的精彩头条……一个个活泼新颖的特色栏目，成了人民网的十七大报道的一个个亮点。

第四，网络互动方便快捷，新颖独特，集知识性和趣味性于一体。除论坛、调查、征文、寄语等栏目外，人民网十七大报道新增了多个新的互动栏目，“对党说句心里话”审核发布了2.2万条留言，浏览人数近300万人次，参与“党史党建知识竞赛”的网民超过4万人、“网络拼图”栏目也大受欢迎。据统计，参与互动栏目的网民在各大网站中最多。强国论坛上的十七大专题讨论始终红红火火，直播页面中开设的网友同步评的互动功能，使网友在观看直播报道的同时可以参与评论，并实现网友间的互动交流，是网上独创。强国博客首次开通的党代表博客，也成为党代会报道的新亮点。

第五，无线报道与有线网络相结合，凸显手机媒体的即时性、移动性、互动性。专题与无线网络相联，不仅有传统的短信“头条新闻”和手机报“十七大快讯”、“十七大特刊”，更有手机强国论坛发起的“千万手机网友提问党代表”活动，共举办7场无线网络的嘉宾访谈，来自空中网、新浪网、万蝶网等20家手机网站的网友，通过手机与嘉宾进行在线交流。此外，“假如我是党代表”、“手机话我家”、“对党说句心里话”等手机网友寄语活动都收到大量来自全国各地的短信。

第六，网页设计庄重、大气、美观。专题页面的设计着力渲染十七大的喜庆、庄重、热烈的气氛，尝试在主旋律题材中融入了时尚、互动的视觉元素，给网友以强烈的视觉感染，很好地烘托了大会主题。

作品二：

纪念红军长征胜利70周年

集体采制

编辑：陈智霞 柳晓力 周贺 李镭

刊播网站：人民网

作品网址：http：//politics. people. com. cn/GB/8198/68298/68550/index. html

密集的创新与突破

纪念红军长征胜利70周年专题是按照中宣部有关部署，人民网在2006年度推出的大型重点新闻专题之一。专题主题突出，内容丰富，栏目新颖，页面鲜明醒目，交互性强，气氛浓重热烈，主要分设为“重走长征路”知识问答、跟着红军去长征、长征简介、大事记、战役会议、纪念活动、回忆怀念、长征故事、重访老红军、长征路线、英雄谱、图片资料、研究评论、纪念场馆、音频视频、献花留言、长征人物等17个分类，以文字、图片、知识问答、动画、音视频、幻灯等各种形式，全方面、多层次宣传伟大的长征精神以及长征在中国革命史和我军历史上的重要地位，专题在质量、内容、形式等方面都有突破和创新。

1. 恢宏大气、设计精美、资料翔实。

专题以斑驳凝重的黑、红为背景烘托气氛，以忽明忽暗的马灯、红军的斗笠、闪动的五星及飘动的红旗等为设计元素，追述当年红军长征的历史记忆，并采用长征组雕特有的质感来突出红军不畏艰险的英勇气概，设计大胆创新，以生动的视觉语言，用《长征》组歌的旋律烘托气氛，准确、鲜明地诠释了主题内容。

专题收录上百张珍贵历史照片及遗址照片，上百名长征主要人物的简介及图片，200余篇对长征中的战役、会议或人物的回忆类文章以及长征路线图、战役会议、大事记等上万字背景资料，收录各类媒体文章近千条，条理清晰、内容厚重，资料翔实。

2. 力求创新、栏目新颖、交互性强。

推出三个特色栏目：“重走长征路”知识问答、跟着红军去长征和革命圣地今昔对比幻灯。

为加强与网友之间的互动，把长征历史和精神以寓教于乐的形式表现出来，“重走长征路”知识问答将单一的地图资料以Flash动画和互动的竞猜形式表现，交互体验使该活动更具有趣味性和吸引力，使网友可以更直观地了解长征，增强对长征的理解和认识。知识问答一推出就受到网友的热切关注和积极参与，3天之内有数万网友参与回答。

“跟着红军去长征”除了以Flash技术表现长征沿途的重大事件，再现红军在中国共产党领导下艰苦卓绝的光辉历程外，还配有动态跟踪的地图导航，形式新颖，也便于网友浏览。

“今昔对比幻灯”栏目精选15组革命圣地的今昔对照图片，图文并茂地体现了党领导全国各族人民传承长征精神，在促进社会进步进程中所取得的伟大成就。

3. 精心策划、嘉宾权威、注重整合。

专题还包括权威嘉宾做客论坛与网友进行在线交流部分，邀请到了谢觉哉夫人王定国、毛泽东的孙子毛新宇、第一个重走长征路的记者罗开富、陈赓之子陈知建少将、罗瑞卿之子罗箭少将、老将军王定烈等谈长征精神以及谈革命后代重走长征路活动，产生了较大的影响与良好的社会效果。

专题注重对长征资料的整合，增加新的阅读内容，为读者展示丰富的长征岁月，让读者更深入地感悟长征精神。推出几期特别策划：《特殊连队：长征路上的红军首长夫人们》《参加长征的几位外国人 我伴总理走长征》《女红军青春滴血的长征往事》《探寻长征路上的“第一”》《寻找长征路上四宗“最”》《十大开国元帅的长征岁月》等，得到了网友的肯定，留言踊跃，认为宣传角度新颖，可以更全面更深入地了解长征史实。

第二节　网络访谈

网络访谈，是指就社会上的热点新闻、重大事件或人们普遍关心的问题，对有关人士所进行的访问谈话。网络访谈通常由视频界面、嘉宾回答问题和网友提问内容组成。

目前，网络媒体访谈比较普遍的一种方式是嘉宾聊天室，主要突出嘉宾的参与和与网友的互动。如人民网的强国论坛、中国网的中国访谈、新华网的新华访谈，新浪网的嘉宾聊天室、新闻会客厅、财经会客厅等。从政府官员、专家学者、影视明星到普通人，都可以成为访谈的对象。

一、网络访谈的特点

1. 时效性强

当今，人们对社会上的热点问题、重大事件的关注、知情意识及参与意识大大增强。网络访谈借助网络传播及时快速的优势，请有关专家学者对发生的重大事件和热点问题进行及时的分析和评论，能及时满足人们对新闻、信息、参与、娱乐的心理需求，与传统媒体访谈节目相比，它的时效性更强。

2. 信息量大，能满足受众需求

网络访谈承载的信息量大，互动受众表述的内容在数量上是不受限制的，受众可以畅所欲言。由于传统媒体有版面、时段的限制，互动的内容不可能一一呈现给受众，而网络媒体突破了传统媒体的瓶颈。

例如，2009 年 2 月 28 日下午，温家宝总理来到中国政府网访谈室，与网友在线交流。中国政府网、新华网上午10时发出温总理与网友在线交流的预告消息后，网友反响十分强烈，到在线交流开始前，网友提出的问题就达到5万多个。网友所提问题的内容更是涉及经济发展、教育改革和医疗卫生改革、灾区重建、反腐倡廉、社会保障、缩小收入差距、两岸关系发展、中美关系以及个人工作生活情况等方面，涵盖的信息量非常之大，满足了受众的心理需求。

3. 互动性强，更贴近受众

互动性是网络访谈最大的优势。在传统媒体中传者和受者之间也存在互动，如报纸的读者信箱、电台、电视台的热线电话和现场交流等，但是在这些互动过程中，被反映到报纸上的读者来信、打进的热线电话和参与交流的受众是少数，交流的内容也十分有限。而在网络媒体访谈节目中，通过聊天室、留言板或发表评论参与节目的受众，从理论上讲，是不受人数限制的。一个好的新闻话题，可以吸引成千上万条留言和评论。

例如，2009年2月28日下午5时，温家宝总理在中国政府网访谈室与网友在线交流结束。从上午10时发出访谈预告消息起至访谈结束，网友共发来提出问题的帖子超过30万个，回答了网友提出的29个问题。每个受众在参与互动时，可以互不干扰，在同一时间发言、提问，这是传统媒体访谈节目的互动无法完成的。

4. 交流的开放性和平等性

网络访谈的互动性是开放的，就嘉宾聊天室而言，网民可以看到所有网友的提问，而且可以和其他网友进行互动交流。网民的自主性很大，他可以针对嘉宾、其他网民提问或发表看法，并且在网络上以文字的形式体现出来。所有的网民仿佛是在一个无限大的"演播间"里。传播的方式不再是单点对多点这一固定的模式，而是形成了单点对多点、单点对单点、多点对多点的模式。

相对而言，传统媒体的访谈类节目互动是相对封闭的，即使是广播电视直播类的访谈节目，采取的也是直播间里小范围的互动，或是场外的热线电话，受众不可能达到针对嘉宾或其他(听)观众的言论，随心所欲地发表见解。

5. 具有延时性，不受时空限制，容易存储

网络访谈从理论上讲，其互动的内容具有延时性。事实上，从网友预先提问开始，网友就已经和嘉宾开始了互动，而访谈结束后，互动仍可进行。

例如，2006年4月4日晚7时整，沈阳中考报名的前一天，东北新闻网在首页显著位置推出了"沈阳中考招生工作负责人访谈"的图片专题，点击进入界面，上面是正在直播的视频访谈，界面中间部分是文字直播内容。访谈结束后，网友仍可以通过留言板提问，招考办的工作人员通过留言板随时解答网民的提问，网

友仍可以通过留言板界面参与到互动中。因此，网络媒体的嘉宾访谈是无严格时间限制的。同时，访谈结束后，视频和文字资料可以存储到网页中，供网友随时点击观看。

二、网络访谈作品点评示例

网络访谈，实际上是一种特殊的新闻采访活动，一般要进行视频直播和文字直播，类似于电视访谈节目，没有采访权的商业网站往往借此形式实现新闻采访的目的。因此，对网络访谈，我们应该多从采访技巧角度展开评析。下面，我们以两部作品为评析对象，欣赏一下网络访谈的独特魅力。

作品一：

十米阳光

——奥运冠军杨凌在线访谈

李雁津

责任编辑：王玲　岳明乐

刊播网站：千龙网

首发日期：2007年8月10日

作品网址：

http：//live. qianlong. com/live/news/2007/8/2182/2@2182. htm

文字内容

主持人：各位网友大家好，欢迎大家准时登录千龙网，收看千龙网和人民政协报合办的直播访谈节目《我的奥林匹克》。今天来到现场的是两届奥运会金牌得主，来自我们北京的射击运动员杨凌。

(14:41)杨凌：大家好！主持人好！

(14:41)主持人：这也是我第一次跟枪手面对面。估计很多网友跟我的感觉差不多，就是都会觉得射击运动跟比拼体能或者技巧的体育项目相比不太一样，杨凌你拿了两届奥运会射击项目的冠军，有这种不同的感觉吗？

(14:42)杨凌：射击这个项目就是自己跟自己比，没有直接的对手，不是面对面。大家都是站在同一条线上打枪，但是每个人都有自己的靶。这首先是取决于射击运动的这种形式，再就是你的心理方面，本身自己跟自己比，不是直面竞争对手，而且又是比较安静的项目，但是往那里一站，比赛的气氛和紧张情绪又让你安静不下来。

(14:42)主持人：那就是必须要战胜自己的心理。

(14:42)杨凌：这个时候尽量把这种紧张情绪压住，这也是对运动员自己很高的要求。

(14:43)主持人：刚才在准备这期节目的时候有一个网友提问，你是什刹海体校出来的吗？如果培养自己的孩子做运动员，现在还有没有类似这样的学校？

(14:43)杨凌：现在什刹海体校没有射击项目了。射击以前也有过，但是由于这个项目的独特性，目前在北京城区基本上没有。比较近的就是朝阳有，应该在朝阳体育场，就是去年举办世界青年田径锦标赛的地方，就是平房那一带，叫朝阳射击场，是比较大，比较不错的地方。再就是房山、怀柔有。

(14:43)主持人：都是培养未来射击选手的？

(14:44)杨凌：对。我以前是在“四块玉”练，本身那里叫北京市业余射击体校，我是1986年开始练的，因为我本身是朝阳区的，又回到朝阳区训练。

(14:44)主持人：很多运动项目挑苗子的时候，像跳水、体操的时候要看身体的情况，射击的选材是什么样的标准？

(14:45)杨凌：射击到现在没有固定的标准，射击应该说各种身形，各种性格，各种血型，男女老少都可以，没有固定的模式。最早做选材，一个是夹指，看你的稳定性是不是很稳。还有胳膊，是很基础的东西。现在像射击没有办法只能通过实战，看你是不是这个苗子，教给你基本的标准，三点一线，告诉你之后给你三发或者五发子弹。你的密度越高，密集度越好，即便很偏也没有问题，最起码瞄准的一点线就很好。射击到最后靠自己练，到一定程度才能发现你是不是有射击的天赋。

(14:45)主持人：刚才说你是1986年进入到业余体校的，那个时候上初中吧？

(14:45)杨凌：上初二。

(14:46)主持人：我看我们的网民也有这样的提问，杨凌家里情况也不错，父母都是有知识、有文化的人，在上中学的时候怎么会选择运动员职业，选择射击这项运动呢？

(14:46)杨凌：我觉得是喜欢，很简单就是喜欢。最开始对于枪的知识还是从电视上，又是小男孩愿意玩枪，小的时候我爸爸也给我刻过一把，因为我父亲在工厂也是从基层干起来，手工很好。他是工程师，绘图方面也很棒，我也很佩服，他就手工给我雕了一把小手枪，那个时候没有其他可玩的。后来慢慢地看大一点的小孩玩弯的弹弓枪，对那个觉得太难。

(14:47)主持人：我们可能差不多，弹弓枪总是容易出事。

(14:47)杨凌：对，拿着没谱，是出于一种喜欢。真枪从来没有摸过。初中的时候教练员上学校去挑，进入我们班，就问谁想打枪就出来做一个简单的测试。一测试觉得还行，周六、周日有时间就去了，就是不同学校里挑选出来的，汇集一群，我们一块儿去玩。应该说第一次摸枪就一发不可收拾，我就非常喜欢枪。当时我拿着枪就不愿意放下。后来老想着去玩枪，那个时候也没有想到要拿成绩。

(14:47)主持人：在那之前看过1984年的洛杉矶奥运会吗？知不知道许海峰和“零的突破”？

(14:48)杨凌：没有。那个时候还不知道许海峰，因为本身电视看得很少，当时的传播渠道也少。后来等我到业余队了，才知道许海峰获得中国第一块奥运金牌，射击里还有慢射等等。当时只知道一种枪，很单纯就想玩枪，就慢慢打，慢慢提高自己的境界。现在叫提高境界，那个时候不是，我想多打一个十环，你的成绩好，我想比你的成绩更好，纯粹是这种感觉。

(14:48)主持人：最开始打的就是移动靶的枪？

(14:48)杨凌：对，第一次摸枪就是那个长枪。

(14:48)主持人：正好有网友问，射击的枪是手枪好打，还是长枪好打？

(14:49)杨凌：每种枪都有自己不同的特点，不能光从一个项目看“好打”还是“难打”这样简单地区分，每种枪特点都不同。

(14:52)杨凌：因为打枪讲究瞄准，瞄准的时候偏了一毫米，到靶子那里最起码偏差有一厘米以上，缺口很大。如果把延长线延长出去，偏差更大，所以这个难度相对比较大。因为我们的枪有瞄准镜，距离只有十米，我们有一个连贯性的动作，要准备，要举枪，要5秒打出一发子弹，我们要必须抠出去，如果不抠出去就算脱靶。像手枪、步枪，没有瞄好可以放下去再重新瞄。他们一个小时45分钟之内把60发子弹全部打出去就可以了。我们每发必须在规定的时间内打出去，所以有一种要求，手眼的协调性，判断能力，而且突发情况，有时候可能起枪做得不太好，要立刻更正。

(14:52)主持人：普通观众看了可能觉得射击体现运动的色彩不是很明显，那么短的时间打那么多。

(14:52)杨凌：大家感觉射击是很简单的事情，跟其他的项目不一样，不像竞技体育。恰恰相反，其实射击同样需要体能，需要协调性，同样需要你的判断力。所以我觉得射击是很综合、很静的项目，其实动很强，如果不协调的人不能打好比赛。射击一共有15个小项，每个项目都有自己不同的特点。

(14:53)主持人：射击也是金牌大户了，中国射击队在奥运会上的成绩也很好，你是第一个蝉联两届奥运会冠军的男运动员，奥运会第一块金牌也是来自射击的运动员许海峰。网上的网友说，听说国外射击运动员可以打到50岁，国内像王义夫老师打得岁数很大，年龄对射击运动的影响是不是不是很大？

(14:54)杨凌：应该是影响不大，但是每一个运动项目虽然都有不同的特点，但是到最后可能都会体现在对身体方面的要求。达不到这种要求的时候就会有打不动的感觉。其他的项目真的是练不动，跑不动，感觉很明显。其实我们射击也有打不动的，就是你怎么打可能成绩都上不去。

(14:54)主持人：受体力的约束。

(14:56)杨凌：对。射击有时候也需要一种感觉，当这种感觉丢失的时候，有时候你是找不回来的。当你的年龄越来越大，身体出现的情况越来越多，也需要一种调节，你调节不好的时候，确实感觉打不动，而且射击是在比赛中非常消耗体力的项目，精力消耗，体力也是成倍增加。国外运动员比中国运动员平均岁数大，不光是射击，其他项目也一样。这是因为国外运动员更多的是业余训练，在平时注意保持自己更长的运动生涯，相对会比较注意。既然是业余项目，他们就是一种兴趣，对射击的爱好，自己喜欢，所以在练的时间并不多，一个礼拜练三四回，练的比较精细一些。像我们在国内练得时间比较长，也会产生疲劳感，出现得比较早。

(14:56)主持人：都说射击运动员的心理素质很重要，你做了两届奥运会的冠军，大家在电视上都是目睹了夺冠的过程，尤其第二次特别惊险。一个靶子在那个地方，人还需要一个安静的环境，给人心理造成很大的压力。你们射击运动员心理素质怎么锻炼呢？

(14:59)杨凌：心理素质可以锻炼，但是后天的锻炼不是很明显。心理的东西无法去形容，其实心理就是一种导向，你往哪方面去想，你往好的方面去想，顺着这劲就过去了，如果总想失败，让错误的东西在脑子里回想，比如我的错误动作，这个动作是错误的，不应该去做，但是恰恰这种错误动作就有可能重复出现。像我们在赛前都会请心理老师，像我们以前的刘淑惠老师，想赢不怕输这种大无畏的精神拿出来是最好的。如果往下走就是想赢怕输，这个时候不管从动作上，从心理紧张程度上控制不太好。心理紧张过度，枪更控制不住，因为你心跳速度太快。赛前的心理辅导把自己往好的思路上去引，并不完全是怎么锻炼，心理用哑铃也锻炼不好，最后比赛还要看自己在场上的控制能力。

(15:01)主持人：我们刚才提到了你在两届奥运会上夺冠，亚特兰大奥运会那次拿到你的第一个奥运会冠军，走到体育生涯第一个顶峰，可那次夺冠之后，反而你在国内的成绩不太理想，然后2000年悉尼奥运会的时候，又很神奇、很惊险地拿到第二次冠军。我们的网友都很关注细节，请把这两次夺冠过程中的故事给我们讲一下。

(15:04)杨凌：1996年亚特兰大夺冠我自己感觉就是水到渠成。那几年一步一步，每年的成绩都有所提高，到1996年亚特兰大奥运会之前一个月，我破了世界纪录，奥运会之前世界纪录已经是我的。那个时候自己在成绩、心理状态达到一个高度。奥运赛场上虽然产生了很多小的问题，枪的问题，身体的问题，但是并没有影响我去夺冠，拿冠军时我甩下第二名也很多，当时可以说无惊无险，是水到渠成的。

(15:05)杨凌：2000年是我第二次参加奥运会。本身蝉联奥运冠军就很难，在射击上就更难，因为这么多年，我是第一个连续拿两届射击冠军的人，王义夫是1992年和2004年拿了两届冠军，也非常不容易，是六朝元老。我在2000年夺冠最后以0.1环险胜，也是很艰难。我打最后一发的时候非常紧张，我相信在大家看电视的时候好像没有看出我太紧张。但是那个时候我知道我这是最后一发，而且我知道虽然不算具体的小数点，但是我知道前九发大部分上差不多，我打了4个9，他打了一个8，两个9，就看最后一发，最后一发谁高谁就夺冠，最后我们俩一块儿打，而且打得速度也不一样，我可能抠的晚一些，最后我是10.4，他是10.1，非常惊险。后来自己回看比赛的时候，是最开始领先，到中间落后，再到最后又领先。

(15:06)主持人：当时是看大屏幕报出来的成绩吗？

(15:06)杨凌：我们自己也有显示器，知道自己的成绩，你一抠扳机，马上就能显示。

(15:07)主持人：说到这里，这次也给我们北京的两届奥运冠军准备一个小小的礼物，我们给你找了一份1996年第一次夺取奥运会冠军时刊登你夺冠消息的报纸，把这份报纸送给咱们的冠军，报纸上还有一张你持枪英姿飒爽的照片，是中国代表团在亚特兰大获得的第七枚金牌。

(15:07)杨凌：谢谢。

(15:07)主持人：奥运会夺冠，是很多运动员终生的愿望，1996年你第一次走上奥运最高领奖台的时候，当时的心情怎么样？

(15:07)杨凌：心情很激动。像我们射击也是一个贵族项目，是花费很大的项目，要买枪买子弹，而且中国的法律规定不允许私人持枪。像我们射击运动员都由国家来培养的。我们夺得这些成绩还是源自国家的培养，我们并没有忘记国家，国家也没有忘记我们。

(15:08)主持人：1996 年一次冠军，2000 年一次冠军，其实 2004 年雅典的时候竞技水平也没有下降，但是遇到一次意外。我记得你当时在中央电视台五套做直播报道的嘉宾，腿上打着石膏。

(15:08)杨凌：呵呵，后来我朋友对我讲，你比谁都厉害，谁敢在中央台直播的时候把脚放在桌子上。

(15:08)主持人：这是怎么造成的？

(15:09)杨凌：那个时候特别喜欢打羽毛球，其实也是上身体训练课，因为跑步太枯燥，又想锻炼体能，正好这边有羽毛球，就玩了。但是那个时候对羽毛球的知识了解也不是很多，场地不是太好，地板也不是羽毛球专业地板，我这运动员性格又比较好胜，接球时就出现了一点意外。那个时候我记得是 7 月 17 日，离奥运会中国代表团组团的前三天，最后决定不去，又积极去做手术治疗，希望能尽快好起来。可以出院的时候，也是中央电视台邀请我去做奥运会开幕的直播，直播第一天我穿了一件红色的体恤，也希望中国射击队得第一块金牌，取得开门红，也有寓意地穿一件红色。真的还不错，我们射击队的杜丽拿了第一块金牌，当时也非常高兴。

(15:10)主持人：我记得 2004 年有一个传闻，也是拿步枪的运动员叫贾占波，说他本来不能拿冠军，但是外国高手最后打脱靶了，这个事情你知道吗，射击项目上会发生这样的情况吗？

(15:10)杨凌：他拿得比较有戏剧性，最后在落后三环的情况下领先的选手却打在别人的靶位，这发记分就是零，贾占波也抓住机会，拿了冠军。这种情况很少，应该是微乎其微的概率。贾占波前面打得也不是太好，最后一发打了十环，如果不打十环也不能拿冠军，非常有戏剧性。

(15:10)主持人：今天我们访谈的主题是《我的奥林匹克》，在网上也有不少网友在节目开始之前问了一些问题，我特别想了解，咱们从 1986 年开始练习射击，一步一步走进专业队/国家队，两次登上奥运的最高领奖台，然后做了申奥的形象大使，走进了北京申奥的行列。而且你跟别的奥运冠军更不同的是，你从小生长的城市北京就要举办奥运会，作为跟奥运会这么贴近的一个人，你对奥林匹克精神怎么理解，奥林匹克精神又怎么样影响你的生活？

(15:11)杨凌：我在国家队做运动员的时候，我所理解的奥林匹克就是更高、更快、更强，我会去尽我的能力把我的成绩提高，去赛场上争金夺银，把奥运金牌拿进来，这是我的目标。我做的所有事情，不管是我在赛场上，在训练场上，还是回家之后，我所想的就是怎么样把我的成绩提得更高，在奥运会上为祖国争光，登上领奖台，还要奏国歌。当我站在最高领奖台上的时候，我觉得我是最幸福的。一个中国人，看到五星红旗升起，听到国歌奏响的时候，那种自豪感会油然而生，我想这种自豪感是大部分人都无法体会到的。

(15:16)杨凌：我现在暂时退下来了，因为我的项目在2008年奥运会的时候暂时取消，作为运动员无法再参赛。2003年我知道这个消息的时候，心情可以用沮丧来形容。因为在2001年参加申奥的时候，在萨马兰奇说举办城市是北京，自己兴奋得蹦起来的那一刻，给自己定的目标就是一定要参加2008年奥运会，作为一个来自北京的运动员，错过这个机会就再没有机会了。这一代运动员其实是非常幸福的，能够在自己家门口，能够在自己的主场，在自己国家的首都代表中国队参加奥运会，太幸福了，我非常非常羡慕他们。当时确实很沮丧。

(15:16)杨凌：我现在作为奥组委的成员之一，对奥林匹克的理解也加深了一层，奥林匹克"更高、更快、更强"的精神还是那样，但现在我想的更多的是"重在参与"，全民参与，全世界参与，这是一个盛会，运动员的盛会。不做运动员的时候，再回头看奥运会，真的觉得奥运会是全球的盛会，是举办国的盛会，举办城市的盛会，这个盛会大家都应该参与进来。

(15:16)主持人：奥运本身所赋含的人文精神升华了你的思想。

(15:16)杨凌：奥林匹克精神是核心的一部分，同样也是很小的一部分。同样外面辐射的范围很广，不光从人文，从其他方面，对你举办国，不光是举办城市，你举办国的文化还有其他方面都有很大推进。我相信奥林匹克的意义不仅仅是一个运动会。

(15:17)主持人：杨凌对奥林匹克精神的理解比做运动员的时候更深了。刚才你也提到2004年奥运会之前意外的受伤，还有2008年奥运会自己所从事的项目取消了，除了这些项目，你在做运动员的这么多年里，还遇到什么挫折吗？

(15:18)杨凌：其实当运动员要说没有遇到挫折是不可能的。既然你要参加比赛，你的运动生涯就不可能永远是一帆风顺，波澜不惊的，成绩终归是有好有坏的。如果你永远拿冠军，我相信拿再多也没有意思，就体现不出竞技体育的魅力了。比赛中的失败自己的印象会比较深刻，那个时候会一直寻找自己的问题，去改正自己，也是为了下一场比赛能够超越自己，战胜自己，打下一个好的基础。当你解决这个问题的时候，你才可能去正视下一场比赛。

(15:18)主持人：有网友问移动靶这个队伍现在也取消了吗？

(15:19)杨凌：没有，这个项目只是在本届奥运会取消了，其他的比如世界锦标赛上还有。

(15:19)主持人：最近有的媒体也很关注退下来的运动员的生活，你现在虽然也不算正式退下来，但这两年参加的社会活动更多，在社会生活当中经历的这些和单纯做运动员时相比，你感觉是不是也有很多不同之处？

(15:21)杨凌：一开始自己在去年亚运会后不摸枪了也有一点茫然，很徘徊，好像自己所有的目标都没有了，比赛的目标没有了，你去训练的激情没有了，突然间不知道自己该做什么，困惑了，有一段时间很茫然。慢慢地，当时正好有机会跟中央电视台去多哈，去解说射击比赛，作为解说嘉宾。其实在赛场外解说自己队友的比赛，那感觉也很好。因为在解说的时候可以把参赛运动员的状态完全地说出来，你可以完全体会运动员在这种状态下是什么心态，打出去这一发可能会出现什么问题，而且打出去这发可能对后面几发造成什么影响，可能对最终结果都有影响。专业评论员没有参与过比赛，这方面有些劣势，对于我们专业运动员，而且是曾经拿过成绩的优秀运动员，对这些东西都经历过，而且经历不止一次，那感觉更深。那个时候感觉自己最起码退下来之后，不摸枪也还可以有事情做。

(15:21)杨凌：另外，现在我也在积极地筹备成立一个退役运动员基金，也是为退役的运动员提供一些帮助，解决现役运动员的一些后顾之忧。我们有教育基金，上学的基金，在就业等各方面也能帮助做一些事情。现在我们成立一个冠军委员会，几个冠军大家一块儿来做，真正让大家对中国退役的老运动员、伤残运动员有更多的关注。奥运会冠军可能是一个金字塔尖，但是下面的基石非常多，作为这些基石，他们爬不到顶尖，成绩上不去，但是没有他们，我们这个塔尖也是不存在的，所以我们应该更多地去关注他们。也许也练了十年二十年，但他们还是基石，退下来可能什么也不能干，得到的很少，所以我们应该对他们给予更多的关注、帮助、关怀。在这里借着千龙网这次访谈的机会，对全世界发出邀请，大家共同来关注中国的这些基石，这些退役的老运动员、伤残运动员，你关心他们，支持他们，你同样在支持中国的体育事业。

(15:22)主持人：再来说一个跟北京奥运会相关的话题。8月8日的时候我们迎来了北京奥运会倒计时一周年，刚才我们交流的时候，杨凌也说参加了很多相关的活动。很多网友都记得2001年7月13日那一幕，我相信你永远也不能忘怀的那一幕，就是萨马兰奇宣布北京是2008年奥运会举办城市的时候，当时你穿着浅灰色的西装，一下子就蹦了起来，那个场景给我们的印象太深刻了。那个时候千龙网已经成立了，我和我的同事们说奥运会举办权拿到了，七年之后如果还在这个公司工作，能作为网络的报道者参与奥运会的报道中去，会是多么幸福的事情。言犹在耳，六年过去了，我们迎来倒计时一周年的时候，你作为参加奥运会的亲历者，又是北京申奥的时候代表团的成员，经历过这个历程，具有两种身份。你想一想，你觉得北京在筹办六年的过程中，取得了哪些进展让你感觉特别自豪呢？

(15:27)杨凌：六年来北京的变化大家是有目共睹的，雄伟的国家体育场已经建好，每次我从那里路过的时候，我看见"鸟巢"这样宏伟的建筑，心里很震撼，确实觉得这个建筑很震撼，也为中国感到骄傲、自豪。现在不光是从城市建设，从环境的治理，从各个方面北京都花了很多力气，对奥运会的宣传，对奥林匹克精神的宣传，从各个方面大家已经感受到了。虽然还有一年，但是已经感觉到奥运会的气息。我相信在2008年奥运会举办的时候，跟现在倒计时一周年相比，北京又会有很大的变化。

(15:27)主持人：参加亚特兰大奥运会、悉尼奥运会的时候，开幕式那天你都去了吗？

(15:27)杨凌：去了。

(15:27)主持人：这也不是代表团全体成员都去的吧？

(15:27)杨凌：对。第一天开始项目的运动员不允许参加开幕式的，后面比赛的一些运动队在比赛过程之中才会到，所以就是第一批到达的，第一天又没有比赛的可以去参加。因为我们这个项目是第七天有比赛。我们都去参加开幕式。开幕式的时候，你无法看到前面。我们基本上是中间第二段和第三段才会入场，因为运动员入场也是开幕式的重头戏。

(15:28)主持人：开幕式有意思的细节很多啊，包括前面代表中国代表团举旗的是谁，都是非常引人关注的。

(15:30)杨凌：我记得我们进场之前先是在主体育场边上的体育馆休息，各个国家的运动员分批坐在里面。我们在里面待了很长时间，开幕式之前我们已经在里面，一个国家一个国家都是排队慢慢从这里走出去，然后绕一圈再到主体育场。1996年亚特兰大奥运会开幕时我们都是跑着进去，大家看我们的队伍稀稀拉拉，开始压着，后面一看前面太快，这边跟不上，就赶紧去追。因为入场有一个斜坡，当时跑着下去，也很有意思。在边上那个体育馆好几个小时没有事干，怎么办？我们就交换纪念章，每个国家针对奥运会都会做不同的纪念章，有大的，有小的，都很漂亮，上面有奥运五环标志，有各个国家的国旗，其他的可能做自己国家比较有特色的东西，这个只有在奥运会的时候国家才会做，都很难得。大家都在相互换徽章，特别喜欢换好看的。2000年悉尼奥运会中国做的就非常漂亮，非常抢手。当时参加的运动员比较多，每个人最多十个，我们也去挑，如果你的徽章不好看，我们也不换。我们愿意跟做的好看的去换。

(15:30)主持人：你刚才聊的让我们更深刻体会到奥林匹克精神的深刻内涵，在一个大家庭里大家特别和睦友好，像开幕式的环节，包括跑着进场，彰显轻松和活力。亚特兰大和悉尼都去了，这两个城市你更喜欢哪个？

(15:31)杨凌：我更喜欢悉尼这个城市。悉尼是一个海港，有悉尼歌剧院，有悉尼大桥，人文的感觉更深。在亚特兰大感觉出门得有车，没有车不能出门，出不去，而且一出门一栋建筑跟一栋建筑离得很远，全是大道。亚特兰大这个城市也是南方城市，很热，没有什么可以炫耀的景点。我们打完比赛就去CNN做访谈，这种感觉完全是太现代化的城市，感觉这个城市开车随便去哪个地方都有点远。反而悉尼这种海滨的城市感觉更好，在那里更舒服一些。

(15:31)主持人：在奥运会期间，运动员住在奥运村，比赛的时候到场地去比赛。你第七天才去比赛，这六天的时候，在悉尼也好，在亚特兰大也好，跟市民接触的机会多吗？

(15:31)杨凌：不多，赛前从奥运村出去，坐上大巴车直接去赛场训练，回来直接去奥运村，不允许去逗留。现在要求一届干净的奥运会，我们也应该支持这个。但是射击虽然从来没有服药的问题，但是有误服的问题，不要在外面吃，不清楚里面到底有什么。奥运村里的大食堂24小时都营业，这种饮食绝对是很安全的。

(15:32)主持人：比赛项目结束之后，那个时候能不能有机会去亲近这个城市？

(15:32)杨凌：这个肯定有，但是时间不多，玩的时候只有一两天，在亚特兰大待的时间长一点，悉尼待了一天就走了。亚特兰大比赛完了之后，当地的华侨华人把我们接出去吃中餐，虽然是美式的中餐，起码比西餐好吃多了。

(15:32)主持人：现在，北京各个方面都在积极行动起来，城市的面貌，包括市民的文明素质，观赛礼仪都在做最大的努力，希望能够在奥运会举办的那段时间向世界展示北京最美好的面貌，全市都在积极努力。作为土生土长的北京人，你想对北京市民说点什么吗？

(15:33)杨凌：北京这次举办奥运会是一件盛事，一件大事，作为北京市民能够在自己的城市亲身经历到北京的变化，亲身经历到奥运会，相信每一个人心中现在都非常激动，也非常幸福。我相信到明年奥运会，我们北京人都会以自己最饱满的精神状态，最好的精神面貌来迎接全世界的运动员、教练员还有官员，还有游客。希望从现在开始，每个人尽自己的一份力，这个力不见得是多大，也不要求你为鸟巢体育场搬一块砖，大家从自身做起，从小事做起，从北京的环境做起，其实你每做一件小事就是做一件大事，每个人都做一件小事，到最后我们看到一个干净，漂亮的北京，就是做了一件大事。

(15:36)主持人：好了，我们来看一看网上的问题。有一位署名“羡慕”的网友问了个特别有意思的问题，“你们射击运动员枪法那么准，退役了是不是都可以当特警狙击手?”

(15:36)杨凌：有的运动员退役之后，也是公安口，也是以打枪为主。但是做狙击手的我没有见过，虽然我用的枪跟狙击步枪一样，但是瞄靶子跟瞄人还是不一样的，即便他是一个坏人，但是这是一个活生生的生命，所以我不敢保证真正打人就会很准。

(15:38)主持人：还有一位网友问，如果有机会重新选择还当运动员吗？就是这个职业的苦乐真的能相抵吗？

(15:38)杨凌：愿意，我很享受做运动员的朝气和快乐。

(15:39)主持人：在直播导读上我们写了你现在的其中一个工作，北京市射击运动技术学校校长助理，这个网友问的问题是，你们这个学校怎么报名，是业余训练，还是专业队？

(15:39)杨凌：我这个是专业队，你无法直接到我们学校报名，必须要经过业余学校的训练，你达到一定标准。我们这个学校下面还有一个叫中专班，得考入我们的中专班，在中专班进行边学习，边训练，中专班毕业之后才能有机会进入到北京射击队。

(15:39)主持人：还有很多网友对中国射击队很关注，请你预测 2008 年奥运会射击队能得几块金牌？

(15:39)杨凌：射击队各个项目都有一两个尖子，能挑起大梁。中国射击队这几年不是把夺金牌押在某一个人身上，只要参加奥运会的队员，每个人都担负着夺金的任务，整个团队每个运动员，一个项目最多参加两个人，这两个人同样都是担负夺金的任务，而且都有能力完成这个任务。两个人应该是相辅相成，共同努力。

(15:40)主持人：署名叫歪歪的网友问，明年北京奥运会的时候你会做什么，会去看比赛吗。你订了奥运会的门票吗？

(15:40)杨凌：奥运会的门票还不是太明朗，但是我相信我肯定会去赛场看比赛。只要我能弄到票我肯定会去，首先射击我肯定会去，去射击比赛赛场去看。如果有机会，可能还会为大家解说射击比赛。

(15:40)主持人：很多网友期待你能在解说席上为我们解说射击的比赛。由于时间关系，今天的直播就要到此结束了，非常感谢杨凌参加我们千龙网和人民政协报主办的"我的奥林匹克"节目，今天的直播就到这里，再见。

点评

"人文奥运"作为北京奥运会的三大理念之一，更需要包括网络媒体在内的新闻传媒广为宣传。千龙网2007年策划的《我的奥林匹克》系列访谈，邀请曾经亲身经历奥运会的奥运冠军、记者、代表团官员等，讲述他们的奥运经历，用一个个鲜活的故事表达奥林匹克运动"团结，友谊，进步""更快，更高，更强"的内涵，弘扬人文奥运精神。对北京籍奥运冠军杨凌的访谈较好地体现了这一系列访谈节目的特点，在愉快的交流过程中引出故事，传达理念。作为即将举办奥运会的北京市的新闻网站，千龙网此举体现了网络媒体的责任感，是运用网络多媒体表现形式做好正面报道的一次有益尝试。

在访谈过程中，主持人通过精心准备和主动引导，把网友关心的问题和冠军的讲述结合在一起，营造了良好的交流气氛，结合杨凌两次夺取奥运射击冠军的经历、参与北京申奥的经历以及作为北京人对家乡承办奥运会的期冀，向网友展示了这位北京籍奥运冠军丰富的内心世界，和他对奥林匹克运动的真挚情感，整个访谈思路清晰，语言朴实，交流感强，受到网民的好评。

产生了良好的社会效果。杨凌作为北京籍运动员，作为中国第一个蝉联两届奥运冠军的射击运动员，作为北京申奥和奥运筹办过程中发挥了重要作用的运动员代表，对他的访谈引来了网友的热切关注。短短一个小时，网民通过网络上传50余条。通过这次成功访谈，千龙网《我的奥林匹克》系列访谈节目在目标嘉宾和普通网民中都产生了良好的影响。

作品二：

八大民主党派领导人纵论多党合作

作者：毛薇薇　王永霞　魏武　喻红　杨新华　姚笛

刊播网站：新华网

首发日期：2007 年 12 月 4 日

作品网址：

http：//www.news.cn/xhft/20071204b/

http：//www.news.cn/xhft/20071207a/

http：//www.news.cn/xhft/20071207b/

http：//www.news.cn/xhft/20071213/

http：//www.news.cn/xhft/20071217/

http：//www.news.cn/xhft/20071217b/

http：//www.news.cn/xhft/20071220/

http：//www.news.cn/xhft/20071227/

点评

2007 年年底，八大民主党派集中进行五年一度的换届选举，这是我国政党政治生活中的一件大事。此前，新华社与中央统战部进行了专门协商，力求在换届报道中创新模式，大胆突破。双方商谈的重要成果之一，就是在各民主党派全国代表大会闭幕后，新华网邀请新当选的中央主席做客访谈，与网友在线交流。

从 12 月 4 日至 27 日，八位民主党派领导人先后做客"新华访谈"，开创了以访谈形式让民主党派领导人在网络媒体集体亮相的先河。这也是网络媒体第一次对民主党派换届进行如此高密度、高规格的报道，成为 2007 年我党统战工作宣传报道的一大亮点。

"当天选出，当天访谈"，使这一系列访谈体现了极强的时效性。在中央统战部大力支持下，新华网在新领导人产生后的第一时间即安排访谈，除个别有特殊原因外，基本做到"上午当选下午访，下午当选晚上访"，在网民最关注的时间让民主党派领导人进行在线交流，较好满足了他们的期待和关注。

在中国民主政治进程中，民主党派正扮演越来越重要的角色，但许多属于探索中的敏感问题。既要妥善把握问答尺度，又要较好回应网民关切，应该说，新华网这一系列访谈比较稳妥地处理了政治性、敏感性和关注度的关系，在通稿、网络和音视频报道等方面多点开花，形成广泛影响。

在 20 多天时间里，全国人大常委会副委员长、九三学社中央主席韩启德，全国政协副主席、民革中央主席周铁农，致公党中央主席、科技部部长万钢等八大民主党派新当选领导人密集做客新华网访谈室，就多党合作和各民主党派未来发展等话题与网友坦诚交流，思想火花频现，智言睿语迭出，充分展现了新一届民主党派领军人的风采，拉近了网民与民主党派的距离。民主党派领导人关于加强党派自身建设、提高参政议政能力的不少论述引发了网民的共鸣。

访谈中，新华网抓住热点，不避难点，妥善把握提问方式，积极引导网民讨论。除安排骨干人员进行编辑、终审外，同时也请各民主党派工作人员帮助核实把关，确保导向正确、内容准确。

由于民主党派在中国政治生活中的特殊性和神秘色彩，新华网这一系列独家访谈受到广大网民的热烈关注。同时由于领导人的精彩答问和与网民的良好互动，让系列访谈产生了良好的社会反响和宣传效果。据不完全统计，八次访谈共有 3 200 多万人次浏览网页，留言和跟帖数量超过 1.3 万条。

除了根据访谈内容采写的新华社通稿被许多传统媒体采用外，300 多家国内网站转载了访谈内容，包括人民网、中国网、北方网等主要新闻网站，新浪、搜狐、腾讯等主要商业网站以及中国政协新闻网等专业网站。

实际上，这一系列访谈为此后更大力度宣传民主党派做了铺垫。系列访谈得到了中央统战部领导的肯定，认为“为统战工作做了一件好事、实事”。网民对这一系列访谈给予了高度评价。网民发帖说，民主党派深度参政议政，是中国民主政治的重大进步，“直面媒体，直面网民，意味着民主党派更加成熟、自信”，“应付裕如，可圈可点”。也有网民评价为“民主党派发展史上的大事件、大手笔”。

第三节　网络评论

网络评论从网络产生伊始就开始形成。网络评论从本质上说是一种意见信息，是个人或媒介组织在网络媒体上就新闻事件或社会现象发表的评介性意见。[①]

一、网络评论的特点

网络评论成为连接新闻评论和互联网的纽带，结合了网络的特点，呈现出与传统媒体评论不同的特点，主要表现在：

1. 互动性

网络评论是一种“互动式评论”。网络评论突破了传者和受者角色的界限，使传统意义上的受众在传播过程中越来越占据主体地位，真正成为传播大众的主

① 王振业、李舒：《新闻评论与电子媒介》，中国广播电视出版社，2004 年版。

体。在网络评论中，交互性不仅体现在参与者的交互作用的行为上，而且还表现在他们发布的帖子内容上。其强大的互动性，吸引了网友广泛参与，在重大社会事件发生时迅速形成舆论。在交互性上，传统媒体，无论报纸、广播或电视都无法和网络相比。近年来，传统媒体也比较注重互动，但其互动的规模、广度和深度都不及网络媒体。

2. 开放性

“意见的自由市场”理论在网络传播时代同样的适用。网络新闻评论交流、互动的传播方式和特点，在一定程度上被认为是促进了“意见自由市场”的形成，“如果说，对于传统大众传媒，建立公共的意见市场从来都只是一个理想，那么，网络媒体论坛正在接近这个理想。”[①]作为一种传播媒体，网络与传统媒体相比，自由出入以及匿名性的特点使网民获得了心理上的安全感，所以评论时可以无话不谈，自由地发表意见，使评论的信息处于开放状态。因此，网民追求开放的新闻信息传受在互联网络上得到了极大的满足，这一点是传统媒体所不能比拟的。

3. 民意性

网络评论体现了网民的基本需求，为网友表达意见和建议提供了渠道。网络评论在传达民意方面的开放程度，远远优于传统媒体的评论文章。网络媒体论坛中，网民的帖子及其跟帖，可以全方位地评价一个新闻事件的现实意义以及其产生的原因和造成的影响。许多网络评论表达了网民的心声，网络在为网民参与社会管理提供舞台的同时，也为民主法制的健全起到了促进作用。

4. 时效性

网络评论的及时性和时效性不是以天计，而是以小时计或以分钟计，甚至以秒计。国内外的新闻发布后，马上就会有人在网上发表评论，尤其是突发性的重大新闻事件发生后几分钟，网上的评论就铺天盖地而来。[②] 网络评论在新闻的时效性上，比报纸要快得多，而广播或电视也都有其制作程序，如录制、播放，还有硬件设备等各方面的限制，因而时效性也不如网络。

5. 全面性

全面性也就是集纳性，即广泛的集纳相关的新闻信息。随着人们对新闻评论认识的日趋成熟，仅仅依靠单条新闻评论往往不能满足网民的需要，新闻评论正向全面化方向发展。网站利用计算机软件，通过链接的手段，把其他网站与新闻事件相关的报道和背景资料等内容进行链接，不断地向网络评论充实最新最快信

① 金梦玉：《网络新闻务实》，北京广播学院出版社，2001年版。

② 董天策：《网络新闻传播学》，福建人民出版社，2003年版。

息，为受众大量阅读相关评论和新闻提供了便利。

6. 舆论导向性

网络评论在反映舆论、影响舆论、引导舆论方面具有先天的优势。由于网络评论的传播形式是受众主动参与或接收信息，这种互动性很强的传播方式使受众表达的观点更容易扩散，更能反映受众的观点和意见，产生广泛的影响。通过网上的舆论引导和网上网下互动，可以及时将公众的某种过激的情绪性意见进行正确的引导，防止非理性舆论的扩散。同样，也可以把某种良好的社会情绪升华为鲜明的观点和见解，凝聚社会力量，有力地促进主流舆论的形成，维护社会的稳定。

二、网络评论的类型

BBS上的短评、新闻跟帖、专家学者的评论专栏、编辑导语、视频采访中的评说等都属于网络评论的范畴，有些博客也算是网络评论。就目前网络评论发展的现状，主要分为以下类型。

1. 从网络评论的主体来分

(1)编辑评论。编辑评论即由网站或与网站相关的传统媒体的编辑、记者或者网站的特约评论员所撰写的，代表整个网站的立场和观点，类似于传统媒体新闻评论的社论和评论员文章。

(2)专家评论。专家评论是由网站邀请的各领域专家学者对某个新闻事件发表的评论。这里所说的专家，主要是指对某一领域或问题有专门研究的人士，并不仅限于专业的研究人员。专家评论既可以由专家来撰写，也可以是由网站采访并撰写，还可以采取与专家与网民直接的交流，如在线访谈、聊天室嘉宾座谈等形式。

(3)网民评论。网民评论就是由网民发表的观点和意见，既有一两句话的简短评论，又有上千甚至上万字的长篇大论。与编辑评论和专家评论的相对权威性有所不同，网民评论带有一定的随意性和自由性。对于网民评论，我们现在要求更多的不是“有益”，而是“无害”。

2. 从网络评论的载体来分

(1)网络评论专栏。网络评论专栏主要是指网民在网上发表的评论文章，有一定的长度，能独立成篇，就像报纸的言论专栏。这类评论文章是网民通过浏览网络媒体上所报道的重大新闻事件，或针对社会热点问题，就事说理，提出一些看法。例如，人民网的新闻评论性专栏——“人民时评”，每日刊发一篇署名文章，围绕舆论关注的焦点、百姓关心的热点、党和政府工作的重点等发表评论。

(2)网民即时评论。网民即时评论是指网民在浏览新闻时对某条感兴趣的新闻迅速作出回应，长短不限，一两句者见多，这种形式是报纸上没有的。网民在即时评论中能自由、方便地发表言论，突出网络传播互动特点。例如：新浪网每一条新闻后面都有“发表评论”的链接，可以对所阅读的新闻及时发表评论进行互动。

(3)网络论坛。网络论坛、电子公告栏(BBS)是网民围绕网络编辑已推出的话题各抒己见、讨论交锋、发布网络新闻评论文章。它们利用网络的互动性特征创造出的新形式，是因特网上功能强大的大众化信息服务，为现实社会提供了前所未有的舆论多元的空间。人民网“强国论坛”在这方面最为典型，它让用户对国际国内大事有表达权利，已经成为新闻集散地、观点集散地、民声集散地，并且“强国论坛”突破了舆论一律，是中国社会主义民主化进程的一个有说服力的窗口。

(4)网络视频评论。其主要侧重使用网络手段和视角观察社会现象，评说新闻事实。借助播客等视频工具，例如：“E 闻联播”就是网络视频评论节目之一。

(5)网络博客评论。从我国现阶段的博客内容来看，主要分为私人性的内容和公共性的内容。公共性的内容主要是指以某种社会现象或新闻事件为内容，通过自己个人博客来发表意见，在社会上能产生广泛影响，引领社会舆论风向。

三、网络评论作品点评示例

下面，我们以两篇作品为评析对象，体味一下网络评论评析的要领。

作品一：

网上“恶搞”有悖和谐理念

张碧涌 （光明网评论员）

刊播网站：光明网

首发日期：2006 年 11 月 27 日

作品网址：http://www.gmw.cn/content/2006-11/27/content_513840.htm

文章正文

今年以来，“恶搞”几乎成了互联网上最流行一个新词语。针对网上“恶搞”愈演愈烈的现象，许多有识之士纷纷提出批评意见。在社会各界的共同努力下，越来越多的网民对“恶搞”的消极影响有了清醒的认识，“恶搞”之风在很大程度上得到遏制。然而，也有一些人对反对网上“恶搞”不以为然，认为这是小题大做、大惊小怪。最近，有的互联网站负责人甚至公开宣称“‘恶搞’是好事，是和谐社会的一个代表”，并且表示要“将‘恶搞’进行到底”。这些论调，使不少网民的思想产生了新的混乱。

在举国上下大力构建社会主义和谐社会的今天，建设和谐的网络文化，营造和谐的网络氛围，对于互联网的发展至关重要。那么，网上“恶搞”究竟是不是“和谐社会的一个代表”？这是一个必须明确回答的问题。只要我们认真分析“恶搞”的对象、手段和内容，并与和谐理念的要求相对照，就会得出否定的答案。

网上“恶搞”的显著特点之一，是对“搞”的对象不加限制。也就是说，不管什么人、什么事都可以拿来“搞”。和谐理念强调以人为本，要求社会成员之间公平正义、诚信友爱。“恶搞”则只从自己的喜好出发，全然不顾别人的感受。有人说：“现在工作压力、生活压力这么大，娱乐一下还不行吗?”不错，人人都有娱乐的自由，但绝对没有把自己的快乐建立在别人的痛苦之上的权利。互联网是一个开放的空间，传播效应很强，网上“恶搞”和自己关起门来开玩笑有着根本的区别，用“自娱自乐”来为“恶搞”开脱是解释不通的。一些人肆无忌惮地拿别人来“恶搞”，并且轻描淡写地说这是“幽默”，但却从来不把自己作为“恶搞”的对象，由此可见，他们自己也是不接受这种“幽默”的。“己所不欲，勿施于人”，这是公民道德的一条底线，也是做人最起码的良知。为人处事最讲究将心比心，而“恶搞”恰恰缺失了一颗尊重别人的善心，这与和谐理念所倡导的仁爱思想是格格不入的。

网上“恶搞”的显著特点之二，是对“搞”的手段不加约束。也就是说，不管怎么样“搞”都可以。和谐理念强调民主法制意识，要求以理性方式表达自己的利益诉求。“恶搞”则只顾自己情绪的发泄，不考虑采取的手段是否合理合法。一些人之所以对“恶搞”持肯定态度，理由就是“恶搞”代表了网络文化的一种创新。问题是，“恶搞”能算真正的创新吗？创新的核心在于创造新的事物，在于产生质的进步，而“恶搞”热衷于把矛头指向著名人物和经典作品，恰恰说明了其创新能力的不足。简单归纳一下就会发现，“恶搞”所用的手段不外乎是断章取义、移花接木、张冠李戴、无中生有、哗众取宠之类，起的都是贬损、歪曲、破坏的作用，这和创新是沾不上边的。实际上，由于上述“恶搞”手段的肆意使用，网上有关著作权、肖像权、名誉权方面的争议已经屡见不鲜，和谐有序的网络氛围已经受到极大的挑战。只是由于网络维权成本较高、难度较大，才使这些行为更多面临的是道义上的声讨，而非法律的追究。但是，和谐社会终究是不会包容超越法律的特殊行为的。

网上“恶搞”的显著特点之三，是对“搞”的内容不负责任。也就是说，不管“搞”成什么样子都可以。和谐理念强调以社会主义核心价值体系引领社会思潮，要求全社会形成共同的理想信念和道德规范。“恶搞”则颠覆主流意识，混淆是非荣辱，置中华民族的优秀传统文化于不顾。应该承认，许多“恶搞”行为起初并非抱有恶性的意图。但我们必须看到，随着“恶搞”作品在网上的流传，其中包含的不正确的世界观、人生观、价值观必然随之扩散，对网民产生潜移默化的影响。有人说：“难道所有的东西只能有一种解读吗?”诚然，和谐理念尊重差异，包容多样，鼓励百花齐放，但是，一个社会不能没有主流意识形态，多元之上必须有共同的思想基础。我们建设和谐文化，要以国家的根本大法为指南，以社会主义的意识形态作为主导。不管出于何种目的，雷锋、董存瑞、任长霞这些英雄人物，毛主席诗词、《开国大典》、《闪闪的红星》这些经典作品，都是不能以任何形式被“恶搞”的，因为他们是我们中华民族精神和当今时代精神的体现，是我们共同的精神财富。

无论从对象、手段还是内容来看，网上“恶搞”与和谐理念都是相悖的。尽管有的“恶搞”作品很能吸引眼球，也确实得到了一些人的追捧，但是，并非如同一些人所言，“存在的就是合理的”。“恶搞”不断冲击着整个社会的道德底线、法律底线和主流意识，导致文化虚无主义的产生，严重影响着广大青少年的健康成长，需要引起全体网民和网络工作者的高度警惕。作为中华文化的继承人，我们应该积极行动起来，牢固树立社会主义荣辱观，自觉抵制网上“恶搞”之风，坚持文明办网、文明上网，为建设人民群众喜闻乐见的和谐网络文化作出自己的贡献。

点评

2006 年 8 月，根据中央领导同志关于防止网上“恶搞”成风的指示精神，在中央外宣办的支持下，光明网承办了“防止网上‘恶搞’成风专家座谈会”，在网络界产生了非常强烈的反响。然而，也有一些人对此不以为然，认为这是小题大做、大惊小怪。2006 年 11 月，有的网站负责人甚至公开宣称：“‘恶搞’是好事，是和谐社会的一个代表”，并且表示要“将‘恶搞’进行到底”。一时间，网上“恶搞”又呈抬头之势。

针对这些错误观点给网民思想造成的混乱，本篇评论从建设和谐网络文化的高度进行舆论引导。网络评论最重要的功能，就是对网上热点现象进行引导。而本文针对的，正是 2006 年网上最热门的“恶搞”现象。在此之前，虽然也有一些批评“恶搞”的文章，但真正从和谐文化高度展开评论的，本文还是第一篇。

该文对网上“恶搞”的本质分析透彻、概括全面，对和谐理念的要求阐述深刻、把握准确，通过逐一对照，水到渠成地得出二者相悖的结论，令人无可辩驳。

文章标题简洁有力，旗帜鲜明；正文结构清晰，逻辑严密，语言生动，文笔犀利。特别是论证部分的三段，以相似的句法起笔，形成段与段之间的排比，有机呼应，颇具新意。全文言之有据，言之有物，既评出了理论水平，也评出了网络特色，是一篇贴近实际、贴近生活、贴近网友的评论力作，具有很强的现实指导性。

本文上网之后产生了很好的社会效果，各大网站和论坛纷纷转载、转帖，用Google检索出的相关网页多达35 800个。网友留言更是不计其数，例如，光明网网友说："非常赞同文章的观点。现在有人连'八荣八耻'都拿来'恶搞'，真是太不像话了"；人民网网友说："支持文章观点！和谐并不是良莠不分地包容一切"；新华网网友说："一篇好文章，给满分"；新浪网友说："'恶搞'也要戴上'和谐'的帽子，实在太滑稽了"；搜狐网友说："'恶搞'，搞者不善、善者不搞也"；网易网友说："'恶搞'实在是一种无聊的风气，搞来搞去有什么意义？"

2006年11月29日，光明日报《光明论坛》转发了这篇评论员文章，中央电视台《媒体广场》随即摘播，中宣部2006年第23期《内部通信》也专门介绍了这篇文章产生的影响。网上"恶搞"抬头之势之所以很快得到遏制，本文发挥的作用不容忽视。

作品二：

谁代表网友给小慧的后妈道歉？

吴双建

责任编辑：张剑

首发日期：2007年7月25日

刊播网站：荆楚网

作品网址：http：//focus. old. cnhubei. com/2007－07/25/cms408591article. shtml

文章正文：

几天时间，百万条最恶毒的词语，以及"史上最毒后妈"的标签狂风暴雨般打在了小慧的继母身上。这位无辜的农村妇女面对记者，只有无助地跪地哭泣……这样令人心酸的场面，让我心情久久不能平静。

事情总算调查清楚了，流传于网上引来众网民口诛笔伐的小慧的几张图片，是她患凝血功能障碍疾病表现出的症状，而非其继母毒打造成的。新闻报道称，幕后有人利用网民的同情心理，制造了“史上最毒后妈”的骇人标题，以期换得网民对小慧的关注和同情，最终得到治疗。

互联网在中国的发展已经有十来年了，有调查显示：中国的网民更愿意参与各类信息(新闻)的评论。正因如此，中国的“网络暴力”事件层出不穷。“史上最毒后妈”这个网络事件绝对不是孤立的。网民非理性的集体爆发，到真相出现后出奇的沉默，应该给了我们一个反思的机会。

一位农村妇女遭受数百万网民的攻击，而网民发现自己错了之后都“没事儿一般地散开”，这个网络(环境和舆论场)绝对是不正常的。我从来不怀疑网民的同情心理，但他们对网络信息的辨别能力还是令人深感忧虑。而我更担心的是，网络非理性的言论一旦如脱缰野马，网民将更热衷于进行“网络审判”，超越法律法规，漠视道德规则，不顾个人隐私，对当事人直接冠以“罪犯”的称谓。

北京电视台的一位记者制作了假新闻，当事人被拘捕。百万网民制造了这起“网络审判”的“冤案”，却一句道歉也没有。小慧的后妈可能不太懂得怎样用法律来维护自己的尊严，但是网民却不能以此来集体逃避自己作为一个坐在电脑屏幕前，有血有肉、有感情的人的责任感。他们应该在互联网上发起对小慧后妈的道歉浪潮，承担起这个百万分之一的责任，而不该用“法不责众”这样的词汇为自己开脱。如果这样，也许是驱使他们回归理性的转折点。

因此，谁(能)第一个站出来，代表网友对小慧的后妈道歉？

点评

“网络暴力”和“网络审判”现象越来越普遍。“史上最恶毒后妈”事件爆发时网络的反应和走向，是该评论员关注的重点样本。事实的转折，作者认为给了网络反省的一个机会，随即从关注“网络暴力”迅速转到“网民自省”的角度上来，当天即撰写了本作品，发表在荆楚网“东湖社区”，次日选发至“荆楚评论”频道。

文章从“史上最恶毒的后妈”这一网上突发、产生巨大社会反响的事件入手，反思“网民非理性的集体爆发，到真相出现后出奇的沉默”这一奇怪的网络现象，呼吁网民作为公民的个体，敢于担当社会责任，共建和谐网络。

网络舆论的引导、掌控工作，一直是网络文化建设和管理的热点、难点问题。在当前有关互联网的法律法规建设滞后、管理较为滞后的情况下，文章从网民反省的角度，给互联网的管理提供了独特的方法和理念。作品不到800字，短小精悍，观点明确，引人深思。

此文章产生了良好的宣传效果。文章在社区的点击率 3 天内就超过 4 000，网民回复达 43 条。绝大部分网民赞同作者的观点，呼吁健全、完善网络舆论管理制度，进一步规范网民的网络行为，希望网络媒体把好正确的舆论导向，为推动我国经济社会进步，构建和谐的网络环境发挥应有的作用——据百度提供的数据显示，本作品先后被 20 多家网站转载。

第四节 网页设计

网页设计是网络新闻传播的基础，网络新闻专题、网络新闻访谈、网络新闻评论、网络新闻专栏都离不开网页设计。

一般而言，网页设计要求主要体现在五个方面：

一是主题鲜明，风格独特；

二是能够完美、准确展示新闻内容、体现网页功能性；

三是布局合理、富于创新；

四是细节精致、色彩协调；

五是符合网民浏览习惯，体现新闻性、艺术性和网络特点的完美统一。

相应地，网页设计作品的评析，也可从这五个方面来评析。

显然，网页设计与报刊版面设计很相似，都要进行版式设计，都要运用到各种版面元素，但二者又有着很大的不同：一是刊载媒介不同(由此导致前者可运用的版面空间远远大于后者)，二是网页设计可运用的版面元素远比报刊版面更多(音频、视频、动画、Flash 等都可运用)，三是运用方式更为多样(网页设计可以有更多的互动设计)。

下面，我们以获得第二十届中国新闻奖的 4 个网页设计作品为范例，展示评析要领。

作品一：

中国一日

刘 赟

责任编辑：朱德泉 戴兵

刊播网站：大众网

首发日期：2009 年 9 月 19 日

作品网址：http：//www.dzwww.com/2009/zgyr.html

生动活泼　富有趣味

为了庆祝新中国60华诞，中国国务院新闻办公室组织全国60多家网站共推“中国一日”，大众网专题页面在设计思路上尽量采用日记的形式，按24小时记录网友活动，设计生动活泼，富有趣味，强烈表现了“中国一日”的主题。

在专题制作中，大众网运用音乐+动漫的艺术表现手段，让网友的一条条原生态记录在背景音乐的衬托下从一个带着“中国一日”LOGO的盒子里飞出，创意巧妙。设计思路清晰，形式多样，页面清秀又具有冲击力。专题按照0点到24点的顺序分段排列讲述网友的一天，把同一时段的记录归到一起，理顺逻辑关系，方便读者查阅。

整个专题大量采用了全媒体手段，聚合了Flash、背景音乐、视频、滚动图片、手机报、报纸互动等各种表现形式来调动网民的参与热情。

基于以上原因，大众网“中国一日”专题获得国新办颁发的“最佳创意奖”，后来又获得第二十届中国新闻奖网页设计类一等奖。

作品二：

新湖南史记

刊播网站：华声在线

首发日期：2009年9月28日

作品网址：http：//hunan. voc. com. cn/subject/xhnsj/

构思巧妙　气势宏大

该专题挂出后被网友热捧，网络点击流量数十万，深得业界广泛好评，获得第二十届中国新闻奖网页设计类二等奖。

作为向中华人民共和国成立60周年的献礼，本专题共分解放、热土、国宝等十章，从政治、经济、文化、社会等多方面立体呈现了湖南在新中国成立60年以来波澜壮阔的历史进程，积极宣传了湖湘大地的发展成就，充分展现了三湘儿女的豪情壮志和拼搏精神。

十章内容，十个独立页面，用动画的形式将十个章节巧妙地串起，构思巧妙、气势宏大。专题涉及十个独立页面和一个大型动画的制作，文编美编的沟通以及美编内部的协调十分关键。

作品三：

中国坐标——新中国成立60周年人民网特别报道

刊播网站：人民网

首发日期：2009年3月20日首发，9月7日改版

作品网址：http：//60.people.com.cn

气势恢宏 独具匠心

人民网“中国坐标——新中国成立60周年人民网特别报道”大型专题，是一场网络新闻的盛宴，专题主题明确醒目，综合运用各种报道手段，全媒体、全方位、全景式、深互动展示新中国成就与国庆纪念活动盛况，专题设计气势恢宏、独具匠心，视觉语言与Flash技术结合，为丰富的内容报道作了准确和充分的诠释，以数百个各具特色的网络页面，以及文字、图片、视频、访谈、策划、专题、评选、调查、论坛、博客、征文等多种表现手段生动展现新中国成立60年波澜壮阔的历史画卷和海内外各界共庆华诞的喜悦。

该作品获得第20届中国新闻奖网页设计类三等奖，原因可能在于以下几点：

一、独具匠心的设计理念：“中国坐标”传达双重寓意

国庆报道内容庞杂，规模宏大，时间跨度长，做好专题设计首先要有一个明确、响亮的主题，既好听易记又能传达国庆报道的厚重，人民网经过反复研究讨论，提出以“中国坐标”为主题，简单明确，琅琅上口，寓意深刻。中国坐标，有两重寓意，一方面，以时间轴和成就轴展示新中国的发展进步，从历史与现实、时间的长度与面的广度展现中国60年的非凡成就；另一方面，以中国坐标，寓意中国发展的经验、道路对发展中国家、对世界的借鉴意义。

二、设计思路：结合5大版块70余子专题，全媒体手段立体呈现

1. 紧密围绕主题作文章。

人民网国庆专题中“中国坐标”理念贯穿始终，各种元素紧紧围绕这一主题，如专题中以横坐标展示不同时间节点的重大的历史事件、代表人物，以纵坐标展示本网重点专题、栏目和重要策划，既有力地烘托和渲染了主题，也巧妙实现了对人民网70多个国庆报道子专题的统合。

2. 突出本网特色、本网原创，兼顾重大主题和网友参与性。

专题分为“盛世盛典”、“中国策”、“中国人”、“中国心”、“中国影”等5大版块，以“对话中国”、“中国声音”、“新起点新脉动”等23个重点栏目为

骨干，以“执政兴国60年”、“经济‘双百’评选”、“新中国60年产业英雄谱”、“见证祖国60年”等70余个子专题为血肉，包括蒙、藏、维、哈、朝、彝、壮等7种少数民族语言和英法俄西阿日6种外语版本，集中展示新中国成立60年来政治、经济、文化、社会等各方面的伟大成就，以及中国人民的生活变迁，整个专题报道涵纳页面数百个。在主专题的5大板块中：

“盛世盛典”通过动态报道和最新评论，全程追踪国庆庆典的准备进程。页面设计以“画卷”形式开篇，形式独特。

“中国策”集中反映新中国60年的大跨越大发展与当前治国理政的新动态，展示共和国60年辉煌成就。以“对话中国”为题推出系列高端访谈，突出本网重点子专题和独家策划，从不同侧面解读新中国政治、民族、经济建设历程与成就。板块风格庄重沉稳。板块细节也体现了“坐标”概念，横坐标每10年为一个节点，以小图片形式展示每个历史阶段的重大事件，纵坐标选择主题策划和重点专题。

“中国人”版块以“亲历”和“改变”作为两大关键词，贴近民生。“亲历”栏目通过历史事件当事人以口述的形式，打开珍贵记忆，回顾历史瞬间，其中重点推出独家专访“人民日报老记者亲历开国大典”系列。“改变”栏目推出人民网系列策划“60年我们在改变”，通过工人、农民、知识分子等不同角色在生活、工作、社会认同等方方面面的60年变迁，充分显示社会巨变给各阶层带来的巨大变化。同时，为了缅怀先烈、学习先进人物，“人民英模”、“双百人物”、“感动中国人物”、“共和国公安英烈”等受到广大网友追捧的内容也在这一版块集中体现。

“中国心”集纳了各种互动内容，供网友们同庆同乐，抒发爱国情怀。“我爱你，中国”、“人民网上秀红歌”、“我和我的祖国”网上大赛、“征集60张最美笑脸”等互动内容丰富生动，形式多样，参与性强，给广大网友提供了良好的互动平台。

“中国影”则通过图片报道直观反映国庆庆典进程和共和国发展的历史影像。

3. 全媒体手段立体呈现，突出网络互动。

人民网强调以全媒体的方式全方位、全景式报道国庆，宣传新中国60年成就。专题设计中也充分考虑了对不同网络手段的不同表现形式。除文字、图片、音视频外，开设滚动留言区，用好论坛、博客、播客、掘客、手机等互动形态，创新Flash等新技术应用，同时设置了服务专区、资料库等服务内容……此外，在各种互动子栏目中动漫、游戏、征文、接龙等各种互动手段也被大量运用，让网友在轻松愉悦中感受祖国的巨大成就。

互动是网络媒体的灵魂。通过互动，使报道更贴近网友，使网友由被动的受众变成体验者、传播者、参与者、信息生产者，是网络媒体在进行重大主题宣传时需时刻加以注意的命题。人民网的国庆报道，正是以大型互动栏目“我爱你，中国”拉开序幕，其后互动内容不断推新出彩，贯穿报道始终，取得突出的效果。

仅留言互动就在不同阶段推出了不同主题、不同表现手段的多种形式，如在3月下旬人民网率先推出“我爱你，中国”大型互动栏目①，除主体的留言版块，还设置了升国旗、献花、宣誓、手机等多种参与形式。9月又推出“展望中国”互动留言②，页面以Flash形式体现，手拉手的小人剪影寓意新中国万众一心，团结奋斗，为祖国绘制美好蓝图。

此外还有如视频互动“网上红歌赛”，博客推出的系列征文，“60天评说共和国60年”论坛接龙，“点亮红色中国心”手机互动，互动小游戏：国庆阅兵训练营，图片征集、寄语、征文等，国庆报道中人民网策划组织了近40个不同类型的互动栏目，有征文类，有评选类，有评说类，有展示类，有娱乐性质的，有动漫的，有外文的，也有少数民族文的，互动活动极其广泛，截至10月9日，参与人民网各项互动栏目的网友达7 000多万人次。

三、丰富多样的表现形式：点面结合，动静结合，突出重点，手段多样

1. 设计元素选择既有大国气象也有细腻呈现。

整体设计以华表、彩带、长城、天安门等为设计元素，庄重、辉煌，能够充分代表中国的大国气象。在细节、各版块以及子栏目、子专题的设计上既有统一也兼顾各子栏目具体需求各有特色。整体页面呈现喜庆、热烈、庄重、生动的风格，显示出主流媒体的厚重与品格。

2. Flash等各种新技术应用丰富页面表现，增强网友参与感。

页面兼顾动静结合，既有静态的图片、文字，也有滚动新闻和最新留言滚动、Flash图片闪动，使页面生动活泼。

专题封面采用最新的Flash3D技术实现三维图片展示效果，将三维场景与二维时间轴结合，展现新中国的发展历程。新颖的效果，形成较强的视觉冲击力，极大吸引了网民的参与热情。Flash应用也体现在图片、互动、页面视觉装饰等各方面。

---

① 详见http://society.people.com.cn/GB/8217/151316/index.html。

② 详见http://60.people.com.cn/GB/168202/index.html。

此外，如以电子书形式制作的《1956年·国庆——一位苏联女教师的中国记忆》，“我和我的祖国”网上DV大赛，“网上晒家乡”拍客征集，“另类武器我来造许愿馆里写心愿”将武器组装小游戏和网友寄语相结合等。

人民网国庆专题充分结合了论坛、博客、留言、手机、掘客、播客、动漫、游戏、征文等各种网络表现手段。其中24小时直播页面和“网民方阵”两个子栏目对页面表达的创新与丰富性有着集中体现。

(1)为把人民网的国庆报道在10月1日推向高潮，达到最强音，人民网国庆专题在国庆当天浓墨重彩推出连续24小时不间断的网络直播①。10月1日凌晨6时开始，全时段、全景式、全方位地展现国庆盛况，直播于2日早晨6时结束。

打开24小时直播页面，由红旗、华表、天安门构成的画面铺满整个屏幕，Flash营造出礼花绽放的喜庆效果，“庆祝中华人民共和国成立60周年”主题庄重、醒目，6秒钟后，画面往上收，展开要闻标题和直播图片，页面气势恢宏、热烈。直播主页除要闻区、文字直播区、图片直播区、视频直播区外，还有“在线同步评”互动区，网友可以通过留言、论坛、博客、手机、掘客、播客等多种渠道及时抒发感想，边看边评，也可以自己发布信息参与“直播”；有“人民网记者在现场”的现场报道区，实时发布国庆前方记者和驻国内外各地记者连线和来稿；有各地庆祝活动及中外贺词专区，有手机网专区等。这个页面是为10月1日这一天专门打造的，一方面，及时、突出地再现庆祝大会和联欢晚会的盛况；另一方面，让网民即时、充分地表达感情。网友观看庆祝大会和联欢晚会即时发来的感想、评论，能同步发布在人民网主页上。另外，全国各地及世界各地的祝福、贺词也以直播的方式发布到人民网主页。

(2)9月28日，人民网国庆专题推出“网民方阵”②栏目，将Flash技术和ajax技术相结合，实现网友图片上传和信息即时显示；用互动Flash全方位模拟天安门广场的国庆群众游行，网友可以上传头像、选择方阵、标语口号、道具和背景音乐，提交完毕即可通过电脑屏幕欣赏自己在网民方阵中行进的动画形象。网友能自己创作标语口号，还可以浏览各个方阵的人数、标语、歌曲的排名情况，随时欣赏工人、农民、军人、学生等9类方阵的游行动画。“网民方阵”在各大网站国庆策划中属独创首发。“网民方阵”在10月1

① 详见http：//news. people. com. cn/GB/169985/index. html。

② 详见http：//fz. people. com. cn/。

日当天占据中文互联网所有国庆互动的焦点，它突出了国庆的喜庆气氛，表达爱国主题，画面十分精美，对网民有极大的感染力，仅一周时间就有2万名网友加入网民方阵。

3. 优化用户体验。

为确保良好的用户体验，将整体图片下载过程和动画播放流程结合进行优化处理，使用户在1—2秒内能看到Flash整体效果的执行，减少用户等待时间。

优化用户体验的设计思路在主专题和子专题中都被充分考虑，如“网民方阵”的Flash页面中考虑到客户端显示器尺寸的不同，将整个程序设计成全屏幕伸缩式，对人物的运动进行分层处理，保证各尺寸显示下程序运行不出问题；由于整个动画涉及大面积的运动场景，在整体运行性能上，进行了多方面的考虑和改进，包括数据提取数量、方阵成员个数、声音文件大小、内存释放等；为确保页面下载速度，人物的横向运动和道具展示，以及人物的颜色及排列均由程序动态生成，将整个程序启动控制在120k左右，优化了用户体验。

20余位省市领导、26位外国驻华大使和98个中国驻外使领馆通过人民网发来贺新中国60年华诞的贺词，在60年专题集中展示，通过专题报道成功搭建权威报道平台，成功打造中外交流的平台和网友互动参与平台。

关注盛典、参与盛事，在充分展示成就建设的同时，人民网国庆专题充分挖掘和关照网友的体验感，让网友不再是单纯的看客，而成为了新中国60年华诞的参与者，新媒体的魅力得以充分展现。

对人民网国庆专题和24小时直播页面，网友不仅能通过文字、图片、声音、视频和动画等多种方式全面掌握国庆报道的信息，同时还可以通过博客、播客、掘客、社区、分享服务以及手机网与其他网友一起对话、交流，表达自己的赤子之心，抒发自己的爱国之情。

网友上人民网看国庆庆典，想看直播看直播，想玩互动玩互动，有时候一边听着直播解说一边浏览着其他信息，看到兴奋之处上强国论坛发个帖子，数百网友跟着一直往上“顶”，有更系统的想法，写篇评论鼠标轻轻一点发送过去。

作品四：

大国崛起之甲子华诞——隆重庆祝新中国成立 60 周年专题

姚笛、郑杰

责任编辑：周锡生

刊播网站：新华网

首发日期：2009 年 8 月 8 日

作品网址：http：//www.news.cn/politics/60zn/

创新　突破　典范

《大国崛起之甲子华诞——隆重庆祝新中国成立 60 周年》大型多媒体专题，是新华网新中国成立 60 周年报道的主打内容，由一百多个小专题组成，以庆典活动、共和国记忆、解读新中国、记忆新中国、印象新中国、互动 60 年、60 年理论创新为主要板块，以开国创业史、改革辉煌、复兴之路、世界腾飞为脉络，采用多媒体、多终端和全方位、全领域等丰富的表现方式，真实再现了 1949—2009 年新中国 60 年来波澜壮阔的光辉历程和发展成就，全面阐述了取得的宝贵经验。

《大国崛起之甲子华诞——隆重庆祝新中国成立 60 周年》大型多媒体专题于 2009 年 8 月初推出，表现形式又有了许多新的创意，新的突破。编辑将收集来的资料按主题分类聚合成四百多个精彩的内容组块，将同主题文字、图片、视频、评论、互动等内容全部汇集，方便网民回顾浏览。美编则用多媒体的方式、Flash 动漫形态全景、立体展现，全面再现了新中国发展壮大之路。

该作品版式上层次分明，内容饱满，突破了网页专题的传统模式；采用 31 种网络手段，打造了全新的设计效果，顺应了网络受众视觉化的阅读潮流；各分板块精巧简洁，百余个二级专题页面根据内容不同各有特色；整体风格"总览"页面大气恢宏，丰富多彩，冲击力和感染力强；采用 Flash 动画效果，以"图片切换、律动条纹、文字轮换、遮罩雾化、画墙"等脚本形式，将百余个创意策划多媒体立体交叉融合动感呈现，使新中国成立 60 年的历史和中国特色社会主义事业的美好前景跃然显现。

该作品的页面和内容符合网络传播的规律，是同类媒体中策划最早、规模最大、时效最快、内容最全、影响最大、声势最广的新中国成立 60 周年专题集群。设计风格和理念被海内外很多家网站借鉴、参考和效仿，影响意义深远，成为中国新闻网站专题中的一个范本，后来因此获得第二十届中国新闻奖网页设计类三等奖。

思考与练习

1. 请在新华网、新浪网各选择一篇网络新闻评论，进行比较分析。

2. 请比较搜狐网、腾讯网、人民网对近期同一新闻热点所做的网络专题。

3. 搜索网络媒体新闻访谈的案例，分析其访谈技巧及有关创意。

4. 获得今年网页设计类中国新闻奖的网页设计作品有哪些？分析其获奖原因。

第九章　新闻摄影作品评析

本章要点：

1. 新闻摄影作品的特性与分类。
2. 新闻摄影作品的评价标准。
3. 新闻摄影作品评析。

我们通常所说的新闻摄影(news photography)的概念有广义和狭义两个层面的内涵。

广义上的新闻摄影，泛指一切用摄影手段报道新闻的活动。包括用照相机拍摄照片，用摄影机拍摄新闻纪录电影，以及用摄像机拍摄电视新闻这三大类用影像报道新闻的手段。现如今，日益普及的数码相机，拍照手机，DV 摄录机等，使摄影逐渐大众化，越来越多的人们不仅能亲历新闻事件，更能记录新闻事件。

狭义上的新闻摄影，则专指以相机为工具，以摄影图片为手段，以报纸、杂志和网络为载体的新闻摄影报道活动。

而在本章中我们要讨论的“新闻摄影”都是狭义的，指的是图片与文字相结合，以图片为主，文字为辅的作为传递新闻信息手段的摄影报道。

第一节　新闻摄影作品的特性与分类

一、新闻摄影作品的特性

1. 新闻性

新闻价值是新闻摄影的第一个价值取向，是新闻摄影区别于其他摄影形式的本质特性之一。

新闻摄影所报道的对象首先是要有新闻价值的事物。例如很多新闻摄影都会选取重大题材作为报道的对象，如第 52 届世界新闻摄影比赛中国获奖作品有：《电视里的北京奥运》、《走出北川》、《美国大选中的奥巴马》、《博尔特北京奥运 200 米夺冠》，从名称上可以看出这些都是重大题材。重大题材往往覆盖面广，涉及面大，因此常常具有重大社会意义和深远的历史意义，会引起人们的普遍关注，所以其新闻价值也就大大突出，报道重大事件的照片的新闻价值也就更大。

新闻性还表现在新闻摄影报道应当最大限度地追求信息含量。新闻摄影包括两大部分，第一部分是摄影图片本身，第二部分是文字说明。图片本身要能够交代新闻的内容、情节与特征。新闻摄影图片的文字说明则用于交代图片本身无法交代的新闻要素，它和摄影图片相互映衬，增加图片传递的信息量，增强图片传递信息的效果。

例如，下图是第15届中国新闻奖二等奖作品《母爱》(图9-1-1)，图片描述的是一位在车祸中失去父亲同时母亲重伤的婴儿正在吮吸着妈妈的乳汁。与这幅图片所配的文字写道："2004年2月18日晚，云南省一高速公路发生重大车祸，车祸中身受重伤的母亲在医院接受抢救，还没有从麻醉中完全清醒过来就示意护士把女儿抱到床前，哭个不停的孩子趴在妈妈胸前再也不哭了……"文字说明用一句话，不仅说明了"车祸"的新闻事实，而且通过与画面一致的详细描述，表现了人世间最伟大、最神圣的爱，提升了新闻摄影报道的主题，感动了读者。

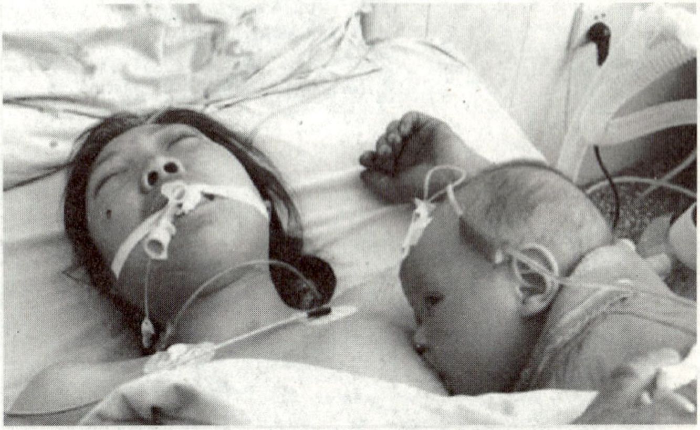

图9-1-1

2. 瞬间性

新闻摄影被称为是"典型性瞬间"。瞬间，指的是事物运动过程中极其短促的一瞬间或一刹那状态。意思是新闻摄影是从新闻事件发展过程中，抽取出来的一个能充分反映其新闻内涵的典型性瞬间图像。法国一位纪实摄影大师布勒曾经说过："生活中发生的每一个事件里，都有一个决定性时刻，这个时候来临，环境中的诸因素会排列成最具意义的几何形态，这个形态也最能显示这桩事件的完整面貌。有时候，这种形态瞬间即逝。因此，当正在进行的事件中所有因素都是平衡状态时，摄影家必须抓住这一时刻。"可见，新闻摄影师对新闻事件的瞬间表达。人们可以透过它们看到事物的全貌和发展以及演化的过程，从瞬间性之中感受到事物发展的连续性、情节性。

例如，下图是 2008 年 5 月 10 日，中国选手刘翔在国际田联大阪大奖赛男子 110 米栏的决赛中以 13 秒 19 的成绩获得冠军，他紧握右拳向人们展示他的胜利的新闻图片(图 9-1-2)。照片选取的就是刘翔在获得冠军那一刹那的经典瞬间表情。

图 9-1-2

图 9-1-3 抓取的是欧锦赛中，荷兰队球员斯奈德在欧锦赛中错失进球机会后神情懊恼的瞬间，揭示了球员难以平静的状态，深刻反映了被拍摄对象的内在情绪，意味深长。

荷兰队球员斯奈德在欧锦赛中错失进球机会后神情懊恼

图 9-1-3

3. 真实性

真实是新闻的生命，同样也是新闻摄影的生命。新闻摄影作品表现的都应该是一个真实存在的事件、空间和现场，这就决定了摄影和绘画的根本不同。这主要体现在两个层面：一是事实真实；二是总体真实。

事实真实——新闻摄影必须坚持时间、空间和对象三位一体的真实原则，拍摄记录的是存在于同一时空中的新闻对象。新闻照片之所以能尤为历史文献、现场见证和科学研究的依据，正是因为它是事实真实的纪实，具有历史价值和文献记录意义。历史价值和文献价值也使新闻照片在大众媒体上完成新闻信息传播后，还能反复多次使用在其他地方。

新闻照片具有真实可信性，其直观表现形式比文字更易取得读者信任，值得注意的是，任何先进技术的利用都不应该影响新闻图片的真实性，任何新闻改革也不能违背这个原则。

总体真实——新闻摄影记者不能仅仅满足于捕捉记录呈现在眼前的典型瞬间，还要避免"只见树木，不见森林"——从个别事实和现象看，情况属实，但却不符合事物的全貌和本质，从总体上看，不符合事物的主流和本来面目。

总体事实是对新闻事件和新闻人物、事物宏观的评估和判断，把握总体真实需要全面、深入的调查研究和细致的采访。阶段性报道推出后，有职业道德要求和社会责任感的摄影记者和编辑，为了维护社会和群众的利益，对社会和历史负责，还要在进一步的深入采访中形成对新闻事件的总体认识和判断，并对报道内容进行再次鉴别和选择。做到总体真实，是媒体权威性和影响力的体现。

真实性对于新闻摄影来说非常重要，新闻摄影工作必须受到现场规律的严格限制，不能违背新闻的真实性。但近年来，随着科技的进步，在电脑上使用Photoshop等图片美化软件，就能进行图片的合成，由此出现的虚假新闻摄影的例子并不少见。

如图9-1-4是曾经风靡一时的"华南虎"事件的导火索。在沸沸扬扬的两年间，中国摄影家协会数码影像鉴定中心邀请数码、动物学、植物学等各路专家，就40张华南虎照片的真实性在北京举行鉴定会，最终认定照片中的华南虎影像是不真实的。而照片的拍摄者周正龙也因诈骗罪被逮捕。

图 9-1-4　陕西省农民，周正龙摄

图 9-1-5 名为《青藏铁路为野生动物开辟生命通道》，在获得《影响 2006·CCTV 图片新闻年度评选》专业组铜奖后遭到广大网友的质疑，调查认定其为电脑合成处理的虚假照片。刘为强因此被取消铜奖资格，颁发的证书及奖杯被收回。

图 9-1-5　《青藏铁路为野生动物开辟生命通道》，刘为强摄

图 9-1-6 这幅获奖作品《广场鸽接种禽流感疫苗》，也是经网友质疑后，引发网络及现实的大讨论，最终在舆论的压力下，为维护新闻摄影的真实性，组委会

对照片及拍摄者作出了相应的调查，证实照片存在造假成分，并处以取消作品获奖资格，而拍摄者也因违背最起码的职业操守被所在报社解聘。

图 9-1-6　2005 年首届华赛自然与环保类新闻单幅金奖作品

《广场鸽接种禽流感疫苗》，张亮摄

许多新闻摄影评奖活动把真实性作为评判的标准之一。在 2007 年，新华社中国图片总汇、人民图片网、中国新闻图片网、五洲传播图片库及东方 IC 图片中心联合发出《五大图片网站抵制虚假图片联合公告》，其中明确规定："不允许摄影师对拍摄的原始数码图像文件的数据做任何修改。决不允许在照片上随意增加影像或删除局部影像，甚至改变画面内容(剪裁画面中无关分部分除外)。"而违背这个标准的，一般被判定为假新闻。

二、新闻摄影作品的分类

新闻摄影作品的分类，根据分类标准的不同而有所不同。从大的方面，根据新闻事物发生、发展的性质，可以分为事件性新闻和非事件性新闻；而事件性新闻又可以分为突发性事件和非突发性事件两类。目前国内外新闻摄影比赛题材分类简要如下：

1. 世界新闻摄影比赛("荷赛")题材分类

一般新闻——按计划或有组织的单幅或系列新闻事件照片；

突发新闻——无法预测和没有事先安排的突然发生的新闻事件(单幅或系列)；

新闻人物——在某新闻中起作用的人物单幅或系列人像；

日常生活——展现丰富多彩的日常生活(单幅或系列);

体育——动态或体育运动特写(单幅或系列);

艺术——捕捉精彩的表演或记录时装、建筑及其他视觉艺术、表演艺术的背景;

当代热点——(单幅或系列);

自然与环境——关于自然与环境,如动物、植物、风景、生态等(单幅或系列)。

2. 美国新闻摄影年赛题材分类

综合类:突发新闻/非突发新闻/科技、自然、历史/科技、自然、历史系列/

体育动作/体育特写/体育图片故事(连续或系列)/奥运/奥运图片故事(连续或系列)/杰出体育类代表作品评选/画意摄影/总统竞选(单幅或图片故事)/一周代表作

报纸类/杂志类:突发新闻/非突发新闻/特写(单幅/图片故事)/肖像/新闻图片故事/热点图片故事

图片编辑类:单页新闻图片报道/单页特定图片报道/多页新闻图片报道(报纸/杂志)/多页特写图片报道(报纸/杂志)/报纸类系列报道/报纸类专栏报道/

杰出图片编辑代表报纸(发行量10万以上/以下)/杰出图片编辑代表杂志

多媒体类:多媒体报道与图片故事/最佳使用多媒体——互动发表(大型媒体/小型媒体)

此外,美国新闻摄影年赛在题材上还有一些其他的分类,如年度新闻摄影师(报纸/杂志)、了解世界报道摄影奖、关注社区报道摄影奖、阿格斯·麦克道戈勒图片编辑奖、最佳用图报纸(发行量10万份以上/以下)、最佳用图杂志、最佳用图书籍等。

3. 中国新闻奖新闻摄影作品评选题材分类

大致可以分为:重大新闻与突发性新闻/经济改革建设新闻/体育新闻/新闻人物现场肖像/科技新闻/文化教育新闻/法制军事新闻/日常生活新闻/批评性报道新闻/环境保护及大自然新闻/国际新闻/组照。

4. 中国国际新闻摄影比赛题材分类

大致可分为:突发性及重大新闻/经济及科技新闻/新闻人物现场肖像/社会生活新闻/文化及艺术新闻/体育新闻/自然及环保新闻。

第二节　新闻摄影作品的评价标准

作为新闻摄影作品，首先必须符合新闻摄影作品的基本特性，即新闻性、瞬间性、真实性。在此基础之上，评判一则新闻摄影作品是否优秀，还有以下一些标准。

一、题材方面的评价

关于新闻摄影作品题材方面的评价，主要看作品题材是否为评价范围内的重大题材，是否具有较大的社会影响性。具体来说，包括题材是否属于社会热点(或焦点)，是否具有新鲜或奇特的内容，是否具有典型性，或者示范性等内容。

所谓评价范围，指与评价规格相对应的级别范围。例如，如果是国家级评价，该作品的题材就应该在该国范围属于重大题材或具有较大社会影响；如果是媒体的评价，那么该作品题材就应该符合媒体的编辑方针和专业特点，对媒体的目标受众具有较大的影响性。

在评价范围内，新闻摄影作品的题材越是重大，越是具有较大的影响性，评价就越高。

如果作品评价是世界范围的，对于新闻摄影作品的题材的评价，将因主持评价的机构所属(或所处)国家、地域的不同，而有所不同；此外，还将随着时间的变化而有所变化。例如，中国的评委与美国的评委对于中国三峡建设这样的题材是否重大，意见完全可能相左。同样，对于与“9·11”有关的新闻摄影作品题材的评价，不同的时间，评价也会有所不同。

尽管如此，更多的重大题材，评委们还是很容易找到共识的。关于这一点，迈克·威尔斯 1980 年拍摄的《手》，就是典型的例子。《手》的画面是通过一只白人健康的手与一只黑人的干瘦得像小爪子的手握在一起，以强烈对比来表现发生在乌干达的旱情。这幅作品的成功在于它以小见大，以一个特写画面来表现重大的题材。这幅摄影作品曾经震撼了无数善良的受众，为非洲的灾难募捐到数以亿计的善款。没有哪个评委会因为这幅新闻摄影作品拍摄于非洲而忽视它所反映题材的重要性。

二、反映难度方面的评价

在新闻摄影作品的诸项评价标准中，反映难度方面的评价，甚至可以超越其他所有评价而位列第一。这是因为越是难以拍到的画面，就越能吸引受众，获得好评。那些战争中的死亡场面，那些刺杀总统或自杀的场面，那些飞机爆炸或轮船沉没以及自然灾难突然降临的各种瞬间画面，无不是极难拍到的。这些极难拍到的新闻摄影作品尽管多数画面不够清晰，构图或用光等技艺不太完美，甚至题材也不够重大(例如一些反映自杀场面的新闻摄影作品)，却几乎瓜分了世界性新闻摄影比赛的各个大奖。

例如，获1957年普利策新闻摄影奖，哈里·特拉斯摄的，反映沉船瞬间的摄影作品《再见吧，多丽亚号》；获1961年普利策新闻摄影奖，长尾安摄的，反映刺杀日本社会党主席浅沼稻次郎瞬间的摄影作品《刀剑下的政治》；获1984年世界新闻摄影比赛大奖，马尔科姆·勃朗尼摄的，反映越南僧人自焚过程的摄影作品《自焚抗议》。由此可见，拍摄难度是衡量新闻摄影作品最重要的标准之一。

需要明确的是，拍摄难度不仅指摄影作品在其评价范围拍摄的艰难程度，还指在评价范围难以获得拍摄机会，以及获得拍摄机会难以拍好的程度。拍摄难度越大，新闻价值越高；越是难以获得的拍摄机会拍摄的作品，越具有被阅读的价值。

三、反映程度方面的评价

关于新闻摄影作品反映程度方面的评价，主要有以下五个方面。

1. 反映的完整性评价

反映的完整性评价，首先要求作品相对完整地拍到被摄主体。这里的拍到，要求被摄主体相对完整，比较清晰地在画面里得到再现，这是技术方面的标准。此外，反映的完整性评价还要求摄影作品在结合标题或者文字说明后，能基本反映出记录目标的“5个W”(即：when、where、who、what、why)。

虽然新闻摄影作品可以借助文字说明来进行表述，但是，摄影的主要功能是形象再现。“以形象说话”才是摄影的本位。

《中国摄影》编辑部主任李波说：“摄影画面要有信息量。”这是对“反映的完整性”的另一种表述。所谓信息量，一般可以理解为：通过画面里的图像，使受众对画面所反映的新闻对象有更多了解。新闻摄影作品应在有限的平面里，尽可能清晰、明了地体现所反映新闻对象的“5个W”。当然，“5个W”都通过形象来表明或暗示的可能性并不太大，不过，以形象语言来表现5个“W”中的“who”(谁)、“what”(做什么)、“why”(为什么)，却是新闻摄影作品经常可以到达的形象语言表述的境界。

2. 反映的感人程度评价

形象感人，或者形象具有感染性，是新闻摄影作品反映程度获得肯定的一项重要标准。形象越感人，或者说形象越具有感染性，新闻摄影作品的评价就越高。

对形象感人的评价，从内涵上看与荷兰世界新闻摄影比赛“五项标准”中“瞬间动人”这一项相类似。举一个例子，法国摄影家富兰克·福尼尔拍摄的《奥玛伊拉的痛苦》，反映的是一位被死神召唤的、浸泡于火山灾难废墟液体里的女孩。这幅作品令人难以忘怀的，是画面中女孩那双能刺入读者灵魂深处的大眼睛，这双夹杂着哀求、呼救、绝望的大眼睛使受众震撼，这幅获得 1986 年世界新闻摄影比赛大奖的作品，让受众对火山爆发等自然灾害，有了刻骨铭心的记忆。

3. 反映的美观性评价

反映的美观性评价是对新闻摄影作品美感方面的评价。虽然新闻摄影作品在一些时候可以忽略美感的重要性，但是，只要有可能，把画面拍得美观一点，在构图、用光、对比设计、幽默感等方面，尽可能有所追求，同样是使新闻摄影作品获得肯定的一项标准。这方面的例子，吴印咸先生拍摄的《白求恩大夫》最为经典。仔细分析《白求恩大夫》，会发现这是一幅用光、构图都十分讲究的作品。不仅如此，这幅作品被摄主体和陪体的动作抓得也恰到好处，环境交代也简洁、明了，反差和影调也十分到位。

4. 反映的技巧性评价

反映的技巧性评价，虽然不是特别重要，有的时候却是不可忽视的。特别是在一些镜头密集，竞争非常激烈的重大题材现场，如何显示出拍摄的与众不同，技巧的发挥，就显得十分重要。

例如，在大型运动会上拍摄各种运动场面，要表现出运动员的精彩瞬间，除了要比瞬间抓拍的感觉，还要比诸如追随、爆炸、慢门等不同技巧的合理应用。当技巧用得恰到好处时，反映运动的新闻摄影作品在动感方面，就会比较完美、动人。

5. 反映的及时性评价

及时性评价要求摄影作品应在受众有普遍兴趣接受的时间范围内发表。在绝大多数情况下，新闻摄影作品的发表，都是越快越好，越快越有价值。但是，在一些特殊情况下，发表的时机选择有意识地滞后，也会为新闻摄影作品赢得更高的评价。

关于这一点，著名摄影家李振盛在“十年一瞬间”摄影大赛中获得大奖的组照作品，就是一个例子。这组照片拍摄于“文革”期间，但是，选择的发表时机却是在“文革”的十年以后。那时，人们对“文革”的反思日益成熟，上层建筑各个领域，正进一步清算“文革”带来的灾害。这样的时机，在新中国成立后首个摄影系列作品大奖赛上发表作品，这样的选择虽然有点投机，但确实是发表的最佳时机。这组系列作品当时发表出来获得巨大成功，它促进了人们对“文革”的进一步反思和批判。当然，这组关于“文革”的系列摄影作品，同时为作者赢得了中国有史以来第一个 5 万元大奖。

第三节　新闻摄影评析示例

目前我国新闻摄影的评选标准，概括起来有以下几点：新闻性；真实性，并强调本质真实；瞬间精华；发表及时；文字说明中新闻要素齐全、准确、简洁，有标题；图像清晰，制作精良。

其中，中国新闻奖摄影作品评选标准是：

1. 以邓小平理论和"三个代表"重要思想为指导，贯彻落实科学发展观，坚持为人民服务、为社会主义服务、为全党全国工作大局服务，贯彻团结稳定鼓劲、正面宣传为主的方针，坚持正确舆论导向，落实"三贴近"要求，社会效果好。

2. 新闻性强，现场抓拍，表现力强，标题准确，文字说明新闻要素完整，文字简洁。

3. 内容真实，主题鲜明，富于创新，具有感染力，为人民群众喜闻乐见。

下面，我们参照上述标准评析四篇新闻摄影作品。

作品一：

敬礼娃娃

杨卫华摄

图 9-3-1

善于抓拍　感人至深

2008年5月12日下午2点28分，四川省发生里氏8.0级强烈地震，震中位于阿坝州汶川县。地震造成伤亡惨重，遇难与失踪的人数，均达数万。照片中记录的是，在地震发生十余小时后的北川废墟中，刚救出的3岁儿童郎真，只见他浑身灰迹，正准备被武警官兵用担架转移到安全地带。此时的他艰难地举起带血的还能动弹的右手，虚弱而又标准地敬了一个少先队队礼，脸上带着天真的笑容。获救后的郎真不忘向援救他的官兵叔叔敬礼感恩的举动，感动了无数的人们，也让人们在悲痛之余有了更多化悲痛为力量的决心与勇气。

看过以上照片，不得不提到的是关于现场抓拍，在所有作品中，最能打动人心的，最能经得起时间检验的是那些现场气氛浓郁、鲜活，并有着无可争辩力量的作品。所谓抓拍，是作者在新闻事件面前，尊重事物的客观发展进程，不干预拍摄对象，运用形象思维和逻辑思维的方式，对眼前变化中的场景进行观察、判断。当发现最能反映事物特征、最具形象概括力、最能反映事物本质的决定性瞬间时立即按下快门，将被确认的一幕定格，使流动的生活形象成为永恒的画面形象。

作品二：

众志成城　托举生命

刘应华 摄

图 9-3-2

巧在仰拍　妙在构图

2008年5月13日，成都军区空军抗震救灾官兵急赴成都重灾区彭州龙门山镇实施紧急搜救，官兵在大雨中用身体搭建人梯，转移伤员。

作品采取仰拍的方式，地点是在一个陡峭的斜坡处，不要说传递重物，甚至连立足都略显困难。而救灾官兵们正是用自己的血肉之躯前仆后继地搭成了这座生命之梯，将伤员用担架艰难地传递着。由于下雨的缘故，可见官兵们身着深色雨衣，与周围环境融为一体，不经意间构成了整幅作品的背景。作品的中央是躺在担架上的伤员，而担架下是一只只手在托举着。担架周围还四处可见前来支援的战士们，此时此刻令人不禁再次回想起那篇《谁是我们最可爱的人》……

诚然，在地震灾区，几乎每天都有无数类似的事件在发生，正是有人民子弟们的辛苦营救，与死神争分夺秒，才将一个个被困的灾民从生死边缘抢救回来。这个照片很好地反映了这一点。

作品三：

残疾人火炬手金晶用残缺身体保护奥运圣火顺利传递

贾婷 摄

图 9-3-3

生动记录　凸显精神

法国当地时间2008年4月7日中午12点30分(北京时间4月7日18时30分)，北京2008奥运火炬开始在巴黎传递，奥运火炬手金晶在手持火炬等待交接时遭到“藏独”分子的冲击，女孩双手环抱火炬，侧身保护，避免火炬被“藏独”分子抢走，保护了奥运圣火。

从这幅摄影作品的标题就可以看出，照片女主人公金晶是个身体残疾的姑娘，只见她坐在轮椅上，祥云火炬被她紧紧地贴在胸前，她用身体的大部分保护着，双手牢牢地卡住火炬，生怕再有人从她手中掠去。而画面的右下方，是一个神色惊慌的男子，他瘫倒在地，惊慌失措。这一静一动将当时紧张的场景生动地记录了下来，金晶保护火炬时的沉着冷静与试图破坏火炬传递的粗暴猥琐的“藏独”分子间形成了鲜明的对比。

作为镜头外的观众，无不为金晶对抗邪恶势力的勇气和满腔的爱国热情所感动，同时，对连残疾人都忍心下手的“藏独”分子表示强烈的鄙夷。

作品四：

温总理冰雪灾区行

姚大伟 摄

（图略）

冷暖对比　无声有力

2008 年 1 月中旬开始，我国南方大部分地区以及西北地区东部，遭遇 50 年不遇的持续大范围低温、雨雪和冰冻天气。灾害造成浙江、江苏、安徽、江西、河南、湖北、湖南、广东、广西、重庆、四川、贵州、云南、陕西、甘肃、青海、宁夏、新疆和新疆生产建设兵团等 19 个省级单位不同程度受灾。其中、湘、鄂、黔、赣、皖六省受灾最为严重。

正是在这种情况之下，2008 年 2 月 2 日，国务院总理温家宝从湖南长沙紧急赶往郴州重灾区指挥抗灾救灾工作。新华社记者姚大伟在随行的火车上抓拍到了这张照片。照片中，急驰的火车，白茫茫的窗外，温总理靠窗坐着，双手握十，眼睛注视着窗外的积雪，神情凝重，若有所思，如果能加句解说词的话，估计是“灾区的灾民生活有基本保障吗？大雪何时能停啊！”

在构图上，摄影师在此巧妙地运用了冷暖对比这一比较常用的拍摄技法。人间的悲欢来自人生的冷暖，新闻摄影的根本使命是关注社会，关注人生状态，其人生冷暖自然是摄影师镜头中的重要报道内容。用“冷暖对比”法可把两种不同精神状态的事物表现得更有个性，画面也将变得更有思想尝试，更有说服力。照片中正是用窗外的冷色调与车厢内的暖色调相对比，画面简洁，却有着丰富深刻的画面语言。

内容上，该幅作品也因其关注民生，体现了党中央对老百姓的深切关怀，刻画了一个体恤民情，情系灾区的总理形象，极富人情味，最终一举获得第17届金镜头摄影大赛暨华赛中国作品新闻人物类单幅金奖。

思考与练习

1. 请在日报、都市报、周报、新闻周刊各选择若干新闻摄影作品，分析其拍摄技术和文字说明技巧。
2. 请分析华赛、荷赛最新获奖作品。

参考文献

1. 王灿发主编:《新闻作品评析教程》, 中国传媒大学出版社, 2007 年版。
2. 夏琼编著:《新闻评析原理与实务》, 武汉大学出版社, 1997 年版。
3. 夏琼编著:《新闻评析》, 高等教育出版社, 2002 年版。
4. 夏琼编著:《新闻叙事新闻评析》, 高等教育出版社, 2002 年版。
5. 钟瑛主编:《网络新闻评析》, 武汉大学出版社, 2010 年版。
6. 刘保全编著:《新闻精品是这样采写成的》, 新华出版社, 2009 年版。
7. 宋兆宽:《新闻作品评析的理论与实践》, 中国广播电视出版社, 2007 年版。
8. 陈龙主编:《新闻作品评析概论》, 中南大学出版社, 2009 年版。
9. 郑兴东、陈仁风主编:《不要这样写: 对百篇新闻写法的商榷》, 中国人民大学出版社, 1990 年版。
10. 杜骏飞:《深度报道写作》, 中国广播电视出版社, 2000 年版。
11. 姚里军:《中西新闻写作比较》, 中国广播电视出版社, 2002 年版。
12. 张默:《新闻采访写作》, 武汉大学出版社, 2000 年版。
13. 蓝鸿文、马向伍:《新闻语言分析》, 中国物资出版社, 1989 年版。
14. 艾丰:《新闻写作方法论》, 北京人民日报出版社, 1993 年版。
15. 吕叔湘:《吕叔湘语文论集》, 商务印书馆, 1983 年版。
16. 全国报刊逻辑语言应用病例有奖征集活动组委会办公室组编:《报刊逻辑与语言病例评析 1100 例》, 首都师范大学出版社, 2008 年版。
17. 王蕾编著:《外国优秀新闻作品评析》, 中国广播电视出版社, 2000 年版。
18. [美]沃尔特·李普曼等:《新闻与正义: 普利策新闻奖获奖作品集 1917—1997》, 海南出版社, 1998 年版。
19. [美]沃尔特·李普曼等:《新闻与正义Ⅲ: 14 项普利策新闻奖获奖作品全译本》, 中国人民大学出版社, 2009 年版。
20. 叶子:《电视节目研究》, 北京师范大学出版社, 1999 年版。
21. 曹璐、吴缦:《广播新闻业务》, 北京广播学院出版社, 1997 年版。
22. 尹德刚、周胜:《当代新闻写作》, 复旦大学出版社, 1993 年版。
23. [美]罗伯特·赫利尔德:《电视广播和新媒体写作》, 华夏出版社, 2002 年版。
24. 朱羽君等主编:《中国应用电视学》, 北京师范大学出版社, 2002 年版。
25. 于泳:《组合报道——现代平面媒体深度报道的另一种尝试》,《新闻战线》2005 年第 9 期。
26. 闫洪友:《略论抒情在新闻中的作用》,《黑龙江社会科学》2002 年第 4 期。

后　记

钱钟书的小说《围城》有一段议论："教授成为名教授，也有两个阶段：第一是讲义当著作，第二是著作当讲义。好比初学的理发匠先把傻子和穷人的头作为练习本领的实验品，所以讲义在课堂上试用没出乱子，就作为著作出版；出版之后，当然是指定教本。"在这里，著作与教材既有密切的关联，又有明显的区别。

一般都认为，教材是比较容易写的。我的体会是，并不完全如此。自从领受了《新闻作品评析》的写作任务以后，总想写出点特色，所以写得并不轻松。加之常有琐事牵绊，一直延宕至今。

本书由陈信凌提出整体思路，设计全书框架。陈信凌、王卫明和金妍分头负责编写，南昌大学新闻与传播学专业的研究生陈佳丽、刘荣松、聂瑞筠、余瑾、郑斐、熊婧婧、曾丽、刘擎、袁鹏等同学参与了材料的搜集与部分内容的初稿写作。

在编写本书过程中，我们在力求原创的同时，也参考了近年出版的相关书籍、论文，吸收了其中的一些研究成果，在此向有关作者和编辑出版机构致谢！

陈信凌

2011 年 6 月